Kohlhammer

Die Autorin

Anne Böckler-Raettig ist Psychologin und Professorin für Forschungsmethoden und Soziale Kognition an der Julius-Maximilians-Universität Würzburg. Nach ihrem Studium in Berlin und Glasgow promovierte sie an der Radboud Universität in den Niederlanden, forschte an der Princeton University in den USA und arbeitete am Max-Planck-Institut für Kognitions- und Neurowissenschaften in Leipzig. Im Jahr 2019 erhielt sie einen Ruf an die Leibniz-Universität Hannover, 2021 folgte sie dem Ruf an die Universität Würzburg. Prof. Böckler-Raettig untersucht die Bedürfnisse, Prozesse und Verhaltenstendenzen, die zwischenmenschlicher Wahrnehmung, sozialem Fühlen, Verstehen und Handeln zugrunde liegen.

Anne Böckler-Raettig

Soziale Kognition und Interaktion

Ein Lehrbuch

Verlag W. Kohlhammer

Dieses Buch ist allen gewidmet, die nicht müde werden, das Zauberhafte im Zwischenmenschlichen zu suchen.

Dieses Werk einschließlich aller seiner Teile ist urheberrechtlich geschützt. Jede Verwendung außerhalb der engen Grenzen des Urheberrechts ist ohne Zustimmung des Verlags unzulässig und strafbar. Das gilt insbesondere für Vervielfältigungen, Übersetzungen, Mikroverfilmungen und für die Einspeicherung und Verarbeitung in elektronischen Systemen.

Pharmakologische Daten, d. h. u. a. Angaben von Medikamenten, ihren Dosierungen und Applikationen, verändern sich fortlaufend durch klinische Erfahrung, pharmakologische Forschung und Änderung von Produktionsverfahren. Verlag und Autoren haben große Sorgfalt darauf gelegt, dass alle in diesem Buch gemachten Angaben dem derzeitigen Wissensstand entsprechen. Da jedoch die Medizin als Wissenschaft ständig im Fluss ist, da menschliche Irrtümer und Druckfehler nie völlig auszuschließen sind, können Verlag und Autoren hierfür jedoch keine Gewähr und Haftung übernehmen. Jeder Benutzer ist daher dringend angehalten, die gemachten Angaben, insbesondere in Hinsicht auf Arzneimittelnamen, enthaltene Wirkstoffe, spezifische Anwendungsbereiche und Dosierungen anhand des Medikamentenbeipackzettels und der entsprechenden Fachinformationen zu überprüfen und in eigener Verantwortung im Bereich der Patientenversorgung zu handeln. Aufgrund der Auswahl häufig angewendeter Arzneimittel besteht kein Anspruch auf Vollständigkeit.

Die Wiedergabe von Warenbezeichnungen, Handelsnamen und sonstigen Kennzeichen in diesem Buch berechtigt nicht zu der Annahme, dass diese von jedermann frei benutzt werden dürfen. Vielmehr kann es sich auch dann um eingetragene Warenzeichen oder sonstige geschützte Kennzeichen handeln, wenn sie nicht eigens als solche gekennzeichnet sind.

Es konnten nicht alle Rechtsinhaber von Abbildungen ermittelt werden. Sollte dem Verlag gegenüber der Nachweis der Rechtsinhaberschaft geführt werden, wird das branchenübliche Honorar nachträglich gezahlt.

Dieses Werk enthält Hinweise/Links zu externen Websites Dritter, auf deren Inhalt der Verlag keinen Einfluss hat und die der Haftung der jeweiligen Seitenanbieter oder -betreiber unterliegen. Zum Zeitpunkt der Verlinkung wurden die externen Websites auf mögliche Rechtsverstöße überprüft und dabei keine Rechtsverletzung festgestellt. Ohne konkrete Hinweise auf eine solche Rechtsverletzung ist eine permanente inhaltliche Kontrolle der verlinkten Seiten nicht zumutbar. Sollten jedoch Rechtsverletzungen bekannt werden, werden die betroffenen externen Links soweit möglich unverzüglich entfernt.

1. Auflage 2024

Alle Rechte vorbehalten
© W. Kohlhammer GmbH, Stuttgart
Gesamtherstellung: W. Kohlhammer GmbH, Stuttgart

Print:
ISBN 978-3-17-043220-8

E-Book-Formate:
pdf: ISBN 978-3-17-043221-5
epub: ISBN 978-3-17-043222-2

Inhaltsverzeichnis

Vorwort 11

Teil I Soziale Wahrnehmung und Aufmerksamkeit

1 **What's in a gaze? Die Macht der Blicke** 17
    1.1 Gaze following: Blicken folgen 18
        1.1.1 Neuronale Grundlagen 19
        1.1.2 Entwicklung und Verbreitung 21
        1.1.3 Moderatoren: Situation und Person 21
    1.2 Direct gaze effect: Blickkontakt suchen 23
        1.2.1 Neuronale Grundlagen 23
        1.2.2 Entwicklung und Verbreitung 23
        1.2.3 Moderatoren: Situation und Person 25
    1.3 Die Rolle von Blicken im sozialen Miteinander 26
        1.3.1 Regulation sozialer Nähe und Beziehungen 26
        1.3.2 Lernen und Lehren 27
        1.3.3 Kommunikation 28
        1.3.4 Koordination 29
        1.3.5 Kooperatives Verhalten 29
    1.4 Fazit und Empfehlungen 30

2 **What's in a face? Wie wir Gesichter lesen** 32
    2.1 Gesichter verarbeiten 33
        2.1.1 Gesichter entdecken und kategorisieren 33
        2.1.2 Emotionsausdrücke erkennen 33
        2.1.3 Holistische Verarbeitung von Gesichtern 35
        2.1.4 Gesichter identifizieren 36
    2.2 Neuronale Grundlagen 37
        2.2.1 Gesichtsverarbeitung im Gehirn: verteilt, parallel, hierarchisch und vernetzt 38
        2.2.2 Lateralisierung und die Rolle subkortikaler Areale 39
    2.3 Entwicklung und Verbreitung 41
        2.3.1 Gesichtsverarbeitung über die Lebensspanne 41
        2.3.2 Gesichtsverarbeitung in unterschiedlichen Spezies 41
    2.4 Moderatoren 42
        2.4.1 Person 42
        2.4.2 Situation 43

	2.5	Gesichter in Interaktion	44
	2.6	Fazit und Empfehlungen	45
3	**What's in a voice? Wie wir Stimmen verarbeiten**		**46**
	3.1	Stimmen identifizieren, kategorisieren und interpretieren	46
	3.2	Neuronale Grundlagen	48
	3.3	Entwicklung und Moderatoren	49
	3.4	Fazit und Empfehlungen	50
4	**Move it! Wie wir Körperbewegung interpretieren**		**51**
	4.1	Körperbewegung entdecken und kategorisieren	52
	4.2	Neuronale Grundlagen	54
	4.3	Entwicklung und Moderatoren	56
	4.4	Funktionen	57
	4.5	Fazit und Empfehlungen	58
5	**Impression formation: Wie wir einander einschätzen**		**59**
	5.1	Zentrale Urteilsdimensionen	59
	5.2	I have a c(l)ue: Worauf wir Urteile gründen	61
		5.2.1 Äußerlichkeiten	61
		5.2.2 Nonverbales Verhalten	61
		5.2.3 Situation und Kontext	62
		5.2.4 Handlungen	62
		5.2.5 Aufmerksamkeit und Erwartungen des Urteilenden	63
	5.3	Warum wir vorschnell urteilen	66
		5.3.1 Kontrolliertes Denken (»System 2«)	66
		5.3.2 Ruhezustands-Denken (»System 1«)	67
	5.4	Was wir tun können	68
	5.5	Fazit und Empfehlungen	69
6	**Us and them: Die Beurteilung von Gruppen**		**70**
	6.1	Relevante Gruppen	71
		6.1.1 Selbst- und Fremdgruppe	71
		6.1.2 Minderheit und Mehrheit	72
	6.2	Zentrale Merkmale von Gruppen	73
		6.2.1 Homogenität	73
		6.2.2 Entitativität und Permeabilität	74
	6.3	Kognitive und motivationale Grundlagen	75
		6.3.1 Essenzialismus	75
		6.3.2 Differenzierung, Akzentuierung und Valenzverteilung	76
		6.3.3 Eigengruppen-Projektion, soziale Zirkel und falscher Konsens	76
		6.3.4 Motivationale Aspekte	78
	6.4	Fazit und Empfehlungen	79

Teil II Soziale Emotion, Motivation und Kognition

7 Empathie: Wie wir uns in andere einfühlen **83**
- 7.1 Empathie messen.. 84
- 7.2 Neuronale Grundlagen.. 85
- 7.3 Entwicklung und Verbreitung...................................... 87
  - 7.3.1 Entwicklung über die Lebensspanne..................... 87
  - 7.3.2 Verbreitung im Tierreich 87
- 7.4 Moderatoren 88
  - 7.4.1 Person.. 88
  - 7.4.2 Situation.. 89
- 7.5 Folgen und Funktionen 90
- 7.6 Fazit und Empfehlungen... 91

8 Mitgefühl, Neid, Schadenfreude: Komplementäre soziale Emotionen **92**
- 8.1 Mitgefühl... 93
  - 8.1.1 Definition und Messung................................. 93
  - 8.1.2 Neuronale Grundlagen.................................. 94
  - 8.1.3 Entwicklung 94
  - 8.1.4 Moderatoren: wer, mit wem und wann? 95
- 8.2 Neid und Schadenfreude.. 97
  - 8.2.1 Definitionen 97
  - 8.2.2 Messung von Neid und Schadenfreude 98
  - 8.2.3 Neuronale Grundlagen.................................. 100
  - 8.2.4 Entwicklung 100
  - 8.2.5 Moderatoren: wer, wann und wen? 101
- 8.3 Folgen und Funktionen 103
- 8.4 Fazit und Empfehlungen.. 103

9 Visuell-räumliche Perspektivübernahme: Die Welt aus deinen Augen **106**
- 9.1 Prozesse und Messung visuell-räumlicher Perspektivübernahme 107
- 9.2 Neuronale Grundlagen.. 110
- 9.3 Entwicklung und Verbreitung...................................... 111
  - 9.3.1 Entwicklung über die Lebensspanne..................... 111
  - 9.3.2 Verbreitung im Tierreich 111
- 9.4 Moderatoren: Situation und Person 112
- 9.5 Folgen und Funktionen 113
- 9.6 Fazit und Empfehlungen... 114

10 Theory of Mind: Wie wir uns in andere eindenken **115**
- 10.1 Modelle und Messung von Theory of Mind 116
  - 10.1.1 Theory of Mind: haben oder nicht haben?.............. 116
  - 10.1.2 Theory of Mind: etwas, das man tut 118
- 10.2 Neuronale Grundlagen.. 119
- 10.3 Entwicklung und Verbreitung...................................... 120
  - 10.3.1 Entwicklung über die Lebensspanne..................... 120
  - 10.3.2 Verbreitung im Tierreich 122

	10.4	Moderatoren: Person und Situation	123
	10.5	Funktion und Flexibilität	124
	10.6	Fazit und Empfehlungen	125
11	**Soziale Motive**		**127**
	11.1	Zugehörigkeit	128
	11.2	Sozialer Einfluss	129
	11.3	(Geteiltes) soziales Verständnis	130
	11.4	Selbstwert und Selbstaufwertung	131
	11.5	Vertrauen	132
	11.6	Messung und Manipulation von Motiven	133
	11.7	Fazit und Empfehlungen	134

Teil III Soziale Interaktion

12	**Koordination: Wie wir gemeinsam handeln**		**139**
	12.1	Sich gemeinsam bewegen	140
		12.1.1 Synchronisation: Bewegung in der Gruppe	140
		12.1.2 Schwärme: Bewegung als Gruppe	141
	12.2	Ich mache, was Du machst	142
		12.2.1 Mimicry	142
		12.2.2 Imitation	143
	12.3	Gemeinsam Handeln	144
		12.3.1 Aufgabenteilung	144
		12.3.2 Räumliche und zeitliche Koordination	146
	12.4	Neuronale Grundlagen	148
	12.5	Entwicklung und Verbreitung	150
		12.5.1 Entwicklung und Moderatoren	150
		12.5.2 Verbreitung im Tierreich	150
	12.6	Jenseits beobachtbarer Handlungen	151
	12.7	Fazit und Empfehlungen	152
13	**Kommunikation: Wie wir uns austauschen**		**154**
	13.1	Verbale Kommunikation	155
		13.1.1 Gleichzeitige Verarbeitung und Planung von Sprache	156
		13.1.2 Koordination von Sprechhandlungen	157
		13.1.3 Anpassung an Gegenüber und Situation	158
	13.2	Nonverbale Kommunikation	159
		13.2.1 Nonverbale Information senden	160
		13.2.2 Nonverbale Information empfangen und interpretieren	160
		13.2.3 Unterstützung verbaler Kommunikation durch Blicke und Gesten	162
	13.3	Entwicklung und Verbreitung	163
		13.3.1 Entwicklung und Moderatoren	163
		13.3.2 Verbreitung im Tierreich	164
	13.4	Funktion und Flexibilität	165
	13.5	Fazit und Empfehlungen	166

14	**Kooperation und Prosozialität: Zusammen ist besser**		**168**
	14.1	Komponenten von Prosozialität und deren Messung	169
		14.1.1 Altruistisches Verhalten	169
		14.1.2 Kooperation	172
		14.1.3 Soziale Normen und weitere Strategien	174
	14.2	Neurobiologische Grundlagen	177
	14.3	Entwicklung und Verbreitung	179
		14.3.1 Entwicklung über die Lebensspanne	179
		14.3.2 Verbreitung über Kulturen und Spezies	179
	14.4	Moderatoren	180
		14.4.1 Person	180
		14.4.2 Situation	181
	14.5	Stabilität und Flexibilität: Kooperation schützen und Prosozialität fördern	182
	14.6	Fazit und Empfehlungen	183
15	**Kultur: Wie wir Wissen weitergeben**		**184**
	15.1	Kulturelles Verhalten erfassen	186
		15.1.1 Kultur und (soziale) Intelligenz	186
		15.1.2 Die Messung kulturellen Verhaltens	187
	15.2	Mechanismen kultureller Transmission	188
		15.2.1 Beobachtung von Verhaltensentscheidungen, deren Qualität und Konsequenzen	189
		15.2.2 Emulation, Imitation, Overimitation – und Innovation	190
		15.2.3 Lehren	191
	15.3	Ausblick	192
	15.4	Fazit und Empfehlungen	193

Verzeichnisse

Literatur 197

Stichwortverzeichnis 229

Vorwort

> Man kann die Menschen nur verstehen, wenn man sie liebt (Rosa Luxemburg)

Eine Frage, die mein Lernen und Lehren, mein Forschen und alltägliches Leben seit langem begleitet, ist diese: Wie kommt es, dass Menschen, die auf der einen Seite traumwandlerisch begabt für alles Zwischenmenschliche scheinen, auf der anderen Seite so kolossal an vielen Herausforderungen des Zusammenlebens scheitern? Wir unterhalten uns in den verschiedensten Sprachen oder ohne Worte. Wir werfen und fangen Bälle und Blicke, wir tanzen und forschen miteinander und gründen Familien, Firmen, Universitäten und Orchester. Und erleben täglich, wie eigentlich unbedeutende Missverständnisse zu Spiralen aus Misstrauen und Abneigung führen können. Wir sind trotz bester (informations-)technischer Voraussetzungen weit davon entfernt, die Schere zwischen Überfluss und Armut zu schließen. Vom friedlichen Lösen von Konflikten ganz zu schweigen. Krisenzeiten wie die Covid-19-Pandemie halten eine Lupe über dieses Spannungsfeld. Wir haben berührende Beispiele zwischenmenschlicher Hilfe erlebt, Erfolge medizinisch-biologischer Forschungskooperationen gefeiert und den Kopf geschüttelt über kurzsichtigen Egoismus, der Menschenleben gekostet hat. Und wir waren neu mit der Frage konfrontiert, was Leben und Zusammenleben eigentlich ausmacht. Wie balanciert man zwischen Lebensfreude und Überlebensvernunft, Akzeptanz und Empörung? Und wie soll man sich Liebe, oder zumindest Achtung, für die Mitmenschen erhalten?

Wir Menschen neigen dazu, eine Linie zwischen uns und andere, zwischen unsere Gruppe und die Gruppe der anderen zu ziehen. Die Grenze kann sich an politischen Orientierungen oder Ernährungsgewohnheiten festmachen – oft verhärtet sie sich. Eine Voraussetzung dafür, dass wir die Probleme unserer Zeit lösen, ist, diese Grenzen aufzuweichen und uns wieder als Menschen zu begegnen, auch wenn wir dafür Ambivalenz aushalten müssen. Dieses Buch zeigt auf, dass bei uns allen ähnliche Prozesse ablaufen, vergleichbare Mechanismen am Werk sind. Wir lächeln, wenn wir von Freunden angestrahlt werden; wenn wir beobachten, wie jemand sich die Finger einklemmt, zucken wir zusammen. Alle Menschen urteilen manchmal vorschnell. Und wir wollen die beschützen, für die wir Verantwortung tragen.

Das Eingangszitat von Rosa Luxemburg mutet im wissenschaftlichen Kontext möglicherweise eigentümlich an. Schließlich kann man die Biologie von Gehirnen oder die psychologisch interessierenden Prozesse der Informationsverarbeitung objektiv (und ohne große Emotionen zu bemühen) im Labor untersuchen. Oder? Gerade die Forschung zu sozialer Kognition und Interaktion verweist immer wieder darauf, dass das, was Forschende finden, von deren Blickwinkel und Methodik abhängt – und zeigt dadurch die Grenzen klassischer Laboruntersuchungen ebenso auf wie die Kontextabhängigkeit sozialer Prozesse. In den vielschichtigen Wirren des täglichen und tatsächlichen Zusammenlebens prägt die Haltung die Erfahrung. Und letztere fällt meist einsichts- und freudenreicher aus, wenn erstere wohlwollend ist, da stimmen psychologische Erkenntnisse mit

Rosa Luxemburg überein. Meine Hoffnung ist, dass nicht nur die Liebe (oder zumindest ein zugewandtes Interesse) das Verstehen beflügelt, sondern dass die Einsicht in psychologische Mechanismen des sozialen Miteinanders zu einem vertrauensvolleren, freundlicheren Umgang mit anderen Menschen beiträgt.

Die Forschung dazu, wie wir einander wahrnehmen, uns einfühlen und eindenken und wie wir gemeinsam handeln, hat in den letzten Jahrzehnten viele neue Zugänge und spannende Erkenntnisse hervorgebracht. Dabei beschäftigen sich verschiedene Disziplinen innerhalb und jenseits der Psychologie mit Fragen des sozialen Verstehens und Handelns, u. a. die Allgemeine, Biologische und Sozialpsychologie, ebenso wie Neurowissenschaften, Philosophie, Soziologie und Verhaltensökonomie. Mit einem Fokus auf allgemeine mentale Prozesse werde ich Erkenntnisse aus diesen Feldern einbeziehen, auf entwicklungspsychologische und klinische Aspekte sowie Befunde aus dem breiter gefassten Tierreich und Anwendungsmöglichkeiten eingehen. Das Augenmerk auf allgemeine psychologische Prozesse bedeutet auch, dass, wenn nicht ausdrücklich anders dargestellt, alle Menschen gemeint sind, unabhängig beispielsweise von Geschlecht oder Status. Ich hoffe entsprechend, dass mir eine inklusive Sprache gelungen ist. Natürlich spiegelt dieses Buch meine Interessen, meinen Blickwinkel wider. Es gibt zahlreiche Erkenntnisse und Forschungsbereiche, die keinen Einzug gefunden haben.

Die sogenannte Glaubwürdigkeitskrise in empirischen Forschungsfeldern hat aufgezeigt, dass einige Erkenntnisse, die ich selbst als Studentin aus Lehrbüchern gelernt habe, sich nicht replizieren ließen, nicht haltbar waren. Vieles, das jahrzehntelang als Grundlagenwissen galt und unser Leben und Arbeiten beeinflusst hat, beruhte auf zu wenig hinterfragten Zufallsbefunden oder auf methodischen Herangehensweisen, die uns heute fragwürdig vorkommen. Entsprechend ist mein Ziel, der Begeisterung für neue Erkenntnisse einen vorsichtigen Blick entgegenzusetzen. Ich bemühe mich, den Fokus auf wissenschaftliche Ergebnisse zu richten, die auf mehr als einer Studie oder auf großen Stichproben beruhen.

Zu Beginn des Buchs geht es um Facetten sozialer Aufmerksamkeit und Wahrnehmung. Da Blicke diesbezüglich sowohl Ausdrucksform als auch Informationsquelle sind, leiten sie diesen Teil ein. Die folgenden Kapitel behandeln, nacheinander, die Verarbeitung von Gesichtern, Stimmen und Körperbewegung als spezifische Komponenten sozialer Wahrnehmung, die trotz ihrer einsichtsreichen Erforschung in klassischen Lehrbüchern oft vernachlässigt werden. Soziale Wahrnehmung beinhaltet auch das Einschätzen und Beurteilen von Personen und Gruppen. Die Betrachtung der zugrundeliegenden Mechanismen und Verzerrungen sind v. a. Gegenstand der Sozialpsychologie und schließen den ersten Buchteil ab (▶ Kap. 5, ▶ Kap. 6).

Teil II ist der Frage, wie und weshalb wir uns in andere eindenken und einfühlen, also sozialen Emotionen und Motiven sowie soziokognitiven Prozessen gewidmet. Erstere ergeben sich z. B. daraus, dass bei anderen beobachtete emotionale Zustände gespiegelt werden (▶ Kap. 7 Empathie) oder komplementäre Gefühle auslösen (▶ Kap. 8 Wohlwollen, Neid und Schadenfreude). Mit Prozessen der räumlich-visuellen und der kognitiven Perspektivübernahme beschäftigen sich die folgenden beiden Kapitel (▶ Kap. 9, ▶ Kap. 10). Abschließend zeige ich in zentrale Motive auf, die eine Brücke zwischen sozialer Informationsverarbeitung und Handlung schlagen (▶ Kap. 11).

Komponenten zwischenmenschlicher Interaktion sind Bestandteil des dritten und letzten Buchteils. Nacheinander stellen die Kapitel dar, wie wir unsere Handlungen aufeinander abstimmen (▶ Kap. 12 Koordination), uns verbal oder nonverbal austauschen (▶ Kap. 13 Kommunikation) und Ressourcen und Beiträge, Rechte und Pflichten untereinander aufteilen (▶ Kap. 14 Kooperation, prosoziales Verhalten). Die enorme synergetische Kraft des Sozialen, der Umstand, dass das gemeinsam geschaffene Ganze mehr ist als die Summe der Teile, wird hier besonders deutlich. Wie geben wir (soziale) Kenntnisse, Fähigkeiten und Konventionen, auch über die Zeit, weiter? Von Kultur und sozialem Lernen handelt das letzte Buchkapitel (▶ Kap. 15).

Das Zwischenmenschliche ist für viele die wichtigste Quelle der Lebensfreude, für andere ist es tödlich. Harmlos ist es selten. Spannend hingegen fast immer, in diesem Sinne: Viel Vergnügen.

Teil I Soziale Wahrnehmung und Aufmerksamkeit

1 What's in a gaze? Die Macht der Blicke

> Geradezu magisch lenken die Blicke unserer Mitmenschen unsere Aufmerksamkeit, sowohl wenn sie von uns abgewandt als auch, wenn sie auf uns gerichtet sind. An zwei intensiv untersuchten Phänomenen, dem Blickfolgen und dem Blickkontakteffekt, zeigt das erste Kapitel die neuronalen Grundlagen, Entwicklung und Einflussfaktoren unserer Sensibilität für Blicke auf. Anschließend werden einige Funktionen erläutert, die Blicke im sozialen Miteinander einnehmen.

Blicke sind allgegenwärtig. Oft ohne uns dessen gewahr zu werden, verraten wir mit unseren Blicken, was uns interessiert, was wir wissen (wollen) und wie wir etwas finden. Und ebenso mühelos registrieren wir die Blicke unserer Mitmenschen: Wohin, wie und wie lange schauen sie? Neben unbewusst ablaufenden Prozessen der Blickverarbeitung und des Blickverhaltens können Menschen Blicke bewusst einsetzen, um gemeinsames Handeln zu erleichtern: Ein kurzer Blickkontakt ist Taktgeber beim Musizieren oder beim Anheben eines schweren Möbelstücks. Dem Gegenüber in die Augen zu schauen, vermittelt im Gespräch, dass wir Anteil nehmen; ein rascher Blick auf die sich nähernde Person, über die wir gerade tratschen, bringt unseren Gesprächspartner hingegen effizient zum Schweigen.

Insbesondere die verbindende Kraft des Sich-in-die-Augen-Schauens wurde und wird in Musik, Literatur und Kunst in schillernden Farben und Tönen vorgeführt. In ihrer Performance »The Artist is Present« ermöglichte die Künstlerin Marina Abramović im Museum of Modern Art den Besuchern und Besucherinnen, ihr gegenüber Platz zu nehmen und mit ihr in Blickkontakt zu treten. Videoaufnahmen und Berichte der Teilnehmenden zeigen eindrücklich, wie intensiv und berührend Blickkontakt sein kann. Und sie machen deutlich, wie unterschiedlich er ausfällt, je nachdem, wer sich wann und wie in diesen Kontakt begibt (▶ Kap. 1.4 Empfohlener Film).

Trotz (oder gerade wegen) ihrer Schlichtheit sind Blicke vielfältig und ihre Bedeutung und Interpretation kontextabhängig (Hamilton, 2016; Kleinke, 1986). Blicke ziehen uns wie kaum ein anderer sozialer Reiz in das Hier und Jetzt und in den Kontakt miteinander. Das hat mit ihrer erstaunlichen Eigenschaft zu tun, gleichzeitig soziale Information sammeln und vermitteln zu können (Kendon, 1967; Schilbach, 2015). Mit und in einem Augenblick signalisieren wir unserem Gegenüber beispielsweise unser Interesse und erkennen das ihre.

> **Definition: Dualität des Blicks**
>
> Während Individuen die Blicke anderer wahrnehmen, führen sie selbst Blicke aus, die vom Gegenüber gesehen werden (können). Dadurch erlauben Blicke zeitgleich das Einholen und das Vermitteln von sozialer Information. Dieses Phänomen wird als Dualität des Blicks bezeichnet (engl.: duality of gaze).

Menschen – und nicht nur wir – sind ausgesprochen sensibel für die Blicke anderer.

Blicke ziehen unsere Aufmerksamkeit an und prägen, was wir wahrnehmen und wie wir soziale Information verarbeiten. Zwei Phänomene, die die Sensibilität für Blicke aufzeigen, wurden dabei in der psychologischen Forschung besonders gut untersucht: das Blickfolgen (engl.: gaze following) und der Blickkontakteffekt (engl.: direct gaze effect).

1.1 Gaze following: Blicken folgen

Oft können wir gar nicht anders als den Blicken unserer Mitmenschen zu folgen, ob diese Blicke nun aus dem Fenster schweifen oder auf unserer vollgekleckerten Kleidung verweilen (siehe Frischen et al., 2007 und McKay et al., 2021 für einen Überblick)

> **Definition: Gaze following**
>
> Gaze following bezeichnet die reflexive, also automatische, Tendenz, den Blicken anderer in eine bestimmte Richtung oder auf ein bestimmtes Objekt zu folgen. Dies kann durch das offene Ausrichten des eigenen Blicks gemäß der Blickrichtung des anderen geschehen (*overt gaze following*), aber auch durch die innerliche Neuausrichtung der Aufmerksamkeit (*covert gaze following*).

Entdeckt wurde das unwillkürliche Blickfolgen anhand allgemein-psychologischer Experimente, die aufzeigten, dass Versuchspersonen Objekte auf einem Bildschirm besonders schnell verarbeiten können, wenn diese von einem ebenfalls dargebotenen Gesicht angeschaut werden (siehe Kasten Klassischer Versuch).

Klassischer Versuch: Gaze following

Reflexives Blickfolgen bei Menschen wurde beinahe zeitgleich von zwei wissenschaftlichen Teams berichtet, von Chris Kelland Friesen und Alan Kingstone aus Kanada (Friesen & Kingstone, 1998) und von Jon Driver, Greg Davis, Paola Ricciardelli und Simon Baron-Cohen aus England (Driver, Davis, Ricciardelli & Baron-Cohen, 1999). In den beschriebenen Experimenten sollten die Versuchspersonen so schnell wie möglich mit einem Tastendruck auf Buchstaben reagieren, die links oder rechts auf einem Bildschirm erschienen (z. B. die obere Taste drücken, wenn ein T auf dem Bildschirm zu sehen war und die untere Taste drücken, wenn ein L erschien). Erfasst wurde dabei die *Reaktionszeit*, also die Zeit zwischen Darbietung der Buchstaben und Tastendruck der Versuchsperson.

Die Besonderheit des Versuchsaufbaus: Kurz bevor der jeweilige Buchstabe in einem Durchgang erschien, wurde in der Mitte des Bildschirms ein Gesicht dargeboten, welches entweder nach links oder nach rechts schaute. Entsprechend mussten die Versuchspersonen also einen Buchstaben klassifizieren, der dort auftauchte, wo das Gesicht hinschaute (Blick-kongruente Bedingung) oder aber auf der blickabgewandten Seite (Blick-inkongruente Bedingung). Über viele Durchgänge hinweg fanden die beiden wissenschaftlichen Teams, dass die Versuchspersonen schneller auf Buchstaben reagierten, die von dem Gesicht angeschaut wurden als auf Buchstaben, die nicht angeschaut wurden (▶ Abb. 1.1). Der Vergleich mit einer neutralen Blick-Bedingung (einem Gesicht, das geradeaus schaute) zeigte außerdem, dass dieser *Gaze-cueing-Effekt* vor allem durch einen Verarbeitungsvorteil für die angeschauten Buchstaben und weniger durch einen Nachteil für die Buchstaben auf der blickabgewandten Seite zustande kam (Friesen & Kingstone, 1998).

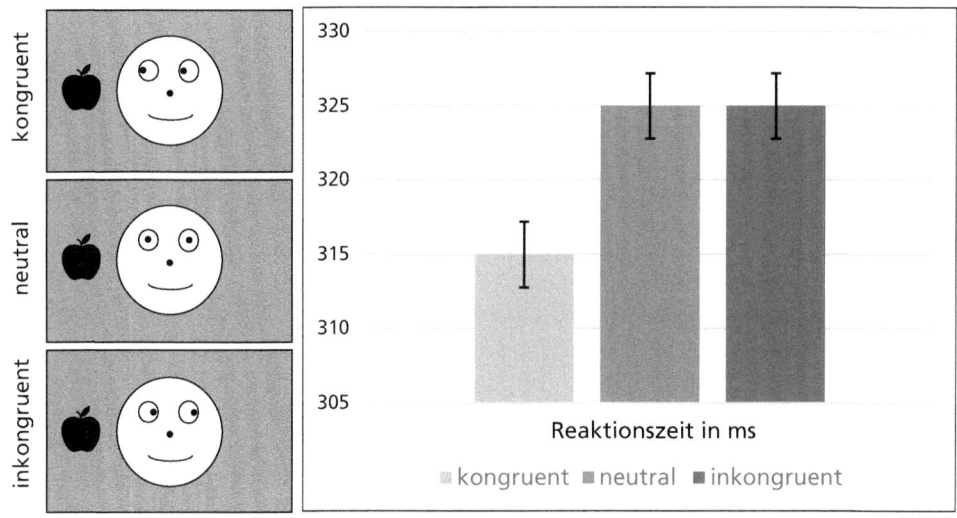

Abb. 1.1: Schematische Darstellung der drei Bedingungen (links) und Reaktionszeiten (rechts) in einem Gaze-cueing-Experiment. Die Balken zeigen die durchschnittlichen Reaktionszeiten in Millisekunden (ms) mit Standardfehlern für die drei Bedingungen. Die Versuchspersonen reagieren schneller auf den Apfel, wenn er von dem Gesicht angeschaut wird (kongruente Bedingung).

Gaze following tritt auch dann auf, wenn das Gesicht nur sehr kurz vor dem Buchstaben gezeigt wird (z. B. 100 ms), wenn die Versuchspersonen angewiesen werden, das Gesicht zu ignorieren und sogar, wenn die Buchstaben häufiger dort erscheinen, wo das Gesicht *nicht* hinschaut. Die Schlussfolgerung der Forschenden: Gaze following ist stabil und unwillkürlich.

1.1.1 Neuronale Grundlagen

Bereits in den 1970er Jahren untersuchten Wissenschaftler die Reaktion von Nervenzellen, beispielsweise im Gehirn von Affen, auf den Anblick von Gesichtern. Ein Durchbruch für das Verständnis der Blickverarbeitung waren Untersuchungen von David Perrett, die zeigten, dass Neurone im superioren temporalen Sulkus (STS) von Rhesusaffen (*Macaca mulatta*) spezifisch auf die Ausrichtung von Gesichtern, aber auch von Körpern und Blicken reagierten: Beispielsweise sind manche Zellen besonders aktiv (und »feuern«) beim Anblick von Augen, Gesichtern und Körpern, die nach rechts ausgerichtet sind, wieder andere reagieren spezifisch auf eine Orientierung nach links, oben oder unten (Perrett, Hietanen, Oram & Benson, 1992). Dabei wird die Richtungsinformation der Augen stärker gewichtet als die des Gesichts und diese wiederum stärker als die Körperausrichtung. Perrett schrieb dieser Sensibilität eine soziale Funktion zu: Wenn wir schnell und zuverlässig ermitteln, wohin ein Gegenüber die Aufmerksamkeit richtet, können wir angemessen reagieren.

Auch beim Menschen werden, z. B. mit funktioneller Magnetresonanztomografie (fMRT), die Hirnreale untersucht, die während der Wahrnehmung von Blickreizen besonders aktiviert sind (siehe Exkurs Funktionelle Magnetresonanztomografie).

> **Exkurs: Funktionelle Magnetresonanztomografie (fMRT)**
>
> Dieses nicht-invasive Verfahren wird häufig genutzt, um die Verarbeitung von Reizen (z. B. Blicken, Gesichtern) bei Menschen zu untersuchen. Um die Ergebnisse von fMRT-Studien einordnen zu können, ist es wichtig, das Prinzip der Methode zu verstehen. Die Versuchspersonen liegen bei den entsprechenden Untersuchungen auf dem Rücken im Magnetresonanztomographen und sehen auf einem Bildschirm Reize, auf die sie ggf. reagieren sollen (z. B. mit Knopfdrücken). Während der Präsentation der Reize und/oder der Reaktion auf die Aufgabe wird gemessen, wie stark das Gewebe des Gehirns durchblutet ist. Dabei werden die magnetischen Eigenschaften von Wasserstoffkernen (Protonen) genutzt, die durch kurze Impulse abgelenkt werden. Die Energie, die diese Protonen abgeben, während sie sich wieder am starken Magnetfeld des MRT-Geräts ausrichten, wird als Magnetresonanz bezeichnet und erfasst. Da der Blutfarbstoff Hämoglobin andere magnetische Eigenschaften hat, wenn er sauerstoffreich ist, als wenn er sauerstoffarm ist, lässt sich ermitteln, welche Hirnregionen besonders stark durchblutet sind. Nervenzellen in aktiven Hirnregionen benötigen nämlich mehr Sauerstoff, weshalb mehr sauerstoffreiches Blut in diese Regionen fließt. Dies wird als Blood-Oxygenation-Level Dependent (BOLD)-Effekt bezeichnet und erlaubt, millimetergenau zu erfassen, wo eine durch Nervenzellenaktivität ausgelöste erhöhte Durchblutung stattgefunden hat. Wichtig zu bedenken ist hierbei, dass die Veränderung des Hämoglobins erst einige Sekunden nach der neuronalen Aktivität auftritt. Entsprechend erlaubt fMRT zwar eine recht präzise räumliche, aber eine weniger genaue zeitliche Untersuchung der interessierenden psychologischen Prozesse.
>
> Ein zentraler Aspekt, der bei fMRT-Untersuchungen immer berücksichtigt werden muss, ist, dass Gehirne permanent durchblutet sind und nicht nur dann, wenn Menschen bestimmte Aufgaben bearbeiten. Um sinnvolle Erkenntnisse über die Bedeutung spezifischer Hirnareale für psychologische Prozesse zu gewinnen, muss die Durchblutung während des interessierenden Prozesses (der *Versuchsbedingung*) also verglichen werden mit der Durchblutung unter maximal ähnlichen Bedingungen, aber ohne den interessierenden Prozess (*Kontrollbedingung*). Die Unterschiede in der Magnetresonanz zwischen Versuchs- und Kontrollbedingung werden dann farbig auf dem Bild des Gehirns abgetragen.

Auch der mit dem STS eng verbundene intraparietale Sulkus (IPS) ist am menschlichen Blickfolgen beteiligt (Frischen et al., 2007; Calder et al., 2007). Wird die Wahrnehmung und das Folgen von dargestellten Blickreizen (Versuchsbedingung) gezielt mit dem Wahrnehmen und Folgen von Pfeilen (Kontrollbedingung) verglichen, zeigen sich sowohl Ähnlichkeiten als auch Unterschiede: Während Blicke und Pfeile die menschliche Aufmerksamkeit effektiv auf ein Objekt lenken und dessen Verarbeitung beschleunigen, involvieren Pfeile mehr als Augen Areale des sogenannten ventralen Aufmerksamkeits-Netzwerks, die mit absichtlicher, gezielter Steuerung der Aufmerksamkeit in Verbindung gebracht werden (Engell et al., 2010; Hietanen, Nummenmaa, Nyman, Parkkola & Hämäläinen, 2006). Blicke scheinen also eine stärkere automatische Wirkung zu haben als abstrakte Symbole, was ihrer besonderen sozialen Bedeutung zugeschrieben wird (Emery, 2000).

1.1.2 Entwicklung und Verbreitung

Bereits Babys neigen dazu, dort hinzuschauen, wo sich andere hinwenden (Farroni, Massaccesi, Pividori & Johnson, 2004). Mit sechs Monaten folgen Säuglinge in experimentellen Untersuchungen spontan den Blicken von Erwachsenen, wenn diese, von den jungen Versuchspersonen beobachtet, eines von zwei Spielzeugen anschauen (Byers-Heinlein et al., 2021). Im Laufe des zweiten Lebensjahres lernen Kleinkinder, Kopf- und Blickrichtung zu differenzieren und verstehen nach und nach, dass die Blickrichtung anderer Menschen informativ für deren Äußerungen und Handlungen ist (Brooks & Meltzoff, 2005). Bei 7–10-Jährigen wurden während der Verarbeitung von Blickrichtungen vergleichbare neuronale Aktivierungsmuster wie bei Erwachsenen gefunden. Im höheren Alter hingegen scheint die Tendenz, Blicken reflexiv zu folgen, abzunehmen.

Durch die weiße Lederhaut (Sklera), die die Iris umgibt und einen deutlichen Farbkontrast zu ihr herstellt, sind menschliche Augen besonders auffällige Blickreize und vermitteln auch ohne eine Drehung des Kopfes präzise, wo jemand hinschaut. Doch auch viele unserer nicht-menschlichen Verwandten folgen der Blick- bzw. Kopfrichtung ihrer Artgenossen. Alexandra Rosati und ihre Kolleginnen haben hunderte Rhesusaffen (*Makaka mulatta*) untersucht und, vergleichbar mit dem Entwicklungsverlauf bei Menschen, bei diesen bereits im ersten Lebensjahr eine stabile Blickfolgetendenz gefunden, die sich bis ins Jugendalter hinein vergrößerte und im Laufe des Erwachsenenalters wieder abnahm (Rosati, Arre, Platt & Santos, 2016). Menschenaffen wie Schimpansen (*Pan troglodytes*), Bonobos (*Pan paniscus*), Gorillas (*Gorilla gorilla*) und Orang-Utans (*Pongo pygmäus*) folgen den Blicken ihrer Artgenossen, ebenso manche Alt- und Neuweltaffen und sogar Lemuren. Domestizierte Tiere wie Hunde (*Canis familiaris*) und Ziegen (*Capra hircus*), aber auch Delfine (*Tursiops truncates*), Raben (*Corvus corax*) und Schützenfische (*Toxotes chatareus*) nutzen die Blicke ihrer Artgenossen, um Information über den Ort von Nahrung oder Gefahren zu erhalten. Sogar bei natürlicherweise alleinlebenden Schildkröten (*Geochelone carbonaria*) wurde gaze following beobachtet (Shepherd, 2010; Leadner, Sekely, Klein & Gabay, 2021; Wilkinson, Mandl, Bugnyar & Huber, 2010).

1.1.3 Moderatoren: Situation und Person

Insgesamt ist gaze following ein robustes Phänomen (Frischen et al. 2007; McKay et al., 2021). Experimentelle Studien finden es größtenteils unabhängig von den Eigenschaften des dargestellten Gesichts, beispielsweise von dessen Realitätsnähe, Bekanntheit oder Identität. Auch rotierte Gesichter lösen Blickfolgen aus, bei kopfüber präsentierten Gesichtern kann gaze following jedoch einbrechen. Ebenso wird stärker ausgeprägtes Blickfolgen bei dominanten im Vergleich zu submissiv wirkenden Gesichtern und bei ängstlichen verglichen mit neutralen Gesichtern berichtet.

Es ist unabdingbar, soziale Effekte wie gaze following nicht nur in computerbasierten Laborsituationen zu untersuchen, sondern auch in realistischen und dynamischen sozialen Umgebungen. In einer Feldstudie filmten Andrew Gallup und seine Kollegen das Blick- und Bewegungsverhalten von über 3.000 Fußgängern, wobei sie sogenannte confederates einsetzten, also Eingeweihte, die in mehr oder weniger großen Gruppen zusammenstanden und in eine Richtung blickten (z. B. auf ein Hochhaus). Nur etwa 25 % der Personen folgten offen den Blicken der confederates, wobei die Wahrscheinlichkeit des Blickfolgens mit der Größe der schauenden Gruppe und mit der räumlichen Nähe zu dieser Gruppe zunahm. Auch in weniger bevölkerten Straßen und bei geringerer Laufgeschwindigkeit hielten Personen eher inne, um den Blicken der confederates zu folgen (Gallup, Hale, Sumpter & Couzin, 2012).

Unterscheiden sich Personen systematisch in ihrer Blickfolgeneigung? Tatsächlich scheint das Folgen von Blicken (ebenso wie das Folgen von Pfeilrichtungen) bei Frauen im Durchschnitt stärker ausgeprägt zu sein als bei Männern, ein Unterschied, der auch bei Rhesusaffen zu beobachten ist (Rosati et al., 2016). Im klinisch-psychologischen Bereich wird verändertes gaze following bei Personen auf dem Autismus-Spektrum diskutiert.

> **Definition: Autismus-Spektrum-Störung**
>
> Das von der Weltgesundheitsorganisation erstellte Klassifikationssystem ICD-11 (International Classification of Diseases and Related Health Problems) definiert die Autismus-Spektrum-Störung (ASS) als Neuroentwicklungsstörung, die häufig bereits in der frühen Kindheit sichtbar wird und sich durch dauerhafte Einschränkungen der Initiierung und Aufrechterhaltung von sozialer Interaktion und Kommunikation sowie durch repetitive und unflexible Verhaltensmuster und Interessen auszeichnet. Manchmal kommen verzögerte Sprachentwicklung und Intelligenzminderung hinzu, ebenso kann die ASS auch mit uneingeschränkter Intelligenz und Sprachentwicklung und teilweise mit Inselbegabungen einhergehen.

Insgesamt zeigen Kinder und Erwachsene mit ASS ohne kognitive Einschränkungen eine mit neurotypischen Versuchspersonen vergleichbar starke Bereitschaft, den Blicken und Kopfbewegungen anderer zu folgen. Zum Teil werden jedoch subtile Unterschiede in der Verarbeitung von Blickrichtungen berichtet, die darauf hindeuten, dass Blickreize für Personen mit ASS eine weniger herausragende Bedeutung haben als für neurotypische (Bedford et al., 2012).

> **Merke**
>
> Die reflexive Tendenz, den Blicken anderer zu folgen, bildet sich bereits in früher Kindheit aus und zeigt sich in zahlreichen Spezies. Die weite Verbreitung und hohe Stabilität verweisen auf eine tiefe Verankerung des Blickfolgens in unserer ontogenetischen (individuellen) und phylogenetischen (stammesgeschichtlichen) Entwicklung. Besonders der superiore temporale Sulkus spielt auf Ebene des Gehirns dabei eine zentrale Rolle. Gaze following ermöglicht uns im sozialen Miteinander nonverbal und effektiv zu erfassen, wo sich interessante (oder gefährliche) Objekte befinden und was unser Gegenüber sieht, will, meint oder tun wird.

1.2 Direct gaze effect: Blickkontakt suchen

Die Blicke unserer Mitmenschen prägen unsere Aufmerksamkeit nicht nur, wenn sie zu dem angerichteten Buffet auf der anderen Seite des Raumes schweifen, sondern auch dann, wenn sie auf uns gerichtet sind. Betreten wir einen mit Menschen gefüllten Raum oder betrachten wir ein ebensolches Bild, landet unsere Aufmerksamkeit schnell auf dem Gesicht, das uns anschaut.

> **Definition: Blickkontakteffekt**
>
> Gesichter, die Blickkontakt mit uns aufnehmen, ziehen unsere Aufmerksamkeit unwillkürlich an und haben eine besondere Wirkung auf uns. Dieses Phänomen wird als Blickkontakteffekt (engl.: direct gaze effect, auch eye contact effect) bezeichnet.

Durch unsere Sensibilität für Blickkontakt entdecken wir Gesichter, die uns anschauen, besonders schnell. Wir können die Eigenschaften dieser Gesichter (z. B. deren Geschlecht oder Identität) zügiger identifizieren als von solchen mit abgewandtem Blick und wir merken uns Gesichter besser, die uns angeschaut haben (für einen Überblick, siehe Senju & Johnson, 2009; Schilbach, 2015). Blickkontakt fördert also die effiziente Verarbeitung von Information, die auf den entsprechenden Gesichtern oder von den entsprechenden Personen gezeigt werden, sogar wenn die Blicke für die Aufgabe selbst bedeutungslos sind (Böckler, van der Wel, & Welsh, 2014).

1.2.1 Neuronale Grundlagen

Das Betrachten von Gesichtern mit direktem verglichen mit abgewandtem Blick geht bei Menschen mit erhöhter Aktivierung in einer Reihe von Hirnarealen einher, die bei der Verarbeitung sozialer Reize und der Regulation sozialer Interaktionen maßgeblich beteiligt sind (▶ Abb. 1.2; Senju & Johnson, 2009). Dabei hängen die spezifischen Aktivierungsmuster natürlich auch von weiteren Eigenschaften der Reize und Aufgaben ab.

- Amygdala; u. a. für die schnelle Verarbeitung und Reaktion auf emotionale Reize relevant
- Fusiforme face area; spielt für das Erkennen von Gesichtern eine zentrale Rolle (▶ Kap. 2.2)
- Anteriore und posteriore Teile des superioren temporalen Sulkus (STS); u. a. an der Verarbeitung von Körperbewegungen, Gesichtern, Sprache und dem Verstehen mentaler Zustände (Theory of Mind) beteiligt (▶ Kap. 10.2)
- Medialer präfrontaler Kortex; während der Regulation von Aufmerksamkeit, kognitiver Kontrolle, Handlungssteuerung und Theory of Mind besonders aktiviert
- Orbitofrontaler Kortex; u. a. für soziale Entscheidungen, Vorhersagen und Lernen wichtig

Forschende vermuten, dass Blickkontakt über schnelle, subkortikale Verbindungen (u. a. die Amygdala) die Aktivierung der kortikalen Areale des »sozialen Gehirns« steuert und dadurch die besonders effiziente Verarbeitung sozialer Information ermöglicht (Burra, Mares, & Senju, 2019; Senju & Johnson, 2009).

1.2.2 Entwicklung und Verbreitung

Die Sensibilität für Blickkontakt scheint angeboren zu sein: Von Geburt an schauen Säuglinge häufiger und länger auf Gesichter mit zugewandtem verglichen mit abgewandtem Blick und bereits mit vier Monaten ist die für Gesichtsverarbeitung typische neuronale Aktivierung stärker ausgeprägt, wenn Babys Gesichter mit direktem Blick sehen (Farroni, Csibra, Simion & Johnson, 2002). Die Gedächtnisleistung für Gesichter verbessert sich, wenn diese Blickkontakt herstellen, sowohl bei Säuglingen als auch bei Kindern und Erwachsenen (Farroni, Massaccesi, Menon & Johnson, 2007). Mit etwa acht Jahren finden Kinder Gesichter mit direktem Blick auf einem Bildschirm zuverlässig schneller als solche mit abgewandtem Blick.

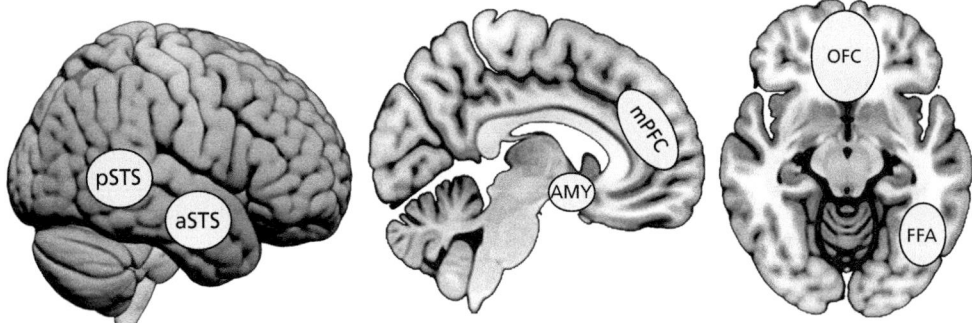

Abb. 1.2: Hirnreale, die bei der Verarbeitung von direktem Blick besonders aktiviert sind. Beispielhaft dargestellt für die rechte Hemisphäre. AMY = amygdala; FFA = fusiform face area; MPFC = medialer präfrontaler Kortex; OFC = orbitofrontaler Kortex; aSTS = anteriorer superiorer temporaler Sulkus; pSTS = posteriorer superiorer temporaler Sulkus.

Obwohl sich Kulturen darin unterscheiden, ob Respekt eher durch Blickkontakt (westliche Kulturen) oder durch abgewandten Blick (östliche Kulturen) ausgedrückt wird, ist die unmittelbare Sensibilität für direkten Blick stabil. Blickkontakt mit anwesenden Personen löste beispielsweise sowohl bei finnischen als auch bei japanischen Versuchsteilnehmenden stärkere Aufmerksamkeitsanziehung und höhere körperliche Anzeichen von Erregung aus. Die subjektive Bewertung der Gesichter unterschied sich hingegen, wobei die finnische Gruppe direkten Blick positiver beurteilte als die japanische (Akechi et al., 2013).

Im Tierreich spiegelt sich die Sensibilität für Blickkontakt meist in vermeidenden oder aggressiven Reaktionen wider (für einen Überblick, siehe Emery, 2000). Bei zahlreichen Spezies wird das schnelle Erkennen von direktem Blick mit einem Jäger-Erkennungs-System (engl.: predator detection system) in Verbindung gebracht. Fischen, Vögeln und Säugetieren erlaubt das Erkennen, dass ein Fressfeind in die eigene Richtung blickt, zügig zu reagieren, und etwa durch Totstellen, dem Gefressen-Werden zu entgehen. Nicht zuletzt haben sich bei manchen Schmetterlingen und Motten augenähnliche Muster auf den Flügeln herausgebildet, was Fressfeinde durch die Simulation des Angeschaut-Werdens abschreckt. Einige Primaten reagieren differenzierter auf direkten Blick von Artgenossen und verstehen diesen nicht nur als Dominanz- oder Warngeste, sondern auch als Signal der Annäherung und Verbindung. Entsprechend etablieren Schimpansen (*Pan troglodytes*), Bonobos (*Pan paniscus*), und Orang-Utans (*Pongo pygmäus*) in ihren Eltern-Kind-Beziehungen oder mit Sexualpartnern immer wieder über einen längeren Zeitraum Blickkontakt. Und wenn Schimpansen oder Rhesusaffen (*Makaka mulatta*) unbekannte Gesichter betrachten, präferieren sie bereits in den ersten Lebensmonaten solche mit direktem Blick (Muschinski et al., 2016).

1.2.3 Moderatoren: Situation und Person

Blickkontakt zieht unsere Aufmerksamkeit besonders dann an, wenn Gesichter oder Augen sich uns plötzlich zuwenden (Böckler et al., 2014). Auch in alltäglichen Situationen schauen wir einander selten starr in die Augen, sondern wechseln dynamisch zwischen zu- und abgewandtem Blick. Darüber hinaus beeinflusst auch der Emotionsausdruck eines Gesichts, wie wir auf dessen Blick reagieren: Insbesondere bei Gesichtern, deren Ausdruck Annäherung signalisiert, beispielsweise Wut oder Freude, zieht Blickkontakt uns in seinen Bann (Breil et al., 2022).

Ein Aspekt, der Blickverarbeitung und -verhalten wesentlich beeinflusst, ist der Aufbau der Experimente selbst. So schauen Versuchspersonen deutlich häufiger und länger auf die Augen anderer, wenn sie diese als Fotografien oder Videos auf Bildschirmen betrachten, als wenn sie sich tatsächlich inmitten anderer Menschen aufhalten oder bewegen (Foulsham, Walker, & Kingstone, 2011; Laidlaw, Foulsham, Kuhn, & Kingstone, 2011). Dies hat mit der eingangs erwähnten Besonderheit von Blicken zu tun, gleichzeitig etwas über den Angeschauten *und* über den Schauenden verraten zu können. Sind angeschaute Personen tatsächlich anwesend, können sie Rückschlüsse aus dem Blickverhalten der Versuchspersonen ziehen und darauf reagieren, z. B. mit Annäherung oder Ablehnung.

Gibt es Gruppen von Menschen, die im Durchschnitt mehr oder weniger sensibel aufs Angeschaut-Werden reagieren? Personen auf dem Autismus-Spektrum zeigen ab der Kindheit ein geringeres Interesse an Augen und Gesichtern und vermeiden Blickkontakt häufiger (Dalton et al., 2005). Dennoch scheint ihre Aufmerksamkeit unmittelbar von direktem Blick angezogen zu werden (Senju, Kikuchi, Hasegawa, Tojo & Osanai, 2008). Auch Menschen mit sozialer Phobie vermeiden Blickkontakt eher und beschreiben diesen als unangenehm. Gleichzeitig fühlen sie sich in größerem Ausmaß als Personen ohne soziale Phobie von Gesichtern auch dann angeschaut, wenn diese eigentlich leicht an ihnen vorbeischauen (Gamer, Hecht, Seipp & Hiller, 2007; Schneier, Rodebaugh, Blanco, Lewin & Liebowitz, 2011).

> **Definition Soziale Phobie**
>
> Das ICD-11 definiert soziale Phobie als soziale Angststörungen, die durch übermäßige Angst vor sozialen Situationen geprägt ist, z. B. dem Essen in Gesellschaft, dem Ansprechen fremder Personen oder dem Reden in Gruppen. Je nach Ausprägungsgrad können diese Ängste auf wenige Situationen beschränkt sein oder sich auf ein weites Spektrum von Sozialkontakten beziehen. Betroffene befürchten, dass sie oder ihr Verhalten von anderen negativ bewertet werden. Viele Betroffene erleben in der angstbesetzten Situation oder bei dem Gedanken an diese Situation körperliche Symptome, z. B. Schweißausbrüche, Herzrasen, Erröten, Zittern oder Kurzatmigkeit.

Zusammenfassend ist die Anziehung unserer Aufmerksamkeit durch Blickkontakt, trotz einiger situativer und persönlicher Einflussfaktoren, ein stabiler Effekt.

> **Merke**
>
> Seit frühester Kindheit, in verschiedenen Kulturen und über Spezies hinweg zieht Blickkontakt die Aufmerksamkeit an. Im menschlichen Gehirn zeigen sowohl entwicklungsgeschichtlich alte Strukturen wie die Amygdala als auch kortikale Areale, die an sozialem Verstehen und Handeln beteiligt sind, erhöhte Aktivierung für direkten Blick. Neben den zugleich rezeptiven und kommunikativen Eigenschaften von Blickkontakt trägt diese präferierte Verarbeitung möglicherweise besonders zu dessen vielschichten sozialen Funktionen bei.

1.3 Die Rolle von Blicken im sozialen Miteinander

Die beeindruckende Sensibilität für Blicke über Spezies, Individuen und die Lebensspanne hinweg verweist auf deren Bedeutung für unser soziales Leben. Neben den ausführlich untersuchten Phänomenen des Blickfolgens und des Blickkontakteffekts, beeinflussen die Augen unserer Artgenossen auch, wie wir uns selbst und andere beurteilen und uns ihnen gegenüber verhalten (Conty, George & Hietanen, 2016). Und wir nutzen unsere eigenen Blicke, um Information über andere einzuholen, mit ihnen zu kommunizieren und zu interagieren (Hessels, 2020). Seit etwa einem Jahrhundert beschäftigen sich Wissenschaftlerinnen und Wissenschaftler mit der Funktion von Blicken (Kleinke et al., 1986). Im Folgenden wird deren Bedeutung in zentralen Bereichen des sozialen Miteinanders ausgeführt (▶ Abb. 1.3 für einen Überblick).

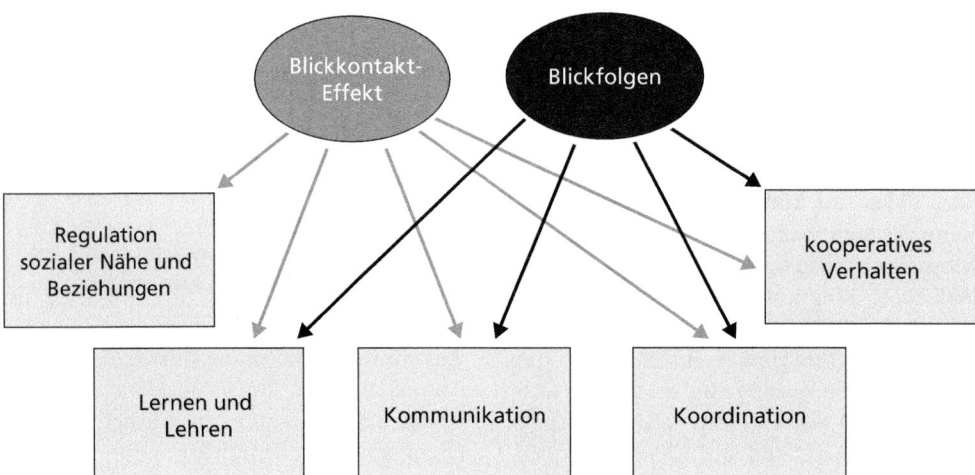

Abb. 1.3: Schematische Darstellung der Funktionen des Blickkontakt- und des Blickfolgeeffekts. Die Übersicht erhebt keinen Anspruch auf Vollständigkeit.

1.3.1 Regulation sozialer Nähe und Beziehungen

Eine wichtige Funktion von Blicken ist es, Nähe und Zugehörigkeit zu regulieren. Wir nutzen Blicke, um Kontakt aufzunehmen, beispielsweise ein Gespräch zu beginnen, oder um Kontakt trotz räumlicher Distanz aufrecht zu erhalten (Cary, 1978). Wird uns die körperliche Nähe hingegen zu groß, etwa in einem engen Aufzug, schafft das Vermeiden von Blickkontakt den benötigten Abstand.

Schon im ersten Lebensjahr lächeln Säuglinge mehr, wenn sie angeschaut werden (Symons, Hains & Muir, 1998) und Erwachsene finden Gesichter sympathischer, wenn diese Blickkontakt herstellen (Mason, Tatkow & Macrae, 2005). Wir neigen dazu, uns angeschaut zu fühlen, auch wenn andere leicht an uns vorbeischauen und empfinden Blickkontakt von durchschnittlich etwa drei Sekunden als angenehm (Binetti, Harrison, Coutrot, Johnston & Mareschal, 2016). Dabei hängt die angemessene Blickdauer von der Situation und den beteiligten Personen ab – und von der Funktion des Blicks. Wenn wir flirten, erhöht Augenkontakt beispielsweise angenehm die Spannung (Kendon, 1967); in Gesprächen, in denen jemand von traurigen und belastenden Erlebnissen erzählt, wirkt abgewandter Blick der Zuhörenden besonders empathisch (Breil & Böckler, 2021). In beiden Fällen erlaubt die Blickrichtung, die eigene emotionale Erregung und die der anderen Person zu regulieren.

Bei menschlichen und nicht-menschlichen Primaten kann das Blickverhalten Aufschluss über die sozialen Strukturen und Hierarchien einer Gruppe geben und diese stabilisieren. Dominante Individuen und solche mit höherem Status werden häufiger angeschaut und achten selbst weniger auf die Blicke ihrer Artgenossen (Foulsham, Cheng, Tracy, Henrich & Kingstone, 2010). Und ein scharfer Blick der Erziehungsberechtigten erinnert den Nachwuchs effektiv daran, welche Regeln und welche Dominanzhierarchie in einer Gruppe gelten. Darüber hinaus vermitteln Blicke mühelos und nachhaltig, wer dazugehört und wer nicht. Selbst in kurzen computerbasierten Interaktionen fühlen sich Personen, die nicht von anderen angeschaut werden, deutlich ausgeschlossener und berichten eine geringere Zugehörigkeit und ein reduziertes Selbstwertgefühl im Vergleich zu Personen, die angeschaut wurden (Böckler, Hömke & Sebanz, 2014).

Blicke sind also ein wirksames nonverbales Mittel, einander Interesse, Nähe und Zugehörigkeit zu signalisieren – oder eben den Wunsch nach Ruhe oder Abstand. Und obwohl die Grenze zwischen »zu wenig« und »zu viel« im Sekundenbereich liegt, gelingt es uns meist mühelos, die richtige Dauer abzuschätzen.

1.3.2 Lernen und Lehren

Die Blicke unserer Mitmenschen verraten uns einiges über unsere Umgebung. Bereits Säuglinge folgen den Blicken ihrer Bezugspersonen und erfahren dadurch die Bedeutung von Worten, die Funktion von Gegenständen und den korrekten Ablauf von Handlungen. Blicke bieten zuverlässig und schnell eine Referenz für Gesagtes (Was meint Papa, wenn er »Ball« sagt?) und Getanes (Was braucht Mama, um meinen Teddy zu reparieren?) – und unterstützen so das Lernen von Sprache, kognitiven und motorischen Fertigkeiten (Mundy et al., 2007).

> **Definition: Joint attention**
>
> Das gemeinsame Lenken der Aufmerksamkeit auf Objekte oder Personen in der Umgebung, ausgelöst durch Blickfolgen, wird als joint attention bezeichnet (deutsch: gemeinsame Aufmerksamkeit). Joint attention ermöglicht und unterstützt von frühester Kindheit an Lernerfahrungen sowie soziales Verstehen und Handeln. Kinder folgen dabei nicht nur den Blicken anderer, sondern initiieren selbst joint attention, z. B., indem sie auf Objekte zeigen.

Die Fähigkeit, aus den Blicken der Mitmenschen Information über die Umwelt zu erhalten, bildet sich im Lauf der Kindheit weiter aus. Mit etwa vier Jahren können Kinder die Blicke von Erwachsenen nutzen, um versteckte Objekte zu finden, selbst wenn die Erwachsenen verbal eine falsche Auskunft geben (Freire, Eskritt & Lee, 2004). Blicke erlauben nicht nur, etwas über unsere Umwelt, sondern auch einiges über unsere Gegenüber zu erfahren. Deren Blickrichtung informiert uns beispielsweise über ihre Interessen, Vorlieben und Abneigungen. Und manchmal übernehmen wir diese Präferenzen sogar: Wenn Menschen neutrale Gegenstände beurteilen, mögen sie diejenigen lieber, die zuvor von anderen angeschaut wurden (Manera, Elena, Bayliss & Becchio, 2014).

Neben dem Blickfolgen unterstützt auch Blickkontakt das Lernen und Lehren. So kann jemandem in die Augen zu schauen als ostensives Signal die Bedeutung des Gesagten oder Vorgeführten unterstreichen (Csibra & Gergely, 2009).

> **Definition: Blick als ostensives Signal**
>
> Blickkontakt kann, z. B. im Lehrkontext, die Funktion eines ostensiven Signals einnehmen. Als solches vermittelt Blickkontakt zum einen, dass die angeschaute Person gemeint ist, sich die Information also gezielt an sie richtet, und zum anderen, dass das, was gleich gesagt oder gezeigt wird, wichtig ist.

Studien legen nahe, dass schon Säuglinge Informationen besser verallgemeinern können, wenn die Lehrenden Blickkontakt mit den Kindern herstellen, während sie die Information vermitteln (Yoon, Johnson, & Csibra, 2008). Auch Blickfolgen fällt stärker aus, wenn zuvor Augenkontakt etabliert wurde (Senju & Csibra, 2008).

1.3.3 Kommunikation

Verwandt mit der Bedeutung von Blicken beim Lernen und Lehren helfen diese uns dabei, einander zu verstehen. Wo unsere Mitmenschen hinschauen, verrät uns ohne Worte deren Interessen, Präferenzen und Handlungsabsichten. Darüber hinaus fördert Blickkontakt unmittelbar die Verarbeitung sozialer Information (Senju & Johnson, 2009), ein Blick in die Augen unseres Gegenübers kann uns also erleichtern, dessen Gefühle und Gedanken zu ermitteln. Und schließlich haben viele Blicke selbst einen Bedeutungsgehalt und sprechen sprichwörtlich Bände, vom Augenrollen, möglicherweise als Reaktion auf die schönen Augen, die wir jemandem machen, bis hin zu den Blicken, die töten könnten.

Über diese vielfältigen nonverbalen Bedeutungen hinaus unterstützen Blicke konkret die verbale Kommunikation (▶ Kap. 13). Blicke helfen etwa, Gespräche zu strukturieren und regulieren den Wechsel zwischen Sprechen und Zuhören (Ho, Foulsham & Kingstone, 2015; Kendon, 1967). Charakteristisch wird Sprechen dabei eher von abgewandtem Blick begleitet, was dem Sprechenden ermöglicht, sich auf die eigenen Argumente zu konzentrieren und signalisiert, dass keine Ablenkung oder Unterbrechung gewünscht ist. Mit Blickkontakt während ihrer Äußerungen kann die sprechende Person ermitteln, ob das Gesagte aufmerksam verfolgt und verstanden wird und gleichzeitig kommunizieren, was besonders wichtig an der Botschaft ist. Blickkontakt am Ende des eigenen Beitrages dient dazu, das Wort an die bisher zuhörende Person zu übergeben. Während eines Dialogs erfüllt Blickkontakt also eine Reihe an rezeptiven und kommunikativen Funktionen (siehe Dualität des Blicks). Wenn Zuhörende Blickkontakt suchen, was sie typischerweise häufiger tun als Sprechende, vermitteln sie beispielsweise, dass sie gebannt zuhören und können gleichzeitig den Blick der sprechenden Person nutzen, um den Inhalt des Gesagten besser einzuordnen. War das ernst gemeint oder ironisch? Hier hilft es, die angehobene Augenbraue oder das Zwinkern zu beachten.

Auch Blickfolgen unterstützt das Verständnis in Gesprächen und kann Ambivalenz in Äußerungen auflösen. Wollen wir klären, was oder wer mit »gigantische Schlange« oder mit jemandes »bessere Hälfte« gemeint ist, lohnt ein Blick auf den Blick des Sprechenden. Die räumliche und zeitliche Kopplung des Blickverhaltens während Unterhaltungen scheint dabei wichtig zu sein. Wenn Zuhörende ihre Blickrichtung zuverlässig an die des Redenden angleichen, erhöht das ihr Verständnis des Gesagten (Richardson & Dale, 2005).

1.3.4 Koordination

Ein in der menschlichen Entwicklung ebenso wichtiger Aspekt wie das gegenseitige Verstehen und der Austausch von Information ist das gemeinsame Handeln. Viele und verschiedene Situationen erfordern, dass wir Aufgaben aufteilen und unsere Handlungen aufeinander abstimmen, oft mit hoher räumlicher und zeitlicher Präzision (▶ Kap. 12).

Details über die räumliche Ausrichtung von Handlungen werden dabei von der Blickrichtung der Interagierenden vermittelt. Sehen wir, wo eine andere Person hinschaut, können wir vorhersagen, was sie gleich wo tun wird, und unsere eigenen Handlungen daran anpassen. Besonders offensichtlich ist dieses Zusammenspiel beim gemeinsamen Suchen. Hier nutzen wir die Blickrichtung der anderen, um dort hinzuschauen, wo sie noch nicht gesucht haben oder gerade suchen. Dieses Abstecken der Zuständigkeitsbereiche muss dabei nicht verbal ausgehandelt werden, sondern kann unkompliziert, schnell und zuverlässig durch das Registrieren der Blickbewegungen der jeweils anderen erfolgen (Brennan et al., 2008; Wahn, Czeszumski, Labusch, Kingstone & König, 2020). Auch die zeitliche Abstimmung von Handlungen wird gezielt durch Blicke unterstützt. Musizierende etwa nutzen Blickkontakt und führen Bewegungen, die von anderen gesehen werden können, überzeichnet aus, um ihr Spiel zeitlich zu koordinieren und Synchronität zu wahren (Goebl & Palmer, 2009; Williamon & Davidson, 2002).

Sollten Versuchspersonen-Paare Modelle aus Legosteinen nachbauen, schnitten die Paare besser ab, bei denen die instruierende Person mit Kenntnis des Bauplans die bauende Person sehen konnte (Clark & Krych, 2004). Blicke erlauben, den Bauprozess effektiv zu koordinieren und den aktuellen Stand des Verständnisses der Beteiligten abzugleichen. So unterbricht etwa ein verwirrter Blick der bauenden Person den Redefluss der instruierenden Person und veranlasst diese zu einer genaueren Erklärung. Andersherum kann die instruierende Person zeitnah reagieren, wenn die bauende nach dem falschen Stein greift. Die enge und tief verwurzelte Kopplung von Augen- und Handbewegungen ist dabei von Nutzen: Wenn wir manuelle Handlungen ausführen, sind unsere Blicke meist etwas schneller als unsere Hände – auch, wenn wir andere beobachten, um deren Handlungen vorherzusagen (Flanagan & Johansson, 2003). So gelingt es uns am besten, einfache Handlungen mit einem Gegenüber zu koordinieren, wenn dessen Blicke den Handbewegungen etwa eine halbe Sekunde vorausgehen (Khoramshahi et al., 2016).

Durch reflexives Blickfolgen, aber auch durch die ausgeprägte Tendenz, die Blicke anderer zu lenken und auf diejenigen zu achten, die unseren Blicken folgen (engl.: *gaze leading*) etablieren Menschen mühelos Episoden gemeinsamer Aufmerksamkeit (Edwards, Stephenson, Dalmaso & Bayliss, 2015). Und diese wiederum unterstützen Handlungskoordination, indem sie effizient eine geteilte Basis an Information ermöglichen, von der aus Handlungen vorhergesagt und aneinander angepasst werden können.

1.3.5 Kooperatives Verhalten

Menschen verbessern durch kooperatives Verhalten, unter anderem, ihren Ruf und ihre Rolle im sozialen Gefüge (Wu, Balliet & Van Lange, 2016). Gesehen zu werden – angesehen zu werden – schafft dabei eine offensichtliche Gelegenheit, sich freundlich und kooperativ zu zeigen. Manche Studien berichten, dass Menschen sich großzügiger verhalten, mehr zum Gemeinwohl beitragen und sich eher an soziale Normen und Regeln halten, wenn sie angeschaut werden, selbst dann, wenn die Blicke nur von einem Bild ausgehen (Manesi, Van Lange & Pollet, 2016).

Auch in der direkten Interaktion kann Blickkontakt prosoziales Verhalten und Kooperation erhöhen (▶ Kap. 14). Wenn Kinder Sticker zwischen sich und einer erwachsenen

Person aufteilen sollten, teilten manche Kinder besonders großzügig, wenn sie gelegentlich von ihrem Gegenüber angeschaut wurden (Wu, Chen, Gros-Louis & Su, 2018). In Experimenten, in denen die Probanden sich paarweise gegenübersaßen, trafen die Paare, die einander sehen und Blickkontakt etablieren konnten, kooperativere Entscheidungen als Paare, deren Sicht aufeinander durch eine Trennwand versperrt war (Behrens et al., 2020).

Manchmal ist Blickverhalten selbst ein kooperativer Akt, z. B., wenn uns der Blick eines Gegenübers den Ort eines gesuchten oder gefürchteten Objekts verrät. Tatsächlich wurden Personen, deren Blickrichtung in einfachen gaze following-Experimenten zuverlässig das Erscheinen eines Zielreizes vorhersagte, vertrauenswürdiger eingeschätzt und die Probanden verhielten sich diesen gegenüber auch großzügiger (Bayliss & Tipper, 2006; Rogers et al., 2014).

> **Merke**
>
> Die priorisierte Verarbeitung und effiziente Nutzung von Blicken erlaubt uns in sozialen Situationen mühelos und wirkungsvoll, unsere Interessen, Bedürfnisse (z. B. nach Kontakt oder Abstand) und Handlungsabsichten zu vermitteln und gleichzeitig zu erschließen, was unser Gegenüber interessiert, braucht oder tun wird. Blicke reflektieren und stabilisieren soziale Beziehungen, können Gesagtes unterstreichen oder differenzieren und helfen uns, Gespräche zu strukturieren; dadurch unterstützen sie Kommunikation, auch im Lehr- und Lernkontext. Darüber hinaus schaffen Blickfolgen und Blickkontakt eine Ausgangsbasis für zeitlich und räumlich aufeinander abgestimmte Handlungen und befördern erfolgreiche Kooperation.

1.4 Fazit und Empfehlungen

Phänomene wie das Blickfolgen und der Blickkontakteffekt verdeutlichen unsere Sensibilität für Blicke. Die Forschung zu deren Funktionen zeigt eindrucksvoll und beispielhaft, wie vielfältig und nachhaltig subtile soziale Signale zu gelungenem zwischenmenschlichem Verstehen und Handeln beitragen. Dabei ist nicht zuletzt die Flexibilität beachtlich, mit der wir Blicke verstehen und nutzen. Ein und derselbe Blick kann in unterschiedlichen Kontexten sehr verschieden interpretiert und beantwortet werden. Kontext bezieht sich dabei nicht nur auf die Art der zwischenmenschlichen Beziehung oder die soziale Situation, in der wir uns befinden, sondern beginnt schon beim Gesicht, das den Blick auf uns wirft. Die Verarbeitung von Gesichtern wird im folgenden Kapitel beleuchtet.

Literaturempfehlungen

Emery, N. J. (2000). The eyes have it: the neuroethology, function and evolution of social gaze. *Neuroscience & Biobehavioral Reviews, 24*(6), 581–604.

Frischen, A., Bayliss, A. P., & Tipper, S. P. (2007). Gaze cueing of attention: visual attention, social cognition, and individual differences. *Psychological Bulletin, 133*(4), 694.

Kleinke, C. L. (1986). Gaze and eye contact: a research review. *Psychological Bulletin, 100*(1), 78.

Perrett, D. I., Hietanen, J. K., Oram, M. W., & Benson, P. J. (1992). Organization and functions of cells responsive to faces in the temporal cortex. *Philosophical transactions of the royal society of London. Series B: Biological sciences, 335*(1273), 23–30.

Schilbach, L. (2015). Eye to eye, face to face and brain to brain: novel approaches to study the behavioral dynamics and neural mechanisms of social interactions. *Current Opinion in Behavioral Sciences, 3*, 130–135.

Senju, A., & Johnson, M. H. (2009). The eye contact effect: mechanisms and development. *Trends in Cognitive Sciences, 13*(3), 127–134.

Empfohlener Film

Marina Abramović: The Artist Is Present (2012); FSK 12

Externe Links

Der Zauber von Blickkontakt: https://www.youtube.com/watch?v=f7XhrXUoD6U

2 What's in a face? Wie wir Gesichter lesen

> Menschen entdecken und erkennen Gesichter mit meisterhafter Leichtigkeit. Wir schauen in ein Gesicht und sehen ein Gegenüber – selbst dann, wenn keines da ist. Das zweite Kapitel fasst zusammen, wie wir Gesichter verarbeiten und ihnen vielfältige Information entnehmen, z. B. zu Identität und Emotionen unseres Gegenübers. Die neuronalen Grundlagen der Gesichtsverarbeitung werden dargestellt, ebenso ihr Entwicklungsverlauf und einige Auslöser für Variabilität zwischen Personen und Situationen.

Gesichter begegnen uns so häufig, dass sie uns sogar erscheinen, wenn sie uns nur so scheinen. Wie bitte? Haben Sie schonmal auf Ihr Nachbarhaus geblickt und die Fenster waren plötzlich nicht mehr nur Fenster, sondern formten gemeinsam mit dem Mund (ehemals der Türe) ein staunendes Antlitz? Auch in Bäumen, Steckdosen und sogar dem ein oder anderen aufgeschnittenen Gemüse erkennen wir gelegentlich Gesichter (▶ Abb. 2.1). Dabei handelt es sich um eine sogenannte Pareidolie.

> **Definition: Pareidolie**
>
> Pareidolie (aus dem Griechischen in etwa übersetzbar mit »Nebenbild«) beschreibt das Phänomen, in tatschlich vorhandenen Objekten oder Mustern zusätzlich Dinge zu erkennen, die nicht da sind. Gesichter gehören dabei zu den besonders häufigen Nebenbildern (engl.: face pareidolia). Erklärt wird dies mit der immensen Bedeutung, die Gesichter in unserem Leben einnehmen und der damit einhergehenden (über-)sensiblen Aktivierung unserer Gesichtserkennung bei geometrischen Anordnungen, die grob einem Gesicht ähneln.

Wenn wir Gesichter sehen, wo eigentlich keine sind, zeigen sich neuronale Aktivierungsmuster, die denen beim Betrachten von tatsächlichen Gesichtern ähneln (▶ Kap. 2.2) und die nahelegen, dass die ausgeprägte Erwartung, Gesichter zu sehen, dazu beiträgt, dass Menschen diese selbst in völlig zufälligen Punktwolken entdecken (Liu et al., 2014). Für diese Erkenntnis erhielten Jiangang Liu und sein Team aus China und Kanada im Jahr 2014 den Ig-Nobelpreis, eine satirisch angehauchte Auszeichnung für Befunde, die Menschen zuerst zum Lachen und dann zum Nachdenken bringen. Tatsächlich verdeutlicht uns die Gesichter-Pareidolie auf erheiternde und nachdrückliche Weise, wie sehr unser Geist bzw. unser Gehirn auf die Erkennung und effiziente Verarbeitung von Gesichtern ausgelegt ist (▶ Kap. 2.6 Externe Links für ein erläuterndes Video).

Im Folgenden wird die Leistung beim Entdecken, Erkennen und Interpretieren von Gesichtern detaillierter ausgeführt. Da viele zentrale Erkenntnisse zur Gesichtsverarbeitung aus Untersuchungen zu deren neuronalen Grundlagen stammen, nehmen diese anschließend einen prominenten Platz ein.

Abb. 2.1: Beispiele für Gesichts-Pareidolien

2.1 Gesichter verarbeiten

2.1.1 Gesichter entdecken und kategorisieren

Um einem Gesicht Information entnehmen zu können, müssen wir es zuerst einmal finden. Und das fällt Menschen erstaunlich leicht. Unser visuelles System ist hochspezialisiert für die Verarbeitung der für Gesichter typischen Kontraste (z. B. zwischen der hellen Stirn und den dunkleren Augen) und Struktur (z. B. vertikal symmetrisch mit zwei dunklen Stellen oben und einer unten). Entsprechend können Gesichter innerhalb von Millisekunden entdeckt werden, selbst wenn diese verschwommen und/oder nur sehr kurz zu sehen sind (Ohayon, Freiwald & Tsao, 2012). Gesichter ziehen unsere Aufmerksamkeit unwillkürlich an und halten sie fest, auch wenn wir, beispielsweise bei einer Computeraufgabe, eigentlich ganz andere Objekte suchen (Langton, Law, Burton & Schweinberger, 2008).

Ist ein Gesicht gefunden, kann es schnell und präzise kategorisiert werden, auch, wenn wir es noch nie zuvor gesehen haben, z. B. nach Geschlecht oder Alter (Wiese, Schweinberger, & Neumann, 2008). Hundert Millisekunden reichen aus, um die Attraktivität, aber auch Eigenschaften wie Dominanz, Kompetenz, Vertrauenswürdigkeit oder Freundlichkeit von Gesichtern einzuschätzen und diese Urteile weichen kaum von denen ab, die wir treffen, wenn wir die Gesichter länger betrachten (Willis & Todorov, 2006). Unsere ersten Eindrücke sind also schnell und stabil. Und auch wenn sie nicht unbedingt etwas über die tatsächlichen Fähigkeiten und Verhaltenstendenzen (z. B. Vertrauenswürdigkeit) der beurteilten Personen aussagen, können sie beeinflussen, wie wir uns den eingeschätzten Personen gegenüber verhalten (▶ Kap. 5 Eindrucksbildung).

2.1.2 Emotionsausdrücke erkennen

Besonders sensibel reagieren wir auf emotionale Gesichter. Diese ziehen wirkungsvoll die Aufmerksamkeit sowohl von Menschen als auch von nicht-menschlichen Primaten an (Landman, Sharma, Sur & Desimone, 2014). Sie signalisieren nämlich häufig einen unmittelbaren Handlungsbedarf, beispielsweise, wenn die Chefin (oder das Alphamännchen) wutentbrannt in unsere Richtung schreiten. Darüber hinaus gelingt uns die Klassifikation von prototypischen Emotionsausdrücken effizient und nach kürzester Betrachtung (Neath & Itier, 2014). Besonders schnell und präzise erkennen wir dabei Freude; die Ausdrücke von Furcht und Überraschung, aber auch von Ekel und Wut werden hingegen gelegentlich verwechselt (Leppänen & Hietanen, 2004; Palermo & Coltheart, 2004).

Wenn Menschen Eigenschaften von Gesichtern angeben sollen, seien es eher stabile Merkmale wie Identität und Alter oder dynamische Eigenschaften wie Emotionsausdrücke, schauen sie meist knapp unter die Augen. Dabei gibt es Unterschiede in den individuell präferierten Blickmustern, die bei den jeweiligen Personen dann auch zur besten Klassifikationsleistung führen (Hessels, 2020; Peterson & Eckstein, 2012). Zudem kommen bei den verschiedenen Emotionsausdrücken unterschiedliche Muskel- und Gesichtspartien zum Einsatz, was sich auch auf deren Erkennung auswirkt. Die Sichtbarkeit der Augenpartie ist beispielsweise für das Identifizieren von Trauer und Furcht besonders wichtig, die Mundregion für die Klassifikation von Freude und Ekel (Wegrzyn, Vogt, Kireclioglu, Schneider & Kissler, 2017).

Häufig nutzen Untersuchungen zur Gesichtsverarbeitung Fotografien von isolierten und prototypischen Gesichtern. Während diese Herangehensweise wichtige Erkenntnisse hervorgebracht hat, ignoriert sie Faktoren, die in realistischen Situationen bei der Wahrnehmung von Gesichtern wichtig sind (siehe Exkurs Kontext bei der Emotionserkennung).

> **Exkurs: Die Bedeutung von Kontext bei der Emotionserkennung**
>
> Machen Sie mal ein wütendes Gesicht. Nein, ein *richtig* wütendes Gesicht. Was fällt Ihnen auf? Möglicherweise zweierlei. Zum einen sehen wir derart starke Emotionsausdrücke in unserem Alltag sehr selten. Dennoch erkennen wir, auch bei eher subtilen Hinweisen, wenn unser Gegenüber verärgert ist. Und zweitens haben Sie während Ihres wütenden Gesichts vermutlich auch Ihre Körperhaltung verändert. Der Kontext eines Gesichts, sei es die zugehörige Körperhaltung oder die Situation, sind für dessen Wahrnehmung und Interpretation zentral (▶ Abb. 2.2).
>
> Hillel Aviezer und seine Kolleg*innen fotomontierten Gesichter mit typischen Emotionsausdrücken (beispielsweise Ekel) auf Körper und in Situationen, die dem Ausdruck entweder entsprachen (Ekel), einem ähnlichen Ausdruck entsprachen (Wut) oder zu einem anderen Emotionsausdruck passten (Furcht). Die Ergebnisse ihrer Studien legen nahe, dass Gesichtsausdrücke maßgeblich entsprechend des Kontexts interpretiert werden, zumindest bei ähnlichen Gesichtsausdrücken. Ein Gesicht, das eigentlich Ekel ausdrückt, wird beispielsweise als wütend wahrgenommen, wenn es auf einem Körper mit geballter Faust gezeigt wird (Aviezer et al., 2008). Oft ohne uns dessen bewusst zu werden, erkennen wir selbst starke und diametral entgegengesetzte Emotionen wie sie bei Schmerz versus Lust oder beim Verlieren versus Gewinnen eines Tennismatches auftreten, hauptsächlich an der Körperhaltung von Personen und weniger in ihren Gesichtern (Aviezer, Trope & Todorov, 2012).
>
> Diese und viele ähnliche Befunde zeigen auf, wie sehr wir uns bei der Wahrnehmung und Interpretation von Gesichtsmerkmalen auf den Kontext verlassen, sei es die Stimme, den Körper, die Situation oder unsere Beziehung zur dargestellten Person (für einen Überblick, siehe Aviezer, Ensenberg & Hassin, 2017).

Abb. 2.2: Darstellung ein und desselben Gesichtsausdrucks in unterschiedlichen Körperkontexten. Der angeekelte Gesichtsausdruck wirkt auf einem Körper, dessen Haltung Wut ausdrückt (links), wütend, auf einem Körper, dessen Haltung Ekel ausdrückt (rechts), angeekelt.

2.1.3 Holistische Verarbeitung von Gesichtern

Bereits im Jahr 1969 demonstrierte Robert Yin, dass die Merk- und Wiedererkennungsleistung für Gesichter deutlich eingeschränkt ist, wenn diese umgekehrt, also kopfüber, präsentiert werden (Yin, 1969). Diese Einschränkung durch Inversion betrifft auch andere Objekte, die wir fast ausschließlich aufrecht sehen und auf die wir spezialisiert sind (z. B. Gebäude), scheint aber für Gesichter besonders stark ausgeprägt zu sein. Zudem können einzelne Gesichtsteile, beispielsweise Nasen oder Münder, besser erkannt und unterschieden werden, wenn sie in einem vollständigen Gesicht als wenn sie isoliert gezeigt werden – sofern sie aufrecht sind (Tanaka & Farah, 1993).

Diese und viele weitere Umkehrungseffekte legen nahe, dass wir Gesichter nicht maßgeblich als Summe ihrer einzelnen Teile (z. B. Augen plus Nase plus Mund etc.) verarbeiten und repräsentieren, sondern ganzheitlich, als »Gestalt«. Und diese holistische Verarbeitung ist bei umgekehrten Gesichtern erschwert (für ausführliche und unterschiedliche Diskussionen siehe Farah, Wilson, Drain & Tanaka, 1998; Richler & Gauthier, 2014). Eine besonders berühmte Verdeutlichung der eingeschränkten ganzheitlichen Verarbeitung bei invertierten Gesichtern ist die Thatcher-Illusion (siehe Kasten Klassische Illusion).

Klassische Illusion: Margaret Thatcher auf dem Kopf

1980 veröffentliche Peter Gage Thompson von der University of York eine erstaunliche Sinnestäuschung: In einer Fotografie von Margaret Thatcher, der damaligen britischen Premierministerin, rotierte er die Augen- und die Mundpartie um 180°, während der Rest des Gesichts unverändert blieb. Sieht man sich dieses Foto in aufrechter Position an, bemerkt man die, einigermaßen verstörende, Veränderung sofort. Dreht man das Foto hingegen auf den Kopf, fallen die innerhalb der Gesichtskonfiguration falschen Gesichtspartien kaum auf (▶ Abb. 2.3).

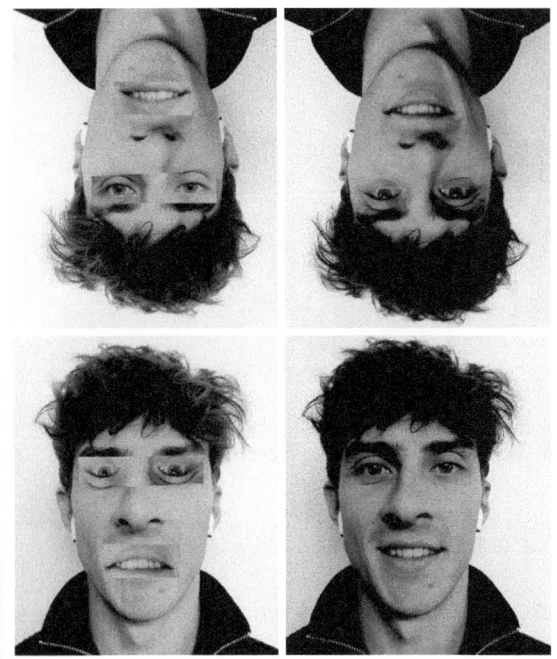

Abb. 2.3:
Ein unbearbeitetes (rechts) und ein »thatcherisiertes« Gesicht (links), jeweils umgekehrt und aufrecht dargestellt. Der Effekt der Thatcherisierung ist beim aufrecht dargestellten Gesicht deutlicher zu erkennen.

Inzwischen ist diese Illusion gut untersucht und nicht nur bei Menschen, sondern auch bei Makaken (*Macaca mulatta*) nachgewiesen (Dahl, Logothesis, Bülthoff & Wallraven, 2010). Wie kommt sie zustande? Eine Erklärung ist die eingeschränkte Fähigkeit, umgekehrte Gesichter ganzheitlich und konfigurations-getreu zu verarbeiten. Während lokale Veränderungen, beispielsweise die Rotation der Augen, bei einem aufrechten Gesicht sofort entdeckt werden, weil sie die uns gut bekannte Konfiguration von Gesichtern verändern, fallen sie bei umgekehrten Gesichtern weniger auf, da wir diese weniger als Einheit, sondern als Summe verschiedener Gesichtspartien wahrnehmen. Untersuchungen der neuronalen Grundlagen spiegeln den geringeren Einfluss von »Thatcherisierungen« bei umgekehrten im Vergleich zu aufrechten Gesichtern bereits in frühen Stufen der visuellen Verarbeitung wider (z. B. Carbon, Schweinberger, Kaufmann & Leder, 2005; Taubert, Van Belle, Vanduffel, Rossion & Vogels, 2015).

Die holistische Verarbeitung von Gesichtern eignet sich besonders gut dafür, vertraute und persönlich bedeutsame Personen schnell und zuverlässig zu erkennen, nämlich durch deren individuelle Gesichts-Konfiguration und durch deren Besonderheiten im Vergleich zu anderen prototypischen Gesichtern. Und das Identifizieren bekannter Gesichter ist für funktionierendes Zusammenleben in Gruppen unabdingbar.

2.1.4 Gesichter identifizieren

Während unbekannte Gesichter in experimentellen Untersuchungen gut geeignet sind, typische Muster und Grundlagen der Gesichtsverarbeitung zu verstehen, hat sich das hochspezialisierte System für die Wahrnehmung von Gesichtern maßgeblich mit dem Ziel entwickelt, Personen zu erkennen, mit denen wir vertraut sind. Entsprechend erkennen und verarbeiten wir uns bekannte Gesichter deutlich effizienter und zuverlässiger als unbekannte – über verschiedenste Winkel, Beleuchtungen und Ausdrücke hinweg. Auch wenn Menschen insgesamt sehr bewandert darin sind, Gesichter zu entdecken und zu verarbeiten, ist das Speichern und Wiedererkennen unbekannter Gesichter fehleranfällig. Jenseits psychologischer Labore hat das beispielsweise für die Justiz Relevanz: Viele durch DNA-Analysen als falsch identifizierte Verurteilungen sind auf fehlerhafte Augenzeugenberichte zurückzuführen (für einen Überblick, siehe Freiwald, Duchaine & Yovel, 2016).

Beim Erkennen und Lesen uns bekannter Gesichter sind wir hingegen unschlagbar. Diese Leistung wird darauf zurückgeführt, dass bekannte Gesichter nicht exakt bildlich im Gedächtnis abgespeichert sind, sondern als abstrakte und über die vielen Erfahrungen mit diesem Gesicht gemittelte Repräsentation (Bruce & Young, 1986; Burton, Jenkins, Hancock & White, 2005). Darüber hinaus haben wir eine ganze Reihe zusätzlicher emotionaler und semantischer Informationen zu Personen verfügbar, die wir kennen. Das Wissen, was eine Person gerne isst, was sie beruflich tut und unsere Erinnerungen an gemeinsame Erlebnisse verbessern die Erkennungsleistung bei diesen Gesichtern zusätzlich. Das verdeutlicht, dass das Verarbeiten von Gesichtern ein komplexer und über die bloße Erkennung typischer Muster hinausgehender Prozess ist, bei dem Erfahrungen und Emotionen eine wichtige Rolle spielen.

> **Merke**
>
> Unser kognitives System ist auf das Entdecken und Erkennen von Gesichtern spezialisiert. Innerhalb weniger hundert Millisekunden entnehmen wir Gesichtern vielfältige Information, sei es zu relativ stabilen Eigenschaften wie Identität, Alter und Geschlecht oder zu schnell wechselnden Merkmalen wie Emotionen. Gesichter werden holistisch verarbeitet, also eher als Einheiten und Konfigurationen denn als Summe der einzelnen Gesichtspartien, was die Identifikation bekannter Personen erleichtert. Die Verarbeitung von Gesichtern, so schnell und spezialisiert sie funktioniert, ist dabei auch flexibel und kontextabhängig.

2.2 Neuronale Grundlagen

Das Erkennen von Gesichtern beruht auf einem großflächig über das Gehirn verteilten Netzwerk an Arealen, in denen Nervenzellen besonders sensitiv, sogar selektiv, auf Gesichter reagieren (Duchaine & Yovel, 2015 für Diskussion und Übersicht).

Charles Gross identifizierte bereits 1972 einzelne Nervenzellen im Gehirn von Makaken, die ausschließlich beim Anblick von Gesichtern Aktivierung zeigten. Nancy Kanwisher und ihre Kollegen waren die ersten, die im Jahr 1997 gesichts-spezifische neuronale Aktivierung unter Nutzung von fMRT auch bei Menschen aufzeigen konnten (Kanwisher, McDermott & Chun, 1997). Im fusiformen Gyrus identifizierten sie die »Area FF« oder fusiforme face area (FFA), die systematisch höhere Aktivierung für Gesichter zeigte – und zwar für Gesichter verschiedenster Formen, Winkel und Orientierungen – als für Objekte wie Häuser, Körperteile oder »gescrambelte«, also mit durchmischten Gesichtsteilen dargestellte Gesichter. In den darauffolgenden Jahren wurden weitere Areale identifiziert, die bei der Verarbeitung von Gesichtern beteiligt sind (▸ Abb. 2.4).

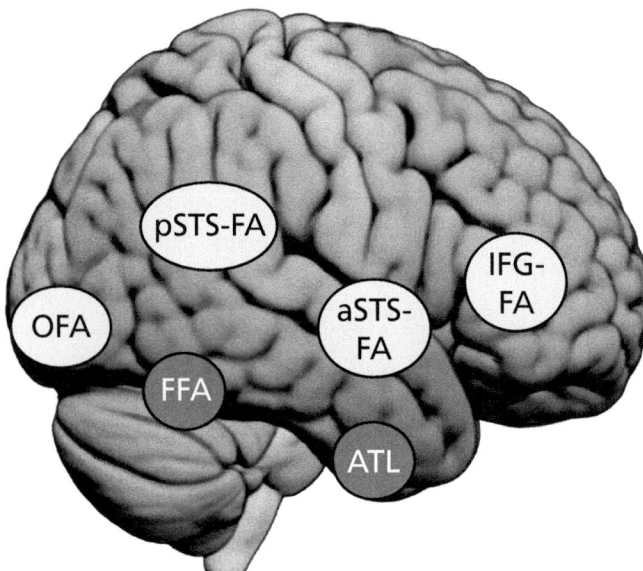

Abb. 2.4:
Areale, die auf die Verarbeitung von Gesichtern spezialisiert sind, schematisch dargestellt auf der rechten Hemisphäre (teilweise liegen die Areale medialer). Im dorsalen Pfad: IFG-FA = inferior frontal gyrus face area; OFA = occipital face area; aSTS-FA = anterior superior temporal sulcus face area; pSTS-FA = posterior superior temporal sulcus face area. Im ventralen Pfad: ATL-FA = anterior temporal lobe face area; FFA = fusiform face area.

2.2.1 Gesichtsverarbeitung im Gehirn: verteilt, parallel, hierarchisch und vernetzt

Während das Muster an hochgradig spezialisierten Regionen auf den ersten Blick zufällig erscheint, folgt es Prinzipien, die für das Sehen, also das Verarbeiten visueller Information, seit langem bekannt sind (Freiwald, Duchaine & Yovel, 2016 für eine Übersicht). Zum einen lässt sich dieses Netzwerk in einen *ventralen* und einen *dorsalen* Pfad aufteilen (Haxby, Hoffman & Gobbini, 2000). Entsprechend dieser Aufteilung werden im ventralen Pfad, der Areale wie die FFA einschließt, vor allem statische Merkmale von Gesichtern verarbeitet, also deren Formen. Die Identifikation bekannter Personen und das Kategorisieren nach Geschlecht und Alter geschieht vor allem im ventralen Pfad. In Arealen des dorsalen Pfads (u. a. im STS) hingegen findet die Analyse von dynamischen Eigenschaften wie Emotionsausdrücken und Bewegungen, beispielsweise der Augen oder der Lippen, statt. Dieser Pfad spielt für das Verarbeiten bewegter Gesichter, aber auch das Sprachverstehen und das Erschließen von Handlungsabsichten eine größere Rolle. Prozesse in diesen beiden Pfaden laufen *parallel*, wenn auch nicht gänzlich unabhängig voneinander, ab.

Innerhalb der beiden Verarbeitungspfade funktioniert die Gesichtswahrnehmung, und auch das ist typisch für das Sehen generell, jedoch *hierarchisch*. Frühe und basale Verarbeitungsschritte in okzipitalen und parietalen Arealen gehen späteren Schritten in anterioren Arealen voraus. Entlang des ventralen Pfads beinhalten frühe Schritte beispielsweise das Erkennen der Augen und der Ausrichtung von Gesichtern. Die Identifikation eines spezifischen Gesichts findet hingegen später und in eher anterioren Arealen statt und diese gelingt unabhängig von der Perspektive und Ausrichtung, in der das Gesicht gezeigt wird.

Ein dritter zentraler Punkt ist die *Vernetzung* der weit über das Gehirn verteilten und an der Gesichtswahrnehmung beteiligten Areale. Information wird, auch über weite Distanzen, mithilfe direkter und indirekter Nervenverbindungen insbesondere innerhalb, aber auch zwischen den Verarbeitungspfaden ausgetauscht. Areale beider Pfade sind außerdem mit weiteren Hirnregionen vernetzt, was, je nach Anforderung und Situation, eine umfassende Informationsverarbeitung ermöglicht. Während Gesprächen findet beispielsweise ein intensiver Austausch zwischen dorsalen Regionen der Gesichtsverarbeitung und weiteren am Sprachverstehen beteiligter Areale wie dem auditorischen Kortex statt. Wenn wir eine alte Bekannte auf der Straße treffen, kommunizieren Areale unseres ventralen Gesichtserkennungs-Pfads auch mit anterioren temporalen Hirnregionen, die für den Abruf biografischer Information relevant sind (Duchaine & Yovel, 2015 für eine Übersicht).

2.2.2 Lateralisierung und die Rolle subkortikaler Areale

An der Wahrnehmung von Gesichtern ist die rechte Gehirnhälfte, auch Hemisphäre genannt, dominant beteiligt (Rossion, 2014). Diese Lateralisierung zeigt sich beispielsweise darin, dass wir Gesichter, die im linken Sichtfeld dargeboten werden, etwas effizienter verarbeiten können. Die gesichtssensitiven Areale scheinen in der rechten Hirnhälfte größer zu sein als in der linken und in direkterem Zusammenhang mit der Leistung bei der Klassifikation von Gesichtern zu stehen (Duchaine & Yovel, 2015). In einer Studie wurden bei zehn Teilnehmenden Regionen der FFA intrakranial stimuliert. Dies führte in der rechten, nicht jedoch in der linken Hemisphäre zu Veränderungen der Gesichtswahrnehmung (Rangarajan et al., 2014). Darüber hinaus gehen Läsionen okzipitaler und temporaler Areale der rechten Gehirnhälfte deutlich häufiger mit spezifischen Beeinträchtigungen der Gesichtserkennung einher als entsprechende Läsionen der linken Gehirnhälfte (▶ Kap. 2.4.1 Prosopagnosie).

Die Dominanz der rechten Hemisphäre findet sich auch bei der Emotionsverarbeitung. Wenn wir emotionale Gesichtsausdrücke betrachten, aber auch, wenn wir emotionale Äußerungen hören oder uns an emotionale Erlebnisse erinnern, sind Areale der rechten Hirnhälfte besonders stark involviert (Buchanan, 2007; Cheng, Lee, Chen, Wang & Decety, 2012). Insbesondere die Amygdala, eine subkortikale Struktur im entwicklungsgeschichtlich alten limbischen System, spielt bei der Entdeckung und Reaktion auf emotionale Reize, z. B. ängstliche Gesichter, eine wichtige Rolle (Vuilleumier & Pourtois, 2007).

Neben den ausführlich untersuchten kortikalen Pfaden der Gesichtsverarbeitung scheinen auch sub-kortikale Regionen, also Regionen, die unterhalb der Hirnrinde im Inneren des Gehirns liegen, an der Wahrnehmung von Gesichtern beteiligt (Johnson, 2005; Gainotti, 2012). Strukturen wie die superioren Colliculi, das Pulvinar und die Amygdala könnten Teil eines besonders schnellen Pfades der *Gesichtsentdeckung* sein. Zeitsensitive elektroenzephalografische Untersuchen (siehe Exkurs Elektroenzephalografie) legen nahe, dass Gesichter bereits vor den frühen Verarbeitungsschritten in den kortikalen Pfaden eine schnelle Route der Gesichtswahrnehmung aktivieren (engl.: fast face-detection pathway).

Exkurs: Elektroenzephalografie (EEG)

EEG ist ein nicht-invasives Verfahren, das die Untersuchung der Reizverarbeitung (z. B. von Gesichtern) mit hoher zeitlicher Auflösung erlaubt. Die Versuchspersonen tragen dabei eine Haube, in die Elektroden eingearbeitet sind. Diese Elektroden werden in Kontakt mit der Kopfhaut gebracht, beispielsweise durch Elektrolytgel, und erfassen an der Kopfoberfläche elektrische Aktivität in Form von Spannungsschwankungen. Die gemessenen Impulse können grafisch als Wellenformen dargestellt werden und stellen die Summe der elektrischen

Aktivitäten in Verbünden von Nervenzellen dar, die bei der Informationsverarbeitung entstehen.

Besonders wichtig in der psychologischen Forschung sind ereigniskorrelierte Potentiale (EKPs; engl.: event-related potentials), also synchronisierte elektrische Aktivität, die von einer gezielten Stimulation, z. B. einem bestimmten visuellen Reiz, ausgelöst wird. Die interessierenden Reize werden dabei wiederholt dargeboten und die gemessene Aktivität mit Zeitbezug an diese Darbietungen gemittelt. Die resultierenden Wellenformen werden EKPs oder Komponenten genannt und zeichnen sich durch ihre Latenz, also den zeitlichen Bezug zur Reizpräsentation, ihre Polarität (positiv oder negativ) und ihre Amplitude aus. Zentral für die funktionelle Interpretation der EKPs und ihrer Latenzen und Amplituden ist der Vergleich mit einer möglichst sinnvoll gewählten Kontrollbedingung. Wichtig zu bedenken ist, dass die Potentiale zwar eine präzise Einordnung der zeitlichen Aktivierung im Kortex erlauben, aber weniger genau, aus welchen Hirnarealen diese Aktivierung hervorgeht. Zugrundeliegende Regionen können anhand von Quellenlokalisation geschätzt werden, die räumliche Auflösung ist aber weniger präzise als bei der fMRT.

Eine in der Erforschung der Gesichtswahrnehmung bedeutsame Komponente ist die *N170*, ein negativer Ausschlag (daher das »N«) etwa 170 Millisekunden nach Präsentation eines Gesichts. Als Ursprungsort der N170, die besonders an okzipito-temporalen Elektroden gemessen wird, gilt der fusiforme Gyrus und sie wird mit der Enkodierung von Gesichtern in Zusammenhang gebracht. Im Einklang mit zahlreichen Befunden der Gesichtsverarbeitung ist die N170 auf der rechten Seite stärker ausgeprägt als auf der linken und tritt bei umgekehrt präsentierten Gesichtern später auf (Bentin, Allison, Puce, Perez & McCarthy, 1996). Interessanterweise werden bereits früher als die N170 weitere Komponenten gemessen, die dem schnellen, subkortikalen Pfad der Gesichtsverarbeitung zugeordnet werden (Garvert, Friston, Dolan & Garrido, 2014; Johnson, 2005 für eine Übersicht).

Die Beteiligung subkortikaler Areale an der Gesichtsverarbeitung bietet auch eine mögliche Erklärung für die erstaunliche Fähigkeit von Neugeborenen, Gesichter zu entdecken, obwohl ihr kortikales Netzwerk für die Gesichtsverarbeitung noch nicht vollständig ausgebildet ist.

Merke

An der Wahrnehmung von Gesichtern ist ein weit verteiltes Netzwerk teilweise hochspezialisierter Hirnareale beteiligt. Die Verarbeitung verläuft sowohl parallel, beispielsweise im ventralen und dorsalen Verarbeitungspfad, als auch hierarchisch ab, also von frühen, basalen Schritten in eher okzipitalen und parietalen Regionen bis zu späteren, komplexeren Schritten in eher anterioren Arealen. Dabei bestehen enge und weitreichende Verbindungen innerhalb und zwischen den kortikalen sowie den subkortikalen Verarbeitungspfaden.

2.3 Entwicklung und Verbreitung

2.3.1 Gesichtsverarbeitung über die Lebensspanne

Bereits Neugeborene schauen länger und häufiger auf Gesichter als auf andere Objekte (Pascalis & Kelly, 2009 für eine Übersicht). Dabei richtet sich diese Präferenz nicht nur auf realistische menschliche Gesichter, sondern generell auf gesichtsähnliche Konfigurationen wie etwa helle Ovale mit zwei dunklen Punkten im oberen und einem dunklen Punkt im unteren Bereich (im Englischen als »top-heavy« Konfigurationen bezeichnet). Mit wenigen Tagen können Säuglinge das Gesicht ihrer Mutter erkennen und schauen es lieber an als Gesichter von Fremden. Diese angeborene und/oder sich im Mutterleib entwickelnde Präferenz involviert besonders subkortikale Areale und ermöglicht in der weiteren Entwicklung kritische Lernerfahrungen und fördert so die zunehmende Expertise bei der Gesichtsverarbeitung. Im Lauf des ersten Lebensjahrs steigt die Vorliebe für Gesichter weiter an, die Aufmerksamkeit wird von Gesichtern angezogen und gehalten und schon mit 3–4 Monaten zeigen Säuglinge effiziente Blickmuster beim Betrachten von Gesichtern, indem sie die informativsten Regionen, beispielsweise Augen und Mund, besonders fixieren (Gliga, Elsabbagh, Andravizou & Johnson, 2009; Hunnius & Geuze, 2004; Peltola, Yrttiaho & Leppänen, 2018).

Neben der biologisch verdrahteten Prädisposition, auf gesichtsähnliche Muster zu achten, ist Erfahrung für unsere Expertise mit Gesichtern unabdingbar. Wie beim Erlernen von Sprachen scheint es auch hier sensible Phasen zu geben: Während Säuglinge mit sechs Monaten Gesichter von Menschen und von Pavianen gleichermaßen unterscheiden können, nimmt die Fähigkeit mit den Paviangesichtern bis zum Alter von neun Monaten ab – es sei denn, die jungen Versuchspersonen betrachten weiterhin Paviangesichter (Pascalis et al., 2005). Es findet also eine frühe und zunehmende Spezialisierung auf bekannte und häufig gesehene Gesichter statt, sei es bezogen auf deren Geschlecht oder deren ethnische Zugehörigkeit. Noch in der Kindheit erreicht die Gesichtsverarbeitung das Niveau von Erwachsenen und zeigt typische Muster, beispielsweise deren holistischen Charakter (Crookes & McKone, 2009). Im höheren Lebensalter nimmt die Fähigkeit ab, Gesichter zu unterscheiden, zu erinnern/neu zu lernen und deren Emotionen zu erkennen (z. B. Thomas et al., 2008).

2.3.2 Gesichtsverarbeitung in unterschiedlichen Spezies

Präferenzen für Gesichter der eigenen Spezies und Expertise in deren Erkennung sind im Tierreich weit verbreitet. Bei Primaten wie Makaken (*Makaka fuscata*), Gibbons (*Hylobates agilis*) und Schimpansen (*Pan troglodytes*) wurden diese bereits in der Kindheit beschrieben (z. B. Kuwahata, Adachi, Fujita, Tomonaga & Matsuzawa, 2004). Durch zahlreiche Untersuchungen wissen wir, dass die neuronalen Grundlagen der Gesichtsverarbeitung sich bei Menschen und nicht-menschlichen Primaten stark ähneln. Aber auch Schafe (*Ovis aries*) und Flusskrebse (*Cherax destructor*), um nur eine kleine Auswahl zu nennen, erkennen die Gesichter ihrer Artgenossen (Peirce, Leigh & Kendrick, 2000; Van der Velden, Zheng, Patullo & Macmillan, 2008).

Das Identifizieren einzelner Individuen, seien es Verbündete oder Konkurrenten, ermöglicht uns das erfolgreiche Zurechtkommen in einer Umwelt, die wir mit anderen teilen. Darüber hinaus kann es wichtig sein, deren Emotionen schnell und präzise einzuschätzen. Bereits im ersten Lebensjahr reagieren menschliche Säuglinge besonders auf wütende und ängstliche Gesichter, eine Tendenz, die sich auch bei zahlreichen Primaten, Nutztieren und sogar Nagern zeigt (z. B. Ferretti & Papaleo, 2019; Hunnius, de Wit, Vrins & von Hofsten, 2011). Prototypische Emotionsausdrücke wie Wut oder Angst werden sogar über Spezies hinweg erkannt, was manche als Indiz für universelle Basisemotionen werten.

> **Definition: Theorie(n) der Basisemotionen**
>
> Nach diesem Verständnis gibt es eine bestimmte Anzahl an grundlegenden, kategoriell verschiedenen Emotionen, aus denen sich komplexere Emotionen zusammensetzen können. Zu den Basisemotionen gehören z. B. Angst, Wut, Freude, Trauer und Ekel. Basisemotionen und die zugehörigen Gesichtsausdrücke gelten als universell, sollten sich also über Kulturen und Spezies hinweg erkennen lassen (z. B. Ekman & Cordaro, 2011).

Neuere, konstruktivistische Emotionstheorien betonen hingegen die Flexibilität, Erfahrungs- und Kontextabhängigkeit von Emotionen, und zeigen kulturelle und interindividuelle Unterschiede in Emotionen und deren Ausdrücken auf (Barett, 2017).

2.4 Moderatoren

2.4.1 Person

Die Blickmuster beim Betrachten sowie die Leistung beim Erkennen von Gesichtern unterscheiden sich systematisch zwischen Personen. Diese Unterschiede haben eine genetische Komponente und sind über Labor- und realitätsnähere Situationen hinweg stabil, beeinflussen also beispielsweise auch die Nützlichkeit von Augenzeugenberichten (Andersen, Carlson, Carlson & Gronlund, 2014; Constantino et al., 2017; Wilmer et al., 2010). Besonders interessant sind extreme Fälle bei der Erkennungsleistung, und zwar auf beiden Seiten des Spektrums. Läsionen entlang des ventralen Verarbeitungspfades, vor allem der rechten Hirnhälfte, können die Identifikation von Gesichtern beeinträchtigen und zu Gesichtsblindheit (Prosopagnosie) führen (Damasio, Damasio & Van Hoesen, 1982; McNeil & Warrington, 2013).

> **Definition: Prosopagnosie**
>
> Menschen mit Prosopagnosie (aus dem Altgriechischen, »Nichterkennen von Gesichtern«) gelingt es nicht, Personen anhand deren Gesichter zu erkennen, sie zeigen aber bei der Identifikation von Objekten sowie in der generellen Intelligenz keine Einschränkungen. Prosopagnosie kann angeboren oder durch Verletzungen des Gehirns erworben sein.

Das Ausmaß der Einschränkungen unterscheidet sich zwischen Betroffenen und je nach Ort der Läsion: Manche können in Gesichtern Emotionen, Alter oder Geschlecht von Personen erkennen, bei anderen sind diese ebenfalls beeinträchtigt. Während erworbene Formen der Prosopagnosie selten sind, kommt die angeborene Gesichtsblindheit recht häufig vor. Eine Studie an knapp 700 Schüler*innen und Studierenden in

Münster ermittelte eine Prävalenz von etwa 2,5 % (Kennerknecht et al., 2006).

Auf der anderen Seite scheint es Menschen mit erstaunlichen Fertigkeiten beim Erkennen von Gesichtern zu geben (Russell, Duchaine & Nakayama, 2009).

> **Definition: Super-recognizer**
>
> Menschen mit überdurchschnittlichen Leistungen im Einprägen, Erkennen und Unterscheiden von Gesichtern wurden 2009 das erste Mal beschrieben und als Super-recognizer bezeichnet. Dabei handelt es sich nicht um eine distinkte und homogene Gruppe, deren Gesichtsverarbeitung sich qualitativ von anderen Menschen unterscheidet, sondern eher um die »Profis unter den Profis«.

Super-recognizer erkennen Gesichter wieder, auch wenn sie diese nur kurz, einmalig und/oder vor langer Zeit gesehen haben und trotz Verkleidung oder äußerlichen Veränderung. Entsprechend groß ist die Motivation, diese Menschen in der Strafverfolgung einzusetzen, beispielsweise beim Auswerten von Überwachungsvideos (Phillips et al., 2018). Tatsächlich arbeitet auch die deutsche Polizei bereits erfolgreich mit Super-recognizern zusammen (»Super-Recogniser helfen bei 200 Fällen«, Süddeutsche Zeitung, 24. Januar 2019).

Wichtig: Neben der erstaunlichen interindividuellen Varianz in der Gesichtsverarbeitungskompetenz gibt es auch intraindividuelle Unterschiede – sowohl bei Super-recognizern und von Prosopagnosie Betroffenen als auch bei allen dazwischen.

2.4.2 Situation

Wie wir Gesichter sehen und um wessen Gesicht es sich handelt, kann unsere Effizienz in deren Verarbeitung beeinflussen. Ein für die psychologische Forschung wichtiger Aspekt ist die Frage, ob Gesichter in isolierten Laborkontexten, also beispielsweise als Foto auf Monitoren, oder in realistischen Umgebungen betrachtet werden – denn unser visuelles System hat sich maßgeblich im Hinblick auf letzteres entwickelt. Verwandt damit ist die Bedeutung von Bewegung. So wird diskutiert, ob unsere Gesichtsverarbeitung auf die Erkennung bewegter Gesichter spezialisiert ist, was entwicklungsgeschichtlich Sinn ergeben würde (Pitcher & Ungerleider, 2021).

Lernerfahrungen spielen bei der Ausbildung unserer Gesichtsexpertise eine entscheidende Rolle. Entsprechend sind wir bei Gesichtern, denen wir typischerweise begegnen (und in unserer Entwicklung häufig gesehen haben), besonders bewandert und zeigen beispielsweise Einbußen, wenn es darum geht, Gesichter anderer Ethnien zu unterscheiden (für eine Übersicht, siehe Meissner & Brigham, 2001).

> **Definition: Own-race-Effekt**
>
> Menschen sind besser darin, Gesichter zu unterscheiden und zu erkennen, die ihrer eigenen ethnischen Gruppe angehören. So verarbeiten Menschen aus Asien beispielsweise asiatische Gesichter effizienter und können diese besser unterscheiden und wiedererkennen als kaukasische oder afrikanische Gesichter.

Diese Spezialisierung bildet sich bereits im ersten Lebensjahr heraus und fällt umso stärker aus, je geringer der Kontakt zu anderen Gruppen ist (Kelly et al., 2009; Walker, Silvert, Hewstone & Nobre, 2008). Die gute Nachricht: Auch im Erwachsenenalter können wir durch Training unsere Kompetenz in der Verarbeitung von Gesichtern anderer Gruppen verbessern (Tanaka & Pierce, 2009).

Während der Covid-19-Pandemie haben sich unsere alltäglichen Erfahrungen mit Gesichtern verändert und wir begegnen unseren Mitmenschen häufiger mit durch Masken verdeckte Mundpartien. Wirkt sich das auf unsere Gesichtsverarbeitung aus? Tatsächlich erkennen wir die Emotionen und Identitäten auf statischen Fotografien von Gesichtern weniger gut, wenn diese Masken oder Sonnenbrillen tragen (Noyes, Davis, Petrov, Gray & Ritchie, 2021). Im Alltag hingegen scheint das soziale Verstehen weniger durch Masken eingeschränkt, da wir andere verfügbare Quellen sozialer Information wie Körperhaltung, Stimme etc. flexibel gewichten können. Auch die alltägliche Gesichtsverarbeitungs-Kompetenz von Kindern, die während der Pandemie aufwachsen, scheint nach bisherigem Kenntnisstand nicht durch die Maskierungen beeinträchtigt (Carnevali, Gui, Jones & Farroni, 2022).

2.5 Gesichter in Interaktion

Wie Blicke haben auch Gesichter in der sozialen Interaktion ein breites Spektrum an Funktionen und unterstützen, z. B. durch Mimik, die verbale und nonverbale Kommunikation, Koordination und Kooperation (▶ Kap. 1.3 für ausführliche Beschreibungen). In den ersten Lebensjahren sind Gesichter unter anderem für die Sprachentwicklung relevant: Wenn Kinder ihre Muttersprache lernen, nutzen sie Informationen im Gesicht ihrer Bezugspersonen (beispielsweise, indem sie deren Augen oder deren Mund anschauen), um Worte und Bedeutungen zu differenzieren (Lewkowicz & Hansen-Tift, 2012).

Auch wenn die Beiträge, die Gesichter leisten, vielfältig sind, möchte ich an dieser Stelle nur zwei Aspekte kurz hervorheben. Eine Schlüsselfunktion kommt Gesichtern zu, weil sie Identitäten preisgeben. Gesichter ermöglichen, andere wiederzuerkennen und selbst erkannt zu werden, mitsamt den Rollen und Beziehungen, die Menschen im sozialen Miteinander einnehmen (Jenkins, Dowsett & Burton, 2018). Und darauf basieren nicht zuletzt zentrale Pfeiler unserer Gesellschaft wie die Organisation in stabilen Gruppen und das Etablieren von Hierarchien, Regeln und Normen (z. B. Dugatkin, 2020).

Darüber hinaus entdecken wir in den Gesichtern unserer Mitmenschen, neben deren Identität und Gemütszustand, ganz maßgeblich deren Reaktion auf uns. Ein Gesicht, dem wir eine Regung entlocken, lässt uns unmittelbaren Kontakt zu unserem Gegenüber erleben und gibt uns gleichzeitig ein Gespür für unsere eigene Wirksamkeit und Bedeutung. Eindrücklich zeigen Studien, wie alarmiert bereits Säuglinge reagieren, wenn die Gesichter ihrer Bezugspersonen ausdruckslos bleiben (siehe Kasten Klassischer Versuch).

Klassischer Versuch: Still-face-Experiment

Ab den 1970er Jahren untersuchten Edward Tronick und seine Kolleginnen und Kollegen frühe Interaktionen zwischen Müttern und Kindern. Das bekannteste der dabei entwickelten Untersuchungsparadigmen ist das Still-face-Experiment. In diesem Versuch interagiert eine Bezugsperson zuerst wie gewohnt von Angesicht zu Angesicht mit ihrem Säugling, bevor sie die Interaktion unmittelbar unterbricht, indem sie sich ab- und dann mit regungslosem Gesicht dem Kind wieder zuwendet (Tronick, Als, Adamson, Wise & Brazelton, 1978).

Während der (kurzen) Zeit der Ausdruckslosigkeit lassen sich bei den Säuglingen typische und starke körperliche und emotionale Reaktionen beobachten. Zuerst versuchen die Babys nachdrücklich, die Aufmerksamkeit ihrer Bezugspersonen mit Geräuschen und Bewegungen auf sich zu ziehen. Wenn das nicht gelingt, zeigen sie ihren Stress, z. B. durch Schreie oder Weinen, und geben schließlich auf und ziehen sich zurück (▶ Kap. 2.6 Externer Link zu einem Beispielvideo). Ausgehend von diesen und weiteren Erkenntnissen betonte Tronick die Bedeutung von aufeinander Bezug nehmenden, sogenannten »ko-kreativen« Interaktionen in der Kindheit für eine gesunde sozio-emotionale Entwicklung (Tronick, 2007).

2.6 Fazit und Empfehlungen

Auf einen Blick geben Menschen mit und auf ihrem Gesicht zahlreiche Informationen preis, auch wenn sie das gar nicht merken oder wollen. Sie zeigen sprichwörtlich Gesicht. Effizient und ohne besondere Anstrengung entdecken und verarbeiten die meisten von uns Gesichter, unterstützt durch ein weit verbreitetes Netzwerk spezialisierter und miteinander kommunizierender Hirnareale. Die unmittelbar nach der Geburt bestehende Präferenz für gesichtsähnliche Strukturen sowie die zahlreichen Erfahrungen, die wir im Laufe unseres Lebens mit Gesichtern machen, tragen zur Entwicklung unserer Expertise bei. Neben interindividuellen Unterschieden in der Fähigkeit, Gesichter zu identifizieren und zu lesen spielen auch situative Faktoren eine Rolle. Und so wie ein Gesicht als Kontext die Interpretation von Blicken prägt, ist auch die Interpretation von Gesichtern flexibel und abhängig vom Kontext, beispielsweise der Stimme oder Körperbewegung. Deren Verarbeitung ist Gegenstand der nächsten beiden Kapitel.

Literaturempfehlungen

Aviezer, H., Ensenberg, N., & Hassin, R. R. (2017). The inherently contextualized nature of facial emotion perception. *Current Opinion in Psychology, 17*, 47–54.

Barrett, L. F. (2017). *How emotions are made: The secret life of the brain.* Pan Macmillan.

Duchaine, B., & Yovel, G. (2015). A revised neural framework for face processing. *Annual Review of Vision Science, 1*, 393–416.

Freiwald, W., Duchaine, B., & Yovel, G. (2016). Face processing systems: From neurons to real world social perception. *Annual Review of Neuroscience, 39*, 325.

Hessels, R.S. (2020). How does gaze to faces support face-to-face interaction? A review and perspective. *Psychonomic Bulletin and Review, 27*, 856–881.

Pascalis, O., & Kelly, D. J. (2009). The origins of face processing in humans: Phylogeny and ontogeny. *Perspectives on Psychological Science, 4*(2), 200–209.

Externe Links

Gesichts-Pareidolien: https://www.youtube.com/watch?v=zpOoBtFNYuw
Still-face-Experiment: https://www.youtube.com/watch?v=bG89Qxw30BM&t=200s und, etwas aktueller, https://www.youtube.com/watch?v=7Pcr1Rmr1rM

3 What's in a voice? Wie wir Stimmen verarbeiten

> Vergleichbar mit der Blick- und Gesichtswahrnehmung zeigen Menschen auch beim Erkennen und Interpretieren von Stimmen beeindruckende Expertise. Die Verarbeitung von Stimmen, deren neuronale Pfade, Entwicklung und Einflussfaktoren sind Gegenstand des dritten Kapitels.

Sie schalten das Radio ein, die Moderatorin hat noch keine zwei Sätze gesagt, da ist der Eindruck schon geformt: »Die klingt ja unglaublich nett, mit der würde ich mich gut verstehen«. Als der Studiogast einhakt, erkennen Sie ihn sofort – »Ha, warte mal… ist das nicht der Grönemeyer?« – auch wenn Ihnen seine Stimme sonst nur singend begegnet.

Die Forschungsgeschichte zur Stimmverarbeitung ist vergleichsweise jung. Außerdem werden Sie feststellen, dass die Stimm- und Gesichtsverarbeitung viele Ähnlichkeiten aufweisen. Daher wird dieses Kapitel etwas knapper ausfallen als die vorherigen. Seit Pascal Belin und seine Kollegen im Jahr 2000 in einer einflussreichen Veröffentlichung die neuronalen Grundlagen der Stimmwahrnehmung beschrieben haben, sind Interesse und Erkenntnisse in diesem Bereich beständig gestiegen; nicht zuletzt inspiriert durch Einsichten aus der Gesichtsforschung (Belin, Zatorre, Lafaille, Ahad & Pike, 2000). Aber von vorn. Wie erkennen wir die Stimmen unserer Mitmenschen und welche Informationen können wir ihnen entlocken?

3.1 Stimmen identifizieren, kategorisieren und interpretieren

Stimmen unterscheiden sich systematisch zwischen Individuen und Situationen, beispielsweise in ihrer Höhe, Lautstärke und Klangfarbe. Diese Unterschiede erlauben uns, meist akkurat, Menschen anhand ihrer Stimme wiederzuerkennen und auch bei unbekannten Personen Merkmale wie Geschlecht, Alter oder Emotionalität zu ermitteln (Belin, Bestelmeyer, Latinus & Watson, 2011). Je vertrauter wir mit jemandem sind, desto zuverlässiger erkennen wir deren Stimme und desto weniger verlassen wir uns dabei auf physikalische Eigenschaften der Äußerungen wie Frequenz oder Amplitude. Vielmehr scheinen wir auf eine abstrakte und über viele Situationen gemittelte Vorstellung, eine Repräsentation dieser Stimme zugreifen zu können. Und das erlaubt uns, die Person auch anhand eines Räusperns, Hustens oder Kicherns zu identifizieren (Kriegstein & Giraud, 2004; Lavan, Burton, Scott & McGettigan, 2019). Wenn Menschen in experimental-psychologischen Untersuchungen lernen sollen, neue Stimmen zu unterscheiden, gelingt dies bereits nach wenigen Begegnungen (Zäske, Hasan & Belin, 2017).

Stimmen vermitteln innerhalb weniger hundert Millisekunden, auch über die verbale Botschaft, die sie transportieren, hinaus, wie sich ein Gegenüber fühlt (Schirmer & Kotz, 2006) und sie prägen den ersten Eindruck. Bereits ein simples »Hallo« genügt, um unbekannten Personen anhand ihrer Stimme Eigenschaften wie Attraktivität, Dominanz, Kompetenz oder Vertrauenswürdigkeit zuzuschreiben (McAleer, Todorov & Belin, 2014).

Wie in Modellen der Gesichtsverarbeitung dargelegt wird auch bei der Wahrnehmung von Stimmen angenommen, dass das »wer« und das »wie« auf separaten, aber gleichzeitig ablaufenden Prozessen beruht: Die *Identifikation* der sprechenden Person auf Basis struktureller Stimmeigenschaften und die *Emotions- und Sprachverarbeitung* (wie fühlt sich die sprechende Person und was sagt sie?) auf Basis dynamischer Eigenschaften der Stimme werden parallel ausgeführt (für einen Überblick, siehe Young, Frühholz & Schweinberger, 2020). Während Gesichter für die Erkennung von Identitäten besonders relevant sind, wird die Stimme bei der Sprachverarbeitung stärker gewichtet. Dabei verarbeiten Menschen visuelle Informationen der Gesichter und akustische Informationen der Stimmen nicht unabhängig voneinander, sondern integrieren sie, was zu amüsanten Illusionen führen kann (siehe Kasten Klassische Illusion).

Klassische Illusion: McGurk-Effekt

Im Jahr 1976 veröffentlichten Harry McGurk und John MacDonald eine erstaunliche Beobachtung. Sie hatten ihren Versuchspersonen kurze Videos gezeigt, in denen eine Person sichtbar mit dem Mund die Silben »ga-ga« formte. Gleichzeitig lief eine Tonspur ab, in der die Silben »ba-ba« zu hören waren. Welcher Höreindruck würde bei den Zuhörenden entstehen? Würden sie sich eher auf die akustische oder auf die visuelle Information verlassen? Eine überwältigende Mehrheit der Versuchspersonen gab an, »da-da« wahrgenommen zu haben (McGurk & Macdonald, 1976; ▸ Kap. 3.4 Externe Links für eine Demonstration). Was war geschehen?

Unser kognitives System fasst Informationen verschiedener Sinnesmodalitäten zusammen und gewichtet sie; was wir hören, wird beispielsweise daran gemessen, was wir sehen. Durch den Versuch, die widersprüchlichen akustischen und visuellen Informationen zu integrieren, entsteht ein neuer, illusorischer Eindruck und aus »ga-ga« und »ba-ba« wird »da-da« (Alsius, Paré & Munhall, 2018).

Auch die zeitliche Integration von verschiedenen Stimmen bringt spannende Phänomene hervor. Wenn wir eben noch eine weiblich klingende Stimme vernommen haben, wirkt eine androgyne Stimme im Anschluss daran männlicher. Folgt dieselbe androgyne Stimme aber direkt auf eine männliche Stimme, wird sie eher weiblich wahrgenommen (Schweinberger et al., 2008). Dieser Effekt (engl.: contrasting aftereffect) legt nahe, dass nicht nur basale Eigenschaften wie die Höhe einer Stimme genutzt werden, um sie einzuordnen (z. B. nach Geschlecht), sondern dass sie auch mit einer durchschnittlichen Stimmrepräsentation für diese Kategorie verglichen wird (Yovel & Belin, 2013). Wir bilden also aus den Stimmen, die wir hören, eine Vorstellung von einer »Durchschnittsstimme« für verschiedene Kategorien, z. B. Geschlecht oder Alter. Stimmen, die wir erst kürzlich gehört haben, bekommen dabei ein etwas größeres Gewicht, sie prägen unsere Vorstellung der Durchschnittsstimme mehr. Und an dieser Repräsentation messen wir eine Stimme, die wir akut hören.

3.2 Neuronale Grundlagen

An der Stimmwahrnehmung sind vernetzte und teilweise hochspezialisierte Hirnareale beteiligt. Im mittleren und anterioren STS und im superioren temporalen Gyrus liegen die für die Stimmerkennung zentralen *temporal voice areas* (TVAs; Belin et al., 2000; Pernet et al., 2015). Bei Makaken (*Macaca mulatta*) konnten im STS ähnliche Regionen identifiziert werden, die besonders auf Vokalisationen von Artgenossen reagieren (Petkov et al., 2008).

Die Stimmwahrnehmung läuft über zwei parallele Pfade ab, wobei die, relativ stabile, Identität eher *ventral* und dynamische Stimmeigenschaften wie Emotionalität und Sprache eher *dorsal* verarbeitet werden. Nach anfänglicher Analyse der physikalischen Stimmeigenschaften erfolgt die Integration mit zusätzlichen Informationen; beispielsweise kommunizieren ventrale Areale der Stimmidentifikation mit Hirnregionen, die am Abruf autobiografischer Erinnerung beteiligt sind. Insgesamt scheinen Gesichts- und Stimmwahrnehmung also, trotz Unterschiedlichkeit des sensorischen Inputs, anhand vergleichbarer kortikaler Verarbeitungsprozesse und -prinzipien abzulaufen (z. B. parallele und hierarchische Verarbeitung), was eine sparsame Organisation des Gehirns nahelegt (Yovel & Belin, 2013; siehe Young, Frühholz & Schweinberger, 2020 für eine detaillierte Übersicht der Ähnlichkeiten und Unterschiede).

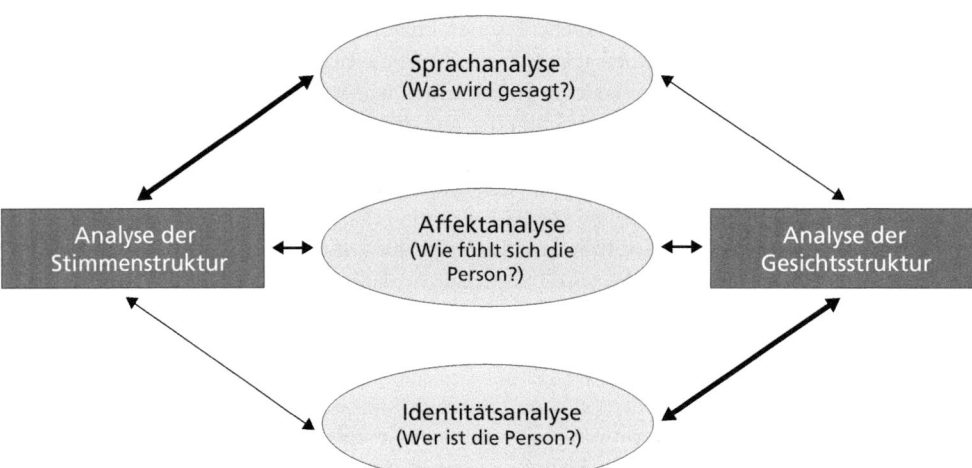

Abb. 3.1: Stilisiertes Modell der Stimm- und Gesichtsverarbeitung nach Young et al., 2020. Für die Ermittlung der Identität ist die visuelle Gesichtsverarbeitung besonders wichtig, für die Analyse des Sprachinhalts die auditive Stimmverarbeitung.

Interessant ist auch das Zusammenspiel von Stimmen und Gesichtern. Das Erkennen einer Person anhand ihrer Stimme bzw. anhand ihres Gesichts erfolgt modalitätsspezifisch (also akustisch und visuell, respektive), wobei es bereits auf frühen Verarbeitungsstufen direkte kortikale Verbindungen zwischen Gesichts- und Stimmarealen gibt (Blank, Anwander & Von Kriegstein, 2011). Wenn beide Quellen verfügbar sind, wird die visuelle Gesichtsinformation für das Identifizieren konkreter Personen stärker gewichtet als deren Stimme, beim

Sprachverstehen verhält es sich umgekehrt. Für die Emotionserkennung sind Stimm- und Gesichtseigenschaften, also akustische und visuelle Information, ähnlich relevant (▶ Abb. 3.1; Young et al., 2020). Entsprechend geht Emotionsverarbeitung mit erhöhter Aktivierung in Arealen einher, in denen visuelle und akustische Information integriert werden, sogenannten multimodalen Integrationsarealen.

Auch beim Kategorisieren von Personen, beispielsweise nach Geschlecht, zeigt sich die Integration von Stimm- und Gesichtsinformation. Diese Prozesse laufen zeitgleich ab und können sich gegenseitig verstärken. So wird ein androgynes Gesicht mit einer männlichen Stimme als eher männlich wahrgenommen und mit einer weiblichen Stimme als eher weiblich.

3.3 Entwicklung und Moderatoren

Bereits Föten bevorzugen menschliche Stimmen über andere Geräusche und Neugeborene verarbeiten die Stimme ihrer Mutter anders als die von Fremden (Beauchemin et al., 2011; Vouloumanos, Hauser, Werker & Martin, 2010). Neben der zum Zeitpunkt der Geburt bestehenden ausgeprägten Sensitivität für Stimmen spielen auch Erfahrungen eine immer wichtigere Rolle. Wie bei der Verarbeitung von Gesichtern gibt es für die Unterscheidung von Stimmeigenschaften und Sprachlauten sowie für die Integration von Gesichts- und Stimminformation sensible Phasen. Nach den ersten Lebensmonaten tritt sogenanntes *perceptual narrowing* auf, also eine zunehmende Spezialisierung auf typische Stimmen und Laute und, entsprechend, eine abnehmende Fähigkeit, untypische Stimmen und Laute zu unterscheiden (beispielsweise von nicht-menschlichen Primaten oder in anderen Sprachen).

Diese Erfahrungsabhängigkeit prägt die individuelle Expertise: Sowohl Kinder als auch Erwachsene können Sprechende besser anhand ihrer Stimme identifizieren, wenn diese in der Muttersprache sprechen und derselben ethnischen Gruppe angehören. Für Stimmen scheint es also, wie für Gesichter, einen Own-race-Effekt (▶ Kap. 2.4.2) zu geben (Perrachione, Chiao & Wong, 2010).

Neben situativen Moderatoren ist die Fähigkeit, Stimmen zu erkennen und zu unterscheiden, interindividuell verschieden. Auch bei der Stimmverarbeitung gibt es sogenannte Super-recognizer (▶ Kap. 2.4.1), die sich durch beeindruckende Fertigkeiten im Wiedererkennen menschlicher Stimmen auszeichnen, selbst wenn sie diesen in neuen Kontexten und mit bisher ungehörten Lautäußerungen begegnen (Aglieri et al., 2017). Auf der anderen Seite des Spektrums stehen Personen, die andere kaum oder nicht anhand ihrer Stimme identifizieren können. Menschen mit Phonagnosie kann es passieren, dass sie ihre eigenen Kinder oder Eltern am Telefon nicht wiedererkennen (Roswandowitz et al., 2014).

> **Definition: Phonagnosie**
>
> Menschen mit Phonagnosie (aus dem Altgriechischen, »Nichterkennen von Stimmen«) fällt es schwer, bekannte Personen anhand deren Stimmen zu erkennen. Phonagnosie kann angeboren oder durch Verletzungen des Gehirns erworben sein.

3.4 Fazit und Empfehlungen

Mit unserer Stimme transportieren wir, neben expliziten Äußerungen, vielschichtige nonverbale Information, beispielsweise darüber, wer wir sind, wie es uns geht und wie wir zu unserem Gegenüber stehen (▶ Kap. 13.2 Nonverbale Kommunikation). Auf der Basis eines Netzwerks spezialisierter und weit verknüpfter Hirnareale gelingt uns die Verarbeitung von Stimmen und deren Integration mit weiterer sozialer Information schnell und präzise. Dabei spielen Prädispositionen wie die Präferenz für Stimmen von Artgenossen ebenso wie (frühe) Lebenserfahrungen eine Rolle. Wie gut Menschen bei der Identifikation und Unterscheidung von Stimmen sind, hat sowohl situative als auch individuelle Einflussfaktoren.

Interessanterweise folgt die Verarbeitung von Stimmen ähnlichen Prinzipien wie die Verarbeitung von Gesichtern, sowohl bezüglich der neuronalen Grundlagen als auch der Entwicklung und Einflussfaktoren. Während in diesem Buch auf die Darstellung der Verarbeitung von Berührungen (haptischer Information) und Gerüchen (olfaktorischer Information) unserer Artgenossen verzichtet wird, gibt das folgende Kapitel einen Überblick darüber, wie wir die Bewegungen anderer wahrnehmen und interpretieren.

Literaturempfehlungen

Belin, P., Bestelmeyer, P. E., Latinus, M., & Watson, R. (2011). Understanding voice perception. *British Journal of Psychology, 102*(4), 711–725.

Kreiman, J., & Sidtis, D. (2011). *Foundations of voice studies: An interdisciplinary approach to voice production and perception*. John Wiley & Sons.

Young, A. W., Frühholz, S., & Schweinberger, S. R. (2020). Face and voice perception: Understanding commonalities and differences. *Trends in Cognitive Sciences, 24*(5), 398–410.

Yovel, G., & Belin, P. (2013). A unified coding strategy for processing faces and voices. *Trends in Cognitive Sciences, 17*(6), 263–271.

Externe Links

McGurk Illusion: https://www.youtube.com/watch?v=jtsfidRq2tw

4 Move it! Wie wir Körperbewegung interpretieren

> Menschen entlocken den Körperbewegungen anderer eine Reihe von Informationen, seien es deren Handlungsabsichten, Gemütszustände oder Identität. Auf neuronaler Ebene ist dabei auch das sogenannte Spiegelsystem beteiligt. Das vierte Kapitel gibt einen Überblick über die Prozesse, Entwicklung und Funktionalität der Verarbeitung von Bewegungen und Handlungen.

In der Dämmerung sehen Sie zwei unscharfe Gestalten am Horizont. Sie sind zu weit entfernt, um Gesichter oder Stimmen ausmachen zu können, aber eines ist klar: Die beiden tanzen. Wenn Sie ein wenig musikalische Erfahrung haben, erkennen Sie, dass es sich bei dem Tänzchen um einen Walzer handelt. Doch was ist das? Eine dritte Gestalt nähert sich der Szene… schleichend, geduckt, sich immer wieder umschauend. Was führt sie im Schilde?

Durch Bewegung treten wir miteinander und mit der Welt in Verbindung. Wir bewegen uns, um Aufmerksamkeit auf uns (oder von uns ab-) zu lenken, um für Nahrung oder Schutz zu sorgen und um unsere Beziehungen und unsere Umgebung zu gestalten. Erstaunlich selten fällt uns dabei auf, wie effizient wir selbst die Bewegung anderer entdecken und einordnen.

Ein spektakulärer Befund aus den 1970er Jahren verdeutlicht die menschliche Fähigkeit, Bewegungen von Lebewesen, sogenannte *biologische Bewegung* (engl.: *biological motion*) zu erkennen (▶ Abb. 4.1). Der schwedische Psychologe Gunnar Johansson brachte kleine Leuchten an einigen Gelenken einer Person an und erstellte Filme, in denen nur die weißen Lichtpunkte auf der sich bewegenden Person zu sehen waren (Johansson, 1973; 1976). Selbst, wenn nur wenige Leuchten angebracht wurden, konnten Zuschauende zuverlässig und innerhalb von Sekundenbruchteilen in diesen *point-light-Figuren* konkrete Bewegungsmuster ausmachen (▶ Kap. 4.5 Externe Links für eine Videodemonstration).

Wie ist das möglich? Wie leiten wir aus der reduzierten Information sich zweidimensional verändernder Punkte sinnvolle und kohärente Bewegungsmuster ab? Und – jenseits von point-light-Figuren – wie erkennen wir in Körperveränderungen im dreidimensionalen Raum und in der Zeit die komplexe Gestalt von Handlungen und Absichten?

Teil I Soziale Wahrnehmung und Aufmerksamkeit

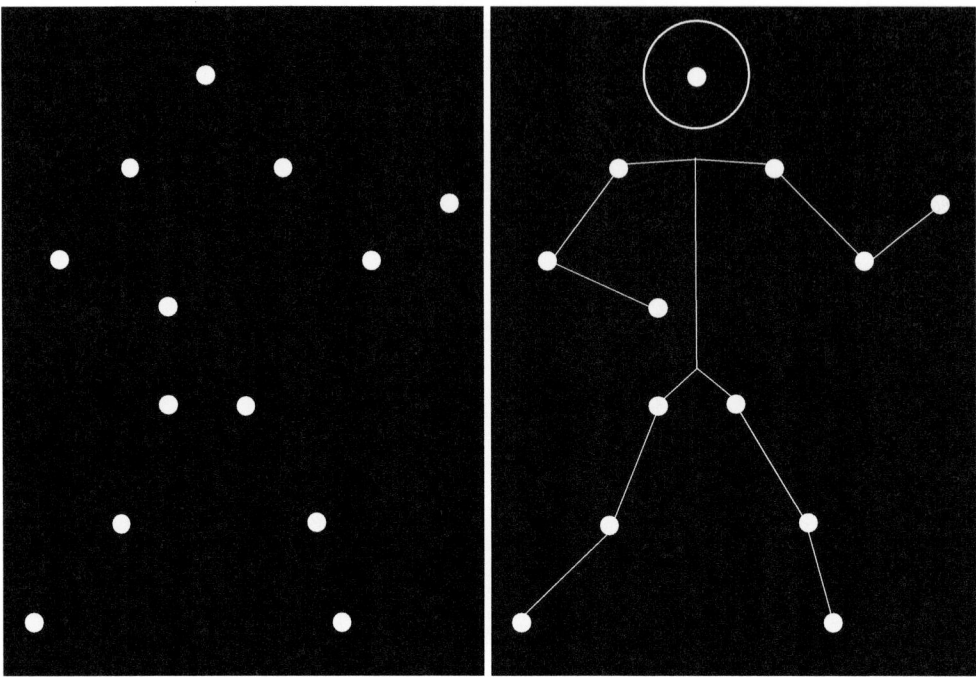

Abb. 4.1: Beispiel einer point-light-Figur. Die abgebildete Figur stellt einen zügig gehenden Mensch dar.

4.1 Körperbewegung entdecken und kategorisieren

Die besondere Herausforderung liegt bei der Verarbeitung von Körperbewegung darin, dass nicht nur die eher *statische* Information der Körperform, z. B. die Konfiguration der verschiedenen Gliedmaßen, identifiziert werden muss, sondern auch *dynamische* Aspekte wie Geschwindigkeit und Ausmaß der Veränderungen einzelner Glieder bzw. deren Relation zueinander (für eine Übersicht, siehe Troje & Basbaum, 2008; Giese, 2014). Bei der Frage, wie diese komplexen Form- und Bewegungsinformationen miteinander in Einklang gebracht werden, wurden bereits früh das Wirksamwerden von Gestaltgesetzen diskutiert. Eines dieser Gesetze besagt beispielsweise, dass Punkte mit ähnlichen Bewegungsvektoren gruppiert werden.

Indem sie alle anderen sichtbaren Eigenschaften von Körpern ausblenden, isolieren point-light-Figuren Bewegungsinformation. Trotz dieser Reduktion können Menschen darin verschiedene Spezies und bekannte Personen identifizieren sowie Geschlecht, Alter, Emotionen, konkrete Handlungen und Handlungsabsichten erkennen (Blakemore & Decety, 2001; Ma, Paterson, & Pollick, 2006). Zuerst müssen wir aber entdecken, dass eine Bewegung überhaupt biologisch ist, also von einem Lebewesen stammt. Wie tun wir das?

Hier gibt ein bekanntes Phänomen Aufschluss: der Inversionseffekt. Biologische Bewegungen werden bei umgekehrten point-light-Figuren nämlich schlechter entdeckt (z. B. Pavlova & Sokolov, 2000). Das liegt nicht nur daran, dass Inversion die konfigurale, ganzheitliche Verarbeitung von Mustern und Objekten erschwert. Auch die lokale Wahrnehmung von Beinbewegungen ist durch Umkehrung betroffen. Unser visuelles System scheint mit einem sogenannten »*life detector*« ausgestattet zu sein, der Lebewesen an ihren typischen, durch die Schwerkraft verursachten, ballistischen Beinbewegung erkennt (Westhoff & Troje 2006). Dieser Mechanismus ist von Geburt an vorhanden und nicht auf Menschen beschränkt: Auch frisch geschlüpfte Küken nutzen ihn, um potenzielle Bezugstiere zu identifizieren (Vallortigara & Regolin, 2006).

Haben wir ein belebtes Wesen entdeckt, kategorisieren wir das Lebewesen (z. B. Ist es ein Mensch? Welcher?) und dessen Bewegungsmuster. Dafür werden lokale und konfigurale Eigenschaften der Körper und ihrer Bewegung integriert und dies bedarf, anders als die initiale life detection, Aufmerksamkeit und Erfahrung. Ähnlich der Gesichts- und Stimmwahrnehmung treten auch bei der Verarbeitung biologischer Bewegung Adaptationseffekte (engl.: adaptation aftereffects) auf: Nachdem Versuchspersonen die Bewegung einer weiblichen point-light-Figur gesehen haben, schätzen sie die Bewegung einer geschlechtsneutralen Figur eher als männlich ein. Wie bei Gesichtern und Stimmen scheinen Menschen konkrete Bewegungen zu kategorisieren, indem sie sie mit Vorstellungen/Repräsentationen typischer, durchschnittlicher Bewegungsmuster vergleichen (Troje, Sadr, Geyer & Nakayama, 2006).

Eine zentrale Frage ist, wie wir die Handlungen und Absichten von Personen aus ihren Bewegungen ableiten. Aufschlussreich ist hier die Erkenntnis, dass teilweise die gleichen motorischen Gesetzmäßigkeiten und Prozesse zur Anwendung kommen, wenn wir Bewegungen ausführen und wenn wir diese beobachten (siehe Kasten Klassischer Versuch). Menschen ordnen beobachtete Bewegungen also unter Zuhilfenahme ihres eigenen motorischen Systems ein (Wolpert, Doya & Kawato, 2003).

Klassischer Versuch: Fitts's Law bei Ausführung, Vorstellung und Beobachtung von Handlungen

Wie schnell können Sie Ihren Zeigefinger zwischen zwei Flächen hin und her bewegen, ohne diese zu verfehlen? Das liegt maßgeblich an zwei Dingen, nämlich der Größe der Flächen und deren Entfernung. Und genau das besagt das 1954 formulierte Gesetz von Fitts, *Fitts' Law*. Dieses vielfach belegte Gesetz bestimmt aus der Entfernung und Größe zweier Flächen einen Schwierigkeitsindex, aus dem dann die Bewegungsdauer errechnet werden kann.

Interessant ist, dass Fitts' Gesetz nicht nur für tatsächlich ausgeführte Bewegungen gilt, sondern auch, wenn Versuchspersonen sich die Bewegung ihrer Zeigefinger nur *vorstellen* sollen (Decety & Jeannerod, 1995). Im Jahr 2007 schlossen Marc Grosjean, Maggie Shiffrar und Günther Knoblich den Kreis und zeigten, dass Fitts' Gesetz auch bei der *Beobachtung* von Handlungen zum Tragen kommt. Die Versuchspersonen sahen Bildabfolgen von Zeigefingern, die auf verschieden große und unterschiedlich weit entfernte Flächen zeigten. Durch die Geschwindigkeit der Bildabfolgen wurde die Wahrnehmung verschieden schneller Bewegungen erzeugt und die Teilnehmenden sollten angeben, ob sie die jeweiligen Geschwindigkeiten für möglich hielten oder nicht. Das Ergebnis war eindeutig: Auch bei der Beurteilung von Bewegungen galt Fitts' Gesetz (Grosjean, Shiffrar & Knoblich, 2007).

Dieses Befundmuster passt zu Theorien, die annehmen, dass Handlungsproduktion und Handlungswahrnehmung auf ähnlichen kognitiven Repräsentationen beruhen (Prinz, 1997). Sogenannte Simulationstheorien postulieren, dass die (perzeptuellen) Konsequenzen von Handlungen während deren Ausführung errechnet und vorhergesagt werden und dass diese

Vorhersagemodelle auch genutzt werden, wenn wir Handlungen beobachten (Wilson & Knoblich, 2005). Wir nutzen also unser eigenes kognitives Bewegungssystem, um Handlungen anderer zu verstehen, wir simulieren diese sozusagen im Geiste.

4.2 Neuronale Grundlagen

Schauen wir uns die Hirnareale und -netzwerke an, die an der Verarbeitung biologischer Bewegung beteiligt sind, treffen wir auf alte Bekannte. Wie bei der Wahrnehmung von Blicken, Stimmen und Gesichtern spielt der superiore temporale Sulkus (STS) eine zentrale Rolle (Grossman et al., 2000). Bei Makaken (*Macaca mulatta*) wurden hier Neurone identifiziert, die selektiv auf Körperformen und -bewegungen und deren Eigenschaften (z. B. Bewegungsrichtung) reagieren und sich auch von point-light-Figuren aktivieren lassen (Oram & Perrett, 1994).

Diese Befunde sowie EEG- und fMRT-Studien an Menschen verweisen auf die Beteiligung des ventralen und dorsalen Pfads an der Verarbeitung biologischer Bewegung, wobei Informationen aus beiden Pfaden im STS zusammenfließen (siehe Puce & Perrett, 2003 für eine Übersicht). Im *ventralen* Pfad wird dabei die globale Form von Körpern repräsentiert und die Änderung dieser Form über die Zeit integriert. Der ventrale Pfad beinhaltet u. a. die extrastriatale body area (EBA) und die fusiforme body area (FBA), die direkt an die fusifome face area angrenzt. Die eher parietalen Areale des *dorsalen* Pfads repräsentieren lokale Information einzelner Körperteile und deren Bewegungsmuster. Die Verarbeitung in den beiden Pfaden verläuft parallel, aber nicht unabhängig voneinander (Sokolov et al., 2018), und hierarchisch, also zunehmend losgelöst von der spezifischen Ansicht eines Körpers oder Körperteils. Inzwischen wird die Existenz eines dritten visuellen Verarbeitungspfads diskutiert, der von primären visuellen über bewegungssensitive Areale in den STS verläuft und auf die Verarbeitung dynamischer sozialer Reize und Szenen spezialisiert ist (Pitcher & Ungerleider, 2021).

Wenn wir die Handlungen anderer beobachten, sind außerdem parietale und frontale Hirnareale aktiviert, die maßgeblich an der Planung unserer eigenen Bewegungen beteiligt sind. Die Entdeckung von *Spiegelneuronen* (engl.: mirror neurons), die sowohl die Ausführung als auch die Beobachtung konkreter Handlungen kodieren, bot einen weiteren Hinweis, dass eigene und beobachtete Bewegungen teilweise auf denselben Repräsentationen beruhen (siehe Exkurs Spiegelneurone). Ähnlich wie Nervenzellen im STS reagieren einige dieser Neurone zudem nicht nur auf die direkte Wahrnehmung einer konkreten Handlung, sondern auch, wenn diese teilweise verdeckt ist, nur angedeutet wird oder Personen sich diese vorstellen. Diese multimodale, integrative Verarbeitung trägt dazu bei, dass wir die Absichten, Gesten und Handlungen anderer oft mühelos erschließen, vorhersagen und imitieren können (van Overwalle & Baetens, 2009; Rizzolatti & Craighero, 2004).

Exkurs: Spiegelneurone

Im Jahr 1992 beschrieb die Arbeitsgruppe um Giacomo Rizzolatti aus Italien erstmalig eine erstaunliche Eigenschaft von Nervenzellen im prämotorischen Areal F5 bei Makaken: Manche dieser Neurone feuerten nämlich nicht nur bei spezifischen objekt-gerichteten Handlungen, beispielsweise, wenn der Affe eine Nuss griff, sondern auch, wenn der Affe dieselbe Handlung beim Experimentator beobachtete (Di Pellegrino, Fadiga, Fogassi, Gallese & Rizzolatti, 1992). In den folgenden Jahrzehnten wurden die Verbreitung, Lokalisation und Eigenschaften von Spiegelneuronen intensiv erforscht und differenziert; so scheinen manche dieser Neurone streng kongruent nur auf die Ausführung und Beobachtung einer konkreten Handlung zu reagieren (z. B. eines Pinzettengriffs), während andere bei einer breiteren Klasse beobachteter Handlungen feuern (Bonini, Rotunno, Arcuri, & Gallese, 2022 für eine Übersicht).

Neuroimaging-Studien legen nahe, dass es auch bei Menschen ein Netzwerk an Hirnregionen gibt, die Spiegelneurone enthalten (▶ Abb. 4.2). Entsprechend können Läsionen in Arealen, die an der Planung und Ausführung von Bewegungen beteiligt sind, oder deren zeitweise Hemmung mit Transkranieller Magnetstimulation, auch das Verstehen beobachteter Handlungen einschränken (Podric & Hamilton, 2006; Urgesi, Candidi & Avenanti, 2014). Die Regionen innerhalb des Spiegelneuron-Systems sind eng verdrahtet. So scheinen frontale Areale die erwarteten perzeptuellen Effekte beobachteter Handlungen an parietale Areale rückzumelden, in denen diese mit dem tatsächlichen Input abgeglichen werden. Ein Zusammenspiel sogenannter feedforward- und feedback-Prozesse erlaubt die Vorhersage von Handlungen und deren Konsequenzen und unterstützt das Verstehen, aber auch die Imitation, von Bewegungen anderer auf der Basis des eigenen neuronalen Handlungssystems.

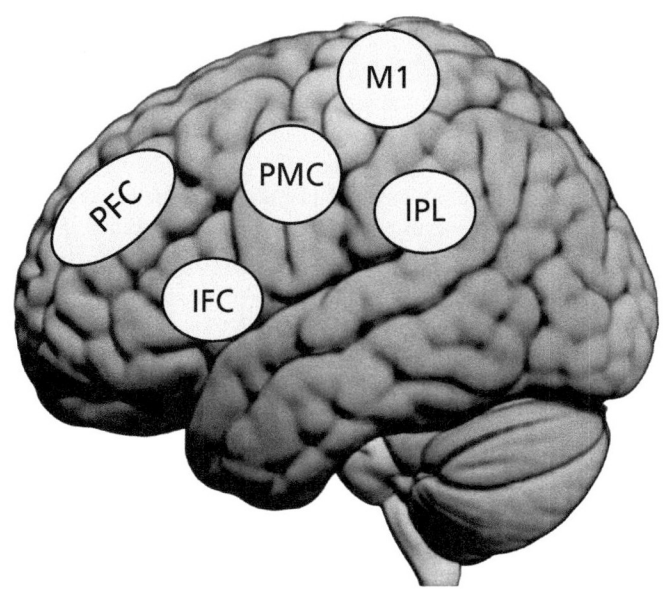

Abb. 4.2:
Das sogenannte Spiegelneuron-System im menschlichen Gehirn dehnt sich u. a. über den primären motorischen und prämotorischen Kortex (M1 und PMC), den inferioren und präfrontalen Kortex (IFC, PFC) und den inferioren Parietallappen (IPL) aus. Hier ist die linke Hemisphäre abgebildet.

Das Verarbeiten von sozialer Information durch Hirnareale, die an den entsprechenden selbstbezogenen Prozessen beteiligt sind, wurde inzwischen für viele psychologische Bereiche gezeigt, beispielsweise für verbale und nonverbale Kommunikation (▶ Kap. 13), Empathie (▶ Kap. 7) und kognitive Perspektivübernahme (▶ Kap. 10). Spiegelneurone wurden bei zahlreichen Spezies beschrieben und gelten als eine Grundlage von Imitation bei Neugeborenen. Neben genetischen Faktoren werden aber auch generelle assoziative Lernmechanismen diskutiert, die dazu beitragen könnten, dass Spiegelneurone im Laufe der Entwicklung ihre spezifischen Eigenschaften erhalten (Cook, Bird, Catmur, Press & Heyes, 2014).

Die Bedeutung des Spiegelsystems bei psychiatrischen Erkrankungen, z. B. Autismus-Spektrum-Störungen, ist noch nicht abschließend geklärt. Die Spiegeleigenschaften des neuronalen Systems können aber erfolgreich genutzt werden, um durch Handlungs-Beobachtungs-Trainings (engl.: action observation trainings) motorische Dysfunktionen, z. B. bei Schlaganfällen oder Parkinson, zu behandeln (Rizzolatti, Fabbri-Destro, Nuara, Gatti & Avanzini, 2021).

4.3 Entwicklung und Moderatoren

Bereits in ihren ersten Lebenstagen schauen Säuglinge bevorzugt auf biologische Bewegung – und damit sind sie nicht allein: Vielleicht erinnern Sie sich an die frisch geschlüpften Küken, die ebenfalls eine solche Präferenz beobachten lassen (Simion, Di Giorgio, Leo & Bardi, 2011). So wird ein robustes, stammesgeschichtlich altes System angenommen, das die für Lebewesen typischen, *lokalen* ballistischen Beinbewegungen erkennt. Während dieses System anfangs nicht zwischen verschiedenen Spezies unterscheidet, entwickelt sich die Fähigkeit, für bestimmte Spezies und Handlungen typische *globale* Bewegungsmuster zu identifizieren, erfahrungsbasiert weiter. Zwillingsstudien legen nahe, dass die Fähigkeit zur Verarbeitung lokaler Bewegungsaspekte genetisch mitbedingt ist, nicht aber die Verarbeitung globaler Bewegungsmuster (Wang et al., 2018).

Die Psychologin Robin Sifre und ihr Team begleiteten über hundert Babys in ihren ersten zwei Lebensjahren und zeigten ihnen regelmäßig bewegte point-light-Darstellungen. Die Wissenschaftlerinnen stellten fest, dass die bei Geburt vorhandene Präferenz für biologische Bewegungen im Alter von zwei Monaten verschwand, um einen Monat später wieder aufzutreten und stetig anzusteigen (Sifre et al., 2018). Mit etwa drei Monaten scheint also der erfahrungs-abhängige Mechanismus der Bewegungsverarbeitung einzusetzen. Ab dann wird während sensitiver Phasen der Grundstein dafür gelegt, Expertise für die Lebewesen, Bewegungen und Handlungen zu erlangen, die wir besonders häufig beobachten. Die Fähigkeit, biologische Bewegung zu erkennen und einzuordnen entwickelt sich bis zur frühen Jugend weiter und bleibt bis ins hohe Lebensalter intakt (Pavlova, 2012).

Einige Studien berichten bei Kindern, Jugendlichen und Erwachsenen mit *Autismus-Spektrum Störung* (▶ Kap. 1.1.3) Einschränkungen beim Erkennen biologischer Bewegungen und Handlungen sowie beim Erschließen von zugrundeliegenden Emotionen und Absichten (Pavlova, 2012; Todorova, Hatton, & Pollick, 2019). Dabei scheint insbesondere die Verarbeitung lokaler Bewegungsaspekte betroffen zu sein (Wang et al., 2018). Weder bei neurotypischen noch bei Personen auf dem Autismus-Spektrum werden Zusammenhänge zwischen der Verarbeitung von Bewegung bei nicht-belebten Objekten und der Fähigkeit, biologische Bewegung zu erkennen und zu klassifizieren, gefunden.

Interessanterweise fällt es Personen mit Apraxien, die bestimmte Gesten nicht ausführen können, auch schwerer, diese Gesten bei anderen zu identifizieren und zu deuten (Pazzaglia et al, 2008).

> **Definition: Apraxie**
>
> Apraxie (griech.: Untätigkeit) bezeichnet die Unfähigkeit von Personen, zielgerichtete Bewegungen und Handlungen sinnvoll und geordnet auszuführen, obwohl es keine motorischen Einschränkungen gibt (es liegt also beispielsweise keine Lähmung vor). Häufig betroffen sind Mimik, Gestik und Werkzeuggebrauch.

Die eigene Erfahrung markiert eine Brücke zwischen persönlichen und situativen Einflussfaktoren. Expertise in der Ausübung bestimmter Bewegungen und Handlungen, z. B. bei Sportlerinnen und Musikern, geht häufig auch mit einer besonderen Befähigung einher, die entsprechenden Bewegungen und Handlungen oder deren Effekte (z. B. ein Pianostück) einzuordnen (Calvo-Merino, Ehrenberg, Leung & Haggard, 2010; Petrini, Holt & Pollick, 2010). Entsprechend überrascht es nicht, dass das Training neuer Bewegungsmuster zu deren verbesserter Erkennung führt, selbst wenn die Versuchspersonen während des Trainings Augenbinden trugen und die Bewegungen bei sich selbst also nie gesehen hatten (Casile & Giese, 2006).

4.4 Funktionen

Was bringt es uns, biologische Bewegungen bevorzugt zu beachten und effizient zu verarbeiten? Eine ganze Menge. Es vereinfacht die Vorhersage und Interpretation der Handlungen unserer Mitmenschen und unterstützt dadurch soziales Verstehen (Pavlova, 2012). Beispielsweise nutzen wir bewegungsbasierte, nonverbale Signale wie Zwinkern, Mimik und Gesten, um zu kommunizieren (▶ Kap. 13 Kommunikation). Und selbst wenn unsere Mitmenschen es nicht beabsichtigen, können ihre Bewegungen verraten, was sie vorhaben und wie sie sich fühlen. Die Fähigkeit, biologische Bewegung zu erkennen und einzuordnen wurde inzwischen auch mit anderen sozialen Fertigkeiten wie kognitiver Perspektivübernahme (▶ Kap. 10 Theory of Mind) in Beziehung gebracht (Miller & Saygin, 2013; Rice, Anderson, Velnoskey, K., Thompson & Redcay, 2016).

Neben dem gegenseitigen Verständnis dienen biologische Bewegungssignale der Koordination von Handlungen und kollektivem Verhalten (▶ Kap. 12) sowie dem sozialen Lernen (▶ Kap. 15). So reichen point-light-Projektionen arttypischer Bewegungen aus, um bei jungen und in Isolation aufgewachsenen Zebrafischen (*Danio rerio*) Schwarmbildungsverhalten auszulösen (Larsch & Baier, 2018). Und dieses Schwärmen ist in zahlreichen Spezies ein wichtiges Mittel, um in der Gruppe erfolgreich Angriffen zu entgehen, große Strecken zurückzulegen und Nahrung zu finden. Wenn wir Bewegungsabläufe beim Beobachten präzise und schnell verarbeiten, fällt es uns auch leichter, die Ausführung dieser Bewegungen zu erlernen, sei es beim Surfen oder beim Stricken. Und nicht zuletzt können sich Musikerinnen, Sportler und Chirurginnen durch die reine Vorstellung relevanter Bewegungsabläufe tatsächlich motorisch verbessern (Cocks, Moulton, Luu & Cil, 2014).

4.5 Fazit und Empfehlungen

Über Bewegungen treten Individuen miteinander und mit ihrer Umwelt in Kontakt. Von Geburt an erkennen und bevorzugen wir Bewegungen von Lebewesen, sogenannte biological motion. Im Laufe unseres Lebens und abhängig davon, welche Handlungen wir selbst beobachten und ausführen, erlangen wir beeindruckende Expertise im Einordnen und Interpretieren von Bewegungsmustern, selbst wenn diese nur stilisiert dargestellt sind. An der Verarbeitung von Bewegungen ist ein verzweigtes neuronales Netzwerk beteiligt, wobei auch dem Spiegelsystem, welches sowohl ausgeführte als auch beobachtete Handlungen repräsentiert, eine Rolle zukommt.

Die ersten Kapitel dieses Buchs haben soziale Signale wie Blicke, Gesichter, Stimmen und Körperbewegungen aus vorwiegend allgemein- und biologisch-psychologischer Sicht in den Fokus gestellt. Zentral waren hier die Fragen: Welche perzeptuellen und kognitiven Prozesse, welche neuronalen Mechanismen liegen der Verarbeitung dieser Reize zugrunde, wie entwickeln sich diese und wie flexibel sind sie? Daran, wie wir einander – umgangssprachlich – »wahrnehmen«, sind jedoch ganz maßgeblich auch Urteilsprozesse beteiligt. Diese werden besonders in der Sozialpsychologie untersucht und in den nächsten beiden Kapiteln dargestellt.

Literaturempfehlungen

Bonini, L., Rotunno, C., Arcuri, E., & Gallese, V. (2022). Mirror neurons 30 years later: implications and applications. *Trends in Cognitive Sciences, 26*(9), 767-781.

Johnson, K. L., & Shiffrar, M. (2013). *Making great strides: Advances in research on the perception of the human body.* Oxford University Press.

Pavlova, M. A. (2012). Biological motion processing as a hallmark of social cognition. *Cerebral Cortex, 22*(5), 981–995.

Puce, A., & Perrett, D. (2003). Electrophysiology and brain imaging of biological motion. *Philosophical Transactions of the Royal Society of London. Series B: Biological Sciences, 358*(1431), 435–445.

Pitcher, D., & Ungerleider, L. G. (2021). Evidence for a third visual pathway specialized for social perception. *Trends in Cognitive Sciences, 25*(2), 100–110.

Externe Links

Point-light motion: https://www.youtube.com/watch?v=rEVB6kW9p6k

5 Impression formation: Wie wir einander einschätzen

> Die ersten Kapitel verdeutlichen, wie effizient wir die Blicke, Gesichter, Stimmen und Bewegungen unserer Mitmenschen verarbeiten. Doch wenn wir anderen begegnen, geschieht noch mehr: Wir machen uns ein Bild ihrer Persönlichkeit. Schnell und oft unbewusst bilden Menschen sich einen Eindruck. Das fünfte Kapitel legt zentrale Dimensionen, genutzte Hinweisreize und zugrundeliegende Prozesse dieser Urteilsbildung dar.

»*My first impressions of people are invariably right*«. Dieses Zitat wird Oscar Wilde zugeschrieben und viele von uns würden zustimmen. Die Neue unseres besten Freundes, die so arrogant geschaut hat, als wir sie einem kritischen ersten Blick unterzogen? Die hat, wie erwartet, ihre Unfreundlichkeit bis zum Ende des Abends nicht abgelegt. Der Nachbarsjunge, den wir während der Schulzeit verdächtig oft zu Hause gesehen haben? Klar, dass der es nicht aufs Gymnasium geschafft hat. Wir sind Meister des Urteilens. Aber wie und wozu bilden wir uns eigentlich Urteile?

Menschen sind kompliziert. Selten lassen sich ihr Verhalten und ihre Entscheidungen perfekt vorhersagen, ihre Einstellungen und Ziele sind meist nicht direkt sichtbar und ihre Äußerungen entsprechend uneindeutig. Gleichzeitig müssen wir, oft unter Zeitdruck und trotz mangelhafter Informationsgrundlage, entscheiden, wie wir anderen Menschen begegnen. Können wir ihr vertrauen? Ist er überhaupt kompetent? Wir brauchen also Urteile und diese formen wir schnell, automatisch – und häufig falsch (Werth, Denzler & Mayer, 2020).

Im Forschungsfeld soziale Wahrnehmung/Kognition bildet das Stichwort *person perception* eine Schnittstelle zwischen der Untersuchung, wie zentrale soziale Reize verarbeitet werden (▶ Kap. 1–4; Schweinberger & Burton, 2011) und der Frage, wie Menschen Eindrücke und Urteile über andere bilden (▶ Kap. 5 und ▶ Kap. 6). Die Forschung zu letzterem hat herausgearbeitet, nach welchen Eigenschaftsdimensionen wir andere maßgeblich beurteilen und auf welche Information wir diese Urteile stützen. Nach einem Überblick über die entsprechenden Erkenntnisse wird es darum gehen, welche kognitiven Mechanismen an der Eindrucksbildung beteiligt sind und wie wir verhindern können, dass vorschnelle Urteile unsere sozialen Interaktionen bestimmen.

5.1 Zentrale Urteilsdimensionen

Wenn wir andere beurteilen, seien es Bekannte oder Unbekannte, unsere eigene Gruppe, Fremdgruppen oder sogar uns selbst, scheinen wir dafür besonders zwei Dimensionen heranzuziehen (für eine Übersicht, siehe Abele, Ellemers, Fiske, Koch & Yzerbyt, 2021).

Die eine Dimension sozialer Evaluation wird als *Wärme* oder *Gemeinschaftlichkeit* bezeichnet; auf ihr schätzen wir das Bestreben und/oder die Fähigkeit ein, mit anderen gut auszukommen (»getting along«). Innerhalb dieser Dimension werden häufig die Facetten Freundlichkeit und Integrität (oder Moralität) unterschieden. Eine weitere zentrale Urteilsdimension ist *Kompetenz* oder *Handlungsfähigkeit* und sie repräsentiert das Streben und die Befähigung, die eigenen Ziele zu erreichen und voranzukommen (»getting ahead«). Oft werden darin die Facetten Fähigkeit und Durchsetzungsvermögen abgegrenzt (▶ Abb. 5.1).

Je nach theoretischem Modell und Anwendungsfeld können die Bedeutungen dieser Dimensionen und deren Verhältnis zueinander variieren (Abele et al., 2021). Während Personen sich selbst beispielsweise besonders nach der Kompetenz-Dimension beurteilen, scheinen sie andere Menschen schneller und primär nach Wärme (versus Bedrohlichkeit) einzuordnen (Abele & Bruckmüller, 2011). Werden mehrere Personen oder Gruppen direkt verglichen, gehen hohe Zuschreibungen auf der einen Dimension zulasten der anderen (z. B., wenn kompetentere Personen weniger warm wirken; Yzerbyt, 2016). Schätzen wir uns selbst oder gute Bekannte ein, scheinen die Dimensionen hingegen unabhängig zu sein, bei der Beurteilung Fremder beeinflussen sie sich sogar positiv (▶ Kap. 5.2.1 Halo-Effekt).

 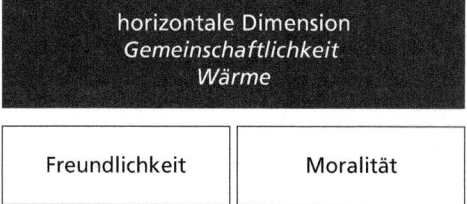

Abb. 5.1: Die beiden zentralen Dimensionen der Beurteilung von anderen Personen, Gruppen oder sich selbst und ihre zugehörigen Facetten.

Mitmenschen auf diesen zentralen Dimensionen einzuschätzen, kann die Navigation im sozialen Miteinander erleichtern: Das Bedürfnis nach Nähe sollte man mit möglichst vertrauenswürdigen Personen zu befriedigen suchen, möchte man sich selbst verwirklichen, können handlungsfähige Partnerinnen helfen und um in sozialen Hierarchien zurechtzukommen, empfiehlt es sich, den Status anderer darin zu ermitteln (Mattan, Kubota & Cloutier, 2017).

Wir können uns kaum dagegen wehren, unsere Gegenüber schnell und spontan zu beurteilen. Dabei ist uns nicht immer bewusst, worauf wir diese Urteile gründen. Welche Hinweisreize nutzen wir als Indikatoren für die Persönlichkeit unserer Mitmenschen? Und sind diese zuverlässig?

5.2 I have a c(l)ue: Worauf wir Urteile gründen

5.2.1 Äußerlichkeiten

Wenn wir anderen begegnen, haben wir direkten Zugang zu einer Reihe äußerlicher Merkmale. Und diese nutzen wir für Urteile, insbesondere, wenn wir unser Gegenüber nicht (gut) kennen. So schätzen Menschen das Gesicht und die Stimme von Unbekannten in Sekundenbruchteilen unter anderem nach Kompetenz und Vertrauenswürdigkeit ein (▶ Kap. 2.1.1 und ▶ Kap. 3.1). In Brillen und in Haar- und Bartwuchs finden wir Hinweise auf die Intellektualität von Fremden und aus ihrer körperlichen Statur leiten wir ihre Handlungsfähigkeit ab, etwa, wenn wir schlanke Ärzte für kompetenter halten (Hash, Munna, Vogel & Bason, 2003). Auch aus Statussymbole wie Markenkleidung und hochwertigem Schmuck wird auf eine höhere Fähigkeit der Person geschlossen (Mast & Hall, 2004).

Auf den ersten Blick sehen wir, ob uns jemand *ähnlich* ist. Selbst, wenn sich diese Ähnlichkeit auf triviale Aspekte wie Kleidung oder den Namen bezieht, beurteilen wir andere positiver, wenn sie uns ähneln (Gamer, 2005). Vergleichbar damit ist die vorteilhaftere Einschätzung derer, die wir bereits häufiger gesehen haben und die uns dadurch *vertraut* sind (Zajonc, 2001). Genau wie die die Beurteilung auf der Basis körperlicher Merkmale sind diese Einschätzungen nicht zuverlässig. Dennoch messen Menschen dem ersten Eindruck viel Gewicht bei und korrigieren ihn auch dann nur zögerlich, wenn weitere Informationen ein anderes Bild ihres Gegenübers zeichnen (Dougherty, Turban & Callender, 1994). Dadurch kann der wenig valide erste Eindruck unsere Interaktionen folgenreich prägen (▶ Kap. 5.2.5 Selbsterfüllende Prophezeiung).

Eine besondere Rolle kommt beim ersten Eindruck der Attraktivität zu. Attraktive Menschen werden auf zahlreichen Persönlichkeitsdimensionen als positiver eingeschätzt, obwohl körperliche Schönheit mit den meisten davon keinerlei Zusammenhang aufweist (Feingold, 1992). Und das hat weitreichende Folgen: Attraktive Menschen sind bei der Leistungsbeurteilung, Personalauswahl und Rechtsprechung im Vorteil (Werth et al., 2020). Wie es zu diesem folgenreichen Fehlschluss kommt, hat mit einer kognitiven Verzerrung zu tun, dem Halo-Effekt.

> **Definition: Halo-Effekt**
>
> Der Halo-Effekt (auch Heiligenschein-Effekt) ist eine kognitive Verzerrung und bezeichnet das (ungerechtfertigte) Erschließen der unbekannten Eigenschaften einer Person auf der Basis einer bekannten Eigenschaft. Beispielsweise werden attraktive Menschen für sympathischer und intelligenter gehalten (Nisbett & Wilson, 1977).

5.2.2 Nonverbales Verhalten

Im Blickverhalten, der Mimik und den Gesten unserer Mitmenschen sehen wir Indizien für deren Persönlichkeit (Hwang & Matsumoto, 2016). Starrt uns jemand lange in die Augen, wirkt sie dominant, vermeidet jemand unseren Blick, halten wir ihn für schüchtern. Ein Lächeln lässt unser Gegenüber warm erscheinen, eine aufrechte Körperhaltung kompetenter. So ist es wenig überraschend, dass wir mit dem Begriff »Haltung« nicht nur die Pose des Körpers, sondern auch die Gesinnung und Integrität einer Person bezeichnen. Darüber hinaus können Distanz und Berührung unser Urteil über andere beeinflussen: Berührt uns jemand gelegentlich und auf angemessene Weise, wirkt das sympathisch, kommen uns Unbekannte oder Konkurrentinnen beständig sehr nahe, nehmen wir sie negativ wahr (Gallace & Spence, 2010).

Während Menschen recht gut darin sind, anhand nonverbaler Signale die momentanen Zustände anderer einzuordnen, z. B. deren Emotionen, Schmerzen und Stresslevel (▶ Kap. 7 Empathie) oder nonverbal miteinander zu kommunizieren (▶ Kap. 13 Kommunikation), greifen die Zuschreibung von Charaktereigenschaften auf der Basis nonverbaler Hinweise meist zu kurz. Dies hat sowohl mit der im vorherigen Abschnitt beschriebenen Überschätzungen des ersten Eindrucks und kognitiver Verzerrungen zu tun als auch mit unserer Neigung, situative Faktoren bei der Eindrucksbildung zu ignorieren (▶ Kap. 5.2.4 Fundamentaler Attributionsfehler). Es gibt aber Aspekte des Kontexts, die wir für die Urteilsbildung heranziehen.

5.2.3 Situation und Kontext

Neben Eigenschaften des Körpers und der Körpersignale lassen Menschen sich in ihren Urteilen von Kontextfaktoren leiten. Die unmittelbare Umgebung und Gesellschaft, in der wir anderen begegnen, prägen den ersten Eindruck. Steigt jemand mit Mick Jagger aus der Limo oder mit Mutti aus dem Fiat? Auch die Räume, in denen sich Personen aufhalten, werden als Quelle für die Beurteilung zahlreicher Eigenschaften herangezogen (Gosling, Ko, Mannarelli & Morris, 2002). Dabei werden manche Hinweisreize besonders intensiv genutzt und scheinen auch diagnostisch valide zu sein, beispielsweise werden Personen – nicht ganz zu Unrecht – als gewissenhafter eingeschätzt, wenn ihre Räume ordentlich sind.

> **Definition: Cue utilization und cue validity**
>
> Nach dem Linsenmodell Modell von Egon Brunswik nutzen Menschen beobachtbare Merkmale (engl.: *cues*), um bei anderen auf zugrundeliegende Eigenschaften zu schließen (Brunswik, 1956). Dabei bezeichnet cue utilization das Ausmaß, zu dem ein Merkmal für die Einschätzung der Eigenschaften einer Person genutzt wird. Cue validity beschreibt das Ausmaß, zu dem ein Merkmal tatsächlich mit der eingeschätzten Eigenschaft zusammenhängt.

Die Hinweise, die wir für die Einschätzung unseres Gegenübers heranziehen, variieren also in ihrer Zuverlässigkeit. Genau wie andere unmittelbar zugängliche Reize, beispielsweise Kleidung und Körperhaltung, können Merkmale der Situation und Umgebung assoziativ mit bestimmten Persönlichkeitseigenschaften verknüpft sein (z. B. ein luxuriöses Büro mit Dominanz). Nehmen wir diese Reize wahr, aktivieren sie automatisch die mit ihnen assoziierten Eigenschaften und prägen so unsere Urteile.

5.2.4 Handlungen

Aus dem Verhalten unserer Mitmenschen leiten wir nicht selten ihren Charakter ab. Auch das kann assoziativ vonstattengehen. Beobachten wir beispielsweise eine Frau, die einem älteren Herrn über die Straße hilft, schreiben wir ihr unmittelbar die mit der Handlung verknüpfte Eigenschaft »Hilfsbereitschaft« zu (▶ Abb. 5.2 für ein weiteres Beispiel). Zahlreiche Studien belegen diese spontan aus beobachtetem Verhalten abgeleiteten Persönlichkeitseinschätzungen (engl.: *spontaneous trait inferences*; für eine Übersicht, siehe Bott et al., 2022).

Gerade, wenn wir das Verhalten unserer Mitmenschen zur Grundlage unserer Urteile über sie machen, spielen neben automatischen, assoziativen Prozessen auch *Attributionen* eine Rolle. Worauf führen wir die Taten zurück? Auf interne Persönlichkeitseigenschaften oder auf externe Aspekte der Situation?

Abb. 5.2: Beispielreiz für die Untersuchung von spontaneus trait inferences (links). Aus dem beobachteten Verhalten »Hund treten« wird die Eigenschaft »Aggression« abgeleitet und mit der Person verknüpft. Sieht man die Person zu einem späteren Zeitpunkt wieder und wird gefragt, ob sie explizit als aggressiv beschrieben wurde, stimmen Versuchspersonen häufig fälschlicherweise zu. Auf der rechten Seite stellen die Balken beispielhaft die durchschnittliche Zustimmungsrate der Versuchspersonen dar, einmal für ein implizit in der Handlung enthaltenes Konstrukt (aggressiv) und einmal für eine nicht durch die Handlung implizierte Eigenschaft (schlau).

Geht es um andere Menschen, insbesondere wenn diese uns weniger gut bekannt sind, scheint es eine ausgeprägte Neigung zu geben, Verhalten auf interne Ursachen zu attribuieren und den Einfluss der Situation zu unterschätzen.

> **Definition: Fundamentaler Attributionsfehler**
>
> Der fundamentale Attributionsfehler bezeichnet die Tendenz, das beobachtete Verhalten anderer Menschen maßgeblich auf deren Persönlichkeit zurückzuführen und situative Einflussfaktoren zu ignorieren oder zu unterschätzen (Ross, 1977).

Handlungen werden vor allem dann als Indiz stabiler Persönlichkeitseigenschaften gesehen, wenn sie auffällig, folgenreich und/oder normabweichend sind. Verursacht jemand durch zu schnelles Fahren einen Unfall, halten wir die Person eher für rücksichtslos, als dass wir jemandem Verantwortungsbewusstsein zuschreiben, nur weil sie sich an Geschwindigkeitsbegrenzungen hält. Während die dispositionelle Attribution schnell und mühelos vonstattengeht, bedarf es zusätzlicher Motivation und kognitiver Ressourcen, um ein aus Verhalten abgeleitetes Persönlichkeitsurteil um den Beitrag situativer Faktoren (z. B. nasse Straßen und schlechte Sicht) zu korrigieren (Gilbert, Pelham & Krull, 1988; Trope & Gaunt, 2000).

Soll hingegen das eigene Verhalten erklärt werden, neigen Menschen dazu, die Situation in die Pflicht zu nehmen und weniger den Charakter. Den Obdachlosen ignoriert? Zeitdruck. Nicht beim Umzug des Bruders geholfen? Rücken. Sind wir selbst die Handelnden und nicht nur die Beobachtenden, verschieben sich die Attributionen systematisch, was auch als *Akteur-Beobachter-Effekt* bezeichnet wird (Choi & Nisbett, 1998).

5.2.5 Aufmerksamkeit und Erwartungen des Urteilenden

Persönlichkeitsurteile sagen zwar nicht unbedingt etwas über die eingeschätzte Person aus, dafür aber einiges über die Urteilenden. Denn sie basieren auf deren Erfahrungen, Erwartungen und Einstellungen. Dabei spielt es bereits eine Rolle, wem wir überhaupt unsere *Aufmerksamkeit* schenken. Nicht nur durch auffällige Kleidung oder Bewegungen geraten andere in unseren Fokus, sondern schlicht durch unsere räumliche Perspektive. Personen, die sich im Sichtfeld von Beobachtern befinden, wird oft eine dominantere, verursachende Rolle im Geschehen zugeschrieben (Lassiter, 2010).

Auch die – chronische oder akute – *Verfügbarkeit* von Konzepten prägt, wie sehr jemand diese bei der Charakterisierung anderer anwendet (Higgins, King & Mavin, 1982). Beschäftigt sich ein Lehrer von Berufs wegen intensiv mit Konfliktfähigkeit, wird er auch neue Bekanntschaften vermehrt nach diesem Konzept einschätzen. Die Kollegin, die gerade einen Film über Zivilcourage geschaut hat, wird unmittelbar danach sensiver dafür sein, wie mutig und verantwortungsbewusst ihr jemand erscheint.

Zudem begegnen wir unseren Mitmenschen mit bestimmten *Erwartungen*. Diese können durch den schnell geformten ersten Eindruck oder durch Gerüchte entstanden sein und werden auch von unseren eigenen Bedürfnissen geprägt. Und diese Erwartungen sind mächtig. Denn selbst, wenn sie wenig mit der Realität zu tun haben, können Erwartungen zwischenmenschliche Interaktionen so beeinflussen, dass sie am Ende als bestätigt gelten. Halten wir jemand für vertrauenswürdig, verhalten wir uns ihr gegenüber freundlicher, offener und ermöglichen ihr dadurch überhaupt erst, ihre Vertrauenswürdigkeit zu zeigen (▶ Abb. 5.3).

> **Definition: Selbsterfüllende Prophezeiung**
>
> Wenn Personen durch bewusste und unbewusste Handlungen dazu beitragen, dass ihre Vorhersagen eintreten, spricht man von einer selbsterfüllenden Prophezeiung (engl.: self-fulfilling prophecy). Im psychologischen Kontext ist der *Pygmalion-Effekt* ein bekanntes Beispiel: Dieser beschreibt den Befund, dass Schüler*innen bessere Leistungen erzielen, wenn beim Lehrpersonal zuvor positive Erwartungen zu deren Potenzial und Leistung erzeugt wurden (Rosenthal & Jacobson, 1968; Friedrich, Flunger, Nagengast, Jonkmann & Trautwein, 2015).

Die Wirkung von Vorannahmen und Einstellungen wird auch dann besonders sichtbar, wenn diese sich auf die Gruppenzugehörigkeit von Personen beziehen (siehe Exkurs Stereotype). Menschen lassen sich zahlreichen sozialen Kategorien und Gruppen zuordnen, z. B. nach Geschlecht, Hautfarbe, Herkunft, Berufs- und Familienstand, Hobby- und Freundeskreisen. Diese Zugehörigkeiten lassen sich manchmal unmittelbar an Äußerlichkeiten oder nonverbalem Verhalten (z. B. Dialekt) erkennen und sie werden genutzt, um Personen einzuschätzen und zu beurteilen (Macrae & Bodenhausen, 2001).

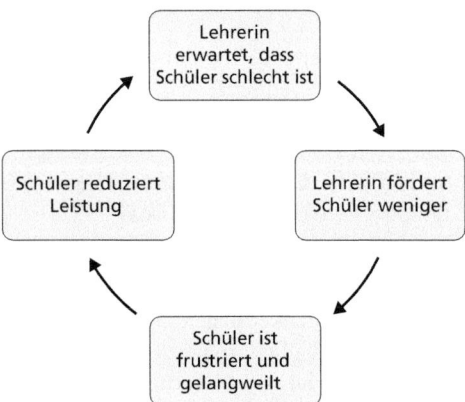

Abb. 5.3: Beispiel einer selbsterfüllenden Prophezeiung.

> **Exkurs: Stereotype**
>
> Stereotype sind vereinfachende und einprägsame Vorstellungen oder Erwartungen, die wir bezüglich einer sozialen Gruppe haben (Hilton & van Hippel, 1996 und Smith, Mackie & Claypool, 2014 für eine Übersicht). Sie beziehen sich z. B. auf die Präferenzen, Fähigkeiten und Verhaltensweisen der Gruppenmitglieder, sie können positiv, neutral oder negativ sein und manchmal treffen sie zu (auf die Gruppe im Durchschnitt, nicht auf jedes Mitglied!). Davon abgegrenzt werden *Vorurteile*, die sich durch meist negative Einstellungen und Emotionen gegenüber der Gruppe und ihrer Mitglieder auszeichnen. *Diskriminierung* bezeichnet das daraus resultierende Verhalten der Benachteiligung und Herabwürdigung.
>
> Kein Mensch ist frei von Stereotypen und sie lassen sich bereits bei Kindern identifizieren, die sie sozial und kulturell (z. B. medial) erlernen (Stangor & Schaller, 2000). Stereotype können automatisch und unbewusst aktiviert werden, beispielsweise wenn wir »typischen« oder isolierten Mitgliedern einer Gruppe begegnen, einer feminin gekleideten Frau inmitten einer Männerrunde oder einem hochbegabten japanischen inmitten durchschnittlicher amerikanischer Studierender. Da Menschen mehreren Kategorien und Gruppen angehören, hängt das Stereotyp, das man auf sie anwendet, auch vom Kontext ab – in einem Reisebus wird der japanische Student vielleicht vorwiegend nach dem Alter kategorisiert (»Jungspund«), in seiner Ballettgruppe nach dem Geschlecht (Hugenberg & Sacco, 2008).
>
> Auch wenn Stereotype nicht völlig vermeidbar sind und uns im Alltag oft schnelle und adäquate Handlungen erleichtern (z. B. dem älteren Herrn einen Platz anzubieten), lohnt der Blick auf deren negative Konsequenzen. Stereotype erschweren die zwischenmenschliche Begegnung auf Augenhöhe und können Spiralen aus Misstrauen und Konflikten in Gang setzen. Insbesondere, wenn es um Minderheiten geht, lassen Stereotype die Person hinter ihrer Gruppe verschwinden (▶ Kap. 5.5 Empfohlenes Buch und Externe Links) und rechtfertigen nicht selten Ungerechtigkeit und Aggression (Yzerbyt, Rocher & Schadron, 1997). Und selbst in scheinbar unbelasteten Situationen kann das Wissen der Betroffenen um das Stereotyp emotionale und kognitive Folgen haben, beispielsweise wenn Frauen schlechter bei einem Test abschneiden, weil er als »Mathetest« deklariert wurde (*stereotype threat*; Hoyt & Murphy, 2016). Die belastende Beschäftigung mit dem Stereotyp und die Furcht, dieses zu bestätigen, führen zu Leistungsminderungen und werden so zu einer selbsterfüllenden Prophezeiung.

Stereotype und vorschnelle Urteile sind hartnäckig, unter anderem weil wir dazu neigen, Belege für deren Stimmigkeit zu überschätzen und widersprechende Information zu ignorieren, der sogenannte *Bestätigungsfehler* (engl.: *confirmation bias*; Wason, 1968). In den letzten beiden Abschnitten werden die mentalen Prozesse und Gewohnheiten, die am (zwischen-)menschlichen Urteilen beteiligt sind, genauer in den Fokus genommen und Möglichkeiten abgeleitet, kompetenter und flexibler mit Urteilen umzugehen.

> **Merke**
>
> Die Hinweise, die genutzt werden, um andere Menschen einzuordnen, reichen von Merkmalen des Körpers, der Kleidung und des Umfelds über nonverbales Verhalten zu beobachtbaren Handlungen. Dabei sind bei weitem nicht alle dieser mutmaßlichen Indizien

zuverlässige Indikatoren für die Persönlichkeit unserer Mitmenschen. Systematisch unterschätzen wir beispielsweise die situativen, externen Einflüsse auf Verhalten, insbesondere, wenn es um das Verhalten anderer geht. Und oft verstärken wir mit unseren eigenen Erwartungen und den dadurch ausgelösten Handlungen die Urteile, die wir von anderen haben. Leiten wir aus der Gruppenzugehörigkeit einer Person stereotyp ihren Charakter oder gar ihren Wert ab, kann das weitreichende Folgen haben.

5.3 Warum wir vorschnell urteilen

Angesichts der Regelmäßigkeit, mit der wir einander im Alltag beurteilen, stellt sich die Frage, weshalb diese Einschätzungen häufig so daneben, oder zumindest ungenau sind. Tatsächlich beschränken sich Ungenauigkeiten und Fehler nicht auf das Urteilen. Im Jahr 2002 erhielt Daniel Kahnemann den Nobelpreis für Wirtschaftswissenschaften, weil er, gemeinsam mit seinem Freund und Kollegen Amos Tversky, wiederholt gezeigt hatte, dass das menschliche Entscheiden, Vorhersagen, Erinnern, kurz: Denken nicht ausschließlich logisch und rational, sondern von zahlreichen kognitiven Verzerrungen geprägt ist, also von systematischen Fehlern, die unsere mentalen Prozesse unbewusst begleiten (Tversky & Kahneman, 1974; 1981).

Um zu erklären, wie es zu diesen Verzerrungen kommt, lohnt es, zwei Arten der kognitiven Verarbeitung zu unterscheiden, die unser Denken maßgeblich ausmachen. Zum einen unsere exekutiven, kontrollierten kognitiven Funktionen, die zum Tragen kommen, wenn wir komplexe Probleme lösen. Und zum anderen unser »Ruhezustands-Denken«, das wir standardmäßig nutzen, wenn wir uns durch den Alltag navigieren (für eine Übersicht der Zwei-System-Theorie, siehe Kahneman, 2003; 2012; siehe auch Kruglanski & Gigerenzer, 2011).

5.3.1 Kontrolliertes Denken (»System 2«)

Menschen sind zu erstaunlichen kognitiven Leistungen in der Lage. Wenn wir neues Wissen erwerben und verknüpfen, mathematische Gleichungen lösen, komplizierte Sätze in andere Sprachen übersetzen, logische Beweisführungen prüfen, unsere Handlungen langfristig planen oder flexibel zwischen einem Gespräch und einem Brief hin und herwechseln, beanspruchen wir unser kontrolliertes kognitives System. Diese Art zu Denken erfordert Aufmerksamkeit und kognitive Ressourcen, sie ist langsam und anstrengend, funktioniert seriell (eins nach dem anderen) und regelgeleitet, und sie unterliegt unserer Kontrolle, ist also flexibel.

Anspruchsvolle Aufgaben, komplizierte Herausforderungen oder das (beinahe) Begehen einer Fehlleistung – beispielsweise ein Versprecher oder wenn wir beinahe die Überraschungsparty unserer Freundin ausgeplaudert hätten – aktivieren unser kontrolliertes Denken, bei dem auf neuronaler Ebene das sogenannte exekutive Kontroll-Netzwerk beteiligt ist (z. B. der präfrontale Kortex; Miller, 2000). Die Fähigkeit zu kontrolliertem, systematischem Denken entwickelt sich bis ins junge Erwachsenenalter hinein, nimmt im Alter ab und ist situationsbedingt schnell beeinträchtigt, z. B. durch Müdigkeit oder Substanzeinfluss (Diamond, 2013).

5.3.2 Ruhezustands-Denken (»System 1«)

Obwohl das kontrollierte, langsame Denken geistige Meisterleistungen ermöglicht, befinden wir uns meist in einem anderen Modus. Standardmäßig denken wir oberflächlicher, wir nutzen eine intuitive, schnelle und mühelose Denkart, die parallel und ohne willentliche Steuerung ablaufen kann und uns kaum Ressourcen kostet. Häufig reicht das völlig aus, denn auf diese Weise können wir (auch bei Müdigkeit) einfache Rechnungen lösen, Worte lesen, Floskeln vervollständigen und simple Beziehungen und Strukturen erkennen. Das Ruhezustands-Denken funktioniert über unsere Lebensspanne hinweg recht stabil, beteiligt neuronal das sogenannte default mode-Netzwerk (»Standardeinstellungs-Netzwerk«) und ist fast immer aktiviert, es sei denn, wir hemmen es unter Nutzung kognitiver Kontrolle (Raichle, 2015).

Allerdings können einige Eigenschaften dieses Denksystems zu fehlerhaften Urteilen führen, gerade im zwischenmenschlichen Bereich (für eine Übersicht, siehe Kahneman, 2012). Eine Eigenschaft des schnellen Denkens ist, dass es *assoziativ* funktioniert. Wahrgenommene Merkmale aktivieren automatisch mit ihnen verknüpfte Kategorien und Eigenschaften, die dann, oft unzulässigerweise, als relevante Informationen betrachtet werden. So kommt es beispielsweise dazu, dass wir einen Bibliothekar aufgrund seines Berufs als belesen und gewissenhaft einschätzen oder einen Mann im Anzug eher als Jurist denn als Mechaniker.

> **Definition: Repräsentativitätsheuristik**
>
> Heuristiken bezeichnen einfache Verfahren, die uns helfen, trotz unvollständiger Information schnelle, angemessene (wenn auch unvollkommene) Antworten auf komplexe Fragen zu finden. Eine solche gedankliche Herangehensweise ist die Repräsentativitätsheuristik und sie besteht darin, Urteile und Entscheidungen davon abhängig zu machen, wie typisch (repräsentativ) ein Objekt, ein Ereignis oder eine Person für eine bestimmte Kategorie ist.

Ein weiteres Merkmal des Ruhezustands-Denkens ist, dass es eigene *Erfahrungen und Kontext als Informationsquellen* nutzt, auch wenn diese gar nicht aussagekräftig sind. Danach gefragt, wie viele Menschen aktuell in Deutschland Asyl bekommen, denken wir beispielsweise daran, wie häufig wir dem Thema Asyl (z. B. in den Medien) momentan begegnen, wie verfügbar es für uns ist, und nutzen dieses eigentlich irrelevante Wissen als Grundlage für unsere Schätzung.

> **Definition: Verfügbarkeitsheuristik**
>
> Die Verfügbarkeitsheuristik zeigt sich darin, dass Menschen auf der Basis der Information entscheiden und urteilen, die ihnen zuerst in den Sinn kommt, also am ehesten verfügbar ist. Beispielsweise schätzen wir die Wahrscheinlichkeit, Opfer eines terroristischen Anschlags zu werden, danach ein, wie häufig solche Anschläge in den Medien besprochen werden, was zu Überschätzungen führt. Wir beantworten also oft nicht die komplexe Frage, um die es geht, sondern eine einfachere Frage, deren Antwort wir gerade verfügbar haben.

Dass wir den Kontext nicht ignorieren können, auch wenn er keine nützliche Information bietet, zeigt sich auch darin, dass wir irrelevante Ausgangswerte oder die Art, wie Information präsentiert ist als Anker für unsere Urteile nutzen.

Unser oberflächliches Denken, das ist eine weitere Eigenschaft, ist auf *Kohärenz und Zusammenhänge* ausgerichtet. Es fällt uns schwer, in einem Terroristen einen liebenden

Vater zu sehen oder uns vorzustellen, dass wirtschaftlich schwächere Länder bessere Bildungssysteme als Deutschland haben. Auch der Halo-Effekt (▶ Kap. 5.2.1) ist ein Beispiel für diese Suche nach Stimmigkeit. Dazu kommt, dass Menschen Merkmale, die gemeinsam auftreten, häufig als kausal verbunden sehen, auch wenn sie das nicht sind.

> **Definition: Illusorische Korrelation**
>
> Menschen neigen dazu, bestimmte Merkmale als inhärent zusammengehörig zu betrachten, auch wenn sie in keinem Ursache-Wirkungszusammenhang stehen (Fiedler, 2000). Aus dem Umstand, dass Frauen häufig in Pflegeberufen arbeiten, wird z. B. geschlussfolgert, dass sie einen empathischeren, fürsorglicheren Charakter haben als Männer. Sieht man einen betrunkenen Mann in einem Restaurant singen und erkennt dann, dass es sich um einen Schauspieler handelt, wird das Verhalten durch die für Künstler*innen typische Extravaganz erklärt. Diese illusorischen Korrelationen spielen Stereotypen besonders in die Hände.

Die lange Liste kognitiver Verzerrungen legt nahe, dass Menschen der Komplexität ihrer (sozialen) Umwelt nicht immer gerecht werden. Doch auch wenn wir einander nicht selten in unangemessener Weise beurteilen, sind Heuristiken notwendig, um in einer von Informationsunsicherheit geprägten, komplexen Welt funktionieren zu können (Gigerenzer & Gaissmaier, 2011). Letztendlich helfen unsere gedanklichen Abkürzungen dabei, auch bei Müdigkeit und Zeitdruck angemessen im Alltag zu funktionieren.

5.4 Was wir tun können

Die Welt und unser Miteinander wären schöner, wenn wir uns von Vorurteilen und vorschnellen Urteilen befreien könnten. Wie gelingt das? Die kurze Antwort lautet: Gar nicht. Wir können stereotype Gedanken und voreilige Schlussfolgerungen nicht vollständig verhindern oder unterdrücken (Macrae, Bodenhausen, Milne & Jetten, 1994). Aber wir können deren Macht einschränken, indem wir eine Schranke schieben zwischen unsere intuitiven Urteile und das, was wir sagen und tun. Das ist nicht zuletzt eine Frage der Übung.

Zuerst einmal ist es wichtig, sich regelmäßig *bewusst zu machen*, wie verbreitet Stereotype und voreilige Schlüsse sind, auch bei uns selbst. Den unwillkürlichen Assoziationen und Erwartungen, etwa zu Frauen und sportlichen Leistungen, können – rein gedanklich oder verbalisiert – korrigierende Informationen entgegengesetzt werden, wie »Ich weiß, dass es exzellente Sportlerinnen gibt«. Das reduziert rassistisches oder sexistisches Verhalten und wirkt dem stereotype threat, also eigenen durch Stereotype ausgelösten Leistungsminderungen, entgegen (Rees & Salvatore, 2021).

Das Ruhezustands-Denken zu unterbrechen und kontrollierte Denkprozesse zu aktivieren, bedarf Motivation und Anstrengung. *Formalisierte Strategien* können diesen kognitiven Aufwand verringern, etwa, wenn schriftliche Leistungen oder Dokumente ohne persönliche Angaben beurteilt werden, damit Erwartungen bezüglich Nationalität, Geschlecht oder konkreter Individuen die Urteile möglichst wenig beeinflussen. Erfolge verzeichnen auch Initiativen, die Stereotypen und Vorurteilen *strukturell entgegenwirken*, wie die Nutzung geschlechtergerechter Sprache (Sczesny, Formanowicz & Moser 2016) oder Aufklärung über Rassismus im Gesundheitswesen in der Ausbildung von medizinischem Fachpersonal (Bailey et al., 2017).

Seit langem wird die Bedeutung von *Kontakt* zwischen Mitgliedern verschiedener Gruppen bei der Reduktion von Vorurteilen und Diskriminierung diskutiert (bekannt als *Kontakthypothese*, siehe Allport, 1954). Menschen anderer Gruppen zu begegnen, die nicht unseren Stereotypen entsprechen, beispielsweise einer erfolgreichen Physikerin, reicht meist nicht aus, um das Stereotyp langfristig auszuhebeln – schließlich kann es sich ja um eine Ausnahme handeln oder durch spezifische Umstände (ihr Vater war Physiker) erklärt werden. Wenn wir jedoch längerfristig mit verschiedenen Menschen anderer und diverser Gruppen kooperieren, besonders, wenn Freundschaften entstehen, können Vorurteile auch gegenüber unbekannten Mitgliedern der Gruppe abgebaut werden (Pettigrew, 1998). Und wenn wir mit Menschen in freundschaftlichem Verhältnis stehen, gelingt auch die Einschätzung ihrer Persönlichkeit zutreffender: Die Selbst- und Fremdeinschätzung von Eigenschaften wie Offenheit, Extraversion und Gewissenhaftigkeit hängen bei befreundeten und verheirateten Personen relativ hoch (wenn auch bei weitem nicht perfekt) miteinander zusammen (Watson, Hubbard & Wiese, 2000).

5.5 Fazit und Empfehlungen

Dieses Kapitel endet, wie es begann, mit einem Zitat. »*Der erste Eindruck ist immer unzuverlässig*« sagte Franz Kafka und die psychologische Forschung scheint ihm Recht zu geben. Zwar beurteilen wir andere Menschen schnell und bereitwillig, z. B. danach, wie freundlich, integer, kompetent und durchsetzungsfähig sie sind. Da diese Urteile auch auf Hinweisen beruhen, die nur beschränkt zuverlässig sind (z. B. Äußerlichkeiten) und durch unsere Erwartungen und Stereotype beeinflusst oder sogar bestätigt werden (wie bei der selbsterfüllenden Prophezeiung), greifen sie oft zu kurz. Zuverlässige Einschätzungen unserer Mitmenschen brauchen Motivation, kognitive Anstrengung, etwas Bescheidenheit und gemeinsam verbrachte Zeit.

Literaturempfehlungen

Abele, A. E., Ellemers, N., Fiske, S. T., Koch, A., & Yzerbyt, V. (2021). Navigating the social world: Toward an integrated framework for evaluating self, individuals, and groups. *Psychological Review*, *128*(2), 290.

Gigerenzer, G., & Gaissmaier, W. (2011). Heuristic decision making. *Annual Review of Psychology*, *62*, 451–482.

Kahneman, D. (2012). *Schnelles denken, langsames Denken*. Siedler Verlag.

Smith, E. R., Mackie, D. M., & Claypool, H. (2014). *Social Psychology*. Psychology Press.

Werth, L., Denzler, M., & Mayer, J. (2020). *Sozialpsychologie - Das Individuum im sozialen Kontext*. (2. Aufl.). Springer.

Empfohlenes Buch

»Invisible Man« von Ralph Ellison (1952)

Externe Links

Positive Stereotype?: https://www.youtube.com/watch?v=aFXmyNUaXFo

6 Us and them: Die Beurteilung von Gruppen

> Manchmal steht nicht eine konkrete Person in unserem Fokus, sondern eine ganze Gruppe, z. B. eine Mannschaft, Schulklasse, Abteilung oder eine Nation. Auch zu diesen bilden wir uns Urteile – und darum geht es im letzten Kapitel des ersten Buchteils. Welche Gruppen unterscheiden wir und welche Merkmale halten wir für besonders relevant? Auch mentale Prozesse, die der Beurteilung von Gruppen zugrunde liegen, werden ausgeführt.

Stellen Sie sich die Festlichkeit zur Vergabe des Nobelpreises vor. Vermutlich sehen Sie eine illustre Gesellschaft distinguierter Wissenschaftler vor sich, einige davon möglicherweise etwas zerstreut und nicht besonders bewandert in profanem Smalltalk. Vor den inneren Augen der meisten wird diese Gesellschaft vorwiegend aus Herren bestehen, aus älteren, weißen Herren. Als Emmanuelle Charpentier und Jennifer Doudna 2020 den Nobelpreis für Chemie erhielten, war das für viele Frauen, mich eingeschlossen, ein besonderer Moment. Obwohl wir die beiden nicht persönlich kennen und uns in vielem von ihnen unterscheiden, machte ihr Erfolg uns zuversichtlich, vielleicht sogar stolz – zur Gruppe der Frauen zu gehören, wurde in dem Moment ein zentraler Teil des (Selbst-)Bewusstseins. Wenn Mitglieder unserer Gruppe etwas Großartiges erreichen, färbt das unser Urteil über uns selbst, und zwar vor allem, wenn diese Gruppe nicht die dominante Mehrheit ausmacht (Brewer & Weber, 1994).

Soziale Gruppen, also Gruppen, mit denen wir sozial relevante Merkmale teilen (z. B. Beruf, Herkunft, Geschlecht), sind ein wichtiger Teil unserer Weltsicht und unserer Identität.

> **Definition: Soziale Identität und Soziale Identitätstheorie (engl.: social identity theory)**
>
> Unsere Rollen, angeborenen Merkmale, Vorlieben und Überzeugungen prägen, welchen Gruppen wir angehören. Die soziale Identität beinhaltet die Facetten des Selbstkonzepts, die der Zugehörigkeit zu sozialen Gruppen entspringen. So kann sich jemand z. B. als »Vater, Türke, Lions-Club-Mitglied und Metalhead« beschreiben.
>
> Gemäß der Sozialen Identitätstheorie sind Menschen motiviert, positiven Selbstwert aus ihren Gruppenzugehörigkeiten zu ziehen. Und diese Motivation beeinflusst, wie sie Eigen- und Fremdgruppen behandeln und beurteilen (Tajfel & Turner, 1986).

Die Beurteilung von Gruppen und Individuen stehen miteinander im Wechselspiel. Manchmal legen wir das Augenmerk eher auf den einzelnen, manchmal sehen wir besonders die Gruppe, beispielsweise, wenn deren Mitglieder ein gemeinsames Schicksal teilen. Menschen, deren Biografien folgenschwer durch ihre Gruppenzugehörigkeit geprägt waren und sind, wissen, wie untrennbar unser Leben, unsere Identität mit den Gruppen verknüpft sind, denen wir angehören.

Aber welche Einteilungen von Gruppen sind für deren Beurteilung besonders relevant?

6.1 Relevante Gruppen

6.1.1 Selbst- und Fremdgruppe

Kaum eine soziale Kategorisierung ist uns so eigen wie die in »wir« und »die anderen«. Wenn wir Mitgliedern unserer eigenen oder Angehörigen anderer Gruppierungen begegnen, wenn es Rivalität oder Konflikte gibt, erinnern wir uns an unsere Zugehörigkeit; wir sehen und verstehen uns als Teil unserer Gruppe – die Fremdgruppen gegenübersteht (siehe Smith, Mackie & Claypool, 2014 für eine Übersicht). Und das hat einen Einfluss auf unsere Urteile.

> **Definition: Ingroup favoritism**
>
> Die Bevorzugung der Eigengruppen über Fremdgruppen wird als ingroup favoritism (deutsch etwa Eigengruppen-Begünstigung), oder auch als ingroup-bias bezeichnet (Brewer, 1979). Verglichen mit Mitgliedern der Fremdgruppe beurteilen Menschen Angehörige ihrer eigenen Gruppe(n) großzügiger, schreiben ihnen positivere Eigenschaften, Werte und Fähigkeiten zu, mögen sie mehr, nähern sich ihnen eher an und verhalten sich ihnen gegenüber kooperativer und prosozialer (Balliet, Wu & De Dreu, 2014).

Recht automatisch verbinden wir mit Eigengruppen positive Eigenschaften, und auch unsere bewussten Attributionen (Zuschreibungen) sind verzerrt: Treten in der Eigengruppe *positive* Verhaltensweisen auf, werden sie als Merkmale der gesamten Gruppe gesehen, *negative* Verhaltensweisen hingegen werden spezifischen einzelnen Mitgliedern zugeschrieben; bei Fremdgruppen verhält es sich genau umgekehrt (Pettigrew, 1979). Die Begünstigung der Eigen- bzw. Benachteiligung von Fremdgruppen findet sich nicht nur, wenn diese eine lange und konfliktreiche Geschichte teilen, sondern manchmal auch bei gänzlich bedeutungslosen, sogenannten »minimalen«, Gruppen (siehe Kasten Klassischer Versuch).

Klassischer Versuch: Minimalgruppen-Paradigma

Henri Tajfel und seine Kollegen veröffentlichten in den 1970er Jahren Ergebnisse zu den Folgen sozialer Kategorisierung. Bereits Jugendliche, genaugenommen 14–16-jährige Schüler aus Bristol, begünstigten bei der Verteilung von Belohnungen und Strafen ihre eigene Gruppe. Dabei nahmen die Jungen sogar den Verlust objektiver Vorteile in Kauf, um die Differenz der Gewinne zwischen Eigen- und Fremdgruppe zu maximieren (Billig & Tajfel, 1973; Tajfel, Billig, Bundy & Flament, 1971).

Das Besondere: die Zuteilung der Jungen zu den beiden Gruppen war anhand trivialer und für die Verteilung der Belohnung/Strafen völlig unbedeutender Kriterien erfolgt, beispielsweise durch Münzwürfe oder durch die Leistung bei perzeptuellen Schätzaufgaben. Darüber hinaus wussten die Jungen nicht, wer zu ihrer Gruppe gehörte, und es gab während der Versuche keinerlei Kontakt innerhalb oder zwischen den Gruppen. Die Wissenschaftler hatten das Konzept der Minimalgruppen entwickelt.

Zahlreiche Studien verweisen auf die Stabilität der Eigengruppen-Bevorzugung selbst unter Minimalgruppen-Bedingungen (für eine Übersicht, siehe Diehl, 1990) und demonstrieren damit eindrücklich unsere ausgeprägte Tendenz, uns und andere zu kategorisieren.

Wenn Fremdgruppen mit unserer Gruppe konkurrieren und uns zu überflügeln drohen (z. B. in sportlichen Wettkämpfen), wenn wir uns gegenüber der Fremdgruppe benachteiligt oder zentrale Werte bedroht sehen (z. B. durch Einwanderung von Personen mit anderen religiösen Überzeugungen), kann es zu Abwertung, sogar Hass und offener Aggression kommen.

> **Definition: Dehumanisierung**
>
> Von Dehumanisierung spricht man, wenn Personen oder Gruppen typisch menschliche Merkmale, beispielsweise ethische Werte oder komplexe Empfindungen wie Scham und Hoffnung, abgesprochen werden (Vaes, Leyens, Paladino & Miranda, 2012 für eine Übersicht). Dabei können *mechanistische* Dehumanisierung, die anderen menschliche Wärme aberkennt (»gefühllose Leistungsmaschinen«) und *animalistische* Dehumanisierung, die anderen menschliche Kompetenz und Kultur abspricht, unterschieden werden.

Die Entmenschlichung anderer zeigt sich begrifflich z. B. in Vergleichen mit unliebsamen Tieren (z. B. »Ratten«) oder Krankheitserregern. Die vermeintliche eigene Überlegenheit rechtfertigt dann nicht selten den Ausschluss der entmenschlichten Gruppe von geltenden ethischen und rechtlichen Prinzipien.

6.1.2 Minderheit und Mehrheit

Gruppen, die für eine Mehrheit der Gesellschaft zur Fremdgruppe gehören, sind Minderheiten. Minderheiten bilden per Definition nicht »die Norm« ab – und von Mehrheitsnormen abzuweichen, kann für sich bereits zu negativeren Beurteilungen führen (Abrams, Marques, Bown & Henson 2000). Nicht überraschend sind die im vorherigen Abschnitt beschriebenen Prozesse und deren Folgen oft besonders spürbar für Menschen, die zu stigmatisierten Gruppen und Minderheiten gehören. Konsequenzen reichen von geringeren Bildungs- und Aufstiegschancen bis zu eingeschränktem Zugang zu Gesundheitsversorgung und erhöhter Sterblichkeit (Abubakar et al., 2022). Darüber hinaus gehören reduzierter Selbstwert und ein Gefühl des Kontrollverlusts zu den Folgen interpersoneller und struktureller Diskriminierung (Doosje, Branscombe, Spears & Manstead, 1998).

Was denken Sie, wie hoch ist der Anteil an Menschen islamischen Glaubens in der französischen Bevölkerung? In Umfragen schätzen Menschen diesen auf 30 %, tatsächlich liegt er bei etwa 7 %. Ein ähnliches Bild zeichnen Studien, in denen amerikanische Proband*innen Collagen aus zahlreichen Passfotos sahen und anschließend den Anteil Schwarzer Personen einschätzen sollten. Unabhängig davon, zu welcher Gruppe die Teilnehmenden selbst gehörten, überschätzten sie bei der Wahrnehmung und aus dem Gedächtnis den Anteil Schwarzer Personen (Kardosh, Sklar, Goldstein, Pertzov & Hassin, 2022). Warum?

> **Definition: Minority salience**
>
> Mitglieder von Minderheiten und Minderheiten als Gruppe sind häufig auffällig (engl.: salient), d. h., sie ziehen unsere Aufmerksamkeit an, werden priorisiert wahrgenommen und erinnert. Dadurch werden sie z. B. in ihrer Häufigkeit überschätzt. Vergleichbare Salienz-Effekte zeigen sich auch bei Reizen, die nichts mit sozialen Gruppen zu tun haben, beispielsweise bei einem hohen Ton nach einer Reihe tiefer Töne (Wacongne, Changeux & Dehaene, 2012).

Wenn der Anteil an Minderheiten überschätzt wird, werden Gruppen, beispielsweise Studierende auf dem Campus oder Mitarbeitende einer Firma, diverser beurteilt als sie tatsächlich sind – und das wiederum reduziert die Unterstützung von Programmen zur Diversitäts-Förderung (Kardosh et al., 2022). In ihrer Häufigkeit überschätzte Gruppen wirken bedrohlicher. Und dadurch, dass Angehörige von Minderheiten sprichwörtlich unter besonderer Beobachtung stehen, prägt ihr Verhalten oft die Beurteilung der gesamten Gruppe. Vor allem, wenn wir bei Personen, die einer Minderheit angehören, negatives oder normverletzendes Verhalten beobachten, halten wir dieses vorschnell für definierende Merkmale der gesamten Gruppe (▸ Kap. 5.3.2 Illusorische Korrelationen).

6.2 Zentrale Merkmale von Gruppen

Die zentralen Urteilsdimensionen *Wärme* und *Kompetenz/Durchsetzungsfähigkeit* (▸ Kap. 5.1) finden auch bei Gruppen Anwendung. An dieser Stelle soll das Augenmerk jedoch auf Eigenschaften liegen, die über Individuen hinausgehen und nur auf Gruppenebene beurteilt werden können.

6.2.1 Homogenität

Wir schätzen Gruppen nach ihrer Homogenität ein, also danach, wie ähnlich sich ihre Mitglieder (vermeintlich) sind, z. B. bezüglich Äußerlichkeiten, Charakter, Fähigkeiten und Vorlieben. Studien konnten zeigen, dass Menschen bereits bei der visuellen Wahrnehmung schnell und mühelos übergeordnete Gruppeneigenschaften wie Homogenität extrahieren: Sekundenbruchteile reichen aus, um beim Betrachten von Kacheln mit zahlreichen Gesichtern die Variabilität der abgebildeten Personen, beispielsweise bezüglich Hautfarbe und Geschlecht, zu ermitteln (▸ Abb. 6.1; Phillips, Slepian & Hughes, 2018).

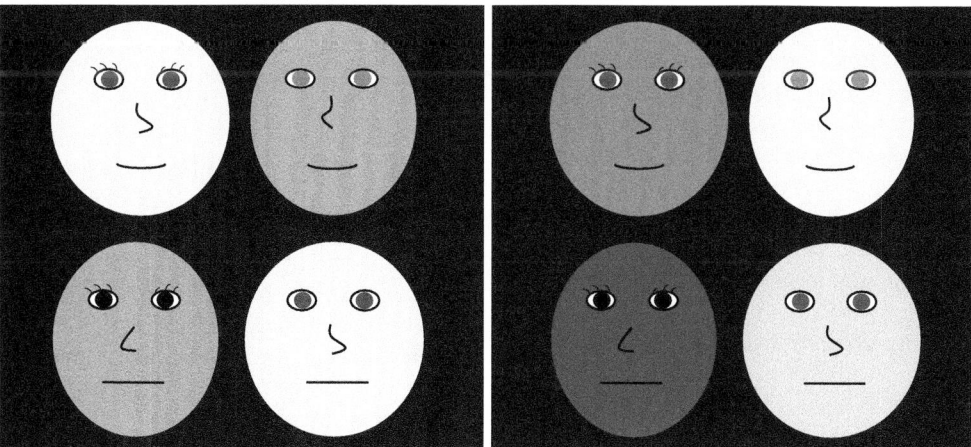

Abb. 6.1: Zwei Kacheln mit unterschiedlich homogenen Gruppen. Vermutlich erkennen Sie in kürzester Zeit, dass die rechte Gruppe heterogener ist als die linke.

Gleichzeitig, und ebenfalls auf Ebene der Wahrnehmung, erscheinen uns besonders Fremdgruppen häufiger als »Masse ohne Individualität«, sprichwörtlich gesichtslos.

Wie im zweiten Kapitel angesprochen können Menschen Gesichter anderer Ethnien schlechter unterscheiden als Gesichter ihrer eigenen (▶ Kap. 2.4.2 Own-race-Effekt). Auch jenseits grundlegender visueller Verarbeitungsprozesse sind Homogenitätsurteile von der eigenen Zugehörigkeit beeinflusst (Rubin & Badea, 2012). Unsere Eigengruppe erscheint uns meist bunt und vielfältig, wohingegen wir Fremdgruppen, aber auch Gruppen mit niedrigem sozialem Status und Minderheiten, als homogener einschätzen. Mitglieder dieser Gruppen werden einander nicht nur ähnlicher beurteilt und erinnert, sondern auch als extremer im Hinblick auf die Eigenschaften, die wir ihnen (stereo-)typischerweise zuschreiben. Darüber hinaus werden als homogen beurteilte Gruppen besonders stark mit Vorurteilen und Diskriminierung belegt (Brauer & Er-Rafiy, 2011).

Ebenso wie die besondere Expertise im Erkennen von Eigengruppen-Gesichtern lassen sich auch Urteilsverzerrungen teilweise durch den höheren und vielfältigeren *Kontakt* erklären, den wir mit unseren Gruppen pflegen. Wir kennen schlicht mehr Mitglieder unserer Eigengruppen. Angehörigen anderer Gruppen hingegen begegnen wir oft eher in typisierten Interaktionen mit wenig Spielraum für Vielfalt (z. B. am Verkaufsstand) oder wir treffen von vornherein als Gruppen aufeinander (und nicht als Individuen), beispielsweise bei Sportwettkämpfen (siehe Smith et al., 2014). Natürlich tragen auch kognitive und motivationale Prozesse zu Verzerrungen bei der Gruppenbeurteilung bei; diese werden am Ende des Kapitels ausgeführt.

6.2.2 Entitativität und Permeabilität

Ein weiteres Beurteilungsmerkmal von Gruppen ist deren Verbundenheit.

> **Definition: Entitativität**
>
> Eine Gruppe zeichnet sich durch hohe Entitativität aus, wenn sie als kohärente, stabile Einheit wahrgenommen wird (Campbell, 1958). Familien oder Sportmannschaften werden oft besonders entitativ wahrgenommen, da ihre Mitglieder einander räumlich nah sind, Zeit und ein gemeinsames Schicksal teilen und zusammen handlungsfähig sind. Auch die Bedeutsamkeit der Gruppe für ihre Mitglieder und deren Koordination tragen zur Zuschreibung hoher Entitativität bei.

Die Beurteilung der Entitativität von Gruppen, sei es der eigenen oder fremden, ist subjektiv und nicht unabhängig von anderen Merkmalen, beispielsweise deren Homogenität. Die Wahrnehmung von Fremdgruppen als entitativ kann darüber hinaus negative Vorurteile gegenüber dieser Gruppe begünstigen (Andreychik & Gill, 2015).

Wir beurteilen an Gruppen auch deren Permeabilität.

> **Definition: Permeabilität**
>
> Eine Gruppe ist permeabel, wenn ihre Gruppengrenzen durchlässig sind, Menschen also einfach ein- und wieder austreten können. Besonders gering ist Permeabilität beispielsweise bei Gruppen, die biologisch (mit-)bedingt sind; so können wir z. B. nicht unsere Hautfarbe und nur mit Aufwand unsere Händigkeit verändern. Von dieser *Permeabilität der Mitgliedschaft* kann *Status-Permeabilität* abgegrenzt werden, also die Möglichkeit der Mitglieder, innerhalb der Gruppe ihren Status zu ändern, z. B. von der Mitspielerin zur Kapitänin einer Fußballmannschaft aufzusteigen (Armenta et al., 2017 für eine Übersicht).

Die Durchlässigkeit von Gruppengrenzen wurde häufig im Rahmen der Sozialen Identitätstheorie untersucht und es zeigt sich, dass Menschen sich besonders stark mit Gruppen identifizieren, die weniger durchlässig sind.

Darüber hinaus gibt es zahlreiche weitere Merkmale, die Menschen an Gruppen wahrnehmen und beurteilen, unter anderem deren Größe, Dauer des Bestehens, die Ausprägung von Hierarchie und Interdependenz sowie die Art und Ziele der Interaktionen (siehe Lickel et al., 2000). Insbesondere auch die Menschlichkeit, die Gruppen zugesprochen wird, beeinflusst, wie diese Gruppen beurteilt und behandelt werden (▶ Kap. 6.1.1 Dehumanisierung).

6.3 Kognitive und motivationale Grundlagen

Neben Eigenheiten der Verarbeitung von Gruppenmerkmalen wie der Priorisierung von Minderheiten bei der visuellen Wahrnehmung (▶ Kap. 6.1.2 Minority salience), gibt es Haltungen, Heuristiken und Motive, die die Beurteilung von Gruppen in besonderer Weise prägen. Diese sind teilweise eng verknüpft mit der im vorherigen Kapitel ausgeführte Tendenz, Urteile besonders durch schnelle, mühelose Denkprozesse zu fällen (▶ Kap. 5.3).

6.3.1 Essenzialismus

Was macht eine Frau zu einer Frau, was einen Griechen zu einem Griechen? Die Biologie, die erlebte Erziehung, die gelebte Kultur? Manche Gruppen werden als fundamental und unveränderlich angesehen, als »natural kinds«, deren Biologie ihr Wesen bestimmt.

> **Definition: Psychologischer Essenzialismus**
>
> Psychologischer Essenzialismus beschreibt eine Heuristik der Kategorisierung, bei der angenommen wird, dass einer Kategorie eine tiefe, verborgene, unveränderliche »Essenz« zugrunde liegt, die kausal das Wesen der Kategorie bestimmt (Medin & Ortony, 1989). Werden menschliche Gruppen *essenzialisiert*, wird ihnen ein kausales biologisches Fundament zugesprochen (auch als biologischer Essenzialismus bezeichnet).

Auch wenn manche Gruppen mehr essenzialisiert werden als andere (z. B. Geschlecht eher als Parteipräferenzen), ist die Annahme darüber, was den Kern einer Gruppe ausmacht, maßgeblich ein Merkmal der Beurteilung und der Beurteilenden (siehe Prentice & Miller, 2007 für eine Übersicht). Denn Menschen unterscheiden sich in dem Ausmaß, in dem sie Gruppen essenzialisieren. Laien teilen Personen mit psychischen Erkrankungen beispielsweise eher in eine essenziell eigene Gruppe ein, als erfahrene Therapeuten und Psychiaterinnen dies tun.

Als Laientheorie, die sich auf ein biologisches Fundament stützt, prägt Essenzialismus die Wahrnehmung und Beurteilung von Gruppen. Personen, die zu essenzialistischen Einteilungen neigen, zeigen mehr Stereotype gegenüber den entsprechenden Gruppen und sind weniger motiviert, ihre

Einstellungen und Urteile zu überdenken oder Gruppengrenzen zu überwinden (Williams & Eberhardt, 2008). Dabei spielt es eine Rolle, ob sich die Annahme einer biologischen Grundlage maßgeblich auf die *körperlichen* Ähnlichkeiten der Gruppenmitglieder bezieht (*bio-somatischer* Essenzialismus; z. B. Die Blauäugigkeit der Schweden ist genetisch bedingt) oder auch auf deren *Verhalten* (*bio-behavioraler* Essenzialismus; z. B. Die Faulheit der Schweden ist genetisch bedingt). Insbesondere bio-behavioraler Essenzialismus führt dabei zu negativen Einstellungen und Vorurteilen (Andreychik & Gill, 2015).

6.3.2 Differenzierung, Akzentuierung und Valenzverteilung

Neben Theorien über das biologische Fundament von Gruppen tragen auch generelle Prinzipien der Aufmerksamkeitsausrichtung und Informationsverarbeitung zu der eher negativen Beurteilungstendenz gegenüber Fremdgruppen und Minderheiten bei. Zuerst einmal spielt *Differenzierung* von Kategorien beim Begreifen der (sozialen) Welt eine Rolle. Wenn Menschen Kategorien formen und verstehen wollen, achten sie vor allem auf solche Merkmale, die diese Kategorien oder Gruppen *differenzieren*, die sich also zwischen ihnen unterscheiden (Huang & Sherman, 2018 für eine Übersicht). Um Lernen zu maximieren, wird die Aufmerksamkeit auf die Eigenschaften fokussiert, die für die neue Gruppe möglichst einzigartig sind. Auf welche Merkmale dies zutreffen kann, hängt natürlich davon ab, welche Merkmale bereits mit bestehenden Gruppen assoziiert, also »vergeben« sind. Da Menschen meist zuerst mit ihrer Eigengruppe und mit Mehrheiten Kontakt haben, bleibt für die »neuen« Gruppen, oft Fremdgruppen und Minderheiten, eine eingeschränkte Auswahl an Eigenschaften übrig.

Das kann in der Folge zu *Akzentuierung* führen, also einer Überbewertung und Übertreibung von Eigenschaften, die sich möglicherweise zwischen den Gruppen unterscheiden (Sherman et al., 2009). In manchen Fällen werden sogar Eigenschaften oder Verhaltensweisen als fundamental für die neue Gruppe angesehen, die in überhaupt keinem Zusammenhang zu ihr stehen – einfach weil sie, einmal bei einem Gruppenmitglied beobachtet, scheinbar Abgrenzung ermöglichen.

Dass diese (vermeintlich) differenzierenden Eigenschaften so oft negativ sind, liegt an der *Valenzverteilung* sozialer Information (▶ Abb. 6.2; Alvers, Koch & Unkelbach, 2017 für eine Übersicht). Wenn es um soziale Beurteilungen geht, werden zum einen mehr negative Charaktereigenschaften unterschieden als positive. Zum anderen treten positive Attribute und Verhaltensweisen deutlich häufiger auf. Beides führt rein statistisch zu einer erhöhten Wahrscheinlichkeit, dass ein für eine neue Gruppe einzigartiges Merkmal negativ ist. Fremdgruppen und viele Minderheiten haben aus diesem Grund einen evaluativen Nachteil – auch jenseits zusätzlicher verzerrender kognitiver und motivationaler Faktoren.

6.3.3 Eigengruppen-Projektion, soziale Zirkel und falscher Konsens

Neben der oft negativen Sicht auf Fremdgruppen und Minderheiten gilt es zu erklären, weshalb Eigengruppen übermäßig positiv beurteilt werden (▶ Kap. 6.1.1 Ingroup favoritism). Menschen schätzen Gruppen (unter anderem) danach ein, wie *prototypisch* sie für bestimmte übergeordnete Kategorien sind, wobei Prototypikalität hier positiv belegt ist. Beispielsweise hält eine Naturwissenschaftlerin ihre eigene Gruppe für überlegen, weil diese prototypischer für die übergeordnete Kategorie »Wissenschaftlerin« ist als die Gruppe der

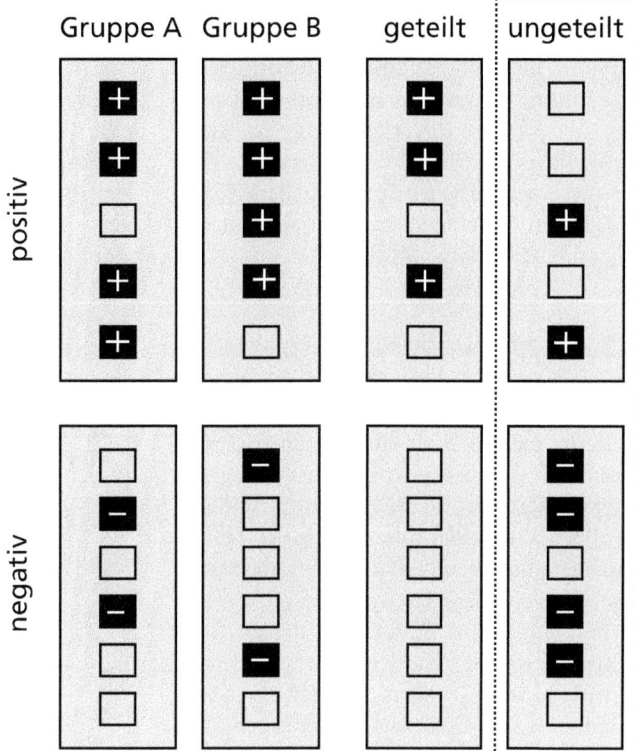

Abb. 6.2:
Schematische Darstellung der Verteilung positiver Eigenschaften (vier pro Gruppe) und negativer Eigenschaften (zwei pro Gruppe) bei einer bekannten Gruppe A (links) und einer neuen Gruppe B (rechts). Weil positive Eigenschaften häufiger sind, aber mehr negative Eigenschaften unterschieden werden, stehen für die Differenzierung der neuen Gruppe mehr negative Attribute zur Verfügung (nach Alvers, Koch & Unkelbach, 2017)

Geisteswissenschaftlerinnen. Zumindest mag die Naturwissenschaftlerin das denken.

> **Definition: Ingroup projection**
>
> Ingroup projection (deutsch etwa Eigengruppen-Projektion) beschreibt die Projektion von Eigenschaften der Eigengruppe auf die übergeordnete Kategorie (Wenzel, Mummendey & Waldzus, 2008). Dadurch wird die eigene Gruppe für prototypischer bzgl. der übergeordneten Gruppe gehalten und positiver beurteilt (z. B. Fußballer als »wahre Sportler«, junge Männer als »echte Männer«, Herzchirurginnen als »richtige Ärztinnen«).

Eigengruppen-Projektion kann dazu führen, dass Diversität als bedrohlich wahrgenommen und der Eigengruppe mehr Rechte zugesprochen werden (Steffens, Reese, Ehrke & Jonas, 2017).

Der Umstand, dass Menschen mit ähnlichen Merkmalen, z. B. bezüglich Herkunft, politischer Überzeugung und Alter, mehr Kontakt miteinander haben und sich in ähnlichen sozialen Kreisen bewegen (oder, im Fall von sozialen Medien, in ähnlichen »Bubbles«), wird als *Homophilie* bezeichnet (McPherson, Smith-Lovin & Cook, 2001). Homophilie begünstigt nicht nur Eigengruppen-Projektion, sondern auch die Illusion, dass die meisten Menschen die eigenen Ansichten und Verhaltenstendenzen teilen (engl.: *false consensus effect*). Wenn wir Gruppeneigenschaften beurteilen und die Ausprägung oder Häufigkeit bestimmter Merkmale schätzen, beispielsweise »Wie hoch ist der Anteil vegan lebender Menschen in Deutschland?« ziehen wir dafür aus unserem Gedächtnis Stichproben – wir sampeln. Dieser Vorgang geschieht nicht exakt und kontrolliert, sondern exemplarisch und intuitiv und ist geprägt durch die Gruppen, in denen wir uns selbst bewegen – auch wenn Menschen ihre Schätzungen durchaus für die Besonderheiten ihrer sozialen Zirkel korrigieren (für eine Übersicht, siehe Galesic, Olsson & Rieskamp, 2018).

6.3.4 Motivationale Aspekte

Verzerrte Beurteilungen bringen denjenigen Vorteile, die auf der Seite der favorisierten Gruppe(n) stehen. Die wohlwollende Beurteilung der eigenen und die Abwertung anderer Gruppen kann »den unseren« soziale Dominanz verschaffen und erhalten, erhöht Status und Macht und rechtfertigt unseren privilegierten Zugang zu Ressourcen (Pratto, Sidanius, Levin, 2006). Nicht nur zwischen, auch innerhalb von Gruppen sind motivierende Faktoren für die Bevorzugung der Eigengruppe am Werk, immerhin sind wir auf unsere Eigengruppen in besonderem Maße angewiesen, haben mehr Kontakt mit ihren Mitgliedern und verhalten uns ihnen gegenüber entsprechend besonders kooperativ (*bounded generalized reciprocity*; Balliet et al., 2014).

Nicht zuletzt liegt in der Beurteilung unserer Gruppen auch ein wichtiger Schlüssel zu unserem Selbstwertgefühl. Und damit kommen wir zur Soziale Identitätstheorie zurück (siehe Einführung dieses Kapitels). Aus der Zugehörigkeit zu positiv bewerteten Gruppen gewinnen wir eine positiv belegte Identität und das motiviert uns, Eigengruppen begünstigend zu beurteilen. Dass Menschen nicht nur Teil möglichst vorteilhafter Gruppen sein wollen, sondern auch eigenständige Individuen, zeigt sich in den Dynamiken von Selbstbeurteilungsprozessen (*optimale Distinktheit*; Brewer, 1991): In Situationen, in denen unsere Gruppenzugehörigkeit besonders sichtbar ist oder unsere Gruppe etwas Besonderes geleistet hat, schätzen wir unsere Ähnlichkeit mit unserer Gruppe hoch ein. Im Wechsel dazu gewinnen wir Individualität, indem wir uns innerhalb von Eigengruppen auf *unterscheidende* Merkmale konzentrieren: Wer ist in unserer Gruppe die Sportliche, die Komikerin, die Überfliegerin?

> **Merke**
>
> Bestimmte kognitive Heuristiken wie die Annahme, Gruppenzugehörigkeit und damit verbundene Merkmale und Verhaltensweisen seien unveränderlich (Essenzialismus) oder die eigene Gruppe sei für die übergeordnete Kategorie besonders typisch (Eigengruppen-Projektion) können die Bevorzugung der Eigengruppe bzw. die Abwertung von Fremdgruppen begünstigen. Zusätzlich gefördert werden diese Urteilstendenzen durch Prozesse der Informationsverarbeitung wie die Suche nach Unterschieden, deren Überbewertung und negative Färbung und durch das Bedürfnis, selbst einer möglichst positiv belegten Gruppe anzugehören.

An diesen kognitiven und motivationalen Prozessen, die Vorverurteilung, Abwertung und Diskriminierung zugrunde liegen, kann man ansetzen, um Gegenmaßnahmen zu entwickeln (siehe Exkurs Was tun gegen Abwertung?).

> **Exkurs: Was tun gegen Abwertung?**
>
> Lassen sich aus den dargelegten Grundannahmen, Heuristiken, Aufmerksamkeitsprozessen und Motiven möglicherweise Ansätze ableiten, um der Abwertung von Fremdgruppen und Minderheiten entgegenzuwirken?

Erkenntnisse zu den Folgen essenzialistischer Gruppenbeurteilungen legen nahe, auf *Aufklärung* und Information zu setzen. Schließlich sind bei kaum einer menschlichen Gruppe Verhaltenstendenzen und Charaktereigenschaften biologisch an die Gruppenzugehörigkeit geknüpft. Typische Verzerrungen immer wieder aufzuzeigen und zu diskutieren, beispielsweise die Tendenz, Minderheiten anhand einzelner Beobachtungen zu verurteilen oder Vielfalt bei Fremdgruppen zu ignorieren, kann die gute Angewohnheit stärken, beim Urteilen mehr Zeit und Selbstreflektion aufzuwenden.

Darüber hinaus wurden aus aufmerksamkeitsbasierten Erklärungen zwei konkrete Möglichkeiten für Interventionen abgeleitet. Huang & Sherman (2018) argumentieren, dass der Priorisierung (vermeintlich) differenzierender Merkmale begegnet werden kann, indem (i) der Fokus auf die *Gemeinsamkeiten* der Mitglieder verschiedener Gruppen gerichtet wird (Gaertner & Dovidio, 2009) und (ii) andere *Vergleichsstandards* für Urteile über andere Gruppen herangezogen werden (z. B. Vergleiche innerhalb der beurteilten Gruppe anstatt Vergleiche mit der Mehrheit/Eigengruppe).

(Wie) können wir uns gut fühlen, ohne andere abzuwerten? Reicht es beispielsweise, eine übergeordnete Kategorie/Identität zu schaffen und zu betonen (z. B. »Wir sind doch alle Eltern« oder, um beim titelgebenden Lied von Pink Floyd zu bleiben, »After all, we're only ordinary men«)? Die Theorie der Eigengruppen-Projektion verweist auf die Grenzen solcher Ansätze, da die Eigengruppe hier häufig für besonders prototypisch gehalten wird. Erfolgreiche und konfliktreduzierende übergeordnete Kategorien müssen gemeinsam ausgehandelt und durch zentrale Stärken *aller* Teilgruppen geprägt sein (Wenzel et al., 2008).

Klar ist dabei: Ansätze auf individueller Ebene, so wichtig sie sind, reichen nicht aus, wenn die Bevorzugungen dominanter Gruppen strukturell verankert sind.

6.4 Fazit und Empfehlungen

Wir beurteilen nicht nur Individuen, sondern auch soziale Gruppen. Besonders prägend für diese Urteile ist, ob sie sich auf Eigen- oder Fremdgruppen und auf Mehr- oder Minderheiten beziehen; insbesondere für die Eigengruppen fallen Einschätzungen oft vorteilhaft aus und das beeinflusst wiederum, wie wir die entsprechenden Gruppen behandeln. Wie sehr wir Eigengruppen bevorzugen und Fremdgruppen und/oder Minderheiten abwerten, hängt u. a. von unseren Heuristiken (z. B. Essenzialismus), Informationsverarbeitungsprozessen (z. B. dem Versuch, Kategorien zu unterscheiden) und Motiven ab (z. B. eine positive Identität aus der Gruppenzugehörigkeit zu gewinnen).

So verzerrt die Urteile über Individuen (▶ Kap. 5) und Gruppen häufig sind, haben wir doch ein genuines Bedürfnis, emotionale und kognitive Zustände miteinander zu teilen, uns in andere einzufühlen und einzudenken. Um die vielfältigen Prozesse sozialen Verstehens geht es im zweiten Teil dieses Buchs.

Literaturempfehlungen

Kardosh, R., Sklar, A. Y., Goldstein, A., Pertzov, Y., & Hassin, R. R. (2022). Minority salience and the overestimation of individuals from minority groups in perception and memory. *Proceedings of the National Academy of Sciences*, *119*(12), e2116884119.

Prentice, D. A., & Miller, D. T. (2007). Psychological essentialism of human categories. *Current Directions in Psychological Science*, *16*(4), 202–206.

Smith, E. R., Mackie, D. M., & Claypool, H. (2014). *Social Psychology*. Psychology Press.

Turner, J. C., Brown, R. J., & Tajfel, H. (1979). Social comparison and group interest in ingroup favouritism. *European Journal of Social Psychology*, *9*(2), 187–204.

Wenzel, M., Mummendey, A., & Waldzus, S. (2008). Superordinate identities and intergroup conflict: The ingroup projection model. *European Review of Social Psychology*, *18*(1), 331–372.

Empfohlener Film

Hidden Figures (2016); FSK 0

Teil II Soziale Emotion, Motivation und Kognition

7 Empathie: Wie wir uns in andere einfühlen

Die Schmerzen und Freuden anderer Lebewesen lassen uns nicht kalt, selbst wenn wir die Betroffenen nicht persönlich kennen oder uns deren Erlebnisse nur vorstellen. Empathie, das affektive Teilen emotionaler oder körperlicher Zustände, leitet den zweiten Buchteil zu sozialem Verstehen ein. Die Eingrenzung und empirische Erfassung von Empathie sind ebenso Gegenstand des siebten Kapitels wie deren neuronale Grundlagen, Entwicklung, Moderatoren und Folgen.

Schauen Sie sich die beiden Bilder in der folgenden Abbildung (▶ Abb. 7.1) an. Vielleicht bringt die erste Szene Sie zum Schmunzeln und Sie zucken bei der zweiten zusammen? Was das Betrachten dieser Bilder bei Ihnen auslöst, das unmittelbare Nachempfinden dessen, was die abgebildeten Personen vermutlich empfinden, wird als Empathie bezeichnet. Dabei ist Ihnen bewusst, dass Ihre emotionale Reaktion durch die Bilder hervorgerufen wurde. Und: Diese Reaktion würde geringer ausfallen, wenn Sie beispielsweise wüssten, dass die Person im zweiten Bild aufgrund einer Medikation keine Schmerzen wahrnimmt.

Abb. 7.1: Beispiele für Ansichten, die Empathie auslösen.

> **Definition: Empathie**
>
> Empathie ist die emotionale Reaktion auf einen beobachteten oder vorgestellten emotionalen oder körperlichen Zustand eines anderen Lebewesens, wobei der eigene Zustand dem des wahrgenommenen ähnlich ist (»feeling as«) und von diesem ausgelöst wurde (de Vignemont & Singer, 2006). Empathische Reaktionen treten unmittelbar und mühelos ein, können aber top-down, also z. B. durch Vorwissen oder kognitive Kontrolle, beeinflusst werden.

Wenige psychologische Konstrukte weisen eine solche Vielzahl an unterschiedlichen Konzeptualisierungen auf wie Empathie, daher möchte ich die gewählte Definition kurz erläutern und abgrenzen (für eine Übersicht, siehe Cuff, Brown, Taylor & Howat, 2016). Von der bloßen *Gefühlsansteckung*, wie sie beispielsweise bei Säuglingen beobachtet wird, die beginnen zu weinen, wenn sie andere Kinder weinen hören, unterscheidet sich Empathie durch das Bewusstsein der empathischen Person, dass ihre Reaktion durch den Zustand eines anderen Lebewesens ausgelöst wurde (Singer & Lamm, 2009). Komplementär zur Empathie bezeichnet *Mitgefühl* (engl.: *compassion* oder *sympathy*) eine positive, auf den anderen ausgerichtete Emotion (»feeling for« statt »feeling as«), die eine motivationale Komponente aufweist, nämlich das Wohlergehen des anderen zu steigern oder dessen Leid zu lindern (▶ Kap. 8). Während es sich bei Empathie außerdem um einen *affektiven* Zugang zu anderen Menschen handelt, um das Einfühlen, wird der *kognitive* Zugang, das Eindenken, an späterer Stelle besprochen (▶ Kap. 10 Theory of Mind).

Im Alltagsgebrauch wird Empathie häufig auch als Überbegriff benutzt, der eine emotionale (Empathie wie hier definiert), motivationale (Mitgefühl/Wohlwollen) und kognitive Komponente (Theory of Mind) einschließt. Die verschiedenen Facetten sozialen Verstehens treten in vielen Lebenssituationen gemeinsam auf und beeinflussen sich gegenseitig; möglicherweise können Sie sich besser in jemanden mit Migräne einfühlen, wenn Sie wissen, wie sich eine Migräneattacke anfühlt (Depow, Francis & Inzlicht, 2021; Weisz & Cikara, 2021).

7.1 Empathie messen

Wie kann man erfassen, ob jemand in einer konkreten Situation oder gemeinhin empathisch reagiert? An dieser Frage wird deutlich, dass Empathie als akuter Zustand (engl.: *state*) aber auch als zeitlich stabile Eigenschaft im Sinne von Empathietendenz (engl.: *trait*) interessant ist. Fragebögen, anhand derer Personen sich selbst einschätzen, ermitteln meist die generelle Neigung, empathisch zu reagieren. Ein Beispiel ist der vielgenutzte *Interpersonal Reactivity Index* (IRI; Davis, 1980), auf Deutsch auch als *Saarbrücker Persönlichkeitsfragebogen* bekannt (Paulus, 2009). Mit Aussagen wie

- »Ich fühle mich hilflos, wenn ich inmitten einer sehr emotionsgeladenen Situation bin«,
- »Ich empfinde warmherzige Gefühle für Leute, denen es weniger gut geht als mir« und
- »Ich versuche, bei einem Streit zuerst beide Seiten zu verstehen, bevor ich eine Entscheidung treffe«

werden, respektive, die Tendenzen zu Empathie, Mitgefühl und kognitiver Perspektivübernahme erfasst. Eine vierte Subskala des

IRI ermittelt, wie stark Personen in Bücher, Geschichten und Filme eintauchen.

Steht die akute empathische Reaktion im Fokus, eignen sich computergestützte Aufgaben wie der *Social Video Task* (Klimecki et al., 2012). Die Teilnehmenden sehen in dieser Aufgabe kurze Videosequenzen, die entweder neutrale oder emotional aufwühlende Szenen abbilden. Unmittelbar nach jedem Video geben die Proband*innen an, wie sie sich fühlen. Das Ausmaß, zu dem Zuschauende sich nach Sequenzen mit negativem Inhalt schlechter fühlen als nach neutralen Sequenzen spiegelt deren empathische Reagibilität wider. Solche Aufgaben eignen sich auch, um peripherphysiologische Marker wie den Hautleitwert oder neurowissenschaftliche Maße wie den BOLD-Effekt im fMRT zu erheben und zwischen neutralen und emotionalen Videos zu vergleichen (▶ Kap. 1.1.2 Exkurs fMRT).

Empathic accuracy-Aufgaben erfassen die Exaktheit der gespiegelten Emotion und zielen auf Empathie als eine Fähigkeit ab. Für diese Aufgaben berichten Personen über emotional bewegende Erlebnisse und werden dabei gefilmt. Beim anschließenden Betrachten der Videos geben sie außerdem an, wie sie sich selbst zu konkreten Zeiten gefühlt und was sie gedacht haben. Versuchsteilnehmende betrachten nun die Videos und werden ebenfalls nach den Gefühlen und/oder Gedanken der abgebildeten Personen gefragt – das Ausmaß der Übereinstimmung reflektiert die empathic accuracy (Ickes, Stinson, Bissonnette & Garcia, 1990).

7.2 Neuronale Grundlagen

Empathie ist ein Kernthema der sozialen Neurowissenschaften. Die neuronalen Grundlagen empathischen Erlebens werden dabei mithilfe bildgebender Verfahren untersucht, wobei das Augenmerk auf Empathie für negative Zustände, insbesondere Empathie für *Schmerzen*, lag (siehe Kasten Klassischer Versuch).

Klassischer Versuch: Empathy for pain

Im Jahr 2004 veröffentlichte Tania Singer mit ihren Kollegen vom University College London die Ergebnisse einer bahnbrechenden Studie. Sechzehn Paare hatten an der Untersuchung teilgenommen, die Frauen lagen dabei im MRT, ihre Männer saßen daneben. Beide bekamen über Elektroden immer wieder Schmerzreize an der rechten Hand verabreicht. Zwei Faktoren wurden in dieser Studie gezielt manipuliert:

1) Die Schmerzreize, die auf einem Bildschirm angekündigt wurden, waren entweder schwach oder stark. Auf diese Weise konnten die Hirnareale sichtbar gemacht werden, die besonders während starker Reizung aktiviert waren, die sogenannte »Schmerzmatrix«.

2) Die Schmerzreize wurden entweder der Frau im MRT selbst oder ihrem Partner verabreicht, was den Frauen im Scanner über einen Reiz auf einem Bildschirm angekündigt wurde. So gelang es Singer und ihren Kollegen, die Hirnareale aufzuzeigen, die besonders reagieren, wenn dem Partner Schmerzen zugefügt werden.

Die Ergebnisse: Einige Teile der Schmerzmatrix wie die anteriore Insula und der anteriore cinguläre Kortex waren nicht nur während eigener Schmerzwahrnehmung aktiviert, sondern auch, wenn die Partner Schmerzen hatten (Singer et al., 2004). Diesen Strukturen wird insbesondere die Verarbeitung der *affektiven Bedeutung* (und weniger der körperlichen Qualität) von Schmerzen zugeschrieben, also die Repräsentation, wie schlimm oder aversiv ein Ereignis ist.

Metaanalysen zur Verarbeitung beobachteter, erschlossener oder vorgestellter emotionaler und körperlicher Zustände, verweisen auf die besondere Bedeutung bestimmter Hirnareale (▶ Abb. 7.2; Bzdok et al., 2012; Lamm, Decety & Singer, 2011; Schurz et al., 2021):

- Anteriore Insula (aI); die bilateralen Insulae sind an der Repräsentation körperlicher und emotionaler Zustände beteiligt, u. a. Geruch, Geschmack, Ekel und Schmerz. Bei der Verarbeitung aktuell erlebter und eigener Zustände scheint die Aktivierung eher posterior zu liegen, bei antizipierten, vorgestellten und beobachteten Zuständen eher anterior.
- Anteriorer cingulärer Kortex (ACC); diese Struktur ist, ebenso wie die aI, für interozeptive Prozesse und die affektive und motivationale Einordnung der Bedeutsamkeit von Reizen und Ereignissen relevant.
- Dorsomedialer präfrontaler Kortex; dieses Areal ist u. a. an der Modulation und Regulation emotionaler Prozesse beteiligt, ebenso an sozialen Urteilen und der Verarbeitung selbstbezogener Information.
- Areale im inferioreren parietalen Kortex und prämotorische Areale sind auch bei der Handlungsbeobachtung aktiviert und zeigen sich im Kontext empathischer Reaktionen besonders dann, wenn die andere Person sichtbar ist (statt abstrakt oder vorgestellt).
- Temporal-parietale Junktion und temporale Regionen sind auch an kognitiver Perspektivübernahme beteiligt und spielen u. a. eine Rolle bei der Unterscheidung von selbst und anderen. Einige Studien zeigen spezifische Unterschiede der Lokalisation bei empathischen im Vergleich zu Perspektivübernahme-Prozessen (Kanske, Böckler, Trautwein, Parianen Lesemann & Singer, 2016).

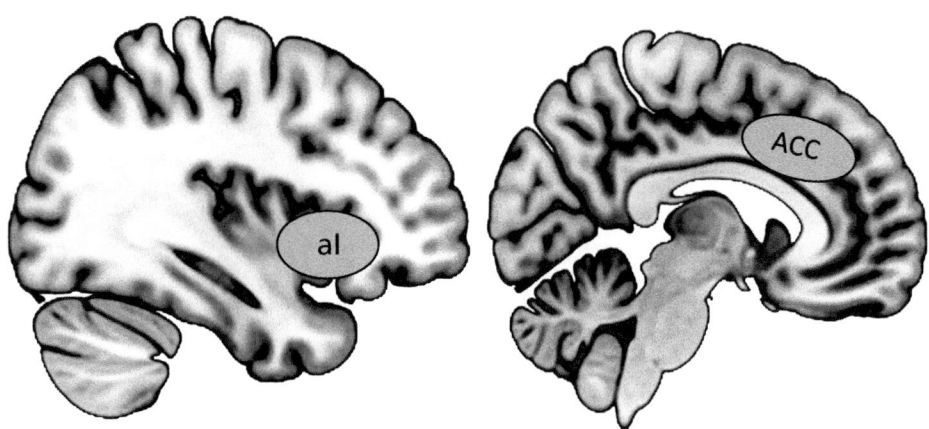

Abb. 7.2: Schematische Darstellung einiger Areale des neuronalen Empathie-Netzwerks. ACC = anteriorer cingulärer Kortex; aI = anteriore Insula.

Während der Fokus anfangs auf der Beobachtung negativer Zustände, v. a. Schmerzen, lag, sind inzwischen auch empathische Reaktionen auf positive und komplexere Emotionen

(z. B. Scham) gut untersucht (Schurz et al., 2021 für eine Übersicht; ▶ Kap. 7.6 Externe Links für ein Beispiel). Die neuronalen Netzwerke, die der Repräsentation eigener und fremder Zustände zugrunde liegen, überlappen zwar in fMRT-Untersuchungen teilweise, innerhalb dieser Areale scheinen aber unterschiedliche Nervenverbünde an der Verarbeitung eigener, fremder und beider Emotionen beteiligt zu sein (Corradi-DellAqua, Tusche, Vuilleumier & Singer, 2016; Decety & Lamm, 2009).

7.3 Entwicklung und Verbreitung

7.3.1 Entwicklung über die Lebensspanne

Schon mit wenigen Tagen lassen sich Säuglinge vom Weinen anderer Kinder anstecken, sie reagieren also auf negative Emotionsausdrücke mit vergleichbarem Unwohlsein und Stress (Martin & Clark, 1982). Im zweiten Lebensjahr zeigen Kinder empathische Reaktionen wie besorgte Blicke, wenn anderen etwas Schmerzhaftes widerfährt, auch wenn sich die Betroffenen die Schmerzen nicht anmerken lassen (Vaish, Carpenter & Tomasello, 2009). Zwillingsstudien legen nahe, dass empathischen Reaktionen im Laufe des Kleinkindalters weiter ansteigen und dabei sowohl genetische als auch Umwelt-Faktoren eine Rolle spielen (Knafo, Zahn-Waxler, Van Hulle, Robinson & Rhee, 2008; aber siehe Heyes, 2018).

Mit zunehmendem Alter benennen Kinder eine immer größere Bandbreite an Emotionen und parallel damit wächst ihre Fähigkeit, diese Zustände bei anderen Lebewesen zu erkennen. Schon bei 7-jährigen Kindern sind während der Beobachtung von Schmerzen einige Hirnstrukturen aktiviert, die auch zum neuronalen Empathie-Netzwerk Erwachsener gehören (z. B. aI und ACC), wobei sich die Aktivierungsmuster bis ins Jugendalter hinein ausdifferenzieren (Decety & Michalska, 2010). In einer Längsschnittstudie schätzten über 1.500 Jugendliche von 12–16 Jahren jedes Jahr ihre Empathie ein. Es zeigte sich ein beständiger Anstieg der durchschnittlichen Empathie während der Jugendzeit, wobei die Empathietendenz interindividuell stabil zu sein schien. Jugendliche, die sich mit 12 Jahren eher empathisch einschätzten, gehörten auch später eher zu den empathischeren Personen. Und: Je mehr die Jugendlichen an Empathie zulegten, desto höher beschrieben sie im Alter von 35 Jahren ihre Kommunikationsfähigkeit und ihre soziale Integration (Allemand, Steiger & Fend, 2015).

Empathische Reaktionen bleiben bis ins hohe Lebensalter intakt und waren beispielsweise bei Versuchsteilnehmenden von 65–80 Jahren nicht von Einbußen betroffen (Reiter, Kanske, Eppinger & Li, 2017).

7.3.2 Verbreitung im Tierreich

Wird Empathie, wie hier, als emotionaler Zustand definiert, ist deren Nachweis im Tierreich nicht ganz einfach. Während zahlreiche Studien zwar *Verhaltens*ansteckung (sogenannte Mimicry, ▶ Kap. 12.2.1) bei nichtmenschlichen Tieren berichten, ist es nicht unbedingt zulässig, daraus Ansteckung auf emotionaler Ebene abzuleiten (für Diskussion und Übersicht, siehe Adriaense, Koski, Huber & Lamm, 2020).

Da die subjektive Komponente von Emotionen bei Tieren schwerlich erfragt werden kann, erfassen Studien die körperlichen und/

oder physiologischen Reaktionen auf beobachtete Erlebnisse, meist negative Angst- oder Schmerzerfahrungen. Zebra-Finken (*Taeniopygia guttata*) beantworten die Stressrufe ihrer Partner unmittelbar sowohl hormonell als auch mit passenden Vokalisationen (Perez et al., 2015). Beobachten Zebrafische (*Danio rerio*) bei ihren Artgenossen Verteidigungsverhalten, steigt ihr Cortisolspiegel an und sie zeigen ähnliches Verhalten (Oliveira et al., 2017). Hühnermütter (*Gallus domesticus*) reagierten auf den sichtbaren Stress ihrer Küken (die Luftstößen ausgesetzt wurden) ganz ähnlich wie auf eigenen Stress (wenn sie selbst Luftstößen ausgesetzt waren): mit reduzierter Körpertemperatur, erhöhter Aufmerksamkeit und geringerem Putzverhalten. Zudem löste der Stress ihrer Küken bei den Hühnern eine erhöhte Herzrate und mütterliches Rufen aus.

Hinweise auf Empathie gibt es auch bei Nagern, Raben und einigen Haus- und Nutztieren sowie zahlreichen Primaten (siehe Adriaense et al., 2020). Da Emotionen bei Untersuchungen im Tierreich in kontrollierten Studien indirekt erschlossen werden müssen, sagt die Liste der Spezies, bei denen empathische Reaktionen bisher gezeigt werden konnten, wenig darüber aus, wie verbreitet das Phänomen im Tierreich wirklich ist.

7.4 Moderatoren

Wovon hängt ab, ob und in welchem Ausmaß jemand empathisch auf die Widerfahrnisse anderer reagiert? Studien zum Entwicklungsverlauf legen eine gewisse Stabilität von Empathie über die Lebensspanne nahe und verweisen auf die Beteiligung von genetischen Faktoren, Umwelteinflüssen und frühen assoziativen Lernerfahrungen (Heyes, 2018). Wer also ist besonders einfühlend und welche Situationen befördern Empathie?

7.4.1 Person

Ein ausführlich untersuchter Faktor ist das Geschlecht. Die Alltagspsychologie wettet auf die Frauen und einige Studien untermauern diese Erwartung. Dass es insbesondere Selbstberichte (z. B. Trait-Fragebögen) sind, bei denen Frauen im Durchschnitt höhere Werte erzielen als Männer, lässt auch die Interpretation zu, dass Frauen eine höhere gesellschaftliche Erwartung wahrnehmen, einfühlsam und empathisch zu sein. Darüber hinaus wurden etwas stärker ausgeprägte empathische Reaktionen bei Frauen inzwischen in State-Beurteilungen und neuronalen Aktivierungsmustern gefunden (Depow et al., 2021; Rueckert & Naybar, 2008).

Auch in der Psychopathologie steht Empathie im Zentrum des Interesses. Bei Menschen mit schweren Depressionen gibt es Befunde reduzierter Empathie, wobei vor allem die selbstberichtete Trait-Empathie geringer ausgeprägt scheint und dies in besonderem Umfang, wenn die Betroffenen außerdem ein hohes Maß an Alexithymie aufweisen (Banzhaf et al., 2018).

> **Definition: Alexithymie**
>
> Alexithymie, auch als Gefühlsblindheit bezeichnet, ist keine klinische Diagnose, sondern eine Persönlichkeitseigenschaft, die mehr oder weniger stark ausgeprägt sein kann. Dabei beinhaltet Alexithymie Schwierigkeiten, eigene Körper- und Gefühlszustände akkurat wahrzunehmen und zu beschreiben (Sifneos, 1973).

Eingeschränkte Empathie gilt als zentrales Merkmal bei Störungen des Sozialverhaltens, insbesondere der Psychopathie.

> **Definition: Psychopathie**
>
> Psychopathie ist eine schwere Störung der Persönlichkeit, wobei die Diagnose nicht in den Klassifikationssystemen (z. B. ICD) enthalten ist, sondern mit Fragebögen erhoben wird. Definierende Merkmale sind oberflächlicher Affekt und das Fehlen von Empathie sowie impulsives, manipulatives und rücksichtsloses Verhalten (Hare, 1991). Abgegrenzt wird Psychopathie von der klinisch diagnostizierten *Dissozialen Persönlichkeitsstörung*, die sich spätestens in der Jugend ausbildet und sich neben änderungsresistentem normverletzendem Verhalten durch geringe Frustrationstoleranz auszeichnet (Saß & Habermeyer, 2018). Bei letzterer fanden Überblicksarbeiten keine eindeutigen Hinweise für reduzierte Empathie, sofern keine komorbide Psychopathie vorlag (Marsden, Glazebrook, Tully & Völlm, 2019).

Studien zeigen bei der Psychopathie auf Selbstberichts- und neuronaler Ebene reduzierte empathische Reagibilität (Blair, 2008; 2018). Die spontane Tendenz, körperliche oder emotionale Zustände anderer zu spiegeln, scheint beeinträchtigt. Werden die Betroffenen (z. B. inhaftierte Gewaltverbrecher) aber explizit aufgefordert, sich in beobachtete Menschen einzufühlen, gelingt ihnen dies in vergleichbarem Ausmaß wie den Kontrollprobanden (Meffert, Gazzola, den Boer, Bartels & Keysers, 2013).

7.4.2 Situation

Obwohl wir uns meist mühelos und automatisch in andere einfühlen, deren Schmerzen und Freuden wir sehen, hören oder uns vorstellen, ist Empathie abhängig von Kontextfaktoren. Diese können in uns selbst liegen (z. B. unsere Erwartungen und Einstellungen), in der Situation (z. B. Ablenkung) oder in unseren Beziehungen (z. B. Gruppenzugehörigkeiten).

Beobachten wir, wie andere Menschen schöne oder unangenehme Berührungen erfahren, beispielsweise eine seidige Rose oder schleimige Maden anfassen, fällt unsere empathische Reaktion stärker aus, wenn wir selbst einen vergleichbaren Zustand erleben (Silani, Lamm, Ruff & Singer, 2013). Wir reagieren zudem weniger empathisch auf die Ansicht von Schmerzszenen (wie z. B. ▶ Abb. 7.1), wenn wir denken, dass eine dargestellte Person anästhesiert ist oder wenn eine andere Aufgabe unsere Aufmerksamkeit in Beschlag nimmt (Gu & Han, 2007; Lamm, Nusbaum, Meltzoff & Decety, 2007).

Verglichen mit Kontrollpersonen wurden bei Ärztinnen und Ärzten, die von Berufs wegen häufiger mit schmerzauslösenden Situationen konfrontiert sind, reduzierte unmittelbare Reaktionen auf beobachtete Schmerzen gefunden (Decety, Yang & Cheng, 2010). Auch *wen* wir beobachten, spielt eine Rolle: Mitglieder von Fremdgruppen, seien die Gruppen sportlicher, ethnischer, politischer oder völlig willkürlicher Natur, lösen geringere Empathie aus (siehe Zaki, 2014 für eine Übersicht). Mehr Empathie, beispielsweise auf beobachtete Gewinne, zeigten Versuchspersonen hingegen, wenn sie die beobachtete Person sympathisch fanden (Mobbs et al., 2009).

7.5 Folgen und Funktionen

Mit Empathie haben wir einen direkten, emotionalen Zugang zu unserer sozialen Umwelt. Zu erspüren, wie sie sich jemand fühlt, schafft Erkenntnis und Nähe – und beides unterstützt Kommunikation und Kooperation (▶ Kap. 1.3). Wenig vermag unsere Hilfsbereitschaft so unmittelbar zu aktivieren wie das empathische Erleben der Not und Verzweiflung anderer Lebewesen: Wir trösten das bitterlich weinende Kind, spenden für die Opfer von Naturkatastrophen und helfen dem verletzten Radfahrer (Lehmann, Böckler, Klimecki, Müller-Liebmann & Kanske, 2022; Tusche, Böckler, Kanske, Trautwein & Singer, 2016). Und eine erfreuliche Nachricht: Im alltäglichen Leben durchschnittlicher US-Amerikaner*innen scheinen deutlich mehr *positive* als negative Empathie auslösende Situationen aufzutreten, in denen akutes Einfühlen ebenfalls das prosoziale Verhalten der Teilnehmenden fördert (Depow et al., 2021).

Doch das ist nicht die ganze Geschichte. Empathie funktioniert wie ein Scheinwerfer, dessen Licht auf diejenigen fällt, die uns ähnlich sind oder die wir (er-)kennen (Identifiable-victim-Effekt, ▶ Abb. 7.3). So kann Empathie mit einer konkreten, sichtbaren Person das Augenmerk von tausenden bedürftigen Menschen ablenken oder sogar unmoralische Entscheidung zuungunsten anderer, nicht sichtbarer, Personen befördern (Bloom, 2017).

> **Definition: Identifiable-victim-Effekt**
>
> Menschen zeigen im Durchschnitt eine größere Bereitschaft, eine sicht- und erkennbare bedürftige Person zu unterstützen als anonyme, statistische Bedürftige (Lee & Feeley, 2016). Dieses Phänomen wird als Identifiable-victim-Effekt bezeichnet.

Das gestrige Erdbeben
hat großen Schaden angerichtet.
Helfen Sie, indem Sie an dieses Konto spenden:
DE93 4928 8392 9839 2397 64

Das gestrige Erdbeben
hat großen Schaden angerichtet.
134 Menschen verloren ihr Leben.
Helfen Sie, indem Sie an dieses Konto spenden:
DE93 4928 8392 9839 2397 64

Abb. 7.3: Stimuli, die den Identifiable-victim-Effekt aufzeigen. Das Bild links löst bei den meisten Personen größere Hilfsbereitschaft aus als die rechte Abbildung.

Ebenfalls durchmischt ist die Befundlage zum Einfluss von Empathie auf das psychische Wohlbefinden (Konrath & Grynberg, 2016). Während manche Studien einen positiven Effekt berichten, gibt es auch Hinweise, dass empathisches Einfühlen, beispielsweise in Pflegeberufen, Burnout begünstigen kann. Wenn uns das Leid und die Schmerzen anderer zu sehr belasten, scheint Rückzug manchmal der einzige Ausweg.

An dieser Stelle ist die Unterscheidung zwischen Empathie, also dem unmittelbaren »Sich-fühlen-*wie*-das-Gegenüber«, und Mitgefühl (compassion, Wohlwollen) *für* das Gegenüber relevant. Während Empathie im Hinblick auf Gesundheit, Beziehungszufriedenheit und Sozialverhalten ein zweischneidiges Schwert sein kann, ist der Einfluss von Mitgefühl (▸ Kap. 8) auf diese Komponenten eindeutiger und positiver (Batson, 2010; Weisz & Cikara, 2021).

7.6 Fazit und Empfehlungen

Wenn wir bedeutsame Erlebnisse anderer beobachten oder uns diese vorstellen, seien es Schmerzen, Einsamkeit oder Freude, spiegeln wir diese Zustände emotional. Dieses unmittelbare Einfühlen wird hier als Empathie bezeichnet. Forschende untersuchen Empathie als akuten Zustand (state), als generelle Tendenz (trait) oder als Fähigkeit, und insbesondere die sozialen Neurowissenschaften haben zu einem besseren Verständnis der an Empathie beteiligten Prozesse und Netzwerke beigetragen. Empathische Reaktionen entwickeln sich in der frühen Kindheit und bleiben bis ins hohe Alter stabil. Obwohl nur indirekt ermittelbar legen Studien eine weite Verbreitung von Empathie auch bei nicht-menschlichen Tieren nahe. Bei Menschen gehen einzelne psychische Störungsbilder mit reduzierter Empathie einher und auch Kontextfaktoren (z. B. eigene mentale Zustände oder die Beziehung zur beobachteten Person) beeinflussen das Ausmaß empathischer Reaktionen.

Empathie als affektiver Zugang zu anderen Lebewesen ist eine wichtige Komponente sozialen Verstehens – aber bei weitem nicht die einzige. Auf affektiver Ebene begleiten auch komplementäre Reaktionen unser soziales Miteinander, also Emotionen, die sich von denen der beobachteten Personen unterscheiden (▸ Kap. 8). Und wir fühlen uns nicht nur in unser Gegenüber ein, wir denken uns auch ein und übernehmen deren Perspektive, sei es räumlich (▸ Kap. 9) oder kognitiv (▸ Kap. 10).

Literaturempfehlungen

Adriaense, J. E. C., Koski, S. E., Huber, L., & Lamm, C. (2020). Challenges in the comparative study of empathy and related phenomena in animals. *Neuroscience & Biobehavioral Reviews, 112*, 62–82.

Depow, G. J., Francis, Z., & Inzlicht, M. (2021). The experience of empathy in everyday life. *Psychological Science, 32*(8), 1198–1213.

Singer, T., & Lamm, C. (2009). The social neuroscience of empathy. *Annals of the New York Academy of Sciences, 1156*(1), 81–96.

Weisz, E., & Cikara, M. (2021). Strategic regulation of empathy. *Trends in Cognitive Sciences, 25*(3), 213–227.

Externe Links

Ein ansteckender Lachanfall: https://www.youtube.com/watch?v=ydAyvvDQrgY

8 Mitgefühl, Neid, Schadenfreude: Komplementäre soziale Emotionen

Begegnen oder beobachten wir andere Menschen in für sie bedeutsamen Situationen, kann das eine Palette an Emotionen in uns auslösen. Je nach Beziehung und Kontext reagieren wir auf eines anderen Liebeskummer vielleicht mit Mitleid. Oder mit Schadenfreude. Das achte Kapitel behandelt beispielhaft einige dieser komplementären sozialen Emotionen, deren Messung, neuronale Grundlagen, Entwicklung und Funktionen.

Betrachten Sie die beiden Bilder in der folgenden Abbildung (▶ Abb. 8.1) und stellen sich nun noch dieses Szenario vor: Sie joggen am Strand entlang und sehen unvermittelt Ihre beste Freundin (linkes Bild), die gemeinsam mit einem Ihnen Unbekannten offensichtlich eine wunderbare Zeit verbringt. Was empfinden Sie? Auf der rechten Seite haut sich der Freund Ihrer Schwester, ein windiger Bursche, bei einem seiner gewohnt halsbrecherischen »Projekte« zur Abwechslung selbst (und nicht Ihrer Schwester) auf die Finger. Seien Sie ehrlich, Sie haben sich schon schlechter gefühlt, oder?

Abb. 8.1: Beispiele für Situationen, die Empathie (▶ Abb. 7.1), aber auch komplementäre Emotionen auslösen können.

Während Empathie (▶ Kap. 7) eine emotionale Reaktion bezeichnet, bei der wir die Zustände unseres Gegenübers spiegeln, unterscheiden sich andere soziale Emotionen in ihrer Färbung von denen des Gegenübers.

> **Definition: Komplementäre soziale Emotion**
>
> Die beobachteten oder vorgestellten Emotionen oder Emotionsausdrücke anderer Lebewesen können emotionale Reaktionen auslösen, die nicht mit denen des Gegenübers übereinstimmen, aber sozial/motivational zu ihnen passen, komplementär sind. So kann die Trauer eines Bekannten bei uns Mitgefühl hervorrufen, die Wut des einen beim anderen zu Furcht führen und die Enttäuschung einer Person der anderen Scham verursachen (van Kleef & Côté, 2022).

Drei Beispiele solcher Reaktionen – Mitgefühl, Neid und Schadenfreude – werden im Folgenden ausführlicher dargestellt.

8.1 Mitgefühl

8.1.1 Definition und Messung

> **Definition: Mitgefühl**
>
> Mitgefühl (engl.: *compassion*; auch sympathy oder empathic concern) bezeichnet eine positive, auf beobachtete oder vorgestellte Lebewesen ausgerichtete Emotion, die mit der Motivation einhergeht, deren Leid zu lindern bzw. deren Wohlergehen zu fördern. Als »feeling *for* another« kann Mitgefühl infolge von empathischem »feeling *as* another« auftreten (Klimecki & Singer, 2017 für eine Übersicht).

Mitgefühl wird besonders durch als unverschuldet eingeschätztes Leid ausgelöst und das subjektive Erleben der positiv gefärbten, warmen, weichherzigen Emotion fördert soziales Annäherungs- und Kooperationsverhalten (Goetz, Keltner, Simon-Thomas, 2010). Ein Fallbeispiel soll den Unterschied zwischen Empathie und Mitgefühl verdeutlichen.

Fallbeispiel: Empathie und Mitgefühl

Anna (13 Jahre) geht mir ihrem kleinen Cousin Tom (5 Jahre) ein Eis holen. Die beiden müssen einige Zeit in der Schlange warten, endlich haben sie ihre Waffeln in der Hand und setzen sich auf eine Bank. Gerade als Tom an seiner ersehnten Kugel Schokoladeneis leckt, schreit er vor Schmerzen auf: Eine Wespe hat ihn in den Daumen gestochen, sein Eis liegt auf dem Boden.

Empathie: Anna erlebt unmittelbar, wie schlimm die Situation für Tom ist. Es kommt ihr vor, als spüre sie selbst den Stich im Daumen, sie zuckt zusammen. Toms Trauer und Tränen über das gefallene Eis verursachen bei ihr sofort einen Kloß im Hals.

Mitgefühl: Nach kurzer Zeit übernimmt eine andere Empfindung. Anna spürt Wärme und Zuneigung für Tom, sie möchte ihm seine Trauer nehmen, lächelt ihn an. Ihr Gefühl ist nicht mehr negativ und aufgebracht, sondern wohlwollend und ruhig. In diesem Zustand ist sie ohne weiteres in der Lage, Tom ihr Eis zu überlassen, bis sie sich ein neues geholt hat.

Als zentrales Konzept im Buddhismus wird Mitgefühl auch in manchen psychologischen Definitionen breiter gefasst und beinhaltet beispielsweise Urteilsfreiheit, die Bereitschaft, unangenehme Emotionen auszuhalten und »common humanity« als Einsicht, dass Leid zum Leben gehört (Strauss et al., 2016). Nach diesem Verständnis ist Mitgefühl nicht auf akut beobachtete/vorgestellte Lebewesen beschränkt, sondern kann auf die gesamte Natur ausgeweitet werden. Damit verknüpft beschreibt *self-compassion* das achtsame, urteilsfreie Wohlwollen für sich selbst (Neff, 2003).

Um Mitgefühl als akute Emotion, als state, im Labor zu induzieren und zu messen, nutzen Aufgaben wie der *Social Video Task* (Klimecki et al., 2013; ▸ Kap. 7.1) die visuelle Darstellung von leidenden Personen. Während sich empathisches Spiegeln in negativen Emotionen zeigt, die durch die Beobachtung ausgelöst werden, wird Mitgefühl als das Ausmaß positiver, auf den anderen gerichtete Emotionen erfasst. Befragt man Menschen in ihrem Alltag wiederholt nach akuten sozialen Emotionen und den zugehörigen Ereignissen, zeigt sich, dass auch positive soziale Beobachtungen und Interaktionen sehr häufig Empathie und Mitgefühl auslösen (Depow, Francis & Inzlicht, 2021). Zur Messung von Mitgefühl als trait, also als die individuelle Tendenz, Mitgefühl zu empfinden, werden meist Fragebögen zur Selbsteinschätzung herangezogen, z. B. die *Compassionate Love Scale* (Sprecher & Fehr, 2005), die eine Version für Freunde/Familie und eine Version für Fremde/die Menschheit bereitstellt (Strauss et al., 2016).

8.1.2 Neuronale Grundlagen

Wenn Menschen Mitgefühl empfinden, ist dabei ein bekanntes Netzwerk an Hirnregionen beteiligt: das sogenannte »Care System«. Dieses System wird bei einer Reihe von Säugetieren mit fürsorglichem Verhalten, insbesondere der Pflege des Nachwuchses, in Verbindung gebracht (Preston, 2013). Bei Menschen gehören dazu unter anderem

- das ventrale Striatum und der Nucleus accumbens (entwicklungsgeschichtlich alte Strukturen) sowie
- der subgenuale ACC (anteriore cinguläre Kortex) und
- der mediale orbitofrontale Kortex (▸ Abb. 8.2)

Ein ähnliches Aktivierungsmuster wird beobachtet, wenn Menschen sich großzügig verhalten, Liebe und soziale Nähe erleben oder belohnt werden. Dabei beruht Belohnungsverarbeitung eher auf dem Neurotransmitter Dopamin, während für Annäherung und Fürsorge das Neuropeptid *Oxytocin* eine bedeutende Rolle spielt (Brown & Brown, 2015; Klimecki & Singer, 2017). Auch wenn neurowissenschaftliche Studien häufig negative Auslöser für Mitgefühl nutzen (z. B. die Darstellung von Schmerzen, Trauer oder Verzweiflung), verweisen die neuronalen Aktivierungsmuster auf die positive Färbung von Mitgefühl. Mitgefühl ist damit ein Umgang mit negativen Ereignissen, der auf positive Emotionen für andere setzt statt auf das aktive Herunterregulieren der eigenen negativen Emotionen (Engen & Singer, 2015).

8.1.3 Entwicklung

Studien berichten bereits im ersten Lebensjahr von Gefühlsansteckung und empathischen Reaktionen (▸ Kap. 7.3.1) und auch indirekte Anzeichen von Mitgefühl werden in der frühen Kindheit sichtbar. Ab dem zweiten Lebensjahr nehmen beispielsweise tröstende Gesten und Hilfeverhalten zu, wenn Kinder bei anderen Menschen Stress erkennen (Svetlova, Nichols & Brownell, 2010). Inwieweit und ab wann Kinder Mitgefühl als positive Emotion wahrnehmen, ist nicht ganz einfach zu ermitteln und von der Ausdrucksfähigkeit der Kinder abhängig.

Wenn Kinder und Jugendliche explizit nach Erlebnissen von Mitgefühl gefragt werden, berichten 8-Jährige in etwa vergleichbarem Umfang wie 11- und 15-Jährige aus ihrem Alltag von Mitgefühl, insbesondere gegenüber engen Vertrauten und Familienmitgliedern, die körperliches oder psychisches Leid erleben (Peplak & Malti, 2022).

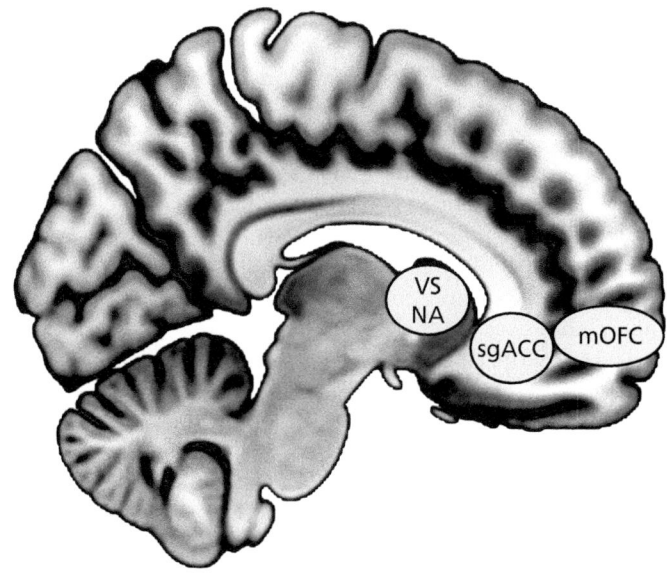

Abb. 8.2:
Schematische Darstellung einiger Areale des neuronalen Compassion-Netzwerks.
mOFC = medialer Orbitofrontalkortex; sgACC = subgenualer anteriorer cingulärer Kortex; VS/NA = ventrales Striatum/Nucleus accumbens.

So wie sozio-emotionale (Empathie), sozio-motivationale (Mitgefühl) und sozio-kognitive Prozesse (Perspektivübernahme/Theory of Mind) bei Erwachsenen häufig gemeinsam auftreten und sich vielfältig gegenseitig beeinflussen (Depow et al., 2021; Weisz & Cikara, 2021), hängen sie auch in der Kindheit miteinander zusammen. Gerade im Entwicklungsverlauf kann das zunehmende Verständnis der mentalen Zustände anderer Menschen, z. B. deren Überzeugungen, Wünsche und Absichten (▶ Kap. 10 Theory of Mind), das Empfinden von Mitgefühl unterstützen. Studien verweisen auch auf positive Zusammenhänge zwischen Sozialisationsfaktoren und dem Mitgefühl von Kindern und Jugendlichen: Höheres Mitgefühl wurde beispielsweise bei Heranwachsenden berichtet, deren Eltern positiven Affekt ausdrücken und die Selbstregulationsfähigkeit ihrer Kinder fördern (Roeser & Eccles, 2015).

8.1.4 Moderatoren: wer, mit wem und wann?

Neben genetischen und Sozialisationsfaktoren hängen Persönlichkeitseigenschaften und emotionale und kognitive Fähigkeiten mit der individuellen Ausprägung von Mitgefühl zusammen (Walter, 2012). Wenig überraschend korreliert der Big Five-Faktor *Verträglichkeit* positiv mit Mitgefühl (als trait); darüber hinaus trägt *emotionale Intelligenz* als die Fähigkeit, Emotionen erkennen, ausdrücken und regulieren zu können, zu Mitgefühl bei (Di Fabio & Saklofske, 2021).

Manche Menschen haben überdurchschnittlich viel mit dem persönlichen Leid anderer zu tun, beispielsweise Beschäftigte in Sozial- oder Gesundheitssystemen. Entsprechend häufig sind sie mit Situationen konfrontiert, die Empathie und Mitgefühl, aber auch Erschöpfung und den Verlust von Mitgefühl auslösen können.

> **Definition: Mitgefühlsmüdigkeit (engl.: compassion fatigue)**
>
> Von Mitgefühlsmüdigkeit oder auch Secondary Traumatic Stress spricht man, wenn Menschen aufgrund ihres Umgangs mit erkrankten oder traumatisierten Personen in einen länger anhaltenden Zustand körperlicher und emotionaler Erschöpfung geraten und ihr Mitgefühl für andere infolgedessen reduziert ist (Figley, 1995). Damit einhergehen können Gefühle der Hilflosigkeit, Reizbarkeit sowie Konzentrationsprobleme und Rückzug.

Als individuelle Schutzfaktoren vor Mitgefühlsmüdigkeit werden Humor und emotionale Stabilität diskutiert, wobei gerade im beruflichen Kontext auch strukturelle Aspekte protektiv bzw. risikofördernd wirken (beispielsweise das Arbeitsklima, vorhandene Ressourcen).

Welchen Menschen bringen wir besonders viel Mitgefühl entgegen? Neben Personen unserer Familien- und Freundeskreise, die uns nahestehen und für deren Fürsorge und Schutz wir verantwortlich sind, sprechen offensichtlich *Schutzbedürftige* unser Care-System an, z. B. weinende Kinder oder winselnde Welpen. Gerade, wenn wir weniger bekannten Personen gegenüberstehen, bringen wir für diejenigen mehr Mitgefühl auf, denen wir zutrauen, uns ebenfalls mit Wohlwollen und Hilfsbereitschaft zu begegnen. Als Basis, um mögliche Reziprozität abzuschätzen, ziehen wir oft *Ähnlichkeit* heran – wir fühlen mit denen, die uns ähnlich sind, sei es äußerlich oder auf Verhaltensebene (DeSteno, 2015 für eine Übersicht).

Lässt sich Mitgefühl auch bei Erwachsenen weiter fördern? Basierend auf der Bedeutung von Mitgefühl in buddhistischen Traditionen und deren zunehmendem Einzug in westliche spirituelle Praktiken haben Studien die Möglichkeit untersucht, Mitgefühl durch *meditationsbasierte Interventionen* gezielt zu steigern. Tatsächlich verweisen Längsschnittuntersuchungen auf den positiven Effekt von Meditationstrainings auf Mitgefühl, insbesondere, wenn die Förderung positiver Emotionen wie Dankbarkeit, liebende Güte (siehe Exkurs Loving-Kindness-Meditation) und Verbundenheit mit anderen im Mittelpunkt stand (Leiberg, Klimecki & Singer, 2011; Trautwein, Kanske, Böckler & Singer, 2020). Neben einer Erhöhung von Mitgefühl auf Selbstberichts- und Verhaltensebene führten die entsprechenden Interventionen auch zu einer Zunahme der kortikalen Dicke in den zugrundeliegenden Hirnstrukturen (Valk et al., 2017).

> **Exkurs: Loving-Kindness-Meditation**
>
> Bei der Loving-Kindness- oder Metta-Meditation geht es um eine innere Haltung der Freundlichkeit, der bedingungslosen Güte, des Wohlwollens für andere Lebewesen. Um sich dieses positive, zugewandte Gefühl zu vergegenwärtigen, beginnt die Meditation oft damit, dass man sich ein Lebewesen vorstellt, für das man auf natürliche, unmittelbare Weise diese liebende Güte empfindet wie etwa ein eigenes Kind oder Haustier. Diese Vorstellung kann von Mantras begleitet werden, die man innerlich an das geliebte Wesen richtet, z. B. »Mögest du glücklich sein«, »Mögest du gesund sein«, »Mögest du in Frieden leben«. Anschließend wird das Gefühl der liebenden Güte mit den entsprechenden Mantras innerlich auf sich selbst gerichtet (»Möge ich glücklich sein« etc.), auf bekannte Personen und schließlich auf die ganze Menschheit (Salzberg, 2011).

Es wird empfohlen, diese Übung in Ruhe, sitzend und mit geschlossenen Augen durchzuführen, nachdem bewusst ein paar Tiefe Atemzüge genommen wurden. Geführte Loving-Kindness-Meditationen dauern häufig etwa 10–20 Minuten (▶ Kap. 8.4 Externe Links), können aber natürlich ausgedehnt werden.

Bei den in diesem Abschnitt (so wie in allen Abschnitten zu Moderatoren) beschriebenen Befunden sollten Sie bedenken, dass es sich bei den Ergebnissen psychologisch-empirischer Studien um Gruppenaussagen handelt, die nicht eins zu eins auf konkrete Individuen übertragen werden können. Nicht jede Person mit vielversprechenden Sozialisationsfaktoren und hoher emotionaler Intelligenz ist notwendigerweise besonders mitfühlend; ebenso haben viele der mitfühlendsten Menschen Ihres Umfeldes womöglich noch nie meditiert.

> **Merke**
>
> Mitgefühl ist die positiv gefärbte, zum Helfen motivierende emotionale Reaktion auf die Beobachtung oder Vorstellung von Situationen, die für andere Lebewesen bedeutsam sind. Sie wird in psychologischen Laboren sowohl im Sinne einer generelle Neigung oder Haltung als auch in Form eines akuten Zustandes erfasst und involviert auf neuronaler Ebene Teile des Care-Systems. Gerade in alltäglichen Situationen hängt Mitgefühl mit anderen emotionalen und kognitiven sozialen Prozessen zusammen.

8.2 Neid und Schadenfreude

Während Mitgefühl eine positive, wohlwollende emotionale Reaktion auf die Erlebnisse und Zustände unserer Mitmenschen darstellt, lösen Freud und Leid anderer auch Emotionen in uns aus, die weniger sozial erwünscht sind: Neid und Schadenfreude.

8.2.1 Definitionen

Hat, kann oder ist eine andere Person etwas, das wir selbst gerne hätten, könnten oder wären, empfinden wir manchmal Neid (Smith & Kim, 2007 für eine Übersicht).

> **Definition: Neid (engl.: envy)**
>
> Neid ist eine negative Emotion, die in sozialen Vergleichssituationen von dem als überlegen wahrgenommenen, positiven Zustand (z. B. der Leistung, dem Glück) einer anderen Person oder Personengruppe ausgelöst wird. Geht die oft als schmerzhaft empfundene subjektive Unterlegenheit mit der Motivation einher, den gewünschten Zustand ebenfalls zu erreichen, spricht man von *benign envy* (deutsch etwa gutartiger Neid); führt sie hingegen zu dem Wunsch, die beneidete Person oder Gruppe auf den eigenen Zustand herunterzuziehen, wird von *malign envy* (bösartigem Neid/Missgunst) gesprochen (van de Ven et al., 2015).

Als spezieller Fall von Neid bezeichnet *Eifersucht* die negative Emotion, die wir empfinden, wenn wir eine exklusive soziale Beziehung durch eine dritte Person gefährdet sehen. So kann ein Student beispielsweise seine Kommilitonin für ihr soziales Geschick und ihre Beliebtheit im benignen Sinne beneiden und ihr nacheifern, während er auf ihren neuen Partner eifersüchtig ist. Missgunst, also malignen Neid, empfindet der Student möglicherweise für seinen Dozenten, dem akademischer Erfolg nur so zufliegt. Wird dieser Dozent wegen wissenschaftlichen Fehlverhaltens zur Rechenschaft gezogen, löst das bei unserem Studenten Schadenfreude aus (▶ Abb. 8.3).

> **Definition: Schadenfreude**
>
> Schadenfreude ist die positive Emotion, die Freude, die empfunden wird, wenn anderen Personen oder Gruppen ein negatives Ereignis, z. B. ein Missgeschick, widerfährt. Es werden verschiedene Facetten von Schadenfreude unterschieden, je nachdem, ob diese maßgeblich von dem Bedürfnis nach Gerechtigkeit, nach positiver sozialer Identität oder nach positivem Selbstwert herrührt (Wang, Lilienfeld & Rochat, 2019 für eine Übersicht).

Schadenfreude kann, basierend auf dem Bedürfnis nach Gerechtigkeit und der Ablehnung von Ungleichheit, ausgelöst werden, wenn die geschädigte Person das negative Ereignis subjektiv verdient hat (Feather, 2012). Hat sich jemand beispielsweise einen positiven, überlegenen Zustand erschlichen und wird als Heuchlerin oder Hochstapler enttarnt, entstammt die Freude am Schaden dieser Person der wiederhergestellten Gerechtigkeit. Erfreuen wir uns hingegen an den Niederlagen und Missgeschicken von als überlegen wahrgenommenen Fremdgruppen, wenn etwa eine verhasste Mannschaft beim Fußball verliert, hat das mit unserem Bedürfnis nach positiver sozialer Identität zu tun (▶ Kap. 6). Und schließlich gelten von sozialen Vergleichen und dem Bedürfnis nach hohem Selbstwert hervorgerufener Neid und subjektiv empfundene Unterlegenheit als Auslöser von Schadenfreude (Smith et al., 1996). Metaanalysen zeigen, dass insbesondere maligner Neid in deutlichem Zusammenhang mit Schadenfreud steht (Lange, Weidmann & Crusius, 2018). Darüber hinaus tragen auch persönliche Ablehnung und Groll zur Freude am Schaden bei.

8.2.2 Messung von Neid und Schadenfreude

Abhängig davon, wie Neid konzeptualisiert wird – ob beispielsweise der subjektive Schmerz, die Motivation der eigenen Verbesserung oder der Wunsch, der beneideten Person zu schaden, im Zentrum stehen – unterscheiden sich die Fragen (*items*) in Neid-Fragebögen (Lange, Weidman & Crusius, 2018 für eine Übersicht). Als stabile Eigenschaft (trait) werden insbesondere die Tendenz zu benignem und malignem Neid unterschieden, z. B. anhand der Zustimmung zu Aussagen wie

- »Ich strebe danach, die überlegene Leistung anderer zu erreichen« (benigner Neid) oder
- »Ich hege Groll gegenüber Menschen mit überlegenen Leistungen« (maligner Neid)

aus der *Benign and Malicius Envy Scale* (Lange & Crusius, 2015).

Um akuten Neid (state) zu induzieren und zu messen, können hypothetische Szenarien herangezogen werden, in denen Personen in glücklichen Positionen dargestellt werden, z. B. ein Student, der eine Auszeichnung erhält oder eine Sängerin, die Bewunderung erfährt. Diese Vignetten ermöglichen eine kontrollierte Manipulation weiterer Aspekte, etwa, wie verdient das Glück/die überlegene Position der dargestellten Person ist.

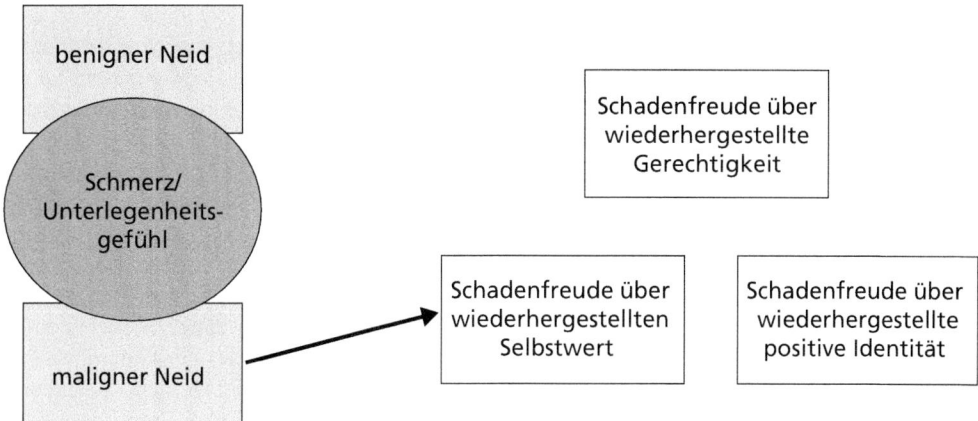

Abb. 8.3: Schematische Darstellung der Komponenten und Beziehung von Neid (benigner und maligner Neid sowie emotionaler Schmerz und Unterlegenheitsgefühl) und Schadenfreude. Schadenfreude entsteht nach diesem Modell durch die Wiederherstellung verletzter Bedürfnisse, beispielsweise nach Gerechtigkeit, positivem Selbstwert oder positiver sozialer Identität. Insbesondere maligner Neid geht häufig auf bedrohten Selbstwert zurück und kann zu entsprechender Schadenfreude führen.

Auch bei der Messung von Schadenfreude, die meist als state untersucht wird, kommen hypothetische Szenarien zum Einsatz, in denen mehr oder weniger beneidenswerten, verdienstvollen oder sympathischen Personen Missgeschicke widerfahren (z. B. Feather & Sherman, 2002). So kann der ausgezeichnete Student beispielsweise einen miserablen Vortrag halten oder der bewunderten Sängerin bei einem Konzert die Stimme versagen. Manche Forscherinnen und Forscher gehen noch einen Schritt weiter und setzen ihre Versuchspersonen realen Situationen aus, die Ablehnung, Neid und Schadenfreude induzieren sollen (siehe Kasten Realistische Experimente).

Realistische Experimente

Beispiel 1: Keegan Greenier brachte seine Versuchspersonen in Kleingruppen zusammen, die gemeinsam Aufgaben lösen sollten (Greenier, 2018). In jeder Gruppe befand sich auch eine Frau, die als *confederate* eingeweiht und Teil des Versuchs war. Diese kam zu spät und störte mehrfach die Gruppenarbeit, bevor sie vom Experimentalleiter aufgrund ihres Verhaltens ohne Vergütung entlassen wurde. Anschließend beurteilten die Personen jeder Gruppe sich gegenseitig (anonym), auch die störende und inzwischen nicht mehr anwesende confederate. Die Teilnehmenden wurden u. a. gefragt, wie freundlich und intelligent sie ihre Gruppenmitglieder einschätzten und wie glücklich sie über deren finales Ergebnis waren. Bei der letzten Frage handelt es sich, bezogen auf die confederate, um ein Maß für Schadenfreude. Einige Befunde dieser Studie finden Sie in Abschnitt 8.2.5.

Beispiel 2: Simone Shamay-Tsoory und ihre Kolleginnen (2014) untersuchten den Zusammenhang von Eifersucht und Schadenfreude bei Kleinkindern, indem sie Mütter mit ihren Kindern und jeweils einem gleichaltrigen Kind im Labor beobachteten. Dabei gab es zwei unterschiedliche Szenarien: In der *Kontrollbedingung* wurde die Mutter instruiert, ein Buch zu lesen, während die beiden Kinder mit den im Raum verteilten Spielsachen spielen konnten. Nach zwei Minuten sollte die Mutter ein Glas Wasser »aus Versehen« über dem Buch verschütten. In der *Experimentalbedingung* hingegen nahm die Mutter das andere Kind auf den Schoß und las ihm vor, bevor sie zwei Minuten später Wasser über das Buch verschüttete. Die leiblichen Kinder wurden gefilmt, um anschließend ihre emotionalen, verbalen und Verhaltensreaktionen während der Lesephase (Neidphase) und der Verschüttphase (Schadenfreudephase) kodieren zu können. Die Befunde dieser Studie werden in Abschnitt 8.2.4 ausführlicher dargestellt.

8.2.3 Neuronale Grundlagen

Als soziale Emotionen mit deutlicher negativer (Neid) oder positiver Färbung (Schadenfreude), gehen Neid und Schadenfreude mit der Aktivierung von Hirnareale einher, die auch bei Empathie für Schmerz (negativ) und Mitgefühl (positiv), respektive, zentral sind. Wenn Menschen akut Neid empfinden, ist im anterioren und medialen cingulären Kortex (ACC und MCC) die Durchblutung erhöht (Santamaria-Garcia et al., 2017 für eine Übersicht). Akute Schadenfreude geht mit der Aktivierung von Regionen des Belohnungs-Netzwerks wie dem ventralen striatum, einher; akuter Neid hingegen reduziert die Aktivierung dieser Region (Dvash, Gilam, Ben-Ze'ev, Henlder & Shamay-Tsoory, 2010). Diese Muster decken sich mit der subjektiven Empfindung von Neid als sozialem Schmerz und Schadenfreude als soziale Belohnung.

Neben einer deutlichen emotionalen Reaktion beinhalten Neid und Schadenfreude auch komplexere kognitive Prozesse. Um die Wettbewerbssituationen, in denen Neid und Schadenfreude auftreten, sowie relative Vor- und Nachteile oder die Frage nach Verdienst zu beurteilen, sind Netzwerke notwendig, die bei kognitiver Perspektivübernahme/Theory of Mind eine Rolle spielen (▶ Kap. 10). Dazu gehört der mediale präfrontale Kortex, der auch an der Erkennung von Neid und Schadenfreude bei anderen Personen beteiligt ist (Shamay-Tsoory, Tibi-Elhanany & Aharon-Peretz, 2007). Eine Läsionsstudie demonstrierte, dass Patienten mit fronto-temporaler Demenz, die Beeinträchtigungen in sozialer Kognition und Handlungskontrolle zeigen, mehr Neid und Schadenfreude berichten. Neid und Schadenfreude werden zudem nicht nur theoretisch, sondern auch neuroanatomisch differenziert, je nachdem, wovon sie maßgeblich ausgelöst werden – ob es etwa besonders um moralische Empörung geht (hierbei wird der Amygdala ein Beitrag zugeschrieben) oder um die Frage des Verdienstes der überlegenen Position (Santamaria-Garcia et al., 2017). Da Neid und Schadenfreude wenig sozial erwünscht sind und manchen als Schwächen gelten, regulieren wir diese Emotionen aktiv herunter, wozu unter anderem präfrontal verortete kognitive Kontrollprozesse nötig sind.

8.2.4 Entwicklung

Bei vorsprachlichen bzw. jungen Kindern werden Neid und Schadenfreude indirekt erschlossen. So auch in der unter 8.2.2 (siehe Kasten Realistische Experimente) beschriebenen Studie, in der 2–3-Jährige in einer Situation mit ihren Müttern untersucht wurden, die in der Experimentalbedingung das Potenzial hatte, Eifersucht und Schadenfreude auszulösen. Tatsächlich zeigten die Kinder auf verbaler und Verhaltensebene Anzeichen für Eifersucht (z. B. Jammern, Störverhalten), wenn ihre Mutter ein gleichaltriges Kind auf den Schoß nahm und ihm vorlas, und Anzeichen für Schadenfreude (z. B. Lachen), wenn die Mutter dann ein Glas Wasser über das Buch verschüttete (Shamay-Tsoory et al., 2014).

Auch hypothetische Szenarien (Bildgeschichten) über Missgeschicke von Kindern, die entweder etwas Gemeines vorhatten oder nicht, bringen bei 4–8-Jährigen Anzeichen für Schadenfreude hervor: Die Kinder fanden es lustiger und sie waren weniger bereit zu helfen, wenn einem Charakter, der gerade dabei war, etwas Unfreundliches zu tun, ein Missgeschick widerfuhr (Schulz, Rudolph, Tscharaktschiew & Rudolph, 2013). Nicht nur durch Bedrohung der eigenen Ressourcen oder des Selbstwerts ausgelöste Schadenfreude, sondern auch Schadenfreude als Reaktion auf ungerechtes Verhalten hat seinen Ursprung also in der Kindheit.

Nikolaus Steinbeis untersuchte Kinder zwischen 7 und 13 Jahren mit einem Computerexperiment, im dem sie für ihre Leistung entweder Punkte gewannen oder verloren (Steinbeis & Singer, 2013). Die Kinder spielten mit anonymen Gleichaltrigen und erfuhren nach jeder Runde, ob sie selbst und ihr Mitspieler Punkte gewonnen oder verloren hatte. Unmittelbar nach dieser Rückmeldung gaben die Kinder an, wie sie sich fühlten. Neid, hier verstanden als negativere Gefühlslage bei eigenem Verlust, wenn der andere gewonnen, als wenn der andere ebenfalls verloren hat, war bei den 7–8-Jährigen am höchsten und bei den 11–13-Jährigen am geringsten ausgeprägt. Gleiches galt für Schadenfreude als positivere Gefühlslage bei eigenem Gewinn, wenn der andere verloren, als wenn er ebenfalls gewonnen hatte. Neid und Schadenfreude nahmen also mit dem Alter ab und waren außerdem besonders gering ausgeprägt bei Kindern, die in Austauschsituationen wenig Boshaftigkeit und ein hohes Maß an Ablehnung von Ungleichheit gezeigt hatten.

> **Definition: Inequity aversion (deutsch etwa Ablehnung von Ungleichheit)**
>
> Die Präferenz für eine gerechte, im Sinne von gleiche, Aufteilung von Ressourcen wird als inequity aversion bezeichnet (Fehr & Schmidt, 1999). Experimentell zeigt sich dieses Phänomen z. B. im Ultimatum Game, bei dem eine Person eine Ressource (z. B. 10 Taler) zwischen sich und einem Gegenüber aufteilt und das Gegenüber anschließend die Möglichkeit hat, die Aufteilung anzunehmen (dann wird sie ausgeführt) oder abzulehnen (dann erhalten beide Personen nichts). Menschen lehnen Aufteilungen, die weit von Gleichheit entfernt sind, ab, auch wenn das bedeutet, dass sie selbst leer ausgehen. Diese inequity aversion nimmt im Lauf der Kindheit zu und betrifft dann sogar Aufteilungen, bei denen die Kinder selbst im Vorteil sind (Blake & McAuliffe, 2011).

Auch stammesgeschichtlich begleitet uns inequity aversion schon länger. Im Tierreich wurden deutliche Anzeichen von Wut als Reaktion auf eine, verglichen mit einem Artgenossen, niedrigere Belohnung für gleiche Leistung beobachtet. Ein eindrückliches Beispiel stammt von Kapuzineraffen (*Cebus apella*), die in nebeneinander liegenden Käfigen für die Rückgabe eines Steinchens an die Versuchsleiterin mit einem Stück Gurke belohnt werden (Brosnan & De Waal, 2014 für eine Übersicht; siehe auch Henrich, 2004). Erhielt einer der beiden Affen, beobachtet vom anderen, eine süße Traube (bevorzugte Belohnung) für die Rückgabe des Steins und der andere Affe anschließend noch immer ein Stück Gurke, reagierte dieser mit deutlicher Frustration und Ablehnung (▶ Kap. 8.4 Externe Links).

8.2.5 Moderatoren: wer, wann und wen?

Wer neidet anderen ihre Freude und erfreut sich an ihrem Schaden? Die kurze Antwort: Wir alle. Es gibt aber einen gewissen Grad an Varianz sowohl zwischen Personen als auch zwischen Situationen. Auf Persönlichkeitsebene hängen beispielsweise eine hoch ausgeprägte *Erfolgserwartung* mit benignem Neid (als trait), eine hohe *Misserfolgserwartung* hingegen mit malignem Neid zusammen (Lange & Crusius, 2015). Personen, die in hypothetischen Szenarien eine hohe Tendenz zu Schadenfreude zeigten, wiesen auch geringere Verträglichkeit auf, waren eher überzeugt, in einer gerechten Welt zu leben (*just world beliefs*) und hatten höhere Werte auf den Eigenschaften der sogenannten *dunklen Triade*. Interessanterweise zeigte sich keiner dieser Zusammenhänge, wenn Schadenfreude in akuten, realitätsnahen Interaktionen erfasst worden war (siehe Kasten Realistische Experimente; Greenier, 2018). Dies könnte darauf hinweisen, dass viele Menschen Schadenfreude und andere sozial eher unerwünschte Eigenschaften in Befragungen nicht zugeben oder sehr gering einschätzen – obwohl sie in akuten Situationen durchaus Neid und Schadenfreude empfinden.

> **Definition: Dark triad (deutsch: dunkle Triade)**
>
> Zur dunklen Triade gehören drei nicht klinisch ausgeprägte Persönlichkeitseigenschaften (Muris, Merckelbach, Otgaar & Meijer, 2017; Paulhus & Williams, 2002):
> *Narzissmus* (subklinisch) zeichnet sich durch Selbsterhöhung und die Überzeugung aus, Ruhm und Bewunderung zu verdienen.
> *Psychopathie* (subklinisch) zeichnet sich durch Impulsivität und Rücksichtslosigkeit aus und geht besonders oft mit Aggression und Straftaten einher.
> *Machiavellismus* zeichnet sich durch manipulatives, strategisch-kaltblütiges Verhalten aus, das maßgeblich auf das Erreichen der eigenen Ziele ausgerichtet ist.
> Diese Eigenschaften lassen in sich in der Realität oft nicht eindeutig trennen und weisen zahlreiche Überlappungen auf, beispielsweise hohen Egoismus und einen Mangel an Empathie.

Als situative Faktoren für die Förderung von Neid gelten die *Ähnlichkeit* mit der beneideten Person und die hohe persönliche *Bedeutung* der ersehnten Fähigkeit oder Position. Wir freuen uns am Schaden anderer, wenn wir malignen Neid für sie empfinden und sie ablehnen, aber auch, wenn sie unsere soziale Identität bedrohen oder wir ihre Überlegenheit für ungerechtfertigt halten (van de Ven et al., 2015; Wang et al., 2019). Wenn wir Unbekannte mit dem Stereotyp eines hohen Status und hoher Wettbewerbsorientierung belegen, empfinden wir mehr Neid für sie – und nehmen ihre Missgeschicke mit einem Lächeln zur Kenntnis; letzteres zeigte sich in der höheren Aktivierung von Gesichtsmuskeln, die beim Lächeln beteiligt sind (Cikara & Fiske, 2012).

Studienergebnisse legen nahe, dass die Gabe von *Oxytocin* in akuten Konkurrenzsituationen beide Emotionen, Neid und Schadenfreude, erhöht. Dieser überraschend anmutende Befund deutet darauf hin, dass Oxytocin die Aufmerksamkeit auf soziale Reize lenkt – und damit nicht nur die Verarbeitung positiver Signale fördert, sondern auch soziale Vergleiche (Shamay-Tsoory & Abu-Akel, 2016).

> **Merke**
>
> Als mindestens ambivalent eingeschätzte komplementäre Emotionen begleiten Neid und Schadenfreude besonders soziale Vergleichssituationen. Im Labor werden ebensolche Situationen nachempfunden, um Neid und Schadenfreude als akute Reaktion zu untersuchen, und hierbei zeigen sich erhöhte Aktivierungen von Hirnarealen, die auch im Zusammenhang mit (empathischem) Schmerz (Neid) bzw. Mitgefühl (Schadenfreude) beobachtet wurden. Neid und Schadenfreude zeigen sich im frühen Kindesalter, wohingegen sich die Fähigkeit zu deren Regulation langsamer entwickelt.

8.3 Folgen und Funktionen

Die positiven Folgen von Mitgefühl für kooperatives Miteinander liegen, auch wissenschaftlich, auf der Hand. Wir helfen denen, für die wir Mitgefühl empfinden, und Menschen, deren Mitgefühl gezielt erhöht wurde, verhalten sich hilfsbereiter und großzügiger (Böckler, Tusche, Schmidt & Singer, 2018). Bereits Charles Darwin hat die Vermutung geäußert, dass Gruppen mit hohen individuellen Ausprägungen von Mitgefühl einen Überlebensvorteil haben (Darwin, 1871) und evolutionspsychologisch gilt Mitgefühl als eine wichtige Grundlage für die Entwicklung von Kooperation und Zusammenhalt (Gilbert, 2017).

Mitgefühl hilft nicht zuletzt den Mitfühlenden: Durch die Herabregulation neuronaler Bedrohungs- und Stressreaktionen verringern compassion und »Care-Verhalten« kardiovaskuläre Erregung und entsprechende Erkrankungen (Eisenberger & Cole, 2012). Mitfühlende sind dadurch besser vor Burnout geschützt, stressresistenter und berichten höheres Wohlergehen und eine positivere Emotionslage (Engert, Kok, Papassotiriou, Chrousos & Singer, 2017; Fredrickson, Cohn, Coffey, Pek & Finkel, 2008). Auch nach innen gerichtetes Mitgefühl, self compassion, fördert die psychische Gesundheit (Zessin, Dickhäuser & Garbade, 2015 für eine Übersicht). Und das Schöne: Mitgefühl ist ansteckend. Wenn wir es von anderen Menschen erfahren oder bei ihnen beobachten, verhalten wir uns ihnen, aber auch anderen gegenüber mitfühlender. Beispielsweise führt bei Vorgesetzten wahrgenommenes Mitgefühl dazu, dass Arbeitnehmende sich gegenüber Kunden wohlwollender verhalten (Chu, 2017; Micheli, Breil & Böckler, 2023).

Auch wenn Neid und Schadenfreude für uns und unsere Mitmenschen nicht angenehm sind, verweisen sie doch auf eine tief in uns verwurzelte Abneigung gegen Ungleichheit und Ungerechtigkeit. Neid, insbesondere die benigne Variante, kann uns motivieren, Ziele zu erreichen und anderen als Vorbildern nachzustreben (Lange & Crusius, 2015). Schadenfreude belohnt uns, wenn Betrüger oder Heuchler dabei ertappt werden, wie sie ihren vermeintlichen Grundsätzen zuwiderhandeln (Smith et al., 2009) und nährt unsere Hoffnung auf eine gerechte Welt. Nicht zuletzt lernen wir etwas über uns selbst, wenn wir anderen ihren Schaden mehr gönnen als ihr Glück, wir erhalten ein realistischeres, vollständigeres Bild unserer komplexen sozialen Gefühle und Bedürfnisse.

8.4 Fazit und Empfehlungen

Soziales Miteinander ist häufig von vielen und vielschichtigen Emotionen begleitet. Bedeutsame Erlebnisse anderer lösen auch in uns selbst vergleichbare sowie komplementäre Gefühle aus, empathischen Schmerz, aber auch Mitgefühl, Neid, Schadenfreude oder mehrere zusammen. Komplementäre soziale Emotionen werden bereits gegen Ende des zweiten Lebensjahres beobachtet und differenzieren sich im Laufe der Kindheit aus. Auf neuronaler Ebene involvieren sie ein Netzwerk an Hirnarealen, die an der Verarbeitung von sozialem Schmerz (Neid) und sozialer Belohnung (Mitgefühl, Schadenfreude) beteiligt sind.

Je mehr wir in einer konkreten Situation in unserem Gegenüber den Menschen erkennen, desto eher empfinden wir Mitgefühl und Wohlwollen anstelle von Neid oder Schadenfreude. Auch wenn die positiven Effekte von Mitgefühl besser erforscht und belegt sind, haben auch Neid und Schadenfreude im Miteinander ihre Funktionen. Und alle komplementären sozialen Emotionen stehen nicht für sich allein, sondern in stetigem und komplexem Wechselspiel mit den soziokognitiven und -motivationalen Prozessen, die in den folgenden Kapiteln beleuchtet werden.

Exkurs: Literaturempfehlungen zu weiteren sozialen Emotionen

Mitgefühl, Neid und Schadenfreude sind bei weitem nicht die einzigen Emotionen, die in sozialen Interaktionen relevant sind. Auch Scham, Schuld, Liebe und Hass, um nur einige zu nennen, prägen unser Miteinander. Da diese hier nicht näher ausgeführt wurden, möchte ich zumindest auf etwas Literatur verweisen:

Schuld und Scham

Tangney, J. P., & Dearing, R. L. (2003). *Shame and guilt*. Guilford press.
Cohen, T. R., Wolf, S. T., Panter, A. T., & Insko, C. A. (2011). Introducing the GASP scale: a new measure of guilt and shame proneness. *Journal of Personality and Social Psychology, 100*(5), 947.
Bastin, C., Harrison, B. J., Davey, C. G., Moll, J., & Whittle, S. (2016). Feelings of shame, embarrassment and guilt and their neural correlates: A systematic review. *Neuroscience & Biobehavioral Reviews, 71*, 455–471.
Orth, U., Robins, R. W., & Soto, C. J. (2010). Tracking the trajectory of shame, guilt, and pride across the life span. Journal of Personality and Social Psychology, 99(6), 1061.

Liebe

Sternberg, R. J., & Sternberg, K. (Eds.). (2018). *The new psychology of love*. Cambridge University Press.
Graham, J. M. (2011). Measuring love in romantic relationships: A meta-analysis. *Journal of Social and Personal Relationships, 28*(6), 748–771.
Fisher, H. E., Aron, A., & Brown, L. L. (2006). Romantic love: a mammalian brain system for mate choice. *Philosophical Transactions of the Royal Society B: Biological Sciences, 361*(1476), 2173–2186.
Fletcher, G. J., Simpson, J. A., Campbell, L., & Overall, N. C. (2015). Pair-bonding, romantic love, and evolution: The curious case of Homo sapiens. *Perspectives on Psychological Science, 10*(1), 20–36.

Hass

Fischer, A., Halperin, E., Canetti, D., & Jasini, A. (2018). Why we hate. *Emotion Review, 10*(4), 309–320.
Freeman, W. J. (2014). *Societies of brains: A study in the neuroscience of love and hate*. Psychology Press.

Literaturempfehlungen

Gilbert, P. (Ed.). (2017). *Compassion: Concepts, research and applications*. Taylor & Francis.
Goetz, J. L., Keltner, D., & Simon-Thomas, E. (2010). Compassion: an evolutionary analysis and empirical review. *Psychological Bulletin, 136*(3), 351.
Lange, J., Weidman, A. C., & Crusius, J. (2018). The painful duality of envy: Evidence for an integrative theory and a meta-analysis on the relation of envy and schadenfreude. *Journal of Personality and Social Psychology, 114*(4), 572.

Seppälä, E. M., Simon-Thomas, E., Brown, S. L., Worline, M. C., Cameron, C. D., & Doty, J. R. (Eds.). (2017). *The Oxford handbook of compassion science*. Oxford University Press.

Wang, S., Lilienfeld, S. O., & Rochat, P. (2019). Schadenfreude deconstructed and reconstructed: A tripartite motivational model. *New Ideas in Psychology, 52*, 1–11.

Weisz, E., & Cikara, M. (2021). Strategic regulation of empathy. *Trends in Cognitive Sciences, 25*(3), 213–227.

Externe Links

Loving-Kindness-Meditation (englisch): https://www.youtube.com/watch?v=sz7cpV7ERsM

Metta-Meditation (deutsch): https://www.youtube.com/watch?v=cXApENYRPq0

Fairness-Verständnis bei Kapuzineraffen: https://www.youtube.com/watch?v=meiU6TxysCg

9 Visuell-räumliche Perspektivübernahme: Die Welt aus deinen Augen

Im sozialen Miteinander entstehen – und verändern sich – räumliche Relationen und visuelle Perspektiven. Beständig haben wir mit Menschen zu tun, die die Umwelt aus Blickwinkeln betrachten, die nicht mit dem unserem identisch sind. Wie ermitteln wir, ob andere etwas sehen und wie es für sie aussieht? Um visuell-räumliche Perspektivübernahme, deren Messung und Prozesse, Verbreitung und Funktionen geht es im neunten Kapitel.

Definition: Visuell-räumliche Perspektivübernahme

Visuell-räumliche Perspektivübernahme bezeichnet das mentale Erschließen der visuellen Erfahrung anderer. Statt uns körperlich in die Position einer anderen Person zu bringen, können wir kognitiv versuchen, zu ermitteln, *ob* sie etwas sieht (*Level 1*-Perspektivübernahme), beispielsweise die Schokolade direkt vor uns (▶ Abb. 9.1), und *wie* sie etwas sieht (*Level 2*-Perspektivübernahme), z. B. das Gesicht auf der Zeitschrift zwischen uns.

»Entschuldigung, dass ich Sie störe«, sagt die Dame, die Ihnen auf der Zugfahrt gegenübersitzt, »Sie haben links auf Ihrer Schulter eine Wespe«. Oh Schreck, schnell ein Blick nach links… Moment, nein, lieber zur rechten Schulter, schließlich sitzt die Frau Ihnen ja gegenüber… Halt stopp, das hat sie doch sicherlich bereits bedacht, also doch links… Auaa! Immerhin: Der Stich war bei der Lokalisation der Wespe eindeutiger als jede Beschreibung.

Wie viele kognitive Prozesse wird uns Perspektivübernahme meist dann bewusst, wenn sie misslingt oder, nach kurzer Verwirrung, unsere ganze Aufmerksamkeit fordert. Doch um Gegenstände oder Sachverhalte wirklich erkennen zu können, benötigen wir ihn häufig, den mentalen Schritt heraus aus unserer eigenen, egozentrischen Perspektive. Das gilt, wenn wir den endlos düsteren Wald, der uns umgibt, durch einen Blick auf die Karte oder vom Hochsitz herunter als überschaubare Baumgruppe identifizieren. Und es gilt im sozialen Kontext, wenn wir Äußerungen und Handlungen aufeinander abstimmen müssen.

Umgangssprachlich verschwimmt dabei oft die Grenze zwischen visuell-räumlicher und kognitiver Perspektive: »Sichtweise« und »Standpunkt« beschreiben ebenso einen visuellen Blickwinkel wie eine Überzeugung oder Haltung. Und wie in unserem Wespen-Beispiel treten visuell-räumliche Perspektivübernahme – z. B. die Übertragung des »links« einer gegenübersitzenden Person auf unseren Körper – und kognitive Perspektivübernahme – z. B. die Überlegung, ob unser Gegenüber bei der Äußerung »links« bereits selbst diese Transformation vollzogen hat – auch im Alltag gemeinsam auf. In diesem Buch werden visuell-räumliche und kognitive Perspektivübernahme (▶ Kap. 10) getrennt besprochen, insbesondere weil dies eine präzisere, unmissverständlichere Darstellung der beteiligten Prozesse erlaubt. Und welche Prozesse identifiziert werden (können), hängt nicht zuletzt davon ab, wie man sich dem Phänomen experimentell annähert.

9 Visuell-räumliche Perspektivübernahme: Die Welt aus deinen Augen

Abb. 9.1: Beispiel einer Situation, in der visuell-räumliche Perspektivübernahme in vielen Facetten auftritt. Die Person vorne links kann schnell und problemlos erkennen, dass ihr Gegenüber die Tafel Schokolade nicht sehen kann (Level 1-Perspektivübernahme). Um zu ermitteln, welche Ziffer die jeweils andere auf der Zeitschrift sieht, benötigen die beiden Level 2-Perspektivübernahme.

9.1 Prozesse und Messung visuell-räumlicher Perspektivübernahme

Bei der Frage, ob und wie Menschen die Sicht anderer auf ihre Umgebung beurteilen können, werden Level 1- und Level 2-Perspektivübernahme unterschieden. Wollen Menschen ermitteln, *ob* jemand etwas sehen kann oder nicht (*visuelle* Perspektivübernahme; ▶ Abb. 9.2, A) oder ob sich ein Gegenstand für die andere Person *vor/hinter* einem anderen Objekt befindet (*räumliche* Perspektivübernahme; ▶ Abb. 9.2, B), genügt es meist, mental eine Sichtlinie zwischen Person und Objekt zu ziehen und zu prüfen, ob diese, z. B. von einem Hindernis, unterbrochen ist (Flavell, 1986; Michelon & Zacks, 2006; Surtees, Apperly & Samson, 2013). Für diese Level 1-Perspektivübernahme muss die egozentrische Perspektive nicht verlassen werden. Level 2-Perspektivübernahme kommt zum Tragen, wenn wir beurteilen, *wie* ein Gegenstand für eine andere Person aussieht (visuell; ▶ Abb. 9.2, C) oder ob er sich *rechts/links* von ihr befindet (räumlich; ▶ Abb. 9.2, D). Das ist kognitiv anspruchsvoller und beinhaltet einen absichtsvollen geistigen Wechsel der Perspektiven (Qureshi, Apperly & Samson, 2010). Um Aufgabe D in Abbildung 9.2 lösen zu können, rotieren Menschen ihr eigenes, momentanes Körperschema mental in die Position des Avatars und beurteilen dann die Seite der Rose. Diese mentale Selbst-Rotation verläuft schrittweise und dauert länger, je mehr sich die Perspektiven des Avatars und der Versuchsperson unterscheiden (Kessler & Thomson, 2010).

		visuell	räumlich
Level 1	A	Sieht A. ein Punkt?	B Ist der Eimer für A. vor dem Baum?
Level 2	C	Welche Zahl sieht A.?	D Ist die Blume rechts für A.?

Abb. 9.2: Schematische Darstellung von Aufgaben zur experimentellen Untersuchung von Level 1- und Level 2-Perspektivübernahme, jeweils mit visueller und räumlicher Ausrichtung. A stellt das Setup von Samson et al., 2010 nach, C das Paradigma von Surtees et al., 2016, D die Aufgabe von Kessler & Thomson, 2010.

Menschen können also in ihrer Vorstellung alternative Perspektiven einnehmen, auch wenn es anstrengend ist. Aber wann tun wir das? Um zu untersuchen, aus welcher Sicht Versuchspersonen spontan räumliche Objekt-Beziehungen beschreiben, zeigten Wissenschaftlerinnen ihnen die Fotografie eines Tisches, darauf eine Flasche und ein Buch, und fragten »Wo im Verhältnis zur Flasche ist das Buch?« (Tversky & Hard, 2009). Die meisten Personen nahmen eine *egozentrische* Perspektive ein und lokalisierten das Buch, ausgehend von ihrer eigenen Körperausrichtung, »rechts der Flasche«. Wenige beschrieben das Buch aus einer *allozentrischen* Perspektive, also anhand eines objektiven Referenzrahmens (z. B. »näher an der Tür«; Klatzky, 1998). Interessant: War in der Fotografie eine Person abgebildet, die von der gegenüberliegenden Seite auf das Buch schaute oder sogar nach ihm griff, übernahmen die Teilnehmenden zunehmend deren Perspektive (z. B. »aus seiner Sicht links der Flasche«).

Weitere Tests spontaner Perspektivübernahme legen nahe, dass Menschen sich manchmal kaum dagegen wehren können, diese auszuführen, zumindest auf Level 1 (siehe Kasten Klassischer Versuch).

Klassischer Versuch: Avatar in the room

Dana Samson und ihr Team aus Großbritannien veröffentlichten 2010 die Ergebnisse einer cleveren Experimentalreihe (Samson, Apperly, Braithwaite, Andrews & Bodley Scott, 2010). Die Versuchspersonen saßen vor einem Bildschirm und sollten in vielen Durchgängen so schnell wie möglich beurteilen, wie viele Punkte an den Wänden eines virtuellen Raums zu sehen waren. In Abbildung 9.2 A lässt sich das gut nachvollziehen. Dabei waren zwei Faktoren von besonderem Interesse:

Perspektive: Die Teilnehmenden sollten entweder beurteilen, ob sie selbst oder ob der Avatar eine bestimmte Anzahl Punkte sehen konnte, z. B. »Sehen Sie 1 Punkt«? oder »Sieht der Avatar 1 Punkt«.

Konsistenz: Manchmal stimmte die Anzahl der Punkte überein, die von Avatar und Versuchsperson gesehen werden konnten (konsistent), manchmal nicht (inkonsistent, ▶ Abb. 9.2, A).

Wenig überraschend fiel es den Teilnehmenden schwerer, die Anzahl der Punkte aus Sicht des Avatars zu beurteilen, wenn sie selbst etwas anderes sahen. Sie konnten ihre eigene Sicht nicht ignorieren und wurden dadurch etwas langsamer. Interessanterweise kam es zu dieser Verwirrung auch, wenn die Versuchspersonen die Punktanzahl aus ihrer eigenen Perspektive angeben sollten: »Sah« der Avatar eine andere Punktanzahl als sie selbst, beantworteten die Teilnehmenden die Frage danach, was sie sehen, langsamer. Einige Wissenschaftlerinnen und Wissenschaftler interpretierten diese Intrusion der Sichtlinie des Avatars als Hinweis, dass Level 1-Perspektivübernahme automatisch stattfinden kann (Ferguson, Apperly & Cane, 2017; aber siehe auch del Sette, Bindemann & Ferguson, 2022).

Dies gilt nicht in gleichem Ausmaß für Level 2-Perspektivübernahme, wenn die Versuchspersonen und der Avatar sich also nicht darin unterscheiden, *ob* sie etwas sehen, sondern *wie* sie es sehen (▶ Abb. 9.2, C). Beurteilten die Teilnehmenden Zahlen aus ihrer eigenen Perspektive, spielte es keine Rolle, ob diese aus Sicht des Avatars anders (z. B. 6 und 9) oder identisch waren (z. B. 0 und 8; Surtees, Samson & Apperly, 2016). Anzeichen für spontane Level 2-Perspektivübernahme gab es hingegen, wenn die Teilnehmenden echten Interaktionspartnern gegenübersaßen, mit denen sie vergleichbare Aufgaben im Wechsel ausführten (Böckler, Knoblich & Sebanz, 2011; Surtees, Apperly & Samson, 2016).

Merke

Menschen können die Perspektive anderer willentlich einnehmen, um deren visuelle Erfahrungen und räumliche Beziehungen zu beurteilen. Manchmal reicht es dafür, mental eine Sichtlinie zwischen der anderen Person und dem betreffenden Objekt zu ziehen (Level 1-

Perspektivübernahme), in anderen Fällen werden die unterschiedlichen Perspektiven mithilfe mentaler Rotationsprozesse an- und abgeglichen (Level 2-Perspektivübernahme). Während der erste Prozess automatisch ablaufen kann, erfordern mentale Perspektiven-Transformationen meist kognitive Kontrolle und treten selektiver auf, z. B. in Interaktionssituationen, in denen die Unterschiedlichkeit der Perspektiven immer wieder deutlich wird.

9.2 Neuronale Grundlagen

Hand in Hand mit der Frage, welche Prozesse und Funktionen an visuell-räumlicher Perspektivübernahme beteiligt sind, geht die Untersuchung der involvierten Hirnareale. Vor allem das Verlassen der egozentrischen Perspektive bei Level 2-Perspektivübernahme, z. B. durch mentale Selbstrotation, steht bei vielen Untersuchungen im Fokus und wird mit verschiedenen Netzwerken okzipito-temporaler, parietaler und frontaler Areale in Verbindung gebracht (Gunia, Moraresku & Vlček, 2021; Mazzarella, Ramsey, Conson & Hamilton, 2013; Zaki & Ochsner, 2011). Wenn Versuchspersonen Gegenstände aus der Sicht eines Gegenübers beurteilen (z. B. Was sieht mein Gegenüber? Befindet sich ein Objekt für sie links oder rechts?), bedarf es, unter anderem, folgender Teilprozesse:

- Repräsentation des eigenen Körperschemas: Hier sind u. a. die Insula, der posteriore cinguläre Kortex, die extrastriatale body area und das supplementär-motorische Areal involviert.

- Visuell-räumliches Denken: Die mentale Bearbeitung visuell-räumlicher Aufgaben (z. B. mentale Rotation) aktiviert häufig Areale im superioren und inferioren Parietallappen.

- Selektion der relevanten/Hemmung der irrelevanten Perspektive: Für solche exekutiven Funktionen sind u. a. laterale fronto-parietale Areale relevant, z. B. der (rechte) inferiore frontale Gyrus und der laterale präfrontale Kortex.

- Mentale Selbstrotation und motor imagery (deutsch etwa Bewegungsvorstellung): Diese Prozesse werden u. a. mit dem dorsomedialen präfrontalen Kortex, dem intraparietalen Sulkus und prämotorischen Arealen in Verbindung gebracht.

- Mentaler Wechsel zwischen eigener und anderer Perspektive: Hieran scheint die temporo-parietale Junktion, besonders in der rechten Hemisphäre, beteiligt, die auch bei kognitiver Perspektivübernahme eine zentrale Rolle spielt (▶ Kap. 10).

9.3 Entwicklung und Verbreitung

9.3.1 Entwicklung über die Lebensspanne

Unterschiede zwischen Level 1- und Level 2-Perspektivübernahme lassen sich auch im Entwicklungsverlauf nachvollziehen (Flavell, Everett, Croft, & Flavell, 1981). Ab etwa zwei Jahren können Kinder recht zuverlässig beurteilen, ob eine Person mit anderem Blickwinkel ein (potenziell verdecktes) Spielzeug sehen kann oder nicht (Moll & Tomasello, 2006). Darüber hinaus zeigten bereits 6-Jährige bei der Beurteilung ihrer eigenen Sicht unwillkürliche Intrusionen der Level 1-Perspektive eines Avatars (siehe Kasten Klassischer Versuch; Surtees & Apperly, 2012; aber siehe Rubio-Fernandez, Long, Shukla, Bhatia & Sinha, 2022).

Die Fähigkeit, sich vorzustellen, *wie* die Welt aus anderen visuell-räumlichen Perspektiven aussieht, entwickelt sich hingegen später und langsamer. 1956 berichteten Jean Piaget und Bärbel Inhelder, dass Kinder erst mit neun Jahren in der Lage waren, die (abweichende) Sicht einer Puppe auf ein dreidimensionales Modell mit sich teilweise verdeckenden Bergen zu ermitteln. Unter Nutzung vereinfachter Aufgaben und Instruktionen wurde dieses Alter auf etwa 4–5 Jahre korrigiert (Flavell et al., 1981). Mit zunehmender Aufgabenanforderung lassen sich jedoch bis in die späte Kindheit hinein Verbesserungen bei mentalen Perspektiventransformation beobachten, unter anderem, weil im Lauf der Kindheit auch die Arbeitsgedächtniskapazität und die Fähigkeit zur Inhibition ansteigen (Frick & Baumeler, 2017; Vander Heyden, Huizinga, Raijmakers & Jolles, 2017). Passend dazu zeigen Studien für das höhere Lebensalter eine zunehmende Schwierigkeit, willentlich von der eigenen zur Perspektive anderer zu wechseln, was teilweise durch die generell abnehmende Fähigkeit zur kognitiven Kontrolle (besonders Inhibition) erklärt werden konnte (Martin et al., 2019).

Interessanterweise entwickeln sich verschiedene mentale Transformationsprozesse unterschiedlich schnell: Sollten Kinder zwischen vier und zwölf Jahren Rotationsaufgaben lösen, konnten die 6-Jährigen mehrheitlich korrekt Objekte mental rotieren und richtig angeben, wie ein Objekt, das sie in seiner Ausgangsposition gesehen hatten, aussieht, nachdem sie selbst eine neue Position eingenommen hatten. Schwerer fiel es den Kindern hingegen, sich ihre Bewegung um das Objekt herum mental vorzustellen (statt sie auszuführen) oder anzugeben, wie es aus der (abweichenden) Perspektive einer anderen Person aussehen würde (Hirai, Muramatsu & Nakamura, 2020). Dabei hingen die Leistungen in den verschiedenen Aufgaben miteinander zusammen: Je besser die Kinder sich ihre visuelle Erfahrung vorstellen konnten, nachdem sie sich tatsächlich oder mental um ein Objekt bewegt hatten, desto besser waren sie auch bei der Level 2-Perspektivübernahme. Möglicherweise unterstützen also die eigenen Erfahrungen mit bewegungs- und körperbasierten Positionswechseln die Entwicklung der Fähigkeit, Perspektiven mental zu wechseln.

9.3.2 Verbreitung im Tierreich

Auch Tiere bewegen sich um undurchsichtige Hindernisse herum und gleichen ihre Körperausrichtung an andere an, um Sicht auf zuvor verdeckte Objekte zu erhalten (Bräuer, Call & Tomasello, 2005). Diese physische Ausrichtung der eigenen Perspektive an der Perspektive anderer wird als evolutionäre Vorstufe der mentalen Selbstrotation diskutiert (Kessler & Thomson, 2010). Überzeugende Belege, dass nicht-menschliche Tiere auch mental erschließen, *wie* Objekte aus anderen Perspektiven aussehen (Level 2-Perspektivübernahme), stehen bisher noch aus

(Karg, Schmelz, Call & Tomasello, 2016). Einige Spezies, nicht nur Schimpansen (*Pan troglodytes*) und weitere Primaten, sondern auch Raben (*Corvus corax*) scheinen jedoch zu ermitteln, *ob* ihre Artgenossen etwas sehen können oder nicht (Bräuer, Call & Tomasello, 2007; Bugnyar, Reber & Buckner, 2016).

Das klingt nicht überraschend, schließlich bringt diese Fertigkeit einen klaren Vorteil, wenn es darum geht, sich vor Feinden zu verstecken oder gegen Konkurrenten durchzusetzen. Stellen Sie sich vor, ein dominanter und ein untergeordneter Schimpanse sind etwa gleich weit von einer schmackhaften Banane entfernt, die sich zwischen ihnen befindet. Normalerweise würde der untergeordnete Schimpanse sich der Banane gar nicht erst nähern, da der dominante sie ihm sowieso abnehmen würde. Aber was, wenn die Banane für den dominanten Schimpansen verdeckt wäre, beispielsweise durch einen großen Ast? Wüsste der untergeordnete Schimpanse, dass sein dominanter Artgenosse die Banane nicht sieht, könnte er sie sich gefahrlos schnappen. In Laboruntersuchungen wurden vergleichbare Szenarien genutzt, um Level 1-Perspektivübernahme bei Tieren zu untersuchen – und, scheinbar erfolgreich, zu demonstrieren (Hare, Call, Agnetta & Tomasello, 2000).

Aber können wir aus dem Verhalten nichtsprachlicher Tiere (oder auch Kinder) wirklich eindeutig ihre mentalen Prozesse ableiten? Möglicherweise erschließt der untergeordnete Schimpanse gar nicht die Sichtlinie des dominanten auf die Banane, sondern interpretiert schlicht dessen Verhalten, frei nach der Regel »Wenn er sich der Banane nicht zuwendet, annähert und mir nicht droht, kann ich sie mir holen« (oft als *behavior reading* bezeichnet; Lurz, 2011). Auch wenn neuere Studien dies ausschließen (z. B. Bugnyar et al., 2016): Um die Frage beantworten zu können, ob Tiere eine Vorstellung davon haben, ob und was ihre Artgenossen sehen, müssen wir sehr genau festlegen, was wir mit »wissen, dass jemand etwa sieht« eigentlich meinen. Manche würden nämlich argumentieren, dass die bisherige Befundlage ausschließlich den Schluss zulässt, dass einige Spezies eine Sichtlinie zwischen Artgenossen und Objekte ziehen und diese kausal in Verbindung mit bestimmten Verhaltensweisen und/oder Emotionen bringen können (für Übersichten siehe Apperly & Butterfill, 2009, Heyes, 2015 und Phillips, 2019). Ob, wie und welche Tiere das Seh-Erlebnis ihrer Artgenossen simulieren können, bleibt eine offene Frage.

9.4 Moderatoren: Situation und Person

So leicht uns die Einschätzung, *ob* eine Person etwas sehen kann oder nicht, fällt, treffen wir sie spontan vor allem dann, wenn die Situation, z. B. die Art der Aufgabe oder Reizdarbietung, unsere Aufmerksamkeit auf die unterschiedlichen Perspektiven und/oder die andere Person lenkt (Bukowski, Hietanen, Samson, 2015). Geht es darum, korrekt zu identifizieren, *was* ein Gegenüber sieht, wird dies schwieriger, je weiter unsere Positionen und Körperhaltungen sich unterscheiden und je mehr unsere kognitiven Ressourcen von anderen anspruchsvollen Aufgaben in Anspruch genommen sind (Kessler & Thomson, 2010; Qureshi et al., 2010). Besonders dynamische, interaktive Situationen, die uns gegensätzliche Perspektiven und deren Handlungsbezug immer wieder bewusst machen, vermögen uns, zumindest zeitweise, aus unserer voreingestellten, egozentrischen Sichtweise zu katapultieren (Böckler et al., 2011; Surtees et al., 2016; Tversky Hard 2009).

Wer ist gut darin, die Sicht anderer nachzuvollziehen? Angesichts des kognitiven Anspruchsprofils dieser Aufgabe, überrascht es nicht, dass sie denen besonders gelingt, die ausgeprägte exekutive Fähigkeiten haben, z. B. Aufmerksamkeitskontrolle und Inhibition. Den Konflikt zwischen Information aus verschiedenen Perspektiven verarbeiten sowie flexibel zwischen Perspektiven wechseln zu können, insbesondere, wenn es darum geht, die eigene, egozentrische Sicht zu verlassen, tragen zu erfolgreicher Perspektivübernahme bei (Bukowski & Samson, 2017). Im Alltag ist natürlich nicht nur die Fähigkeit an sich relevant, sondern auch die Tendenz und die Bereitschaft, diese zu bemühen.

Da visuell-räumliche Perspektivübernahme auf verschiedenen Sinnesmodalitäten beruht, wurde der Einfluss entsprechender Beeinträchtigungen auf diese Fähigkeit untersucht (siehe Job, Kirsch & Auvray, 2022 für eine Übersicht). Das Sehen erlaubt beispielsweise, räumliche Beziehungen zwischen Objekten aus allozentrischer Perspektive effizient zu erkennen und zu speichern. Von Geburt an blinde Menschen zeigten im Vergleich zu spät erblindeten und sehenden Personen entsprechend eine stärkere Präferenz für egozentrische Verarbeitung (Pasqualotto, Spiller, Jansari & Proulx, 2013). Und obwohl auch (früh) erblindete Personen die visuell-räumliche Perspektive anderer ermitteln können (etwa, nachdem sie dreidimensionale Bergmodelle abgetastet haben), scheinen sie dies weniger spontan zu tun und weisen höhere kognitive Kosten bei Perspektivwechsel auf (Job, Arnold, Kirsch & Auvray, 2021). Beeinträchtigungen des Gleichgewichtssinns erschweren bei manchen Menschen die mentale Selbstrotation (Candidi et al., 2013) was sich ebenfalls auf die Fähigkeit auswirken kann, Perspektiven flexibel zu wechseln.

Ausgiebig untersucht hinsichtlich ihrer Perspektivübernahme wurden Personen auf dem Autismus-Spektrum (▶ Kap. 1.1.3 für eine Definition). Während Level 1-Perspektivübernahme bei Kindern mit Autismus-Spektrum-Störung intakt zu sein scheint, sprechen einige Studien für eine eingeschränkte Level 2-Perspektivübernahme bei Personen mit Autismus-Diagnose, aber auch mit autistischen traits (für eine Übersicht, siehe Pearson, Ropar & Hamilton, 2013).

9.5 Folgen und Funktionen

Level 1-Perspektivübernahme hat einen unmittelbaren Nutzen im sozialen Mit- und Gegeneinander. Ermitteln wir erfolgreich, ob wir selbst oder ein attraktives Nahrungsmittel von Fressfeinden oder Konkurrentinnen gesehen werden, leben wir länger (und satter). Zu wissen, welche Objekte andere sehen, schafft einen *common ground*, eine gemeinsame Grundlage, aus der wir unsere Handlungen aufeinander abstimmen und unsere Äußerungen verorten können, es unterstützt also Koordination und Kommunikation. Und es hilft, Zeige- und Blickgesten einzuordnen, aus ihnen zu lernen und sie kooperativ einzusetzen, sogar zwischen verschiedenen Spezies (Hare, Brown, Williamson & Tomasello, 2002).

Entsprechend und darüber hinaus ermöglicht Level 2-Perspektivübernahme noch präzisere Abstimmungen in noch anspruchsvolleren Situationen – ebenso wie noch geschicktere Täuschung und Tarnungen (Lurz, 2011). Die Ahnung, wie und wie anders ein Gegenüber uns und die Welt sieht, führt uns immer wieder vor Augen, wie sehr wir alle in unseren individuellen, situativ und körperlich verorteten Perspektiven kleben. Und doch bringt es uns einander näher: Übernehmen wir mental wiederholt die Perspektive anderer, beispielsweise, um bestimmte Aufgaben zu lösen, fühlen wir uns ihnen verbunden, mögen sie und vertrauen ihnen mehr (Erle & Topolinski, 2017; Erle, Ruessmann & Topolinski, 2018). Nicht überraschend wird visuellräumliche Perspektivübernahme, insbesondere auf Level 2, als Vorläufer kognitiver Perspektivübernahme gesehen, und im Kindes- und Erwachsenenalter immer wieder mit Theory of Mind in Zusammenhang gebracht (Hamilton, Brindley & Frith, 2009; Kanske, Böckler, Trautwein & Singer, 2015; Wellman, 2014).

9.6   Fazit und Empfehlungen

Von früher Kindheit an können Menschen eine Sichtlinie zwischen Agenten und Objekte ziehen, um zu ermitteln, *ob* andere etwas sehen können oder nicht. Diese Level 1-Perspektivübernahme wird auch nichtmenschlichen Tieren zugesprochen und geht in manchen Situationen spontan und anstrengungslos vonstatten. Das Erschließen, *wie* etwas für andere aussieht (Level 2-Perspektivübernahme), ist kognitiv anspruchsvoller und weniger stabil, entwickelt sich später im Lauf des Lebens und beinhaltet, unter anderem, Prozesse der Körperrepräsentation, mentale Rotation und flexible Wechsel zwischen Perspektiven-Hemmung und -Selektion.

Basierend auf unserem eigenen Körperschema und unserer Vorstellungskraft sind wir in der Lage, Einblick in die Erfahrungswelt anderer zu erhalten, ohne um Hindernisse herumzugehen oder uns auf ihre Äußerungen verlassen zu müssen. Und diese mentalen Simulations- und Transformationsprozesse sind auch ein wichtiger Schritt zum Verständnis der Absichten, Hoffnungen und Überzeugungen unserer Mitmenschen, um das es im folgenden Kapitel geht.

Literaturempfehlungen

Apperly, I. A., & Butterfill, S. A. (2009). Do humans have two systems to track beliefs and belief-like states? *Psychological Review, 116*(4), 953.

Gunia, A., Moraresku, S., & Vlček, K. (2021). Brain mechanisms of visuospatial perspective-taking in relation to object mental rotation and the theory of mind. *Behavioural Brain Research, 407,* 113247.

Hamilton, A. F. D. C., Brindley, R., & Frith, U. (2009). Visual perspective taking impairment in children with autistic spectrum disorder. *Cognition, 113*(1), 37–44.

Kessler, K., & Thomson, L. A. (2010). The embodied nature of spatial perspective taking: Embodied transformation versus sensorimotor interference. *Cognition, 114*(1), 72–88.

10   Theory of Mind: Wie wir uns in andere eindenken

Wie wäre es, jemand anders zu sein? Theory of Mind ist der Versuch, sich mental in die Lage anderer Personen zu versetzen und beispielsweise deren Absichten oder Überzeugungen zu erschließen. Das zehnte Kapitel beleuchtet, wie Theory of Mind gemessen werden kann und welche kognitiven Teilprozesse und neuronalen Netzwerke daran beteiligt sind. Anschließend werden die Entwicklung, Verbreitung und Einflussfaktoren erörtert.

Wenn Missverständnisse unsere Freundschaften belasten, wenn Prophezeiungen über des anderen Unehrlichkeit sich selbst erfüllen oder wenn mühsam errungene Kompromisse alle Beteiligten unzufrieden zurücklassen, liegt das oft daran, dass wir unserem Gegenüber nicht in den Kopf schauen können. Uns in die Position von Menschen mit anderen Lebensrealitäten oder Zielen zu versetzen, ist anstrengend und von ungewissem Erfolg. Und doch reizt es uns. Allen, die daran zweifeln, dass Menschen Meister der kognitiven Perspektivübernahme sind, sei das Lied »Brenda's Got a Baby« angeraten, in dem der junge Tupac Shakur die mentale Extrameile geht, um die Lage einer minderjährigen Mutter zu besingen. Oder die unzähligen Bücher und Filme, die uns ein »genau so ist das nämlich!« entlocken, obwohl deren Urheber*innen sich selbst nie in den so treffsicher benannten Verfassungen befanden.

> **Definition: Theory of Mind**
>
> Unter Theory of Mind, auch kognitive Perspektivübernahme oder, englisch, mentalizing, versteht man das Nachdenken über mentale Zustände anderer, etwa, wenn man deren Absichten, Befürchtungen, Pläne, Wünsche oder Überzeugungen herausfinden oder beeinflussen möchte.

Der Unterschied zwischen Theory of Mind und Empathie (▸ Kap. 7) liegt dabei nicht so sehr im mentalen Inhalt, der ermittelt wird (also, die Kognition versus die Emotion eines Gegenübers), sondern im Zugang selbst. Bei Empathie handelt es sich um einen affektiven Prozess, ein unmittelbares »Fühlen-wie«, bei Theory of Mind hingegen um ein »Nachdenken-über«.

Wie im vorherigen Kapitel angesprochen, gibt es beim »Sich-in-die-Schuhe-eines-anderen-Stellen« oder »Blickpunkt-Wechseln« umgangssprachlich und prozessual Überschneidungen mit visuell-räumlicher Perspektivübernahme. Und wie bei dieser hängt von den zugrundeliegenden Annahmen und angewandten Messverfahren ab, ob mit Theory of Mind eher der *Prozess* des Sich-Eindenkens oder die *Fähigkeit*, dies zu leisten, gemeint ist.

10.1 Modelle und Messung von Theory of Mind

Was man unter Theory of Mind versteht, ist eng verknüpft damit, wie man sie misst – und beides beeinflusst, wem sie zugeschrieben wird, also bei welchen Spezies und Altersgruppen wir Theory of Mind annehmen. In den Anfängen der Theory of Mind-Forschung wurde sie vor allem als etwas betrachtet, das man *hat*.

10.1.1 Theory of Mind: haben oder nicht haben?

Theory of Mind gilt nach dieser, manchmal als *Theorie-Theorie* bezeichneten, Konzeptualisierung als die *Einsicht*, dass andere Lebewesen geistige Zustände haben, die sich von den eigenen Zuständen unterscheiden können, und dass diese Zustände ihr Handeln beeinflussen. Im Zentrum der Forschung stand entsprechend die Frage, welche menschlichen und nicht-menschlichen Lebewesen Theory of Mind haben – und welche nicht (Perner und Wimmer, 1985; Premack und Woodruff, 1978). Dieser Frage näherte man sich mit Aufgaben, die, z. B. von Schimpansen oder Kindern, entweder richtig gelöst wurden oder nicht (▶ Abb. 10.1; siehe Kasten Klassischer Versuch).

Klassischer Versuch: False-belief-Aufgaben

False-belief-Aufgaben stellen einfache Szenarien dar, in denen ein fiktiver Charakter eine falsche Überzeugung, also einen false belief, hat. Die Getesteten kennen sowohl die richtige Information als auch, im Prinzip, die falsche Überzeugung der fiktiven Person. Ihre Aufgabe ist, das Verhalten des fiktiven Charakters vorherzusagen.

Ein klassisches Beispiel, die Sally-Anne-Geschichte, wurde von Simon Baron-Cohen, Alan Leslie und Uta Frith entwickelt, um das Vorliegen von Theory of Mind bei Kindern mit und ohne Autismus-Spektrum-Störung zu untersuchen (▶ Abb. 10.1; Baron-Cohen, Leslie & Frith, 1985). In dieser Bildgeschichte legt Sally eine Murmel in einen Korb und verlässt den Raum, woraufhin Anne die Murmel (ungesehen von Sally) aus dem Korb nimmt und in eine Schachtel platziert. Die Frage an die Kinder: Wo sucht Sally nach der Murmel, wenn sie zurückkommt? Tatsächlich beantworteten Kinder mit Autismus-Spektrum-Störung diese Frage verglichen mit den Kindern der Kontrollgruppen häufiger falsch, nämlich ausgehend von ihrem eigenen Wissen (»Sally sucht in der Schachtel«).

Aber wie untersucht man Theory of Mind im vorsprachlichen Alter? Oder bei Tieren? Hier helfen implizite False-belief-Aufgaben. In diesen wird das Verhalten der Teilnehmenden erfasst, beispielsweise, wo sie während einer Szene hinschauen. Das Blickverhalten soll Aufschluss über ihre Erwartung geben, wo fiktive Charaktere nach Gegenständen suchen werden. Schauen Kinder oder Schimpansen also bei der Rückkehr eines fiktiven Charakters früher und/oder länger auf den Korb, in dem sich die Murmel (oder die Banane) ursprünglich befand, gilt das als Indiz, dass sie die (falsche) Überzeugung des anderen repräsentiert haben (Kovács, Téglás & Endress, 2010; ▶ Kap. 10.6 Externe Links).

Abb. 10.1: Eine klassische Aufgabe zur experimentellen Untersuchung von Theory of Mind: die Sally-Anne-Aufgabe nach Baron-Cohen et al., 1985.

10.1.2 Theory of Mind: etwas, das man tut

Zunehmend, auch geprägt durch die sozialen Neurowissenschaften, rückte die Frage in den Mittelpunkt, *wie* das Nachvollziehen der Absichten und Ansichten unserer Mitmenschen kognitiv abläuft. *Simulationstheorien* verstehen Theory of Mind als Prozess (oder Zusammenspiel verschiedener Prozesse), als etwas, das man tut (Apperly, 2012). Aus dieser Konzeptualisierung ergeben sich neue Forschungsfragen, beispielsweise, ob sich die Prozesse des gedanklichen Nachvollziehens je nach Inhalt der Simulation unterscheiden. So wird teilweise zwischen *affektiver* Theory of Mind, dem Erschließen der Emotionen anderer Personen, und *kognitiver* Theory of Mind, dem Nachvollziehen ihrer Gedanken (z. B. Überzeugungen) unterschieden (Shamay-Tsoory & Aharon-Peretz 2007).

Auch persönliche und situative Einflüsse lassen sich dadurch in den Blick nehmen, denn je nach individueller Fähigkeit oder Motivation und abhängig von der Situation und vom Gegenüber, kann Theory of Mind unterschiedlich stark ausgeprägt und unterschiedlich anspruchsvoll sein. Methodisch wird die individuelle Theory of Mind-Fähigkeit von Personen beispielsweise dadurch bestimmt, wie gut (also wie schnell und wie korrekt) sie zunehmend komplexe Aufgaben lösen können. So ist das Nachvollziehen, dass jemand etwas haben möchte, ziemlich einfach (»A möchte X«, Stufe 1); schwieriger ist hingegen das Verständnis, dass jemand hofft, dass ein Gegenüber weiß, dass sie etwas haben möchte (»A hofft, dass B weiß, dass A X möchte«, Stufe 3; Kinderman, Dunbar & Bentall, 1998). Um Theory of Mind in möglichst realistischen Situationen zu erfassen, nutzen neuere Aufgaben Videosequenzen, in denen die impliziten mentalen Zustände von Personen aus deren Äußerungen und Verhalten (z. B. Gestik, Mimik) erschlossen werden sollen (▶ Abb. 10.2; siehe Kasten Klassischer Versuch).

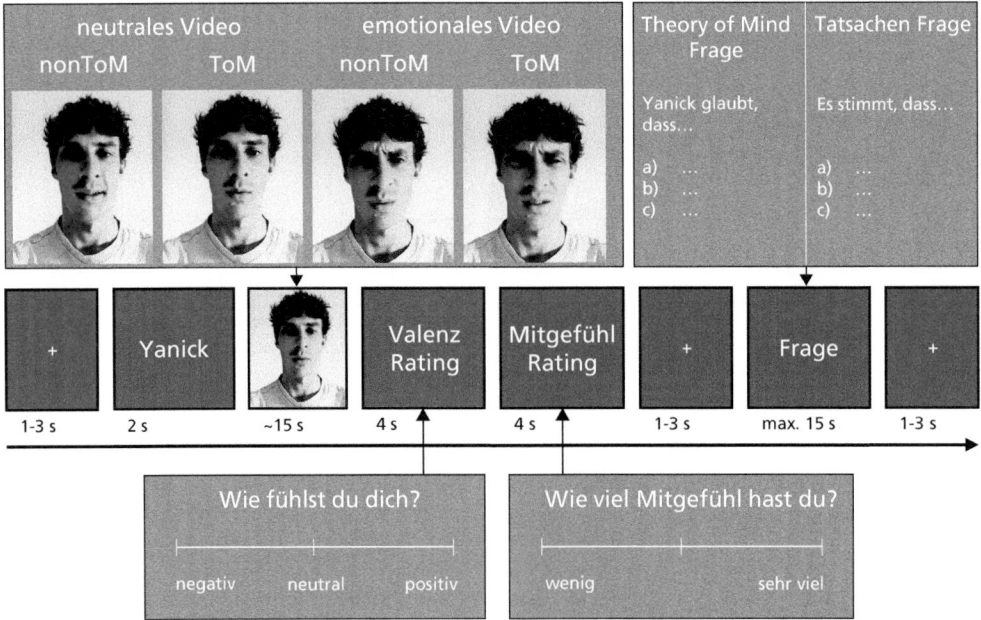

Abb. 10.2: Der EmpaToM nach Kanske et al., 2015, mit dem u. a. akute Empathie und die Fähigkeit zu kognitiver Perspektivübernahme erfasst werden können.

Klassischer Versuch: EmpaToM

Gemeinsam mit meinen Kolleginnen und Kollegen wollte ich der Frage nachgehen, wie Empathie (▶ Kap. 7), Mitgefühl (▶ Kap. 8) und Theory of Mind zusammenhängen. Dafür benötigt man Maße, die die Facetten sozialen Verstehens mit ausreichender Varianz messen, also Unterschiede zwischen Personen (oder Situationen) aufzeigen können. Zu diesem Zweck haben wir den EmpaToM entwickelt (Kanske, Böckler, Trautwein & Singer, 2015), in dessen Videos verschiedene Personen kurze Episoden aus ihrem Leben berichten. Diese Erzählungen unterscheiden sich anhand zweier Faktoren:

Emotionalität: Die Erzählungen sind entweder neutral (z. B. Arbeits- oder Freizeitroutinen) oder emotional negativ (z. B. Verlust, Krankheit).

Theory of Mind-Anforderung: Die Erzählungen und die anschließenden One-choice-Fragen zu deren Inhalt beziehen sich entweder auf die mentalen Zustände der Person im Video (hohe Theory of Mind-Anforderung) oder auf faktische Gegebenheiten (niedrige Theory-of-Mind-Anforderung).

Nach jedem Video beantworten die Versuchspersonen drei Fragen:

- »Wie fühlst Du Dich?«. Aus der Differenz des emotionalen Zustands nach neutralen und negativen Videos wird die individuelle Empathie ermittelt.
- »Wie viel Mitgefühl empfindest Du für die Person im Video?«
- Eine One-choice-Frage zum Inhalt des Videos. Entweder »Die Person denkt, dass …« (Theory of Mind-Fähigkeit) oder »Es stimmt, dass…« (Kontrollbedingung).

Anhand des EmpaToM konnten wir zeigen, dass sich Empathie und Theory of Mind sowohl auf Verhaltens- als auch auf neuronaler Ebene abgrenzen lassen, dass sie interindividuell nicht zusammenhängen (empathische Personen sind also nicht mehr oder weniger gut in Theory of Mind), sich aber in bestimmten Situationen gegenseitig beeinflussen können (mehr Details dazu in Abschnitt 10.4; Kanske, Böckler, Trautwein, Parianen-Lesemann & Singer, 2016).

10.2 Neuronale Grundlagen

Um die Prozesse und Funktionen besser zu verstehen, die Theory of Mind ermöglichen, werden die hier dargestellten und viele weitere Aufgaben im fMRT durchgeführt (für eine Übersicht, siehe Schurz, Radua, Aichhorn, Richlan & Perner, 2014; Schurz et al., 2021). Dabei zeigt sich, dass beim Erschließen, was andere denken, wissen, wollen und planen, verzweigte Netzwerke an Hirnarealen und zahlreiche kognitive Vorgänge beteiligt sind (▶ Abb. 10.3):

- Die temporo-parietale Junktion, insbesondere in der rechten Hemisphäre, die auch bei visueller Perspektivübernahme (▶ Kap. 9) eine Rolle spielt, integriert Information aus der Außenwelt mit Information aus der Innenperspektive und unterstützt dadurch u. a. die Unterscheidung von selbst und anderen (engl.: self-other-distinction).
- Der dorsomediale präfrontale Kortex ist besonders aktiviert, wenn wir uns Eindrücke über andere bilden, deren mentale Zustände erschließen und soziale Ent-

scheidungen treffen. Seine Bedeutung für Theory of Mind wird vor allem in seinem Beitrag zu exekutiver Kontrolle und dem flexiblen Wechsel zwischen eigenen und fremden mentalen Inhalten gesehen.

- Der Precuneus und der posteriore cinguläre Kortex sind zentrale Areale des sogenannten »default-mode-Netzwerks« und mit zahlreichen anderen Arealen verknüpft. Der Precuneus ist u. a. an visueller Vorstellung (engl.: mental imagery) und dem Abruf autobiografischer Gedächtnisinhalte beteiligt.

- Der superiore temporale Sulkus, der bei der Verarbeitung zahlreicher sozialer Signale wie Blickrichtung, Körperbewegung und Sprache involviert ist, spielt auch für Theory of Mind eine Rolle. Insbesondere scheinen Subareale zum Verstehen von Handlungsabsichten und kommunikativen Signalen beizutragen.

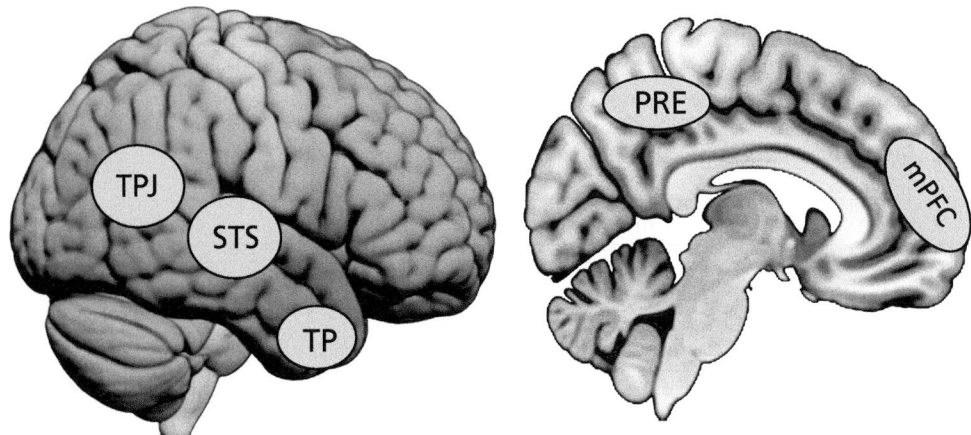

Abb. 10.3: Hirnareale, schematisch dargestellt, die während Theory of Mind besonders aktiviert sind. mPFC = medialer präfrontaler Kortex; PRE = Precuneus; STS = superiorer temporaler Sulkus; TP = temporaler Pol; TPJ = temporo-parietale Junktion.

10.3 Entwicklung und Verbreitung

10.3.1 Entwicklung über die Lebensspanne

Ab welchem Alter erkennen Kinder die mentalen Zustände anderer, auch wenn diese sich von den ihren unterscheiden? Implizite Verfahren liefern Hinweise, dass Säuglinge und Kleinkinder eine frühe »minimale« Form von Theory of Mind aufweisen. So schauen sie beispielsweise länger dorthin, wo ein zuvor beobachteter Agent ein Objekt vermuten sollte, obwohl sie selbst gesehen haben, dass es sich dort nicht mehr befindet (▶ Abb. 10.4; Kovács et al., 2010; Low, Apperly, Butterfill & Rakoczy, 2016). Wenn Säuglinge einfache Szenen betrachten, in denen die Vorliebe eines Agenten deutlich wird (z. B. eine Person, die ein Objekt freudig betrachtet und dann danach greift), spiegelt ihr Blickverhalten nach einigen Durchgängen wider, dass sie habituieren, also die Präferenz des Agenten erkannt haben und daher immer kürzer hinschauen. Dieses implizite Maß der Zustands-Erkennung im ersten Lebensjahr hängt positiv mit der explizit erfassten Theory of Mind-Fähigkeit im Alter von 4 Jahren zusammen (Wellman, Lopez-Duran, LaBounty & Hamilton, 2008). In der Entwicklung von Theory of Mind scheint es also Kontinuität zu geben.

Werden explizite Aufgaben wie die Sally-Anne-Geschichte herangezogen, lösen Kinder zwischen 3 und 6 Jahren diese zunehmend sicher, wobei sie zuerst die Vorlieben anderer, dann deren Annahmen und erst später deren falsche Überzeugungen und versteckte Emotionen erschließen können (Wellman & Liu, 2004). Das Verständnis mentaler Zustände höherer Ordnung (z. B. Tim weiß, dass Olli möchte, dass Merle ihn nicht sieht) und die Fähigkeit, mentale Zustände explizit zu nutzen, um Verhalten vorherzusagen oder zu erklären, entwickelt sich bis in die späte Kindheit hinein (Devine & Hughes, 2013). Und selbst im Jugendalter findet man bei komplexeren Aufgaben, in denen Emotionen und Kognition anderer aus impliziten Hinweisen erschlossen werden müssen, noch Unterschiede zu Erwachsenen (Breil, Kanske, Pittig & Böckler, 2021; Sebastian et al., 2012). Personen im höheren Lebensalter zeigen, verglichen mit jüngeren Erwachsenen, im Durchschnitt Einschränkungen in der Theory of Mind-Fähigkeit, was unter anderem durch die fortschreitende Beeinträchtigung exekutiver Funktionen im Alter erklärt wird (Reiter, Kanske, Eppinger & Li, 2017).

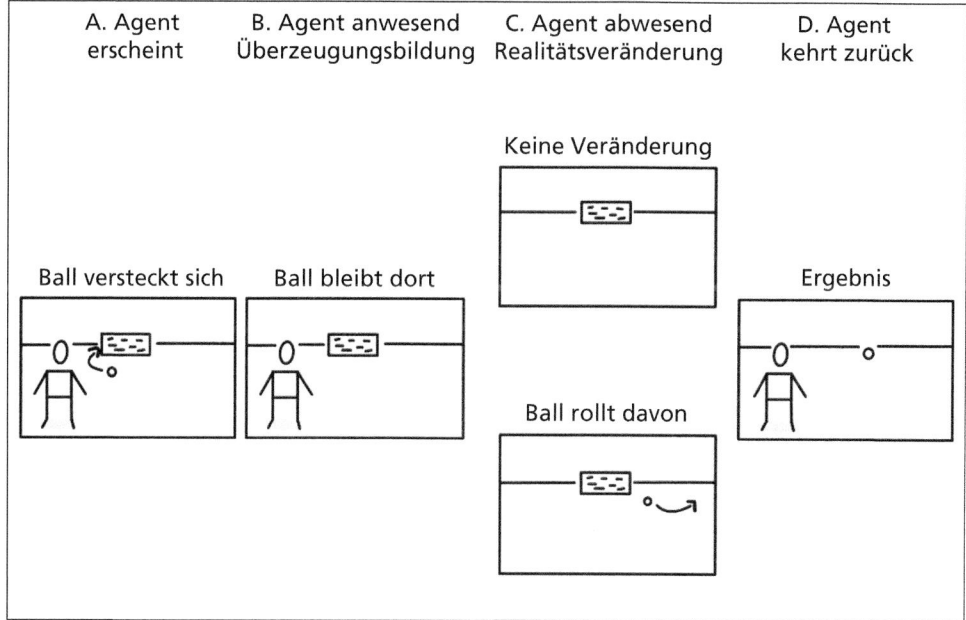

Abb. 10.4: Schematische Darstellung des Ablaufs und einer Auswahl der Bedingungen der impliziten False-belief-Aufgabe von Kovács und Kollegen (2010). A Alle Bedingungen beginnen mit dem Erscheinen eines Agenten, der einen Ball auf den Tisch legt, der dann hinter die Abdeckung rollt. B Während der Anwesenheit des Agenten bleibt der Ball hinter der Abdeckung liegen. Entsprechend glaubt der Agent, dass der Ball sich hinter der Abdeckung befindet. Der Agent verlässt die Szene. C Während der Abwesenheit des Agenten rollt der Ball davon (unten) oder bewegt sich nicht (oben). Entsprechend hat der Agent entweder einen false belief (unten) oder nicht (oben). D Der Agent kommt zurück und die Abdeckung hebt sich.

10.3.2 Verbreitung im Tierreich

Menschen können sich kaum dagegen wehren, tierisches Verhalten menschlich zu erklären. Wir schreiben dem zerknirschten Dackel und der stolzen Löwin ähnliche Absichten, Überzeugungen und Gefühle zu wie uns selbst, wir anthropomorphisieren. Gegen diese Tendenz können sich auch Forschende, die sich mit Theory of Mind im Tierreich beschäftigen, nicht immer wehren – und entsprechend abwechslungs-, diskurs- und spannungsreich ist die Geschichte dieser Forschung (für eine Übersicht, siehe Krupenye & Call, 2019).

Erste Studien erschlossen Theory of Mind bei Tieren, insbesondere bei Primaten, beispielsweise daraus, dass sie in Videos dargestellte Handlungen logisch fortsetzen konnten, Artgenossen zu ihrem Vorteil täuschen oder imitieren konnten oder ihr eigenes Verhalten an die Blicke eines Gegenübers anpassten (Cheney & Seyfarth, 1990; Premack & Woodruff, 1978). In einflussreichen kritischen Übersichten zum Forschungsstand legte die Wissenschaftlerin Cecilia Heyes dar, dass viele dieser Befunde auch durch einfachere kognitive Mechanismen wie assoziatives Lernen oder der Nutzung von Hinweisen im Verhalten des Gegenübers erklärt werden können (behavior reading; ▶ Kap. 9.3.2; Heyes, 1998; 2015).

Immer wieder wurden experimentelle Zugänge also verbessert, um alternative Erklärungen auszuschließen. Beispielsweise wurden den Versuchstieren dieselben Handlungen in unterschiedlichen Kontexten gezeigt, um zu untersuchen, ob sie verschiedene Absichten erkennen und ihr Verhalten entsprechend anpassen. So imitierten manche Spezies ungewöhnliche Handlungen (z. B. das Öffnen einer Futterapparatur mit der Pfote statt der Schnauze) häufiger, wenn das beobachtete Gegenüber diese Handlung freiwillig auf diese Weise ausgeführt hatte, als wenn es durch äußere Umstände (z. B. einen Ball in der Schnauze) dazu gezwungen war (Buttelmann, Carpenter, Call & Tomasello, 2007). Aber bedeutet diese Sensibilität für Umgebungsreize wirklich, dass Tiere die Absichten anderer repräsentieren? Und gibt es überhaupt das perfekte Experiment, um Theory of Mind bei nicht-menschlichen Tieren zweifelsfrei zu belegen? Ein Vorschlag beruht auf der Idee, Theory of Mind als Übertragung eigener Erfahrungen und Zustände auf andere zu erfassen (siehe Kasten Goggles & Peepholes).

Goggles & Peepholes

Ein vielversprechender experimenteller Zugang nutzt visuelle Perspektivübernahme als Annäherung an die Frage nach Theory of Mind. Um zu untersuchen, ob Tiere eine Vorstellung davon haben, dass und was ihre Artgenossen sehen können, sollen sie in eine möglichst neue Umgebung gebracht werden, in der sie mit Artgenossen um Futter konkurrieren. Anfangs machen sich die Tiere mit ihrer neuen Umgebung vertraut.

Der kritische Aspekt bei dieser Umgebung (Heyes, 2015): Es gibt Brillenvorrichtungen (»Goggles«) oder Trennwände, die entweder *einseitig durchsichtig* oder *undurchsichtig* sind. Die Goggles erlauben den Trägern also entweder zu sehen oder nicht; die Trennwände haben entweder Peepholes (Gucklöcher) oder nicht. Die Tiere sollen diese Vorrichtungen am eigenen Leib erfahren (Goggles) oder untersuchen (Peepholes). Wichtig ist dabei, dass die durchsichtigen Goggles und Peepholes nur einseitig funktionieren, die Augen des »Spions« (im Fall der Goggles) oder der Spion selbst (Peepholes) vom Gegenüber nicht gesehen werden können. Die Tiere müssen also erst erlernen, durch welche Brillen und durch welche Trennwände sie Artgenossen sehen können und durch welche nicht.

Nachdem die Tiere selbst die durchsichtigen Trennwände (mit Peepholes) und Goggles von den undurchsichtigen Trennwänden (ohne Peepholes) und Goggles unterscheiden können, kommen Artgenossen und Futter ins Spiel. Die Artgenossen tragen entweder die einseitig durchsichtigen oder die undurchsichtigen Goggles bzw. befinden sich hinter Absperrungen mit oder ohne Peepholes. Wichtig: Um das Verhalten der Artgenossen in den beiden Bedingungen identisch zu halten, sollten die Vorrichtungen in der Testphase nur *vermeintlich* durchsichtig sein. Wenn die untersuchten Tiere nun ihr eigenes Verhalten, z. B. Erstellung oder Annäherung an Futterverstecke, daran anpassen, ob ihre Artgenossen (vermeintlich) etwas sehen können oder nicht, geht man davon aus, dass sie ihre eigene visuelle Erfahrung auf ihre Artgenossen übertragen haben, also verstehen, dass andere sehen.

Bei Raben (*Corvus corax*) wurde eine Annäherung an diesen Versuch bereits erfolgreich und mit positivem Ergebnis umgesetzt (Bugnyar et al., 2016).

Auf der einen Seite teilen wir mit unseren tierischen Verwandten einen Großteil unserer Gene und Entwicklungsgeschichte. Es scheint also plausibel, dass wir auch die Fähigkeit mit ihnen teilen, uns ineinander einzudenken. Auf der anderen Seite legt der Zusammenhang zwischen Theory of Mind und Fähigkeiten wie Sprache und exekutiven Funktionen nahe, dass Menschen besonders gute Voraussetzungen dafür mitbringen. Ich denke, es wird für uns ein Rätsel bleiben, wie es ist, wie eine Fledermaus zu denken oder wie ein Hund zu fühlen. Inzwischen geht die Forschung bei nicht-menschlichen Tieren zumindest von einer minimalen Theory of Mind aus, der zufolge sie mentale Zustände in der Form von Beziehungen zwischen Individuen, Objekten und Orten repräsentieren und zielgerichtete Handlungen verstehen (Low et al., 2016). Und auch Menschen verlassen sich im Alltag weit häufiger als ihnen bewusst ist auf minimale, grobe, »quick & dirty« Perspektivübernahme.

10.4 Moderatoren: Person und Situation

Wie im Abschnitt zur Entwicklung angesprochen, gibt es bereits im Kindesalter stabile Unterschiede in der Theory of Mind-Fähigkeit bzw. -Tendenz. Und auch im Erwachsenenalter setzen sich diese interindividuellen Unterschiede über die Zeit fort (Kanske et al., 2016). Welche *persönlichen Faktoren* tragen dazu bei, sich besonders gut in andere eindenken zu können? Im Kindes- und Erwachsenenalter hängt Theory of Mind mit exekutiven Funktionen zusammen, also mit der Fähigkeit, die eigenen Aufmerksamkeits- und Denkprozesse zu kontrollieren und flexibel und intelligent zu handeln. Es wird vermutet, dass beides auf ähnlichen Teilprozessen beruht, beispielsweise der erfolgreichen Hemmung und der mentalen Abschirmung von Ablenkungen (Wade et al., 2018). Um die Wünsche eines Gegenübers zu ermitteln, müssen wir unsere Gedanken an die eigenen Wünsche zeitweise unterdrücken.

Jenseits der großen Bandbreite der Theory of Mind-Fähigkeit bei gesunden Menschen, gibt es *psychische Erkrankungen*, die mit systematischen Einschränkungen bei Theory of Mind einhergehen. Besonders gut untersucht ist in diesem Zusammenhang die Autismus-Spektrum-Störung (▶ Kap. 1.1.3 für eine Definition), die sich auch durch abweichende soziale Interaktionsmuster und rigide Interessen und Handlungen auszeichnet. Sowohl im Kindes- als auch im Erwachsenenalter schneiden Menschen auf dem Autismus-Spektrum bei verschiedenen Theory of Mind-Aufgaben schlechter ab als neurotypische Personen und scheinen Unterschiede in Hirnarealen aufzuweisen, die mit Theory of Mind in Zusammenhang stehen (Baron-Cohen, 1997; DiMartino et al., 2009; Senju, 2012).

Auch bei schizophrenen Personen wurden spezifische Veränderungen in Theory of Mind berichtet (Bora, Yucel & Pantelis, 2009). Dabei scheint die Negativsymptomatik besonders mit reduzierter Theory of Mind einherzugehen, während die Positivsymptomatik mit einer überschießenden Zuschreibung mentaler Zustände in Zusammenhang steht, etwa, wenn aus uneindeutigen Äußerungen böse Absichten abgeleitet werden (Montag et al., 2011).

> **Definition: Schizophrenie**
>
> Bei schizophrenen Störungen kommt es zu grundlegenden Veränderungen des Erlebens und Verhaltens. *Positivsymptome* beinhalten Halluzinationen, Wahn und Ich-Störungen (z. B. der Eindruck, dass Gedanken eingegeben oder entzogen werden). Zu den *Negativsymptomen* gehören Apathie, Affektverflachung und Einschränkungen in der Entscheidungs- und Handlungsfähigkeit. Auch kognitive Einschränkungen, z. B. in Konzentration und Gedächtnis, können auftreten.

Und in welchen *Situationen* leidet Theory of Mind? Da es recht hohe geistige Anforderungen an uns stellt, die Lage, Wünsche und Pläne unserer Mitmenschen mental zu ermitteln, werden wir darin ungenauer und langsamer, wenn andere Aufgaben unsere kognitiven Ressourcen binden. Auch Stress und akute emotionale Belastung können unsere momentane Theory of Mind beeinträchtigen (Smeets, Dziobek & Wolf, 2009). Manche Teilnehmende am EmpaToM (▶ Kap. 10.1.2) schnitten beispielsweise besonders dann bei der Beantwortung der Theory of Mind-Fragen schlechter ab, wenn diese sich auf Videos und Erzählungen mit negativem, emotional belastendem Inhalt bezogen. Und genau bei diesen Personen fanden wir während der Videos einen hemmenden Einfluss der zentral an Empathie beteiligten anterioren Insula auf die für Theory of Mind wichtige temporo-parietale Junktion (Kanske et al., 2016).

10.5 Funktion und Flexibilität

Eingeschränkte Theory of Mind beeinträchtigt das Leben, insbesondere das Zusammenleben, auf vielfältige Weise: Wenn Ironie und subtile Andeutungen nicht verstanden, soziale Normen und Konventionen ignoriert und die Bedürfnisse und Absichten eines Gegenübers nicht erkannt werden, sind soziale Beziehungen für alle Beteiligten weniger freudvoll und sehr wahrscheinlich weniger stabil. Wenn wir uns in unsere Mitmenschen eindenken, verhalten wir uns hilfsbereiter (Lehmann, Böckler, Klimecki, Müller-Liebmann & Kanske, 2022) und wir können ihre Handlungen besser verstehen, vorhersagen und unsere eigenen gegebenenfalls anpassen.

Traditionell gilt insbesondere die Verhaltensvorhersage als zentrale Funktion von Theory of Mind. Doch in vielen Situationen benötigen wir für die Prognose, was jemand sagen, wo jemand suchen oder wann jemand gehen wird, nicht unbedingt ein komplexes Verständnis ihrer inneren Welt. Wofür wir uns aber wirklich in unsere Mitmenschen eindenken müssen, ist, wenn wir ihre Reaktionen und Zustände *beeinflussen* wollen (Ho, Saxe & Cushman, 2022). Um einen Freund aufzuheitern, einer Kollegin Niederländisch beizubringen, unsere Tochter von Diäten abzuhalten oder der Schwiegerfamilie ein positives Bild von uns zu vermitteln, müssen wir unsere Handlungen planen. Diese Planung braucht abstrakte Vorstellungen, die Simulation kausaler Verkettungen (z. B. »Welche Absicht wird Tom mir unterstellen, wenn ich ihm ein Buch schenke?«) und sollte im Verlauf unserer Interaktionen flexibel angepasst werden. Und das leistet Theory of Mind.

Passend dazu zeigte sich in einer Interventionsstudie an 3-Jährigen, dass Kinder nach einem mehrtägigen Theory of Mind-Training nicht nur besser als die Kontrollgruppe darin waren, Theory of Mind-Aufgaben zu lösen, sondern auch, ihr Gegenüber in einem interaktiven Versteck-Spiel zu täuschen und dadurch zu gewinnen (Ding, Wellman, Wang, Fu & Lee, 2015). Generell verweisen mehrere Studien auf die Möglichkeit, im Laufe der Kindheit und Jugend, aber auch im Erwachsenenalter und bei Personen auf dem Autismus-Spektrum die Theory of Mind-Fähigkeit zu verbessern (Begeer et al., 2011; Lecce, Bianco, Devine, Hughes & Banerjee, 2014; Trautwein, Kanske, Böckler & Singer, 2020).

Menschen grübeln mit unvergleichlicher Regelmäßigkeit darüber, welche Missverständnisse unsere Äußerung wohl ausgelöst haben mögen, wir setzen vergangene Dialoge aufs Ausführlichste innerlich fort und imaginieren Freunde und ferne Welten. All das ist Ausdruck der ausgeprägten Tendenz, uns mentale Zustände und Lebensrealitäten vorzustellen, die nicht unsere eigenen sind. Dabei ist es wichtig, »Tendenz« und »Fähigkeit« nicht gleichzusetzen. Denn letztendlich können wir zwar darüber nachdenken, wie es ist, eine minderjährige Mutter, ein Mann in Russland, eine Millionärstochter oder blind zu sein. Wissen werden wir es nie.

Was denken Sie?

Jenseits des Nachdenkens über andere stellen sich manche Forscher*innen die Frage, ob Denken nicht viel grundsätzlicher »sozial« verstanden werden kann. So, wie wir zum Erinnern oder Problemlösen oft in höherem Maße unsere Körper (z. B. Gesten) oder die Umwelt (z. B. Notizbücher) einbeziehen als uns bewusst ist (Clark, 2008), könnte Kognition viel maßgeblicher zwischen Personen stattfinden als ausschließlich innerhalb individueller Köpfe.

Klingt verrückt? Dann bewegen Sie es doch noch ein wenig im Geist – oder diskutieren es mit anderen. Denn auch wenn keine finalen Antworten daraus hervorgehen, sind solche Fragen oft lehrreich bzgl. der Vorstellungen, die wir von psychologischen Konstrukten haben und eignen sich hervorragend für Gespräche, während derer wir unser Gegenüber besser kennenlernen.

10.6 Fazit und Empfehlungen

Bereits ab der frühen Kindheit interessieren sich Menschen dafür, was in anderen vorgeht, wobei sich die Fähigkeit, diese inneren Zustände zu beschreiben und von den eigenen zu unterscheiden, bis ins Jugendalter hinein weiterentwickelt. An Theory of Mind sind zahlreiche kognitive Prozesse beteiligt, von mentaler Vorstellung über autobiografisches Gedächtnis bis zum Unterdrücken der Information zu unseren eigenen akuten Zuständen. Bei einigen psychischen Erkrankungen, beispielsweise Autismus-Spektrum-Störung und Schizophrenie, kann die Fähigkeit oder Tendenz, sich in andere einzudenken, verändert sein. In welcher Form und in welchem Ausmaß Theory of Mind bei Tieren eine Rolle spielt, wird in der Forschung seit Jahrzehnten diskutiert, eine Diskussion, die uns immer wieder vor Augen führt, dass unser Einblick in die mentalen Welten anderer Lebewesen und Individuen ein indirekter ist.

Menschen fühlen sich, oft unmittelbar und mühelos, in andere ein (▶ Kap. 7) und versuchen, deren räumliche oder kognitive Perspektiven mental zu ermitteln (▶ Kap. 9 und dieses Kapitel). Wir haben also affektive und kognitive Wege, Zugang zu anderen zu finden, sie zu verstehen. Dabei spielen natürlich auch die Prozesse eine Rolle, die im ersten Teil des Buchs zur Sprache kamen, von der effektiven Verarbeitung von Blicken und Gesichtern (▶ Kap. 1 und ▶ Kap. 2) bis zum Beurteilen von Personen und Gruppen (▶ Kap. 5 und ▶ Kap. 6). Einen weiteren Aspekt sollte man darüber hinaus nicht vergessen, nämlich die Frage, *warum* wir andere verstehen und innere Zustände mit ihnen teilen wollen, unsere Motivation. Soziale Motive sind Gegenstand des nächsten und letzten Kapitels des zweiten Buchteils.

Literaturempfehlungen

Apperly, I. A., & Butterfill, S. A. (2009). Do humans have two systems to track beliefs and belief-like states? *Psychological Review, 116*(4), 953.

Böckler-Raettig, A. (2019). *Theory of mind*. utb GmbH.

Förstl, H. (2012). *Theory of mind: Neurobiologie und Psychologie sozialen Verhaltens*. Springer

Heyes, C. (2015). Animal mindreading: what's the problem?. *Psychonomic Bulletin & Review, 22*, 313–327.

Ho, M. K., Saxe, R., & Cushman, F. (2022). Planning with theory of mind. *Trends in Cognitive Sciences, 26*(11), 959–971.

Externe Links

Implizite Theory of Mind-Aufgabe bei Schimpansen: https://www.youtube.com/watch?v=1s0dO_h7q7Q&t=2s

Explizite False-belief-Aufgabe bei Kindern: https://www.youtube.com/watch?v=8hLubgpY2_w

11 Soziale Motive

> Motive liefern den Antrieb für Entscheidungen und Handlungen, auch und besonders im sozialen Miteinander. Bevor der dritte Teil dieses Buchs sich sozialem Verhalten widmet, gibt das elfte Kapitel einen kurzen Überblick über zentrale soziale Motive. Nacheinander werden die Bedürfnisse nach Zugehörigkeit, sozialem Einfluss, sozial geteiltem Verständnis, Selbstwert und Vertrauen beleuchtet. Dabei kommen klassische und aktuelle Theorien und Befunde zur Sprache, bevor abschließend auf die empirische Messung von Motiven eingegangen wird.

Die einen belebt nichts so sehr wie der soziale Wettbewerb, andere leben für die Momente der Selbstoffenbarung in vertrauensvollen Beziehungen. Manchmal tragen wir Entscheidungen unserer Gruppe mit, die wir allein nie getroffen hätten, und in anderen Situationen halten wir unser Fähnchen hoch, auch wenn (oder gerade, weil) wir damit allein dastehen. Fragt man nach dem *Warum* hinter konkreten Entscheidungen, Verhaltenstendenzen und Präferenzen sowie deren situativen und interindividuellen Unterschieden, stößt man unweigerlich auf Motive.

> **Definition: Motiv und Motivation**
>
> Motive bezeichnen die Tendenz, bestimmte Ziele und Zustände wichtig zu finden und sich um ihr Erreichen zu bemühen, beispielsweise beruflichen Erfolg, enge Freundschaften oder religiöse Erleuchtung. Während Motive als eher überdauernde Eigenschaften verstanden werden, beschreibt Motivation den akuten Zustand, ein Ziel erreichen zu wollen (Rheinberg & Vollmeyer, 2018).

Psychologische Theorien unterscheiden sich darin, wie viele und welche Motive sie postulieren, ob sie diese als bewusst oder unbewusst ansehen, als biologisch oder gesellschaftlich erworben, als stabil oder veränderbar und wie sie Motive miteinander und mit anderen emotionalen und kognitiven Prozessen oder Persönlichkeitseigenschaften in Verbindung bringen (Shah & Garnder, 2008). Auch im sozialen Kontext prägt die Fragestellung, die man adressieren möchte, welche Motive in den Fokus rücken. Wo manchen Forschenden zwei grundlegende Tendenzen ausreichen – das Streben nach Glück und Zufriedenheit auf der einen und das Vermeiden von Schmerz und Leid auf der anderen Seite – konkretisieren andere für die zahlreichen Herausforderungen des sozialen Lebens spezifischere Motive, z. B. »Vermeidung von Ansteckung«, »Aufrechterhaltung einer Partnerschaft« und »Pflege des Nachwuchses« (Neele, Kenrick, White & Neuberg, 2016).

Dieses Kapitel greift soziale Motive heraus, die in verschiedenen Kontexten eine übergeordnete Rolle spielen, wobei die Liste nicht als erschöpfend oder zwingend zu betrachten ist (Fiske, 2008; 2018). Bei den dargestellten Motiven kann davon ausgegangen werden, dass sie nicht unveränderlich angeboren, sondern durch Erfahrungen veränderbar sind, und dass sie uns sowohl bewusst werden als auch unbewusst wirken können. Als Antrieb für Handlungen vereinen sie die Persönlichkeit und die Situation; sie nutzen und prägen uns, indem sie in spezifischen Situationen konkrete Ziele aktivieren und zielgerichtetes Verhalten energetisieren. Und natürlich spielen verschiedene soziale Motive dabei zusammen.

11.1 Zugehörigkeit

Das Bedürfnis, mit anderen Menschen Beziehungen einzugehen, dazu- und zusammenzugehören, ist so ausgeprägt und verbreitet wie überlebensnotwendig (Baumeister & Leary, 1995). Ohne den Schutz, die Vertrautheit und die Zuneigung unserer Gruppe oder einer nahestehenden Person, geraten wir leichter in Stress, verlieren den Halt oder, langfristig, die Lebensfreude. Nicht überraschend nehmen soziale Zugehörigkeit (engl.: *belonging* oder *affiliation*) und Bindung (engl.: *attachment*) einen wichtigen Platz ein, in zahlreichen Theorien des 20. Jahrhunderts, z. B. bei Sigmund Freud, Abraham Maslow oder John Bowlby, ebenso wie in aktuellen Persönlichkeitsmodellen (z. B. Del Guidice, 2022). Auch die »horizontale« Dimension sozialer Beurteilung, auf der wir andere bezüglich Wärme und Gemeinschaftlichkeit einschätzen (▶ Kap. 5.1), spiegelt das Zugehörigkeits-Motiv wider, und die soziale Identitätstheorie setzt das Streben nach Zugehörigkeit zu einer positiv besetzten Gruppe ins Zentrum (▶ Kap. 6).

Ist unser Bedürfnis nach Zugehörigkeit verletzt, kann das schwerwiegende Folgen haben: Chronische Einsamkeit verringert die Lebenserwartung (Holt-Lunstad, Smith, Baker, Harris & Stephenson, 2015), unter anderem, indem sie das Risiko für Herz-Kreislauf-Erkrankungen erhöht und die Schlafdauer und -qualität sowie Gesundheitsverhalten (z. B. gute Ernährung und sportliche Aktivität) reduziert (Hawkley & Cacioppo, 2010; ▶ Abb. 11.1). Soziale Eingebundenheit ist also mehr als sprichwörtlich überlebenswichtig, auch weit über unsere säbelzahntigerreiche Stammesgeschichte und die ersten schutzlosen Lebensjahre hinaus.

Akute Reaktionen auf sozialen Ausschluss und Zurückweisung vermitteln die Tiefe der davon ausgehenden Bedrohung. Auf neuronaler, endokrinologischer und Verhaltensebene reagieren wir auf die Verletzung unseres Zugehörigkeitsbedürfnisses ähnlich wie auf körperliche Schmerzen (MacDonals & Leary, 2005). Dabei haben das brechende Herz und der Stich in den Magen eine Funktion: Sie machen, dass wir gegensteuern (z. B. uns bei der WG entschuldigen, die uns seit unserem beswipsten Klingelstreich die kalte Schulter zeigt), lernen (z. B. das nächste Mal mit der Liebeserklärung über das erste Date hinaus zu warten) und unsere Zugehörigkeit im besten Fall langfristig wiederherstellen.

Passend zum Bedürfnis nach Zugehörigkeit wird von manchen Forschungsgruppen ein separates *Care-Motiv* angenommen, ein biologisch tief verankertes Bedürfnis, sich um den Nachwuchs und, darauf aufbauend, um andere (hilfsbedürftige) Lebewesen zu kümmern (Chierchia et al., 2021; Schaller, Kenrick, Neel & Neuberg, 2017; siehe Care-System ▶ Kap. 8.1.2). Dieses Care-Motiv wird als eine zentrale Grundlage und Triebfeder für prosoziales Verhalten diskutiert, beispielsweise Großzügigkeit und Hilfsbereitschaft. Ebenfalls in Ergänzung zur Zugehörigkeit beschreibt das in manchen Theorien postulierte und abgegrenzte *Intimitäts-Motiv* das Bedürfnis nach engen, verbindlichen Beziehungen und vertrauter, auch exklusiver Zweisamkeit (Sokolowski & Heckhausen, 2010).

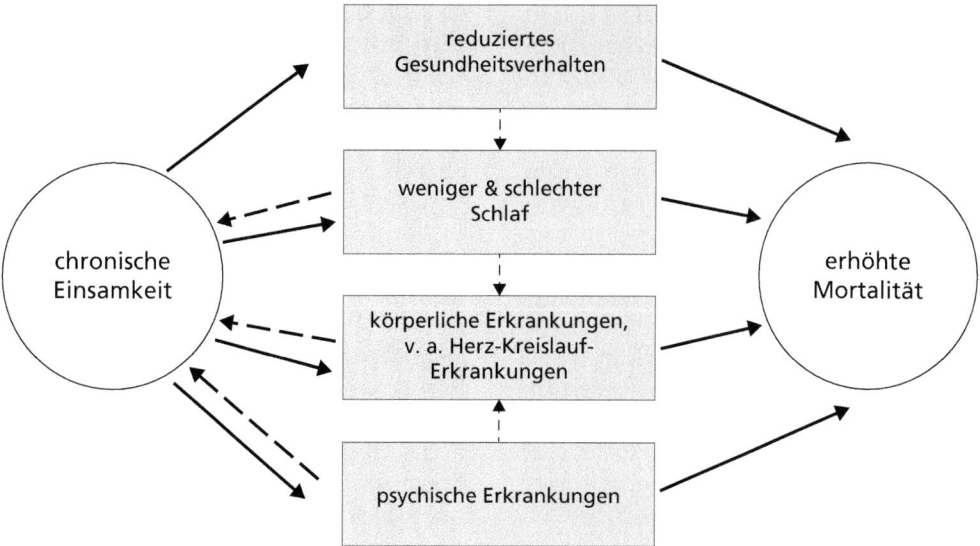

Abb. 11.1: Der Einfluss von chronischer Einsamkeit auf reduzierte Lebenserwartung. Dadurch, dass soziale Isolation positives Gesundheitsverhalten und die Schlafqualität reduzieren und körperliche und psychische Erkrankungen begünstigen kann, steigt die Sterblichkeit. Zudem wirken sich die vermittelnden Faktoren auch verstärkend auf die Einsamkeit aus. Für Details siehe z. B. Hawkley & Cacioppo, 2010.

11.2 Sozialer Einfluss

Neben dem Wunsch, Teil von sozialen Gruppen und Beziehungen zu sein, streben Menschen danach, Einfluss auf andere ausüben und die eigene, kompetente Wirksamkeit erleben zu können. Das Bedürfnis nach Kontrolle und Autonomie scheint das Bedürfnis nach Zugehörigkeit als Gegenpol, als andere Seite der Medaille, zu vervollständigen (Deci & Ryan, 2014; McClelland, 1988). Auch beim sozialen Urteilen ergänzt die »vertikale« Dimension, also die Beurteilung nach Kompetenz und Handlungsfähigkeit, die horizontale Wärme-Dimension (Abele et al., 2021; ▶ Kap. 5.1), und die soziale Identitätstheorie zeigt ein interessantes Spannungsfeld auf: Wir wollen sowohl zu möglichst attraktiven Gruppen gehören als auch innerhalb unserer Gruppen einen hohen Status und positive Alleinstellungsmerkmale innehaben (Tajfel & Turner, 1986; ▶ Kap. 6).

Durch die vermeintliche Unmöglichkeit eines hohen Maßes an Einfluss und Status für *alle* Mitglieder bzw. alle Gruppen, kann das Bestreben nach sozialem Einfluss in manchen Situationen negative Folgen haben, beispielsweise, wenn der entsprechende Wettbewerb zwischen Individuen oder zwischen Gruppen Vorurteile und Aggression begünstigt (Sidanius & Pratto, 1999; ▶ Kap. 6). In der individuellen Entwicklung und für die psychische Gesundheit wird dem Erleben der eigenen Wirksamkeit (engl.: *agency* oder *efficacy*) jedoch eine zentrale, positive Rolle zugeschrieben (Bandura, 1997; Epley, Waltz & Cacioppo,

2007; Erikson, 1959). Dabei ergeben sich im sozialen Miteinander spannende Erweiterungen: Zum einen bekommen wir die Möglichkeit, andere Menschen und deren Leben und Wirken nachhaltig zu prägen (*social agency*; Silver, Tatler, Chakravarthi & Timmermans, 2021). Wir können – und wollen – unsere Kinder mit unserem Erziehungsstil lenken, Freundinnen und Bekannte mit Humor und Rat beeinflussen und bei Fremden Spuren hinterlassen, indem wir ihnen helfen oder sie rügen. Zum anderen kann in Gruppen der Einfluss einzelner synergetisch gebündelt und katalysiert werden (*joint agency*; Loehr, 2022). Menschen sind motiviert und empfinden es als hochgradig erfüllend, gemeinsam mit anderen Effekte und Produkte hervorzubringen, die individuell unmöglich zu schaffen wären, sei es den Klang von Orchesterstücken oder den konkreten und geistigen Stoff, aus dem Institutionen bestehen.

Manche Motivationsmodelle fügen dem Streben nach Einfluss und Kontrolle das *Leistungs-Motiv* (engl.: *achievement motive*) hinzu, also die Freude daran, die eigenen Fähigkeiten zu verbessern, Herausforderungen zu meistern und sich hohe Ziele zu setzen (McClelland, 1988). Für die Bedeutung des Leistungs-Motivs für Schul- und beruflichen Erfolg liefert die pädagogisch-psychologische Forschung viele Hinweise (z. B. Wang & Eccles, 2013). Da dieses Motiv nicht maßgeblich an soziale Kontexte gebunden ist, wird es hier jedoch nicht weiter ausgeführt.

11.3 (Geteiltes) soziales Verständnis

Eng verbunden mit der Zugehörigkeit zu und dem Wirksamwerden in Gruppen ist die Notwendigkeit, die Vorgänge und Überzeugungen in diesen Gruppen zu verstehen und das Verhalten von Mitmenschen vorherzusagen. Menschen sind bestrebt, die soziale Welt kognitiv zu erfassen, bewältigbar zu machen und sinnvolle Zusammenhänge zu erkennen (Fiske, 2018). Das Motiv, andere einzuschätzen, spiegelt sich in unserer Fähigkeit zur Perspektivübernahme wider (▶ Kap. 9 und ▶ Kap. 10), aber auch in den vorschnellen Kategorisierungsprozessen und Urteilen, mit denen wir insbesondere uns unbekannte Menschen und Gruppen belegen (▶ Kap. 5 und ▶ Kap. 6).

Dabei geht soziales Verstehen über das Einordnen von mentalen Zuständen, Handlungen und Fähigkeiten einzelner Personen oder Gruppen hinaus. Schließlich wollen wir nicht nur andere Menschen begreifen, sondern die ganze Welt. Und dafür wählen wir einen maßgeblich sozialen Zugang, im Laufe der kindlichen Entwicklung, in der wir alles Wesentliche von unseren Bezugspersonen lernen, und über das gesamte Leben hinweg (▶ Kap. 15 Kultur). Wir sind motiviert, von anderen zu lernen und, darüber hinaus, gemeinsam mit ihnen Bedeutung und Wissen zu schaffen (Smith, Mackie & Claypool, 2014; Vygotsky, 1978). Die ausgeprägte menschliche Motivation, psychologischen Zustände und insbesondere Ideen und Wissen miteinander zu teilen, wird als zentrale Ursache für den Erfolg unserer Spezies diskutiert (Tomasello & Carpenter, 2007; Hare, 2017).

Beim Verstehen im sozialen Kontext steht jedoch nicht immer die reine Einsicht im Zentrum, sondern es geht uns um *sozial geteilte* Interpretationen und Wahrheiten. Und hier wird deutlich, wie eng soziale Motive miteinander verknüpft sind. Auf der einen Seite kann soziales Verstehen helfen, die Bedürfnisse nach Zugehörigkeit und sozialem Einfluss zu befriedigen (z. B. kann ein gutes Verständnis sozialer Prozesse die eigene Beliebtheit und den Status in der Gruppe erhöhen). Ebenso können die Motive jedoch in Konflikt geraten. Haben verschiedene Personen einer Gruppe unterschiedliche Wahrnehmungen oder Ansichten zu einem Sachverhalt, stehen sich beispielsweise das Streben nach Einsicht und das Bedürfnis nach Zugehörigkeit gegenüber (siehe Kasten Klassischer Versuch).

Klassischer Versuch: Konformitäts-Experimente von Asch

In den 50er Jahren des letzten Jahrhunderts zeigte Solomon Asch die menschliche Neigung auf, sich, wider besseres Wissen, konform mit einer Gruppe zu verhalten (Asch, 1951). In einer Reihe von Durchgängen betrachteten Versuchspersonengruppen jeweils zwei Karten: eine Karte mit drei verschieden langen Linien sowie eine Karte mit einer Referenzlinie. Sicht- und hörbar füreinander sollten die Personen die Linie auf der ersten Karte identifizieren, die dieselbe Länge wie die Referenzlinie aufwies – eine einfache Aufgabe, bei der unter normalen Umständen kaum Fehler auftraten.

Nun befand sich in jeder Gruppe aber nur eine »echte« Versuchsperson, die restlichen waren Helfer der Versuchsleitung (confederates). Und diese gaben, nach ein paar richtigen Antworten in den ersten Runden, einheitlich oder mehrheitlich die falsche Antwort. Wie reagierten die echten Versuchspersonen? Immerhin ein Drittel der Teilnehmenden passte ihre Antwort an die eindeutig falsche Entscheidung der Gruppe an, sie verhielten sich gruppenkonform.

Die ursprünglichen Studien werden bis heute in verschiedenen Kontexten repliziert und um zusätzliche Manipulationen erweitert (z. B. Kyrlitsias & Michael-Grigoriou, 2018; Mori & Arai, 2010). Und natürlich gibt es zum Verhalten der Teilnehmenden zahlreiche Interpretationen. Eine davon legt die Wechselwirkung zwischen den Bedürfnissen nach Zugehörigkeit und Verständnis zugrunde (Fiske, 2008).

11.4 Selbstwert und Selbstaufwertung

Wir streben danach, uns wohl in unserer Haut zu fühlen und zufrieden mit uns selbst zu sein. Viele psychologische Theorien postulieren das Gewinnen und Beibehalten eines positiven Selbstwerts oder Selbstbewusstseins als zentrales menschliches Motiv (Allport, 1959; Leary & Baumeister, 2000; Rogers, 1959). Dabei bringen der soziale Kontext und der soziale Kontakt wesentliche Möglichkeiten und Herausforderungen mit sich.

Wie in der sozialen Identitätstheorie konkretisiert, wirken sich der Status und die Eigenschaften der Gruppen, denen wir angehören, direkt auf unseren Selbstwert aus (Tajfel & Turner, 1986; ▶ Kap. 6). Teil einer exklusiven, positiv besetzten Gruppe zu werden, steigert das Selbstbewusstsein, so wie soziale Zurückweisung dieses reduziert, insbesondere, wenn es bereits gering ausgeprägt ist (Williams, 2007). Innerhalb von Gruppen kommt das bereits im Absatz zum Einfluss-Motiv angesprochene Spannungsfeld zum Tragen: Menschen schaffen sich in der Balance zwischen Gemeinsamkeiten und Zugehörigkeit auf der einen und Einzigartigkeit und Abgrenzung vom Durchschnitt auf der anderen Seite Sicherheit, ihre Rolle und ihren persönlichen Wert (Smith et al., 2014). In konkreten sozialen Interaktionen gewinnen (oder verlieren) wir Selbstbewusstsein. Wenig kann uns so stolz machen, aber auch wenig so beschämen, wie die Reaktionen anderer auf uns und unser Verhalten. Und andersherum prägen unser dispositionales und momentanes Selbstbewusstsein und unser Streben nach Selbstwert(-erhöhung), wie, welche und wann wir soziale Interaktionen eingehen. So kann ein gering ausgeprägtes Selbstwertgefühl Menschen dazu bewegen, neue Kontakte nur vorsichtig anzugehen; oder das Bedürfnis, den Selbstwert zu erhöhen, führt möglicherweise dazu, sich Gruppennormen besonders bereitwillig anzupassen.

Und schließlich hat der soziale Vergleich eine Erkenntnisfunktion (z. B. Festinger, 1954). Wir verstehen unseren Wert, unsere Besonderheit im Austausch mit und in Relation zu anderen Menschen. Ausgehend von diesen Einsichten, sind wir motiviert, uns und unseren Selbstwert zu verbessern, unser Potenzial zu verwirklichen – häufig in zwischenmenschlichen Beziehungen und unter Nutzung sozialer Ressourcen.

11.5 Vertrauen

Die Überzeugung, in einer einigermaßen sicheren Welt, umgeben von grundsätzlich vertrauenswürdigen und wohlwollenden Menschen zu leben, ist uns wichtig – und liegt den meisten unserer Interaktionen zugrunde. Zahlreiche psychologische Theorien formulieren die Tiefe dieses Bedürfnisses und die zentrale Bedeutung von Vertrauen für die kindliche Entwicklung, die psychische Gesundheit und funktionierendes Zusammenleben und -arbeiten (Bowlby, 1969; DeJong, Dirks & Gillespie, 2016; Rogers, 1959; Sullivan & Transue, 1999).

Doch wem können wir trauen? Der Wunsch, in einer verlässlichen Umwelt zu leben, prägt unsere Informationsverarbeitung. Begegnen wir Fremden, suchen wir unmittelbar, geradezu reflexhaft nach Hinweisen zu deren Vertrauenswürdigkeit. Dabei werden wir häufig Opfer von kognitiven Verzerrungen und schließen – unzulässig – vom Gesicht, der Kleidung oder der Gruppenzugehörigkeit unseres Gegenübers auf dessen Rechtschaffenheit (▶ Kap. 5.2). Das kann dazu führen, dass Menschen denjenigen weniger Vertrauen entgegenbringen, die nicht aussehen und sprechen wie sie selbst – und sie in der Folge schlechter behandeln (ingroup favoritism; ▶ Kap. 6.1.1).

Trotz Verzerrungen und ungerechtfertigten Diskriminierungen: Im Durchschnitt begegnen Menschen Unbekannten vertrauensvoll, selbst wenn diese explizit die Möglichkeit haben, das Vertrauen zu ihrem Vorteil auszunutzen (Berg, Dickhaut & McCabe, 1995). In anhaltenden Interaktionen ermöglichen die Tendenzen, verursachten Schaden und zerbrochenes Vertrauen zu reparieren (von Seiten der schädigenden Person) bzw. anderen eine zweite Chance zu geben (von Seiten der benachteiligten Person), Interaktion stabiler und für alle Beteiligten nutzbringender zu gestalten (King-Casas et al., 2008). Auch in persönlichen Beziehungen suchen und vertiefen wir Vertrautheit, z. B., indem wir persönliche Information preisgeben, uns selbst offenbaren und verletzlich zeigen. Und trotz Missverständnissen und Konflikten gelingt es Menschen auch hier, ihr Vertrauen zu stärken und Beziehungen zu festigen, beispielsweise, indem sie einander verzeihen (Wieselquist, 2009). Im Umgang mit Menschen, die wir als Gefahr für ein vertrauensvolles Miteinander sehen, etwa weil sie sich auf Kosten der Gruppe ausruhen, wiederholt nicht kooperieren oder gezielt betrügen, erlauben Strategien wie sozialer Ausschluss oder Bestrafung, langfristig Frieden und Kooperation aufrecht zu erhalten (▶ Kap. 14; Batistoni, Barclay & Raihani, 2022; Kurzban & Leary, 2001).

Der Einfluss unseres Bedürfnisses nach Vertrauen auf zwischenmenschliches Verhalten ist groß und häufig von einer selbst-verstärkenden Dynamik gekennzeichnet (siehe Kasten Fallbeispiel).

Fallbeispiel: Teufelskreise und Engelskreise

Fall 1: Adam und Eva studieren gemeinsam und landen in derselben Referatsgruppe. Als sie sich einander vorstellen, bemerkt Adam die Anfänge eines Magen-Darm-Infekts; er ist abgelenkt, kurz angebunden und verlässt die Gruppe früher. Da er Eva nichts von der Erkrankung erzählt (er befürchtet, sie könnte Witze über ihn machen), wirkt sein Verhalten auf sie unsympathisch und faul. Eva teilt Adam die Ergebnisse der ersten Sitzung daher nicht mit (wer auf Kosten der Gruppe chillen will, soll die Konsequenzen tragen), was dazu führt, dass er zuerst den falschen Text vorbereitet. Adam ärgert sich und sieht seinen Eindruck bestätigt: Eva will auf Kosten der anderen glänzen. Er fokussiert sich nur noch darauf, seinen Teil des Referats zu perfektionieren. Da er als erster dran ist, überzieht er mit lustigen Videos und nimmt Evas Schlussfolgerung vorweg. Wir brechen an dieser Stelle ab, vor Chat-Gruppen-Diffamierungen und Abführmittel im Kaffee.

Fall 2: Robert und Johanna studieren gemeinsam und landen in derselben Referatsgruppe. Als sie sich einander vorstellen, wird Robert übel. Er erzählt Johanna, die fragt, ob alles okay ist, vom Magen-Darm-Infekt seiner Tochter; womöglich hat er sich angesteckt. Johanna freut sich über die Offenheit und findet es beeindruckend, dass Robert ein Studium rockt, während er sich um sein Kind kümmert. »Geh nach Hause und kurier dich aus«, sofort nach dem Treffen schickt sie ihm seinen Text zu. Robert merkt, dass es mit Abstand der kürzeste ist und sieht seinen ersten Eindruck bestätigt: Johanna ist wirklich in Ordnung. Zum Dank für's Entgegenkommen übernimmt er das Ausdrucken der Handouts und bringt seiner Referatsgruppe Muffins mit. Was in dieser Form vielleicht etwas nach »Paulanergarten« klingt, spiegelt tatsächlich den Großteil unserer Interaktionen wider, die in den meisten Fällen kooperativ ablaufen.

Beide Beispiele zeigen, dass sowohl Misstrauen als auch Vertrauen ansteckend sind und sich in entsprechenden Spiralen selbst verstärken können.

11.6 Messung und Manipulation von Motiven

Nimmt man Motive als zentrale Triebfedern menschlichen Verhaltens und zwischenmenschlicher Unterschiede an, ist es interessant, die individuelle Ausprägung verschiedener Motive möglichst präzise zu erfassen. Indirekte Verfahren leiten die Motivlage einer Person aus den Beschreibungen ab, die sie zu ambivalenten Bildern gibt (z. B. im *Operant Motive Test*; Kuhl & Scheffer, 1999). Wie (ausführlich) und aus wessen Perspektive geht die Versuchsperson beispielsweise auf ein Bild ein, auf dem sich eine Person von einer Zweiergruppe abwendet?

Eine weitere und häufig gewählte Methode zur Untersuchung individueller Motiv-Ausprägungen sind Fragebögen, die explizit erfassen, was Menschen im Leben wichtig ist (z. B. in der *Unified Motive Scale*; Schönbrodt & Gerstenberg, 2012). Auf einer Skala von »überhaupt nicht« bis »sehr« geben die Versuchspersonen ihre Zustimmung zu Aussagen an, die in etwa so aussehen:

- »Ich versuche, so oft wie möglich mit anderen Menschen zusammen zu sein« (Zugehörigkeit)
- »In Organisationen oder Gruppen ist es mir wichtig, die Kontrolle zu haben« (Einfluss)
- »In einer Partnerschaft wünsche ich mir, vollständig im anderen aufzugehen« (Intimität)

Geht es weniger um die individuelle Ausprägung, sondern um die Struktur der Motive, werden Ratings, Aussagen, Adjektive oder Verhaltensweisen statistisch oder durch die Versuchspersonen gruppiert, um zugrundeliegende Faktoren (Motive) und deren Beziehung zueinander sichtbar zu machen (z. B. Chierchia et al., 2021). Nicht selten kann ein und dieselbe Verhaltensweise durch verschiedene Motive ausgelöst werden. Bildgebende Verfahren zeigen z. B., dass sich das Zusammenspiel neuronaler Netzwerk systematisch unterscheidet, je nachdem, ob dasselbe großzügige Verhalten ausgeführt wird, um die eigene, empathisch ausgelöste negative Emotion zu reduzieren (wenn wir jemanden leiden sehen) oder um einer sozialen Norm zu folgen (»Wie Du mir, so ich Dir«; Hein, Morishima, Leiberg, Sul & Fehr, 2016).

Um deren Beitrag zu Entscheidungen und Verhalten empirisch zu beleuchten, können konkrete Motive gezielt aktiviert werden. Sahen Versuchspersonen beispielsweise ein Video von niedlichen Hundewelpen und gingen davon aus, diese gleich streicheln zu dürfen, berichteten sie eine akut erhöhte Care-Motivation – und verhielten sich im Vergleich zur Kontrollgruppe in interaktiven Verteilungsexperimenten altruistischer (vertrauenswürdiger, großzügiger, hilfsbereiter; Chierchia, Lesemann, Snower, Vogel & Singer, 2017). Motive sind nicht nur durch situative Gegebenheiten modulierbar, sondern können auch langfristig verändert werden. Interventionsstudien zeigen, dass mehrwöchige Meditationstrainings, die gezielt das Mitgefühl und Wohlwollen für andere kultivieren, prosoziales Verhalten erhöhen (Böckler et al., 2018).

11.7 Fazit und Empfehlungen

Soziale Motive wirken im Zusammenspiel von Person und Situation auf unsere Vorlieben und Verhaltensentscheidungen. Sie treiben uns an, in neuen Umgebungen Anschluss zu suchen, Verantwortung für andere zu übernehmen, im Gespräch miteinander Einsichten in unser Gegenüber und die Welt zu finden, uns miteinander zu messen und aufeinander einzulassen. Dabei interagieren Motive auf vielfältige Weise, konkurrieren, verstärken oder bedingen sich und ihre Effekte gegenseitig.

Soziale Motive wirken auch auf und durch soziale Emotionen und Kognition, etwa, wenn akute empathische Reaktionen das Bedürfnis aktivieren, uns um andere zu kümmern, wenn unsere Zugehörigkeits- und Einsichts-Motive uns zu kognitiver Perspektivübernahe anhalten oder wenn unsere Eifersucht deutlich macht, wie sehr unser Selbstwert von unserem sozialen Status abhängt.

Ohne soziale Motive wären die konkreten Aspekte sozialer Interaktion, die im dritten Teil des Buchs diskutiert werden, nicht denkbar, von der Koordination gemeinsamer Handlungen (▶ Kap. 12) über verbale und nonverbale Kommunikation (▶ Kap. 13) und Kooperation (▶ Kap. 14) bis zum sozialen Lernen und der Erschaffung von Kultur (▶ Kap. 15). In all diesen Fertigkeiten und Tätigkeiten zeigen sich unsere Bedürfnisse, vertrauensvoll miteinander zu sein, zu wirken, zu verstehen und zu wachsen.

Literaturempfehlungen

Fiske, S. T. (2018). *Social beings: Core motives in social psychology*. John Wiley & Sons.

Hawkley, L. C., & Cacioppo, J. T. (2010). Loneliness matters: A theoretical and empirical review of consequences and mechanisms. *Annals of Behavioral Medicine, 40*(2), 218–227.

Loehr, J. D. (2022). The sense of agency in joint action: An integrative review. *Psychonomic Bulletin & Review, 29*(4), 1089–1117.

Shah, J. Y., & Gardner, W. L. (Eds.). (2008). *Handbook of motivation science*. Guilford Press.

Williams, K. D. (2007). Ostracism. *Annual Review in Psychology, 58*, 425–452.

Teil III Soziale Interaktion

12 Koordination: Wie wir gemeinsam handeln

> Immer wieder stimmen Menschen ihre Bewegungen und Handlungen aufeinander ein und miteinander ab, manchmal gezielt, oft unbeabsichtigt. Dadurch erzielen wir Ergebnisse und Leistungen, die individuell unvorstellbar wären. Das zwölfte Kapitel leitet den dritten Buchteil ein und fasst typische Facetten gemeinsamen Handelns, deren Mechanismen, Entwicklung und Verbreitung zusammen.

Haben Sie schon mal eine Aufführung des Cirque du Soleil besucht? Einem Jazzduo, Symphonieorchester oder einer Metalband gelauscht, ein Fußball-, Hockey- oder League of Legends-Match verfolgt? Die überwältigenden Koordinationsleistungen von Profisportlerinnen oder -musikern begeistern uns – und lassen vergessen, dass auch unser normaler Alltag von räumlich und zeitlich präzise aufeinander abgestimmten gemeinsamen Bewegungen und Handlungen durchdrungen ist (▶ Abb. 12.1). Ohne Massenkarambolage schwärmen in den Niederlanden jeden Morgen hunderte Menschen mit dem Rad zur Arbeit, mit Leichtigkeit schauen sich Kinder komplizierte Bewegungsabläufe voneinander ab, kochen wir gemeinsam oder werfen einander den Wohnungsschlüssel zu.

Jahrzehntelang war die psychologische Forschung geprägt von der Testung individueller Versuchspersonen, die allein am Computer Aufgaben bearbeiteten – selbst dann, wenn soziale Wahrnehmung, soziales Verstehen oder zwischenmenschliches Entscheiden untersucht werden sollten. Das änderte sich, als Anfang der 0er Jahre des 21. Jahrhunderts das wissenschaftliche Interesse an den dynamischen Prozessen gemeinsamen Handelns wieder entfachte. Dazu trugen theoretische Ansätze bei, die das enge Zusammenspiel zwischen kognitiven Denkprozessen und den akuten situativen Anforderungen des Handelns in der realen Welt betonten (*embodied cognition* und *situated cognition*; Clark, 1997; Wilson, 2002). Zudem lieferte die Entdeckung sogenannter Spiegelneurone (▶ Kap. 4.2; Rizzolatti & Craighero, 2004) eine greifbare neuronale Grundlage für die unmittelbare Verknüpfung zwischen Wahrnehmung und Handlung bzw. zwischen den eigenen und den bei anderen beobachteten Tätigkeiten.

> **Definition: Handlung und Bewegung**
>
> Als Handlungen werden bewusst auf ein Ziel ausgerichtete, in sich abgeschlossene Tätigkeiten von Individuen oder Gruppen bezeichnet, beispielsweise das absichtsvolle Fangen eines Balles oder das Aufbauen eines Regals. Handlungen beinhalten Bewegungen, wobei Bewegungen nicht bewusst oder zielgerichtet sein müssen, z. B., wenn wir während einer Unterhaltung unbeabsichtigt mit dem Fuß wippen.

In früheren Kapiteln haben wir uns damit beschäftigt, wie Menschen Bewegungen und Handlungen anderer wahrnehmen und verarbeiten (▶ Kap. 4). Im Folgenden werden einige Besonderheiten und (zunehmend komplexe) Mechanismen der Koordination zwischen Individuen dargestellt.

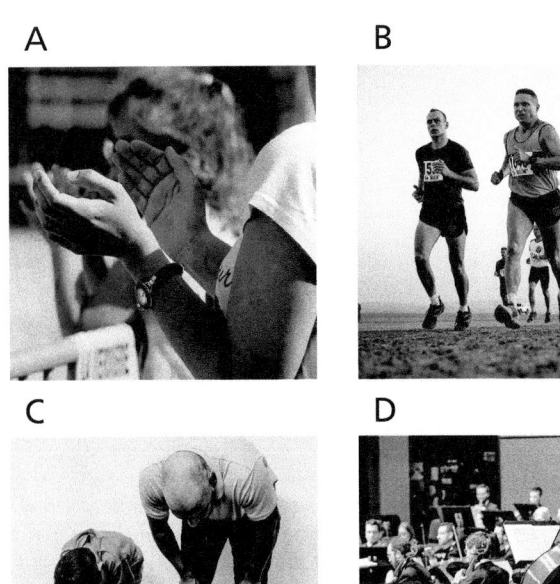

Abb. 12.1:
Beispiele koordinierter Bewegungen und Handlungen. A Unwillkürlich klatschen Menschen beim Applaus im Takt (synchronisiert). B Auch wenn wir uns in Schwärmen bewegen, stoßen wir selten zusammen. C Mithilfe von Nachahmung erlernen wir neue Bewegungen und Handlungen. D Durch präzise Abstimmung miteinander wird aus individuellen Melodien ein Orchesterstück.

12.1 Sich gemeinsam bewegen

12.1.1 Synchronisation: Bewegung in der Gruppe

Sind Menschen von anderen umgeben, entsteht ein interessantes und weit verbreitetes Phänomen: Ihre Bewegungen synchronisieren sich. Nicht nur die Pendel benachbarter Wanduhren schwingen irgendwann im Takt, auch unser Applaus nach dem gelungenen Konzert (▶ Abb. 12.1, A) oder der Rhythmus unseres Wippens auf benachbarten Schaukelstühlen passen sich unwillkürlich einander an, sogar dann, wenn diese Schaukelstühle unterschiedliche Eigenfrequenzen haben (Goodman, Isenhower, Marsh, Schmidt & Richardson, 2023). Wie geht diese zeitliche Synchronisation – ohne Berührung zwischen den sich Bewegenden, wohlgemerkt – vonstatten? Manche Ansätze betrachten Individuen als dynamische Systeme, deren Wahrnehmung der Bewegung anderer unmittelbar mit der Ausführung der eigenen Bewegung gekoppelt ist (engl.: coupled systems). Dabei werden keine komplexen und absichtsvollen kognitiven Prozesse angenommen, sondern einfache visuell-motorische Koordinationsprinzipien, beispielsweise Entrainment (Marsh, Richardson, Baron & Schmidt, 2006; Koban, Ramamoorthy & Konvalinka, 2019).

12.1.2 Schwärme: Bewegung als Gruppe

> **Definition: Entrainment**
>
> In der Psychologie, insbesondere der Forschung zu dynamischen Systemen, bezeichnet Entrainment (deutsch etwa Mitnahme, Angleichung) das Eingehen einer sensorisch vermittelten Kopplung zwischen Individuen, die zur Synchronisation ihrer rhythmischen Bewegungen führt, obwohl sie nicht mechanisch verbunden sind (Schmidt & Turvey, 1994).

Die unmittelbare Verbindung zwischen Bewegungen/Handlungen und deren Wahrnehmung liegt auch dem Konstrukt der Affordance (deutsch etwa Aufforderungs-Charakter, Handlungsanregung) zugrunde.

> **Definition: Affordance**
>
> Unter Affordances versteht man Handlungsmöglichkeiten, die in (Objekten) der Umgebung unmittelbar enthalten sind und die, werden sie wahrgenommen, entsprechende Handlung oder Bewegung aktivieren (Gibson, 1977). Beispiele sind der große rote Knopf, den Kinder geradezu zwingend drücken müssen oder der ausladende Henkel einer Tasse, der uns nur eine Möglichkeit lässt, diese anzuheben.

Im sozialen Kontext verursachen andere Menschen und deren Handlungsmöglichkeiten ebenfalls Affordances, z. B. eine uns begrüßend entgegen gestreckte Hand oder die Armspanne des Gegenübers, die festlegt, ob und wie wir beim Tischtragen mitanpacken. Welche Bewegungen wir ausführen und in welchem Takt ist also nicht zuletzt auch von unwillkürlichen Prozessen der Anpassung an unsere soziale Umgebung geprägt. Manchmal tun wir das aber nicht nur *innerhalb* einer Gruppe, sondern auch *als* Gruppe.

Mit beeindruckender Geschwindigkeit und Kohäsion bewegen sich Gruppen von Individuen wie eine Einheit fort, seien es Herden fliehender Gnus, flirrende Schwärme aus Staren oder Sardinen oder die Radler der Tour de France (▶ Abb. 12.1, B; ▶ Kap. 12.7 Externe Links). Dabei scheinen die einzelnen Gruppenmitglieder mühelos denselben Abstand voneinander zu halten, auch wenn sich die Richtung des Schwarms urplötzlich ändert (Krause & Ruxton, 2002; Larsch & Baier, 2018). Wie gelingt zahlreichen, manchmal Hunderten von Individuen, dieses Ausmaß an Koordination?

Fortbewegung in einer *Formation*, also als einheitliche Gruppe, deren Individuen weder auseinanderdriften noch zusammenstoßen, beruht auf einfachen generellen Prinzipien. Indem jedes Mitglied eines Schwarms die Geschwindigkeit und Richtung der eigenen Bewegung an die der unmittelbaren Nachbarn anpasst (sogenannte *local interaction*) und dabei sowohl zu große Distanzen als auch zu große Nähe vermeidet (*long distance attraction, short distance repulsion*), gelingen stabile, selbst-organisierte Formationen unabhängig von der Gruppengröße, auch ohne gezieltes Signalisieren (z. B. Rufen) und ohne Anführer (Couzin & Krause, 2003). Flexibel lassen sich diese einfachen Prinzipien auf verschiedene Gruppenarten und -ziele übertragen, beispielsweise, wenn Anführer die Bewegung der Gruppe initiieren oder größere Fußgängergruppen eine V-Form bilden, um das Gespräch am Laufen zu halten (Moussaid, Perozo, Garnier, Helbing & Theraulaz, 2010).

Darüber hinaus müssen Schwärme, Herden oder Pulks ihre Bewegungen schnell an plötzliche Veränderungen der Umgebung anpassen können, wobei die entsprechende Information (z. B. das Hindernis auf dem Weg oder der Ort des Fressfeindes) häufig nur einzelnen Individuen bekannt ist. Das erfordert schnelle Informationsverbreitung und effizientes Entscheiden (Couzin, 2005; Strandburg-Peshkin et al., 2013). Doch wie finden Gruppen einen Konsens und verhindern das Zerfallen der Gruppe, wenn ihre Mitglieder unterschiedliche Bewegungen bzw. Richtungen bevorzugen? Ein Prinzip ist die *nonlineare Anpassung* der eigenen Bewegung an die benachbarten Individuen: Ändert ein einzelner Nachbar plötzlich die Richtung, wird dies ignoriert, wobei die Wahrscheinlichkeit, selbst die Richtung zu ändern logarithmisch mit der Anzahl der Nachbarn steigt, die dies ebenfalls tun. Beim Spazieren in der Masse genügen beispielsweise wenige Informierte, um die Bewegungsmuster aller zu lenken (Dyer et al., 2008).

Mühelos, dezentralisiert und ohne ausführliche Kommunikation gelingt es Gruppen also, sich durch das Bilden von Formationen energiesparend fortzubewegen und Gefahren durch effiziente Anpassung an die Umgebung auszuweichen. Zusätzlich Strategien wie Signalisieren oder die Übernahme fester Rollen können, je nach Situation und Gruppe, ebenfalls genutzt werden.

12.2 Ich mache, was Du machst

12.2.1 Mimicry

Ähnlich wie sich unsere rhythmischen Bewegungen in einer Gruppe zeitlich synchronisieren, ahmen wir andere Menschen in vielfältiger Weise nach, meist ohne uns dessen bewusst zu werden (Chartrand & Bargh, 1999). Wir übernehmen von ihnen das Fußwippen und Haare-hinters-Ohr-Streichen, das Gähnen und den Gesichtsausdruck, die Körperhaltung und Blickrichtung, den Tonfall und manchmal sogar den Akzent.

> **Definition: Mimicry**
>
> In der Psychologie bezeichnet Mimicry das unbewusste Nachahmen von Bewegungen, Handlungen, Körperhaltungen, Sprachmustern oder Manierismen anderer (für eine Übersicht, siehe Chartran & Van Baaren, 2009; Duffy & Chartrand, 2015). Dabei handelt es sich um eine emergente, also unwillkürliche, Form der Koordination. Zahlreiche Spezies zeigen diese Form der unmittelbaren Nachahmung z. B. für Gesichtsausdrücke oder Gähnen ihrer Artgenossen.

Mimicry scheint im sozialen Miteinander zahlreiche positive Effekte zu haben: Unter anderem berichten Studien von erhöhten Sympathiewerten, mehr Verständnis und mehr Hilfsbereitschaft gegenüber Personen, die uns zuvor »gemimicked« haben (z. B. Müller, Maaskant, Van Baaren & Dijksterhuis, 2012). Und auch wir ahmen eher diejenigen nach, die wir mögen und mögen die lieber, die wir eben noch nachgeahmt haben. Mimicry ist also ein einfaches, aber effektives Mittel, um Nähe und Austausch zwischen Personen zu erleichtern (Stel & Vonk, 2010).

Doch wie funktioniert die unwillkürliche Nachahmung unserer Mitmenschen? Ein wichtiger Mechanismus ist die direkte und enge Verknüpfung der Wahrnehmung und der Ausführung von Bewegungen und Handlungen (siehe Exkurs Perception-action-matching; Sebanz & Shiffrar, 2006).

> **Exkurs: Perception-action-matching**
>
> Bereits William James postulierte eine unmittelbare Verbindung zwischen einer Handlung und der Vorstellung dieser Handlung bzw. ihres Ergebnisses (James, 1890). Je detaillierter wir uns beispielsweise den Verzehr des Kuchens auf der Anrichte vorstellen, desto leichter fällt uns das Aufstehen aus dem gemütlichen Sessel.
>
> Sogenannte ideomotorische Theorien gehen davon aus, dass dieselben mentalen Repräsentationen der Wahrnehmung, der Vorstellung und der Ausführung von Bewegungen und Handlungen zugrunde liegen (Prinz, 1997; ▶ Kap. 4.1 Klassischer Versuch). Nehmen wir also eine Handlung oder deren Effekt (z. B. das Geräusch klatschender Hände) wahr, aktiviert dies in unserem kognitiven System auch die Ausführung der entsprechenden Tätigkeit und erleichtert diese dadurch. Ebenso prägt unser eigenes Verhaltensrepertoire, wie wir die Handlungen anderer verarbeiten. Die enge Verbindung von Wahrnehmung und Ausführung ermöglicht die Vorhersage und Nachahmung der Handlungen anderer und erleichtert das Verständnis ihrer Absichten (Decety & Grèzes, 2006; Wilson & Knoblich, 2005).
>
> Auf neuronaler Ebene wird diese direkte Wahrnehmungs-Handlungs-Verknüpfung durch das sogenannte Spiegelsystem unterstützt, also Areale, die bei der Wahrnehmung, Vorstellung und Ausführung bestimmter Bewegungen und Handlungen gleichermaßen eine erhöhte Aktivierung zeigen (▶ Kap. 4.2 Exkurs Spiegelneurone; Rizzolatti & Craighero, 2004).

12.2.2 Imitation

Wenn wir die Bewegungsabläufe, Handlungsstrategien oder Sprachmuster anderer gezielt nachahmen, spricht man von *Imitation* (▶ Abb. 12.1, C). Auch diese profitiert von der engen Verbindung von Handlungswahrnehmung und -ausführung, denn so können wir die beim Gegenüber beobachteten Tätigkeiten unmittelbar auf unser eigenes motorisches System, unseren Körper übertragen. In einer einflussreichen Studie zeigte Birgit Stürmer, dass Versuchspersonen Gesten wie das Öffnen oder Schließen ihrer Hand schneller und akkurater ausführen konnten, wenn sie zeitgleich auf einem Bildschirm die gleichen Gesten oder Handhaltungen sahen, als wenn die gegenläufigen Bewegungen oder Haltungen dargestellt waren (Stürmer, Aschersleben & Prinz, 2000; Heyes, 2011 für eine Übersicht).

Dabei gehen viele Formen der Imitation über unbewusste Nachahmung (Mimicry) und die soeben dargestellte Verbesserung durch Kongruenz von wahrgenommener und ausgeführter Handlung hinaus. Um uns die Ausführung einer Abfolge von Tanzschritten abzuschauen oder von anderen zu lernen, wie man Zigaretten dreht oder die alte Garagentür öffnet, ohne sie auszuheben, reicht die Voraktivierung der relevanten Bewegungen nicht aus. Vielmehr müssen wir die beobachtete Handlung kreativ rekonstruieren (Chaminade, Meltzoff & Decety, 2002). So sollten wir die Handlungssequenz in bedeutsame Einheiten zerlegen und deren Reihenfolge im Kopf behalten. Erfolgreiche Imitation erfordert zudem, die Ziele der anderen zu erkennen und sie von unseren eigenen Zielen unterscheiden zu können (*self-other-distinction*; Decety & Chaminade, 2005). Stehen wir einander gegenüber und wollen den anderen anatomisch imitieren (»Sein links mit meinem links«), müssen wir die Tendenz unterdrücken, spiegelbildlich zu imitieren (»Sein links mit meinem rechts«), eine Situation, die uns von missglückten Ausweichmanövern auf dem Gehweg bekannt ist.

Und manchmal ist das naheliegende Mittel, um von anderen die erfolgreiche Bewältigung einer Aufgabe zu lernen, nicht Imitation, die absichtsvolle Nachahmung von zielgerichteten Handlungen, sondern *Emulation*.

> **Definition: Emulation**
>
> Erreichen Individuen einen beobachteten und erwünschten Effekt oder ein Ziel nicht durch die Nachahmung der Handlung ihres Gegenübers, sondern auf andere Weise, spricht man von Emulation (Whiten, McGuigan, Marshall-Pescini & Hopper, 2009). So kann ein Kind, das seine Schwester dabei beobachtet hat, wie sie mit ihrem Hockeyschläger die Keksdose vom Schrank schubst, selbst eine Leiter benutzen, um an die Kekse zu kommen.

Imitation spielt nicht nur für die Weitergabe von Fertigkeiten und Errungenschaften eine Rolle (▶ Kap. 15 Kultur und Lernen), sondern erleichtert flüssige Fortbewegung in der Gruppe und gemeinsames Handeln, beispielsweise, wenn wir uns in England beim Stehen auf der Rolltreppe rechts einordnen und so einen Zusammenstoß mit den links Hinaufeilenden vermeiden oder wenn wir uns dem Handlungsfluss der Küchenchefin anpassen, neben der wir in der engen Küche Suppe austeilen. Aber was, wenn erfolgreiches gemeinsames Agieren nicht das Ausführen der gleichen, sondern der komplementärer Handlungen erfordert?

12.3 Gemeinsam Handeln

12.3.1 Aufgabenteilung

Wenn Ihnen jemand ein Glas Rotwein anreicht und Sie es mit derselben Geste ergreifen, die Sie bei Ihrem Gegenüber beobachten (am Stiel fassend), sollten Sie keine weiße Bluse tragen – denn es würde wahrscheinlich umkippen. Viele gemeinsame Handlungen (engl: joint actions) gelingen nur dann, wenn wir die zugehörigen Aufgaben zwischen uns aufteilen. Dabei kann die zeitlich synchrone oder versetzte Ausführung der *gleichen* Handlungen erforderlich sein, z. B. wenn wir gemeinsam einen Teppich ausklopfen, aber auch die zeitgleiche oder versetzte Ausführung *komplementärer* Handlungen, z. B. beim gemeinsamen Sägen (»Ich ziehe dann, wenn Du schiebst«) oder beim gemeinschaftlichen Aufbau eines Regals (»Ich bohre die Bretter an, die Du anschließend verschraubst«).

> **Definition: Joint action**
>
> Joint action wurde als Oberbegriff für alle sozialen Interaktionen eingeführt, bei denen zwei oder mehrere Individuen ihre Handlungen zeitlich und räumlich koordinieren, um einen Effekt oder eine Veränderung in ihrer Umgebung zu erwirken (Sebanz, Bekkering & Knoblich, 2006).

Auch komplexe gemeinsame Tätigkeiten, bei denen die Ko-Agierenden Aufgaben untereinander aufteilen, profitieren von vielen der in diesem und in früheren Kapiteln angesprochenen, Mechanismen. Eine beispielhafte Auswahl:

- Perception-action-matching unterstützt die Vorhersage und die Einordnung der beim Gegenüber beobachteten Handlungen und dadurch auch gemeinsames Handeln.

- Neben der funktionell ähnlichen Repräsentation eigener und fremder Handlungen müssen diese gerade beim Aufteilen von Aufgaben auch kognitiv voneinander abgegrenzt werden können (self-other-distinction).
- Durch reflexives Blickfolgen (▶ Kap. 1.1) erhalten Interagierende Zugang dazu, was die anderen sehen können (und was nicht), was sie interessiert und wohin sie ihre Handlungen ausrichten. So können wir z. B. beim gemeinsamen Suchen ohne verbale Abstimmung den Raum zwischen uns aufteilen (Brennan et al., 2007).
- Die effektive Verarbeitung von Gesichtsausdrücken (▶ Kap. 2.1.2) kann die Korrektur und Feinjustierung der eigenen Handlungen beschleunigen, z. B., wenn wir beim gemeinsamen Möbelschleppen im Gesicht des Gegenübers Schreck oder Schmerz erkennen.
- Visuell-räumliche Perspektivübernahme (▶ Kap. 9) unterstützt die effiziente und akkurate Anpassung der eigenen Handlungen an die des Gegenübers.

Darüber hinaus hilft es, nicht nur den eigenen Teil der gemeinsamen Aufgabe zu kennen, sondern auch den unserer Interaktionspartner. In diesem Fall kommt ein weiterer, zentraler Prozess des gemeinsamen Handelns zum Tragen: die kognitive Ko-Repräsentation von Aufgaben (siehe Kasten Klassischer Versuch).

Klassischer Versuch: Aufgaben-Ko-Repräsentation im Joint Simon Task

Als Natalie Sebanz mit ihren Kollegen Günther Knoblich und Wolfgang Prinz Paare von Versuchspersonen ins Labor bat, um nebeneinander eine einfache Reiz-Reaktions-Aufgabe auszuführen, legte sie den Grundstein für ein neues Forschungsfeld (Sebanz, Knoblich & Prinz, 2003). Aber von Anfang an.

Vermutlich kennen alle Psychologiestudierenden die Simon-Aufgabe. In dieser reagiert die Versuchsperson so schnell wie möglich auf zwei wiederkehrende Reize, indem sie auf den einen Reiz (z. B. einen grünen Punkt) eine linke Taste und auf den anderen Reiz (z. B. einen roten Punkt) eine rechte Taste drückt. Die Besonderheit: Die Punkte erscheinen zufällig auf der rechten oder linken Bildschirmhälfte. Obwohl der Ort der Reize für die Aufgabe keine Bedeutung hat, sind die Reaktionen schneller, wenn Ort des Reizes und Ort der Reaktion *kongruent* sind (z. B. der grüne Punkt links erscheint; Simon & Small, 1969). Warum? Durch die räumliche Anordnung der Reize und Reaktionen werden die räumlichen Dimensionen kognitiv verknüpft und der (irrelevante) Ort des Reizes aktiviert automatisch die kongruente Reaktionsseite (Kornblum, Hasbroucq & Osman, 1990). Interessant: Soll eine Person nur auf einen der beiden Reize reagieren (z. B. nur auf den roten Punkt), eine sogenannte Go-Nogo-Aufgabe, ist ihre Reaktionsgeschwindigkeit vom Ort der Punkte unbeeinflusst. Wenn die räumliche Dimension bei der Reaktion irrelevant ist (weil nur eine Taste gedrückt wird), ist also auch die Ausrichtung des Reizes egal.

Nun hatten Natalie Sebanz und ihre Kollegen eine Idee. Was, wenn die Aufgabe zwischen zwei nebeneinandersitzenden Personen aufgeteilt wird (engl.: *task sharing*), also eine Person für die Reaktion auf den roten, die andere für die Reaktion auf den grünen Reiz zuständig ist (▶ Abb. 12.2)?

Beide Versuchspersonen führten also eine simple Go-Nogo-Aufgabe aus. Dennoch zeigte sich hier dasselbe Ergebnismuster, ein klarer Kongruenz-Effekt, wie wenn die Personen die komplette Simon-Aufgabe allein bearbeiteten. Die Teilnehmenden hatten die Aufgabe der ko-agierenden Person also in vergleichbarer Form kognitiv repräsentiert wie ihre eigene Aufgabe – ein Effekt, der nicht auftrat, wenn die zweite Versuchsperson nur passiv, also ohne Aufgabe, daneben saß (Sebanz et al., 2003).

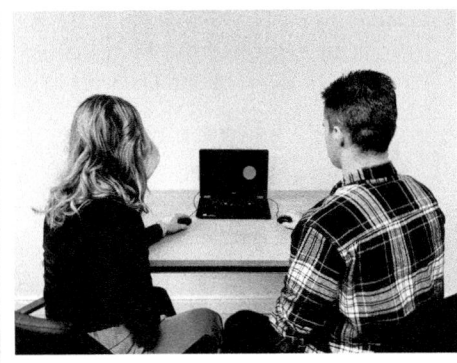 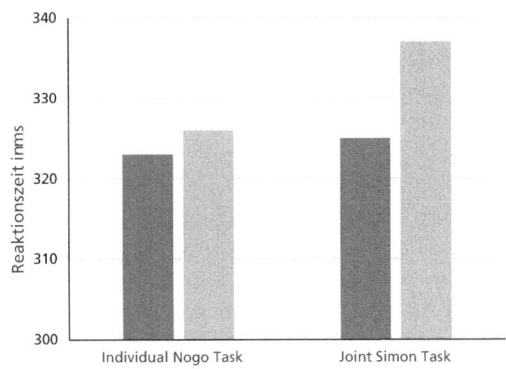

Abb. 12.2: Schematische Darstellung der Versuchsanordnung (links) und der Ergebnisse bei einem Joint Simon Task (rechts). Beim Individuellen Nogo Task reagiert nur eine Person (z. B. die linke) mit einem Mausklick auf den Kreis, wenn dieser z. B. grün ist, jedoch nicht, wenn er rot ist. Beim Joint Simon Task reagiert die linke Person wie gehabt (mit einem Klick auf den grünen, jedoch nicht auf den roten Kreis), die rechte Person reagiert hingegen nur auf rote, nicht jedoch auf grüne Kreise. Obwohl die Aufgabe für die linke Person im Prinzip identisch bleibt, gelingen ihr Reaktionen auf grüne Kreise, die auf der rechten Bildschirmseite erscheinen (inkompatibel), in der Joint Simon Aufgabe deutlich langsamer.

Seit dieser bahnbrechenden Publikation wurde und wird Aufgaben-Ko-Repräsentation intensiv beforscht, auf zahlreiche klassische Paradigmen und Effekte ausgeweitet (z. B. Atmaca, Sebanz & Knoblich, 2011) und in Bezug auf ihre Voraussetzungen und Modulatoren untersucht (z. B. Dolk et al., 2014).

Neben dem Zugriff auf die konkrete Aufgabe von Mithandelnden erleichtert auch die kognitive Repräsentation der *Beziehung* zwischen der eigenen und der Aufgabe eines Gegenübers das gemeinsame Handeln: Haben wir die gleiche oder gegenläufige Aufgaben? Wie verhalten sich unsere Tätigkeiten räumlich und zeitlich zueinander und welches Gesamtergebnis streben wir an (Kourtis, Wozniak, Sebanz & Knoblich, 2019; Sacheli, Arcangeli & Paulesu, 2018)?

12.3.2 Räumliche und zeitliche Koordination

Ein Knackpunkt erfolgreichen Zusammenwirkens, sei es beim Fußball, Musizieren oder der Räuberleiter, ist die genaue Abstimmung der eigenen Bewegungen und Handlungen auf die des anderen – und zwar räumlich und zeitlich (▸ Abb. 12.1, D). Auch hier hilft die direkte Verknüpfung von Handlungswahrnehmung und -ausführung. Diese erleichtert nämlich nicht nur die Nachahmung beobachteter Tätigkeiten, sondern erlaubt auch die *präzise Vorhersage* der Handlungen anderer, deren räumliche Ausgestaltung und zeitliche Abfolge (Blakemore & Decety, 2001). Expertise zahlt sich dabei aus: Je besser jemand Abläufe selbst ausführen kann, egal ob beim klassischen Ballett, Capoeira oder Klavierspiel, desto präziser können diese auch mental simuliert werden, und desto eher gelingt die Anpassung der eigenen Handlungen (Calvo-Merino, Glaser, Grèzes, Passingham & Haggard, 2006; Keller, Knoblich & Repp, 2007).

Eine weitere erfolgversprechende Koordinations-Strategie ist es, die eigenen Handlungen für Interaktionspartner *vorhersagbar zu machen*.

Sollten Versuchspersonen nebeneinander springen und dabei den Zeitpunkt ihrer Landung synchronisieren, gelang ihnen dies, indem sie Abweichungen in den eigenen Bewegungen und Absprüngen reduzierten – einander also die präzise Vorhersage der eigenen Landung erleichterten (Vesper, van der Wel, Knoblich & Sebanz, 2013). Sehen sich Interagierende gegenseitig, können sie zusätzlich und flexibel *kommunikative Signale* nutzen, sei es Blickkontakt, ein Nicken oder handlungsbasierte Zeichen wie überdeutlich ausgeführte Bewegungen (Vesper, Schmitz, Safra, Sebanz & Knoblich, 2016). Im Verlauf mancher Aufgaben und Kontexte kommt es spontan zu einer *Rollenverteilung*, eine Person übernimmt die Führung, die andere folgt. Ob und inwiefern feste Rollen die Koordination unterstützt, hängt auch von der Expertise der Handelnden und deren Zugang zu kritischer Information ab (Curioni, Vesper, Knoblich & Sebanz, 2019).

Um Koordination aufrecht zu erhalten, gilt es, gemeinsame Handlungen kontinuierlich zu *überwachen*. Aber worauf wird dabei eigentlich fokussiert: die eigenen Effekte, die der anderen oder das gemeinsam hervorgebrachte Ergebnis? Spielten Profis zusammen ein Pianoduett, zeigten sie klassische neuronale Reaktionen auf Fehler insbesondere, wenn diese das gemeinsame Ergebnis (z. B. die Harmonie) beeinträchtigten; es wurde also nicht nur der eigene Beitrag, sondern vor allem auch das gemeinsame Ergebnis überwacht (Loehr, Kourtis, Vesper, Sebanz & Knoblich, 2013). Komplexe und andauernde gemeinsame Handlungen wie z. B. Musizieren erfordern also die Ausrichtung der Aufmerksamkeit sowohl auf die individuellen Beiträge als auch auf deren integrierte Effekte. So können die eigenen Handlungen korrigiert oder angepasst werden (für einen Überblick, siehe Keller, Novembre & Hove, 2014). Und da kommt eine weitere Herausforderung ins Spiel: Was ist eigentlich genau »mein Beitrag« (siehe Exkurs Agency beim gemeinsamen Handeln)?

> **Exkurs: Agency beim gemeinsamen Handeln**
>
> Nehmen wir kurz nach dem Ausführen einer Handlung einen erwarteter Effekt wahr, folgt auf unsere Betätigung des Lichtschalters ein Klicken und/oder das Aufleuchten einer Glühbirne, erleben wir uns und unsere Handlung als Urheber dieser Ereignisse. Der Eindruck, eine Handlung und ihren Effekt auszulösen und zu kontrollieren, wird als *sense of agency* bezeichnet (deutsch etwa Urheberschaft; Eitam & Haggard, 2015). Menschen können diesen Eindruck der Urheberschaft explizit benennen. Zudem zeigen sie als impliziten Effekt sogenanntes *temporal binding*, eine Verkürzung der subjektiv wahrgenommenen Zeitspanne zwischen Handlung und Effekt, wenn sie die Handlung selbst und absichtsvoll ausgeführt haben.
>
> Handeln wir gemeinsam mit anderen, kann das Zuordnen der Urheberschaft schwieriger werden, insbesondere, wenn die Handlungen zeitlich überlappen und die Effekte sich ähneln (Farrer & Frith, 2002). Wer von uns hat mit seinem Rufen den Hund zur Umkehr bewogen? Wessen Kraft hat das eingerostete Tor geöffnet? Hier kann es – in beide Richtungen – zu fehlerhaften Zuschreibungen von Agency kommen, obwohl Menschen ihren Urheberschaftseindruck auch bei synchron ausgeführten Handlungen nicht komplett verlieren (Obhi & Hall., 2011).
>
> Gemeinsames Handeln geht noch mit weiteren Agency-Phänomenen einher. Zum einen wirken unsere Taten nicht nur auf unbelebte Objekte, sondern lösen auch in unserer sozialen Umwelt Reaktionen aus. Und dieses soziale Wirksamwerden ist uns ein tiefes Bedürfnis (▶ Kap. 11.2): Schon in der frühen Kindheit versuchen wir, unseren Bezugspersonen einen

Schreck einzujagen oder ein Lachen zu entlocken. *Social agency* beschreibt den Eindruck der Urheberschaft in sozialen Kontexten, z. B., wenn unsere Handlungen einen Effekt bei anderen Lebewesen hervorrufen (für einen Überblick, siehe Silver, Tatler, Chakravarthi & Timmermans, 2021). Darüber hinaus kann Agency für kollektive Effekte empfunden werden. Haben wir den Eindruck, gemeinsam mit anderen ein Ereignis oder Ergebnis zu verursachen, beispielsweise im Chor, als Mannschaft oder Team, spricht man von *joint agency* (Pacherie, 2012). Diese hängt von der Art der Zusammenarbeit ab und ist nicht identisch mit der Summe oder dem Durchschnitt der individuellen Beiträge. Gerade wenn Handlungen auf hohem Niveau koordiniert werden, z. B. beim Musizieren, wird dieser Eindruck positiv erlebt und beschrieben, etwa als Gefühl der Einheit, Verbundenheit, Synergie oder Verschmelzung (für einen Überblick, siehe Loehr, 2022).

Merke

Sind Menschen in Gesellschaft, kommt es häufig vor, dass sie ihre Bewegungen und Handlungen unbemerkt miteinander synchronisieren. Selten hingegen stoßen wir zusammen oder verlieren einen Teil der Gruppe, wenn wir im Schwarm miteinander joggen oder radeln. Einfache Prinzipien wie die nicht-lineare Anpassung an benachbarte Individuen und die Regulation des Abstandes zu ihnen helfen hier. Darüber hinaus unterstützen Formen der Nachahmung wie Mimicry, Emulation und Imitation zwischenmenschliche Verbundenheit, gemeinsames Handeln und das Erlernen neuer Fertigkeiten. Wenn erforderlich, können Menschen die Aufgaben ihrer Mit-Agierenden repräsentieren und in ihre eigenen Handlungspläne integrieren. Zeitliche und räumliche Koordination gelingt zudem durch präzise Handlungsvorhersagen auf der Basis eigener motorischer Erfahrungen; ebenso können kommunikative Signale, Zuverlässigkeit der Interagierenden und klare Rollenverteilungen zum Erfolg koordinierter Tätigkeiten beitragen.

12.4 Neuronale Grundlagen

Viele der neuronalen Prozesse und Hirnareale, die bei der erfolgreichen Handlungskoordination wirksam werden, sind Ihnen bereits in vorherigen Kapiteln begegnet. Regionen wie der superiore temporale Sulkus, die maßgeblich bei der Verarbeitung beobachteter Körperbewegungen involviert sind, und die frontalen und parietalen Areale des Spiegelsystems (▶ Kap. 4.2) sind auch am gemeinsamen Handeln beteiligt. Darüber hinaus geht Aktivierung u. a. in prä- und supplementärmotorischen und präfrontalen Regionen mit der Handlungsplanung und der Unterscheidung und Integration wahrgenommener und selbst ausgeführter Tätigkeiten einher (Keller et al., 2014). Möchte man Areale identifizieren, deren Aktivierung spezifisch für gemeinsames Handeln ist, wird die neuronale Aktivierung beim gemeinsamen Agieren mit Kontrollbedingungen verglichen, in denen die Teilnehmenden möglichst die gleichen Tätigkeiten allein ausüben oder die gemeinsame Tätigkeit nur beobachten (z. B. Egetemeir et al., 2011).

Aufgrund der zeitlichen Präzision eignet sich EEG (▶ Kap. 2.2.2 Exkurs Elektroenzephalografie) besonders gut für die Erforschung neuronaler Prozesse während der Koordination von Handlungen in Echtzeit. Dimitrios Kourtis erfasste auf diese Weise die Gehirnaktivität zweier Versuchspersonen, die einander wiederholt einen Gegenstand übergaben (Experimentalbedingung: gemeinsame Handlung) oder diesen allein anhoben (Kontrollbedingung: individuelle Handlung). Bereits wenige hundert Millisekunden nach dem Signal, das die Bedingung anzeigte, gingen gemeinsame Handlungen mit einer erhöhten Ausprägung fronto-parietaler Aufmerksamkeits- und Planungsprozesse einher. Zudem simulierten die Versuchspersonen in Durchgängen, in denen sie den Gegenstand von ihrem Gegenüber angereicht bekamen, mental dessen Bewegung – und je ausgeprägter sie dies taten, desto erfolgreicher gelang auch die Übergabe (Kourtis, Sebanz & Knoblich, 2013). Wird die Simulation der Handlung eines Ko-Agierendes hingegen durch die Hemmung neuronaler Aktivität mithilfe von transkranieller magnetischer Stimulation (TMS) verhindert, reduziert das auch die Koordinationsleistung (Novembre, Ticini, Schütz-Bosbach & Keller, 2014).

In vielen Interaktionen, z. B. beim Musizieren, ist rhythmische Koordination gefordert. Sollten Personen im Takt klopfen, zupfen oder streichen, wurde dies durch oszillatorische neuronale Aktivität unterstützt, die sich über die Gehirne der koordinierenden Personen hinweg synchronisierte (z. B. Sänger, Müller & Lindenberger, 2012). Tatsächlich berichten Hyperscanning-Studien für verschiedene gemeinsame Handlungen und unterschiedliche Spezies von einer Synchronisation neuronaler Aktivierungsmuster der Interagierenden (Kingsbury et al., 2019).

Definition: Hyperscanning

Hyperscanning bezeichnet das gleichzeitige Erfassen neuronaler Aktivität bei zwei Individuen, beispielsweise mithilfe von fMRI, EEG oder funktioneller Nahinfrarot-Spektroskopie (fNRIS; Konvalinka & Roepstorff, 2012). Dies erlaubt die Wechselwirkung zwischen der Aktivität verschiedener Areale nicht nur innerhalb eines Gehirns, sondern auch zwischen Gehirnen zu untersuchen.

Bei der Interpretation dieser Befunde muss man natürlich einbeziehen, inwiefern Ähnlichkeiten der neuronalen Aktivität auch durch den vergleichbaren Input und die gleichartigen Handlungen verursacht werden. Besonders vielversprechend ist es, die Kopplung der Aktivierungen verschiedener Gehirne zu betrachten und diese in Bezug zu Charakteristika des gemeinsamen Handelns zu setzen (beispielsweise dessen Gelingen oder Ziel).

Definition: Funktionelle Nahinfrarot-Spektroskopie (fNRIS)

FNIRS ist ein nicht-invasives Bildgebungsverfahren, das die durch Gehirnaktivität ausgelöste Durchblutung im Kortex optisch misst. Dabei tragen die Versuchspersonen eine Kappe, an der Dioden angebracht sind, die Infrarotlicht in das Gewebe unter der Kopfhaut projizieren, und deren Detektoren die Intensität des rückgestreuten Lichts messen. Über die Menge des rückgestreuten Lichts wird dann die Konzentration von Sauerstoff im Blut bestimmt. Basierend auf Veränderungen des Sauerstoffverbrauchs können wiederum Rückschlüsse auf die Aktivität kortikaler Areale während der Bearbeitung von Aufgaben gezogen werden.

12.5 Entwicklung und Verbreitung

12.5.1 Entwicklung und Moderatoren

Durch ihre inhärente soziale Abhängigkeit und Eingebundenheit sind die ersten Schritte unseres Lebens immer schon interaktive Schritte. Wenn Kinder lernen, sich in der Welt zu bewegen und zu handeln, ist das nicht vom Erlernen zwischenmenschlicher Koordination trennbar. Ab wann treten zentrale Phänomene gemeinsamen Handeln auf und wovon hängen sie ab?

Während populär diskutierte Berichte imitierender Neugeborener inzwischen angezweifelt werden, scheinen Säuglinge unter bestimmten Bedingungen die Gesichtsausdrücke von anderen Menschen nachzuahmen. In Übereinstimmung dazu zeigen neurowissenschaftliche Studien die frühe Entwicklung und Aktivierung des Spiegelsystems beim Menschen auf (Lepage & Théoret, 2007). Im Laufe des zweiten Lebensjahrs bildet sich bei Kleinkindern dann zunehmend die Tendenz aus, ihre Bewegungen mit anderen zu synchronisieren und deren Handlungen, Haltungen oder Äußerungen unbewusst zu kopieren oder gezielt zu imitieren (z. B. Jones, 2007; ▶ Abb. 12.1, C). Wichtig ist dafür die Übertragung der wahrgenommenen Tätigkeiten auf das eigene motorische System: Beobachten Kleinkinder bei anderen Personen neuartige Handlungen, kopieren sie diese im Rahmen ihrer motorischen Fähigkeiten und Erfahrungen (Paulus, Hunnius, Vissers & Bekkering, 2011).

Eine weitere Herausforderung ist das interaktive Handeln mit anderen, welches sich im Lauf der Kindheit verbessert (Brownell, 2011). Dabei zeigen sich schon recht früh Anzeichen von Aufgaben-Ko-Repräsentation, beispielsweise bei Paaren von Vorschulkindern, die im Labor dieselbe oder unterschiedliche Aufgaben durchführten und nicht nur ihre eigenen, sondern auch die Aufgabenregeln des anderen Kindes im Kopf behielten (Milward, Kita & Apperly, 2014). Auch für präzise Handlungskoordination gibt es im Kindesalter beeindruckende Beispiele, seien es musikalische Gruppen- oder sportliche Teamleistungen. Bereits im dritten Lebensjahr tragen sowohl die Fähigkeit, Handlungen anderer vorherzusagen als auch, die eigenen Handlungen unterdrücken zu können, dazu bei, dass Kindern die Koordination miteinander gelingt (Meyer, Bekkering, Haartsen, Stapel & Hunnius, 2015).

Die Fähigkeit zum gemeinsamen Handeln hängt im gesamten Entwicklungsverlauf mit den entsprechenden Fähigkeiten zu individuellem Handeln zusammen und speist sich aus einer Vielzahl senso-motorischer und kognitiver Prozesse (z. B. perception-action-matching und Perspektivübernahme). Entsprechend finden sich reduzierte Koordinationsleistungen z. B. bei Personen, die aufgrund ihres Alters oder im Rahmen einer psychiatrischen Erkrankung Einschränkungen bei Prozessen der Handlungsvorhersage und -planung oder der Perspektivübernahme haben (Cerullo, Fulceri, Muratori & Contaldo, 2021). Dabei ist es wichtig zu betonen, dass Personen oft vielfältige Kompensationsmöglichkeiten nutzen, z. B. verbale Kommunikation.

12.5.2 Verbreitung im Tierreich

Als Schwärme, Schulen und Herden bilden viele Insekten-, Vogel-, Fisch- und Säugetierarten mühelos energiesparende Formationen (denken Sie an Zugvögel) oder weichen effizient ihren Fressfeinden aus (z. B. Makrelen auf der Flucht vor Thunfischen). Häufig gelingt dies umso besser, je größer die Gruppe ist (Sumpter, Krause, James, Couzin & Ward, 2008). Bei funktionierender kollektiver Bewegung kommen einfache Mechanismen der Bewegungsanpassung zum Tragen, die nicht nur speziesübergreifend funktionieren, sondern auch bei künstlichen Agenten und unbelebten Teilchen (Vicsek & Zafeiris, 2012).

Auch unbeabsichtigte Nachahmung wird bei nicht-menschlichen Tierarten beobachtet. So ist das Gähnen ihrer Artgenossen beispielsweise für manche Primaten und für Hunde (*Canis familiaris*) ansteckend (nicht jedoch für Schildkröten; *Geochelone carbonaria*; Wilkinson, Sebanz, Mandl & Huber, 2011), und Orang-Utans (*Pongo pygmaeus*) zeigen ausgeprägte Mimicry der Gesichtsausdrücke ihres Gegenübers. Gezielte Imitation von Verhalten scheint bei verschiedenen Primaten, Hunden, Vögeln und sogar Fischen vorzukommen (für einen Überblick, siehe Huber et al., 2009). Im Widerspruch zum verbreiteten Bonmot »monkey see, monkey do« ist exakte Imitation bei nichtmenschlichen Primaten, z. B. jungen Schimpansen (*Pan tryglodites*), deutlich geringer ausgeprägt als bei Menschenkindern (Horner & Whiten, 2005). Im Tierreich scheint Emulation besonders verbreitet, und ein beeindruckendes Beispiel liefern Bergpapageien (*Nestor notabilis*), die sich von ihren Artgenossen die Funktionsweise des Öffnungsmechanismus verschlossener Kisten abschauen können, und dann ihren eigenen Zugang entwickeln, um an deren Inhalt zu gelangen.

Um komplexere Herausforderungen zu lösen, teilen soziale Spezies Aufgaben zwischen den Gruppenmitgliedern auf. In großen, dezentralisierten Gruppen übernehmen Individuen dabei meist feste Rollen, beispielsweise Ameisen oder Termiten beim Bau und der Verteidigung ihrer Behausungen oder dem Sammeln und Transportieren von Nahrung (Anderson & Franks, 2001). Spezies in stabilen Dominanzhierarchien, deren Mitglieder einander kennen, zeigen bei der Rollenverteilung mehr Flexibilität. Löwinnen (*Panthera leo*) erhöhen die Wahrscheinlichkeit, Beute zu machen, indem sie die Größe der Jagdgruppe an die Schwierigkeit der Jagd anpassen und die individuelle Position während der Jagd von der jeweiligen Erfahrung der Löwinnen abhängig machen (Stander, 1992). Ein beeindruckendes Beispiel präziser räumlicher und zeitlicher Koordination liefern Schimpansen im Nationalpark Taï, die kleinere Affen durch die Wipfel der Bäume jagen, indem sie hochgradig spezialisierte und komplementäre Rollen einnehmen, und Techniken anwenden, die sie über viele Jahre erlernen (Boesch & Boesch, 2000).

Wie am Ende des vorherigen Abschnitts angesprochen, spielt Kommunikation (▶ Kap. 13) bei Handlungskoordination in der »echten Welt« ebenfalls eine Rolle, auch wenn kontrollierte Laborstudien diesen Aspekt häufig ausblenden (z. B. durch die Vorgabe, während einer Untersuchung nicht zu reden). Im Tierreich unterstützen kommunikative Signale wie Pheromone, Signalfarben oder Rufe das gemeinsame Sammeln, Bauen, Jagen oder Fliehen.

12.6 Jenseits beobachtbarer Handlungen

Gemeinsames Handeln ist Gegenstand verschiedener Forschungsdisziplinen und entsprechend vielfältig sind die methodischen Zugänge, theoretischen Konzeptualisierungen und vermuteten Voraussetzungen. Während manche Ansätze auf basale Mechanismen wie perception-action-matching setzen oder kognitive Repräsentationen (z. B. Absichten) in Gänze ausklammern (Marsh et al., 2006), betonen andere die Bedeutung von Konstrukten wie »Commitment«, die gegenseitige Zuschreibung mentaler Zustände oder eine über das Individuum hinausgehende, geteilte Wir-Intentionalität für gelingendes

Ko- und Interagieren (Bratman, 2009; Gilbert, 1992). »Where you stand depends on where you sit« gilt auch in der Forschung, und es ist entsprechend wichtig, die Rahmenbedingungen und Geltungsbereiche verschiedener Ansätze herauszuarbeiten und zu integrieren (Vesper, Butterfill, Knoblich & Sebanz, 2010).

In seiner engen Verzahnung mit sozialer Wahrnehmung, Emotion, Kognition und Motivation, wird gemeinsamem Handeln häufig die Rolle des Ziels zugeschrieben, auf das andere soziale Funktionen ultimativ ausgerichtet sind (»perception is for action« oder »thinking is for doing«; Witt, 2017; Fiske, 1992). Die Grenzen zwischen den vorausgesetzten, beteiligten und angestrebten Prozessen gemeinsamen Handelns ist fließend; beim gemeinsamen Serienschauen, beim Knacken eines Rätsels in der Gruppe oder wenn wir in langjährigen Beziehungen wissen, dass unsere Partnerin alle Geburtstage im Kopf hat (und wir sie daher getrost vergessen können), an Arzttermine aber erinnert werden muss.

Während dieses Kapitel den Fokus auf beobachtbare gemeinsame Tätigkeiten legt, entstammen viele Errungenschaften menschlicher Koordination gerade nicht dem Zusammenspiel von Händen und Füßen, sondern geistigen Synergien (siehe Exkurs Literaturempfehlungen zu gemeinsamem Denken). Besonders schön und zutreffend beschreibt das Nobelpreisträger Daniel Kahneman, wenn er über seinen langjährigen Freund und Kollegen Amos Tversky sagt »Amos and I shared the wonder of together owning a goose that could lay golden eggs – a joint mind that was better than our separate minds« (Kahneman, 2002).

12.7 Fazit und Empfehlungen

Je weiter wir im Rahmen dieses Buchs fortschreiten, desto deutlicher wird, wie inhärent sozial unser Erleben und Verhalten sind. Die hier dargestellten Phänomene gemeinsamer Bewegung und Handlung zeigen die Leichtigkeit und Vielfalt zwischenmenschlicher Koordination auf: Unmittelbar synchronisieren wir unsere Bewegungen mit anderen, ahmen ihre Handlungen unwillkürlich oder absichtsvoll nach, repräsentieren ihre Aufgaben und passen unser Verhalten präzise an das ihre an. Dabei scheint sich die gemeinsame Handlungsfähigkeit in direktem Zusammenspiel mit der individuellen Handlungskompetenz zu entwickeln und bei vielen gruppenlebenden Spezies ausgeprägt zu sein.

Die zwischenmenschliche Koordination von Bewegungen und Handlungen geht in unserem Alltag meist mit weiteren Facetten sozialer Interaktion einher. Gemeinsame Tätigkeiten wie ein Tangotanz oder der Bau eines Baumhauses können unterstützt werden, indem wir uns verbal über Strategien austauschen oder nonverbal auf Hindernisse hinweisen (▶ Kap. 13 Kommunikation) und indem wir gemeinsame Ziele anvisieren, einander vertrauend und selbst zuverlässig handelnd (▶ Kap. 14 Kooperation).

Exkurs: Literaturempfehlungen zu gemeinsamem Denken

Gemeinsames Wirken geht über Teamsport, Kammermusik und das koordinierte Tragen von Möbelstücken – kurz: gemeinsam ausgeführte beobachtbare Handlungen – hinaus. Da diese hier nicht näher ausgeführt wurden, möchte ich auf weiterführende Literatur verweisen:

Gemeinsame Gedächtnisleistungen (manchmal »transactive memory« genannt)

Johansson, O., Andersson, J., & Rönnberg, J. (2000). Do elderly couples have a better prospective memory than other elderly people when they collaborate? *Applied Cognitive Psychology: The Official Journal of the Society for Applied Research in Memory and Cognition, 14*(2), 121–133.
Lewis, K. (2003). Measuring transactive memory systems in the field: scale development and validation. *Journal of Applied Psychology, 88*(4), 587.
Tollefsen, D. P., Dale, R., & Paxton, A. (2013). Alignment, transactive memory, and collective cognitive systems. *Review of Philosophy and Psychology, 4*, 49–64.
Wegner, D. M., Erber, R., & Raymond, P. (1991). Transactive memory in close relationships. *Journal of Personality and Social Psychology, 61*(6), 923.

Gemeinsames Problemlösen, kollaboratives Lernen und Forschen

Hagemann, V., & Kluge, A. (2017). Complex problem solving in teams: the impact of collective orientation on team process demands. *Frontiers in Psychology, 8*, 1730.
Hall, K. L., Vogel, A. L., Huang, G. C., Serrano, K. J., Rice, E. L., Tsakraklides, S. P., & Fiore, S. M. (2018). The science of team science: A review of the empirical evidence and research gaps on collaboration in science. *American Psychologist, 73*(4), 532.
Nguyen, T., Schleihauf, H., Kayhan, E., Matthes, D., Vrtička, P., & Hoehl, S. (2020). The effects of interaction quality on neural synchrony during mother-child problem solving. *Cortex, 124*, 235–249.
Nokes-Malach, T. J., Richey, J. E., & Gadgil, S. (2015). When is it better to learn together? Insights from research on collaborative learning. *Educational Psychology Review, 27*, 645–656.
Roschelle, J., & Teasley, S. D. (1995). The construction of shared knowledge in collaborative problem solving. In *Computer supported collaborative learning* (pp. 69-97). Springer.

Literaturempfehlungen

Couzin, I. D., Krause, J., Franks, N. R., & Levin, S. A. (2005). Effective leadership and decision-making in animal groups on the move. *Nature, 433*(7025), 513–516.
Keller, P. E., Novembre, G., & Hove, M. J. (2014). Rhythm in joint action: psychological and neurophysiological mechanisms for real-time interpersonal coordination. *Philosophical Transactions of the Royal Society B: Biological Sciences, 369*(1658), 20130394.
Knoblich, G., Butterfill, S., & Sebanz, N. (2011). Psychological research on joint action: theory and data. *Psychology of Learning and Motivation, 54*, 59–101.
Konvalinka, I., & Roepstorff, A. (2012). The two-brain approach: how can mutually interacting brains teach us something about social interaction? *Frontiers in Human Neuroscience, 6*, 215.
Sebanz, N., Bekkering, H., & Knoblich, G. (2006). Joint action: bodies and minds moving together. *Trends in Cognitive Sciences, 10*(2), 70–76.

Externe Links

Flugformation von Staren: https://www.youtube.com/watch?v=V4f_1_r80RY
Beeindruckende räumliche und zeitliche Handlungskoordination: https://www.youtube.com/watch?v=NVitgDEh_tw
Failed handshake: https://www.youtube.com/watch?v=yh_pieNaNkQ

13   Kommunikation: Wie wir uns austauschen

> Das dreizehnte Kapitel nimmt einen Aspekt des Miteinanders in den Fokus, ohne den unser Leben kaum vorstellbar ist: Kommunikation. Welche Herausforderungen treten auf, wenn wir uns miteinander austauschen und wie begegnen wir diesen? Im Folgenden werden zentrale Mechanismen verbaler und nonverbaler Kommunikation dargestellt.

Es ist für Menschen nicht nur praktisch und sinnvoll, sondern ein grundlegendes Bedürfnis, Informationen, Gedanken und Gefühle miteinander zu teilen. Wir tun dies in versetzter, asynchroner Form mit Briefen, Sprach- und Kurznachrichten oder synchron im direkten Gespräch, sei es rein akustisch (z. B. am Telefon), rein visuell (z. B. in Gebärdensprache) oder multimodal, sowohl verbal mit Worten und Sätzen als auch nonverbal anhand von Gesten, Mimik, Berührung oder Tonfall. In vielen Situationen gelingt dieser Austausch mühelos und mit freudvoller Leichtigkeit. In anderen, etwa in einer rudimentär beherrschten Fremdsprache oder bei schlechter Verbindung, wird er stockend und kräftezehrend (siehe Kasten Fallbeispiele).

Fallbeispiele: Kommunikation, glatt und kantig

Fall 1: Eine Gruppe von Bekannten sitzt gesellig zusammen und spielt Pantomime, das Thema ist Literatur. Lily dreht ihre Karte um, sie soll »Glaube, Liebe, Hoffnung« darstellen, natürlich ohne dabei zu sprechen. Aus Sicht der gespannt Wartenden hat sie noch nicht mal angefangen, als ihre Schwester Noa lacht und »Glauuube, Liiiebe, Hoooffnung« ruft. Hä? Die etwas affektierte Geste, mit der Lily sich eine imaginäre Brille zurückschob, war für Noa ausreichend. Die Geschwister erzählen den sprachlosen Freunden von dem Standesbeamten, der bei der Hochzeit ihres Cousins auf diese Weise das Hohelied der Liebe rezitierte und seitdem fester Bestandteil der Anekdotenschatzkiste ihrer Familie ist.

Fall 2: Der Zug nach Berlin ist bereits gut gefüllt, als Herr Hamann einsteigt und auf seinen reservierten Platz zusteuert. Aber, oh Schreck, dieser ist von einer Dame nebst zahlreichen Paraphernalien besetzt. »Pardon, ich befürchte, Sie sitzen auf meinem Platz«. »Reserviert«, entgegnet diese schulterzuckend und regt sich nicht. »Ja genau, ich habe diesen Platz reserviert«, versucht es Herr Hamann nach einigen zähen Sekunden erneut. »Unmöglich, das ist doch die 13, nicht wahr?« fragt die Dame. »Oh nein, Sie sitzen auf der 42« erwidert Herr Hamann. »Ich spreche vom Wagen«, »Vom Wagen? Was hat denn der Wagen damit zu tun?« »Sie sind vermutlich im falschen Wagen, mein Herr« erläutert die Dame jovial. »Aber Sie sitzen auf dem falschen Platz!« ruft Herr Hamann. Zum Glück können Mitreisende das Missverständnis klären und ein Handgemenge verhindern.

Beide Beispiele verdeutlichen (hoffentlich), wie wichtig es für gelingenden Informationsaustausch ist, auf demselben Stand zu sein, eine gemeinsame Basis (engl.: *common ground*) zu haben.

Kommunikation ist Gegenstand vieler Disziplinen, von Philosophie und Soziologie bis Jura und Informatik (Habermas, 1981; Luhmann, 1992, Plusquellec & Denault, 2018). Auch die psychologische Forschung greift die Idee von Sendenden und Empfangenden auf, die Botschaften, respektive, kodieren und dekodieren – wobei eine Nachricht nicht nur Sachinhalte, sondern auch Appelle, Selbstoffenbarungen und Kommentare zur Beziehung enthalten kann (*Vier-Seiten-Modell*; Schulz von Thun, 1981). Die Omnipräsenz von Kommunikation formulierten Paul Watzlavick, Janet Beavin und Don Jackson mit »Wir sind eingesponnen in Kommunikation« (Watzlavick, Beavin & Jackson, 2011). Aber was ist das eigentlich?

> **Definition: Kommunikation**
>
> Kommunikation (aus dem Lateinischen, »teilen«, mitteilen«, »gemeinsam machen«) bezeichnet den Prozess des Übermittelns von Informationen zwischen Individuen und/oder Gruppen. Neben dem Informationsaustausch sind motivationale und emotionale Aspekte bedeutsam, sodass Kommunikation über die reine Übermittlung einer Botschaft hinausgeht. Sie dient u. a. dazu, Entscheidungen vorzubereiten, Motivation zu erzeugen oder bei anderen einen gewünschten Eindruck herzustellen (https://dorsch.hogrefe.com/stichwort/kommunikation).

Nachfolgend werde ich einige Herausforderungen und Mechanismen verbaler und, anschließend, nonverbaler Kommunikation darstellen.

13.1 Verbale Kommunikation

Sprache, egal ob schriftlich, mündlich, mit Gebärden oder auf mehreren Wegen gleichzeitig, ist ein konkurrenzlos erfolgreiches Mittel, um Information zu verarbeiten und Gedanken zu strukturieren – für sich selbst und im sozialen Austausch. Lange Zeit wurden *Sprachverarbeitung* und *Sprachproduktion* ausschließlich separat untersucht, meist in Einzelsettings, in denen akkurate (oder gezielt verfälschte) Worte oder Sätze von Versuchspersonen entweder gehört/gelesen oder gesprochen/geschrieben werden sollen (z. B. Friederici, 2011). Konversation, also der verbale Austausch zwischen Individuen, deren sich abwechselnde Beiträge zeitlich und inhaltlich in Beziehung stehen, galt als seriell und modular, was man sich in etwa so vorstellen kann: Die Senderin hat eine Idee, die sie teilen möchte, und bringt diese dann in eine sprachliche Form, wobei sie zuerst die Bedeutung (Semantik), dann die grammatikalische Form (Syntax) und schlussendlich die Bildung von Worten und Silben (gesprochene Phoneme oder geschriebene Grapheme) plant. Ist der Satz ausgesprochen oder niedergeschrieben, dekodiert die Empfängerin die Nachricht, indem sie zuerst die phonetische, dann die syntaktische und schließlich die semantische Information, die Bedeutung, verarbeitet. Nun denkt sie über die vermittelte

Idee nach, bevor sie eine Antwort plant und generiert (Pickering & Garrod, 2013).

Wer im Alltag darauf achtet, wie Unterhaltungen ablaufen, beginnt womöglich, an der Vorstellung perfekt geplanter, streng getrennter Sprachverarbeitung und -produktion zu zweifeln. Beispiele echter Dialoge zeigen, wie fragmentarisch, unvollständig, ambivalent, zeitweise überlappend, kurz: reichlich unperfekt diese sein können:

- »Gibst du mir mal kurz das... äh....« [angesprochene Person reicht Brot] »nein Dingens...« [angesprochene Person zeigt aufs Salz, sprechende Person nickt] ... [beide gleichzeitig:] »Bitte«/»Danke«.
- Maria: »Wollen wir gleich noch?« Paul: »Ist das Café Frodo schon wieder?« Maria: »Montag.« Paul: »Ah... ok... Dean & David?« Maria: »Boah nee... oben am Markt?« Paul: »Ja ok.«

Realistische Dialoge bringen verschiedene Herausforderungen mit sich, denen wir so mühelos begegnen, als seien wir dafür geschaffen (Garrod & Pickering, 2004). Wie gelingt uns das?

13.1.1 Gleichzeitige Verarbeitung und Planung von Sprache

Während einer Konversation müssen wir das Verstehen und die Sprechvorbereitung unter einen Hut bringen und stimmig aufeinander reagieren, obwohl wir oft erst im Verlauf des Gesprächs erahnen, worauf unser Gegenüber eigentlich hinauswill und obwohl dessen Äußerungen alles andere als eindeutig, vollständig und wohlformuliert sind. Bedenkt man, wie anstrengend bis hin zu unmöglich es für Menschen ist, mehrere Aufgaben parallel zu bearbeiten, stellt sich die Frage, wie wir Gesagtes verarbeiten und gleichzeitig die eigenen Gedanken sprachlich sortieren. Erstaunlicherweise kann die Übergabe des Wortes (engl.: turn-taking) im Gespräch nämlich enorm effizient und deutlich schneller vonstattengehen (200–300 ms), als es die Dauer vermuten lässt, die wir zur Planung selbst einfachster Äußerungen benötigen (etwa 600 ms; Meyer, 2023).

Als einen zentralen Mechanismus schlagen Simon Garrod und Martin Pickering *interactive alignment*, also wechselseitige Angleichung, auf allen sprachlichen Ebenen vor (2004; 2013; ▶ Abb. 13.1). Vergleichbar mit überlappenden Repräsentationen bei der Wahrnehmung und Ausführung von Handlungen (perception-action-matching, ▶ Kap. 12.2) wird auch für das Verstehen und Hervorbringen von Sprache ein gemeinsames Format angenommen. Sprachproduktion und -verarbeitung beruhen, zumindest teilweise, auf den gleichen Prozessen. Dadurch aktiviert und vereinfacht das Rezipieren von gesprochener Sprache das anschließende Sprechen – und andersherum. So passen sich Unterhaltende, weitestgehend unbewusst, dynamisch und kontinuierlich auf phonologischer, syntaktischer und semantischer Ebene aneinander an, nutzen gegenseitig die Betonungen, Satzstrukturen und Bezeichnungen der anderen und bauen im Lauf des Gesprächs gemeinsam einen common ground, ein gemeinsames Verständnis, auf (z. B. Fusaroli et al., 2012). Interactive alignment hilft, unvollständige und ambivalente Aussagen einzuordnen und die Interferenz (Störung) zwischen Verarbeitung des Gesagten und Planung der eigenen Äußerungen zu reduzieren. Im Dialog sind Sprachverarbeitung und -produktion parallel aktiviert, Zuhörende bereiten ihre Antworten bereits vor, während ihr Gegenüber noch spricht (Bögels, Magyari & Levinson, 2015).

Diese parallele Aktivierung zeigt sich auf neuronaler Ebene. Zwar galt lange Zeit das Wernicke-Areal als zuständig für das Verständnis und das Broca-Areal als ausschlaggebend für die Produktion von Sprache. Neuere Studien verweisen jedoch auf breite Überlappungen der neuronalen Aktivierung bei Sprachverarbeitung und -produktion (Pulvermüller & Fadiga, 2010) und demonstrieren bei Sprechenden und Zuhörenden während

Konversationen zeitlich versetzt, aber stabil zusammenhängend, die gleichen neuronalen Aktivierungsmuster, wobei die Koordination der Hirnaktivität (Interbrain-Synchronisation) das gegenseitige Verständnis begünstigt (z. B. Stephens, Silbert & Hasson, 2010).

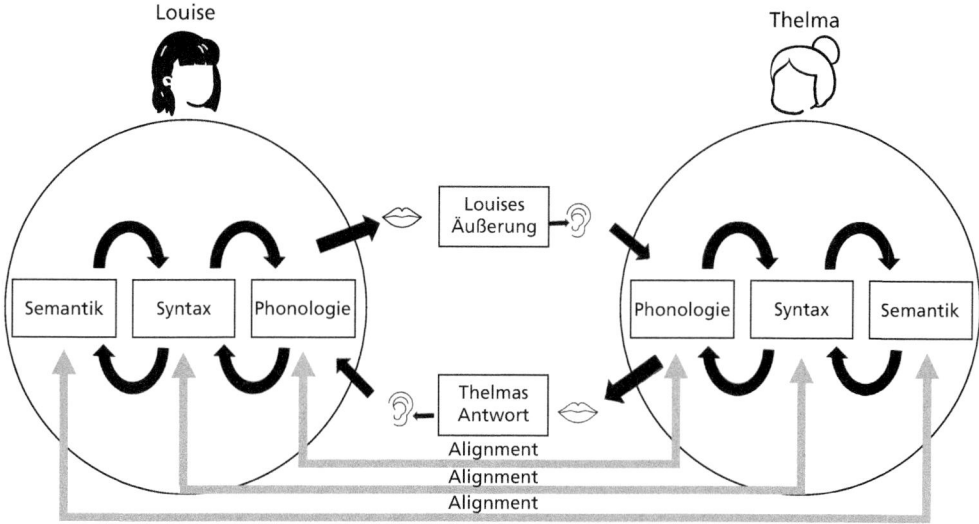

Abb. 13.1: Schematische Darstellung des internen Ablaufs bei Produktion und Verarbeitung von Sprache (schwarze Pfeile) sowie der kontinuierlichen wechselseitigen Angleichung von Prozessen der Sprachverarbeitung und -produktion bei einer Konversation zweier Individuen (graue Pfeile). Louises Äußerung aktiviert bei Thelma bestimmte Laute und Worte (phonologische Ebene), Satzstrukturen (Syntax) und Vorstellungen (Semantik), die Thelma bei der Planung und Ausführung ihrer Reaktion übernimmt und erweitert, was wiederum Louises Antwort auf Thelmas Reaktion prägt (nach Garrod & Pickering, 2004).

13.1.2 Koordination von Sprechhandlungen

Um sich im Gespräch flüssig abwechseln und neue Einsichten gewinnen zu können, müssen Menschen neben der zeitgleichen Verarbeitung und Vorbereitung von Äußerungen auch ihre jeweiligen Sprechhandlungen aufeinander abstimmen – zum einen zeitlich und zum anderen inhaltlich. Dabei hilft die im vorherigen Unterkapitel dargestellte wechselseitige Angleichung. Auch nonverbale Hinweise verschiedener Modalitäten (z. B. Blicke oder der Tonfall) unterstützen das turn-taking, also die Übergabe des Wortes im Gespräch, und die Interpretation des Gesagten (▶ Kap. 13.2).

Darüber hinaus werden Prozesse angenommen, die, analog zur Koordination von Handlungen wie dem gemeinsamen Sofatragen oder Tanzen (▶ Kap. 12.3), Gespräche als eine Form von joint action unterstützen. Grundlage dieser Prozesse ist die funktionell gleiche Repräsentation von wahrgenommener und selbst produzierter Sprache. Beispielsweise generieren Sprechende, bevor sie ihre Äußerungen aussprechen, innere Vorhersagen, wie diese Aussagen klingen (sogenannte *forward models*) und können so die Bedeutung, Satzstruktur und Worte beim Reden überwachen und, wenn nötig, schnell anpassen oder korrigieren. Zudem imitieren Zuhörende, während ihr Gegenüber spricht, mental dessen Äußerungen (*covert imitation*), was ihnen die genauere

Vorhersage und Prüfung des Gesagten erlaubt. Indem Sich-Unterhaltende ihre gegenseitigen Äußerungen innerlich simulieren und kontinuierlich vorhersagen, können sie diese mit ihren eigenen Vorstellungen und Äußerungen integrieren und dadurch die zeitliche und inhaltliche Abstimmung verbessern und gemeinsam Erkenntnisse, Ideen oder konkrete Pläne schaffen, die ihnen einzeln verborgen geblieben wären (Pickering & Garrod, 2013).

Führen Versuchspersonen klassische Aufgaben der Sprachproduktion, z. B. die Benennung von bildlich dargestellten Objekten, nicht allein, sondern gemeinsam und im Wechsel mit anderen durch, zeigen sich Hinweise für Aufgaben-Ko-Repräsentation (▶ Kap. 12.3.1). So bereiteten Versuchspersonen nicht nur die Benennung ihrer eigenen, sondern auch der Objekte der anderen mental vor (Baus et al., 2014; Kuhlen & Abdel-Rahman, 2017). Darüber hinaus können typische Effekte der Sprachproduktion sogar umgekehrt werden, wenn die Versuchspersonen in einen realitätsnäheren Kommunikationskontext eingebettet sind. In klassischen Einzelsettings ist die Produktion von Worten beispielsweise erschwert, wenn die Sprechenden zeitgleich oder kurz zuvor semantisch verwandte Worte verarbeiten (z. B. einen bildlich dargestellten Apfel benennen, nachdem das Wort Banane gelesen wurde). Kamen die entsprechenden Bilder/Worte hingegen in sich abwechselnden und aufeinander beziehenden Äußerungen zweier Versuchspersonen vor, verwandelte sich diese sogenannte semantische Interferenz in eine Vereinfachung (»Welche Karte kommt nach Banane?« »Apfel«; Kuhlen & Abdel-Rahman, 2022; 2023). Dialoge fallen uns Menschen in vielerlei Hinsicht leichter als Monologe.

13.1.3 Anpassung an Gegenüber und Situation

An der letzten hier aufgeführten Herausforderung verbaler Kommunikation scheitern wir gelegentlich und merklich, was Erheiterung, aber auch Auseinandersetzungen zur Folge haben kann. Wenn eine Bekannte Sie mit einem erfreuten »Heinz hat ja wieder Rücken« verwirrt oder Sie Ihren hochdeutschen Kollegen mit »Pfiat di« grüßen, dann hat Ihre Bekannte versäumt, ihre Aussage an Ihr Vorwissen anzupassen (über ihren Ehemann, der als Jäger Rehrücken verkauft) und Sie haben die Hörgewohnheiten des Kollegen ignoriert. Wie klar wir uns ausdrücken, welche Begriffe wir meiden und welche Informationen wir referenziellen Angaben hinzufügen sollten, hängt vom Kontext ab, z. B. vom Gegenüber, unserer Beziehung, der Vorgeschichte des Gesprächs und der aktuellen Situation. In der Sprachwissenschaft wird der flexible und sinnvolle Einbezug von Kontext bei der Verarbeitung und Produktion von Sprache als *Pragmatik* bezeichnet.

Mühelos und ohne explizite Aushandlung gleichen wir im Gespräch unsere Äußerungen auf allen linguistischen Ebenen aneinander an (▶ Kap. 13.1.1), was das gegenseitige Verständnis und die Schaffung eines geteilten Modells der Situation fördert. Weitere Anpassungsprozesse scheinen uns in die Wiege gelegt: Über Kulturen hinweg sprechen Menschen mit Säuglingen und Kleinkindern auf eine deren Bedürfnissen entsprechende Weise (z. B. langsam, in einfachen Worten und hoher Tonlage, mit überdeutlich betonten Vokalen; Narayan & McDermott, 2016).

Inzwischen unterstreichen zahlreiche Studien, dass auch explizite kognitive Perspektivübernahme in realitätsnahen Konversationen eine zentrale Rolle spielt (Boux, Tomasello, Grisoni & Pulvermüller, 2021). Müssen wir im Gespräch die Informationslage oder Bedürfnisse eines Gegenübers miteinbeziehen, sind Teile des neuronalen Theory of Mind-Netzwerks besonders aktiviert (Vanlangendonck, Willems & Hagoort, 2018). In Hyperscanning-Studien, die neuronale Aktivität sich unterhaltender Versuchspersonen (z. B. mit EEG oder fNIRS) gleichzeitig erfassen, wurde Interbrain-Synchronisation in typischen Arealen der Sprachverarbeitung und -produktion

(z. B. inferiorer frontaler Gyrus, superiorer temporaler Gyrus) aber auch in Arealen gemeinsamer Aufmerksamkeit und sozialen Verstehens gefunden (z. B. präfrontaler Kortex, temporo-parietale Junktion; Kelsen, Sumich, Kasabov, Liang & Wang, 2022).

> **Merke**
>
> Verbale Kommunikation bringt zahlreiche Herausforderungen mit sich. Im Gespräch sind wir mit fragmentarischen und uneindeutigen Äußerungen konfrontiert, müssen gleichzeitig unser Gegenüber verstehen und die eigene Antwort planen, unsere Sprechhandlungen zeitlich präzise und inhaltlich stimmig miteinander koordinieren und dabei auch noch den Kontext berücksichtigen. Aufgrund von anstrengungsarmen Prozessen wie interactive alignment und der internen Simulation und Vorhersage eigener und fremder Äußerungen, aber auch expliziter kognitiver Perspektivübernahme, gelingen uns Dialoge erstaunlich leicht und erfolgreich.

Dabei sind Gespräche nicht auf optimale Informationsvermittlung und perfekten Austausch ausgerichtet, sondern schlicht darauf, »gut genug« zu sein (Kuhlen & Abdel-Rahman, 2023). Nicht selten sprechen wir gleichzeitig, fallen einander ins Wort, schweifen ab (sowohl beim Zuhören als auch beim Sprechen), nehmen auf längst abgeschlossene Punkte Bezug und das gegenseitige Verständnis ist eher illusorisch. Erfreulicherweise scheint uns das meist nicht sonderlich zu stören.

13.2 Nonverbale Kommunikation

Kommunikation ist ein komplexer und multimodaler Prozess (Holler & Levinson, 2019). Verbaler Austausch wird kontinuierlich von nonverbal vermittelter Information begleitet, sei es visuell (z. B. Blickrichtung, Gesichtsausdruck, Gesten), taktil (z. B. Berührungen, Nähe) oder auditiv (z. B. paraverbales Verhalten wie Tonlage und Sprechlautstärke oder auch der wirkungsvolle Einsatz von Stille). Dabei sind verbale und nonverbale Kommunikation untrennbar verwoben und erhalten erst gemeinsam und in Wechselwirkung ihre Bedeutung, z. B. wenn der Tonfall klärt, ob »Du magst Rhabarber« eine Frage oder ein Ausruf, überrascht oder ironisch gemeint ist oder wenn eine Zeigegeste auflöst, dass es sich bei meiner »besseren Hälfte« um meinen Bruder und nicht meinen Freund handelt. Besonders nonverbale Kommunikation ermöglicht dabei schnelles und beständiges Feedback zwischen den Gesprächsbeteiligten.

> **Definition: Nonverbale Kommunikation und nonverbales Verhalten**
>
> Nonverbale Kommunikation ist der Aspekt des Austauschs zwischen Individuen und/oder Gruppen, der jenseits des linguistischen Inhalts stattfindet. Theoretisch spezifischer beschreibt nonverbale Kommunikation dabei den *absichtsvollen* Einsatz von Zeichen (engl.:

signals), deren Interpretation von den Kommunizierenden *geteilt* wird. Unbeabsichtigt abgesetzte Hinweise (engl.: cues) werden hingegen als nonverbales Verhalten bezeichnet (siehe auch ▶ Kap. 5.2.2). In der Praxis lassen sich die Intentionalität und das Ausmaß, zu dem Bedeutungen von nonverbalen Verhalten geteilt sind, oft nicht klar ermitteln (Hall, Horgan & Murphy, 2019).

Abgesehen von einigen Emblemen, also spezifischen Signalen mit klarer kulturell geteilter Bedeutung (z. B. fingers crossed als »Ich wünsche Dir, dass es klappt!« in Nordamerika oder Daumen hoch als »Super!« in einigen europäischen Ländern), entsteht die Interpretation der meisten nonverbalen Information kontextabhängig und in Wechselwirkung mit weiteren verbal oder nonverbal transportierten Botschaften.

13.2.1 Nonverbale Information senden

Nonverbale Information kann grob danach eingeteilt werden, wie stabil sie über die Zeit ist und wie intentional sie vermittelt wird (▶ Abb. 13.2). Relativ überdauernd und meist unbeabsichtigt informieren beispielsweise unser Aussehen und unser Gang andere über unser Geschlecht und (ungefähres) Alter oder verrät der Dialekt unsere regionale Herkunft. Kurzfristig und ähnlich unwillentlich kann die zitternde Stimme, das Erröten oder der Geruch von Schweiß jemandes Nervosität preisgeben. Mit Poloshirt, Pool und Porsche kommunizieren Menschen absichtsvoll und langfristig ihren sozialen Status; Mimik und Gestik erlauben ihnen akut und flexibel ihre Urteile, Dating-Motivation oder Verwirrung auszudrücken (Hall et al., 2019 für eine Übersicht).

Im Gespräch ermöglicht die Stimme die gleichermaßen präzise wie flexible Einordnung des Gesagten, beispielsweise als Frage oder Aussage, als Scherz oder Drohung. Anhand von (Veränderungen in) Tonfall und Lautstärke, Sprechgeschwindigkeit und Betonung können Menschen Gefühlszustände, das Ausmaß ihrer Überzeugung und die auf ihr Gegenüber gerichteten Urteile und Absichten kommunizieren (Blicke und Gesten werden in Kap. 13.2.3 detaillierter ausgeführt). Ein weiterer zentraler Quell an Information ist das Gesicht, welches während einer Konversation jemandes Aufmerksamkeitsausrichtung, Konzentration, Emotionen und die unmittelbare Reaktion auf und Beurteilung von Aussagen verraten kann (▶ Kap. 2). Doch wie eindeutig ist nonverbale Information wirklich, und wird sie von anderen akkurat eingeschätzt?

13.2.2 Nonverbale Information empfangen und interpretieren

Um beim Gesicht zu bleiben: Studien zeigen, wie schnell Menschen von Gesichtern auf Geschlecht, Alter, Attraktivität, Herkunft, sexuelle Orientierung, Religionszugehörigkeit, Gesundheitszustand, sozialen Status, zahlreiche Charaktereigenschaften und mentale und emotionale Zustände der dargestellten Personen schließen – Urteile, die bei weitem nicht immer akkurat sind (für Übersichten, siehe Jack & Schyns, 2017; Todorov, Olivola, Dotsch & Mende-Siedlecki, 2015).

Das sogenannte Linsenmodell (▶ Kap. 5.2.3; Brunswik, 1956) skizziert die Beziehung zwischen den tatsächlichen Eigenschaften einer sendenden Person (z. B. deren Ehrlichkeit) und den Hinweisreizen, die andere, empfangende Personen für deren Beurteilung nutzen (*cue utilization*; z. B. aufrechte Körperhaltung, ernster Gesichtsausdruck) sowie der Aussagekraft und Zuverlässigkeit dieser Reize (*cue validity*). Während Menschen Alter und Geschlecht recht zuverlässig einschätzen können, ist bei Persönlichkeitseigenschaften mehr Vorsicht geboten (▶ Kap. 5.2). Die Erkennungsleistung bei akuten mentalen Zuständen wie Emotionen oder Absichten wird in Empathie- oder Theory of Mind-Aufgaben erfasst (▶ Kap. 7.1 und ▶ Kap. 10.1). Auch wenn Menschen einander über ihre wahren Gefühle, Gedanken und Pläne täuschen können, erkennen sie diese Zustände im Durchschnitt einigermaßen zuverlässig – abhängig, unter anderem, von ihrer Beziehung und ihrer Ähnlichkeit mit der sendenden Person.

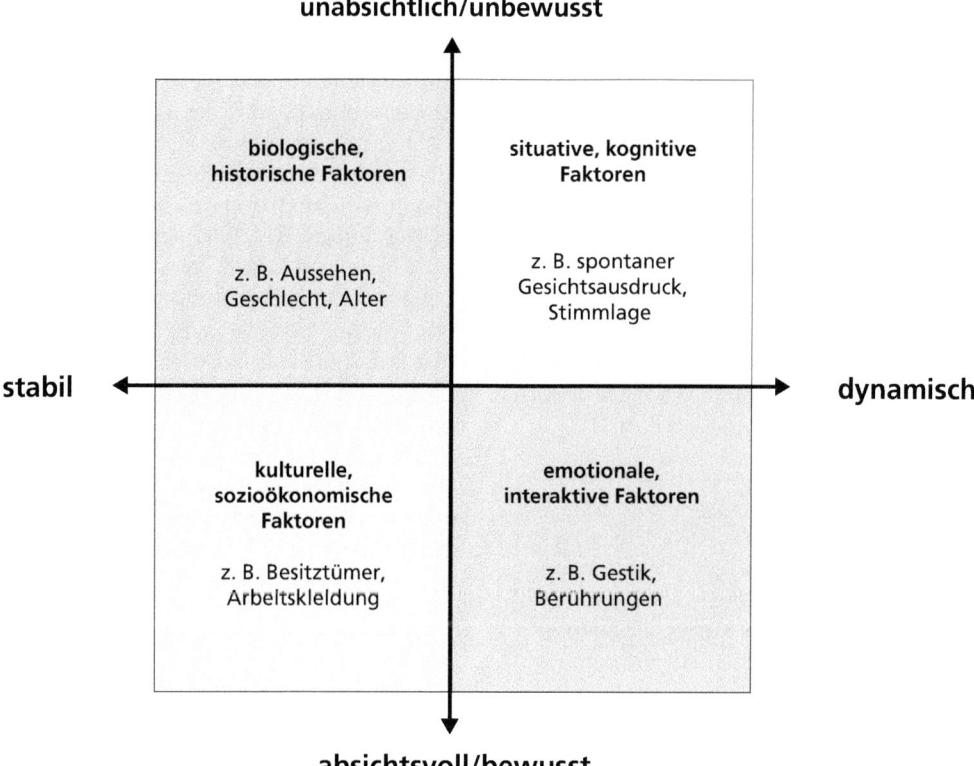

Abb. 13.2: Schematische und beispielhafte Aufteilung von nonverbal vermittelter Information nach den Dimensionen Intentionalität (absichtsvoll versus unbeabsichtigt) und Stabilität (stabil versus dynamisch; nach Hall et al., 2019).

Ob akkurat oder nicht: Unsere Interpretationen der nonverbal transportierten Information, die wir von anderen empfangen, prägt, wie wir uns ihnen gegenüber verhalten. Emotionsausdrücke in Gesicht, Körper, Stimme beeinflussen beispielsweise nicht nur unmittelbar, ob man sich Personen annähert oder sie meidet, sondern auch eine Bandbreite an sozialen Entscheidungen und Verhaltensweisen, z. B., ob wir ihnen helfen oder vertrauen (Tracy, Randles & Steckler, 2015).

13.2.3 Unterstützung verbaler Kommunikation durch Blicke und Gesten

Die Bedeutung nonverbaler Information für gelingende Kommunikation lässt sich am Beispiel von Blicken und Gesten besonders gut konkretisieren. Allein die Blickrichtung dient im Gespräch der Regulation (z. B. der Übergabe des Wortes), der Überwachung des anderen (z. B. Ist die Zuhörerin noch aufmerksam? Erwartet die Sprecherin eine Reaktion?) und der Einordnung des Gesagten (Kendon, 1967; ▶ Kap. 1.3.3). Mit direktem Blick können wir eine Aussage betonen oder Zustimmung signalisieren, mit abgewandtem Blick unsere Betroffenheit, ein Augenrollen zeigt, wie enerviert wir sind, ein langsames Blinzeln, dass wir verstanden haben (Hömke, Holler & Levinson, 2018). Blicke helfen, das Gespräch flüssig am Laufen zu halten und nach Unterbrechungen wieder aufzunehmen (Degutyte & Astell, 2021).

> **Definition: Gesten**
>
> Gesten bezeichnen bewusste oder unbewusste Bewegungen des Körpers, besonders der Hände, Arme oder des Kopfes, die kommunikativ eingesetzt werden oder Kommunikation begleiten. *Ikonische* Gesten stellen Bedeutungen dabei konkret und bildhaft dar (z. B. die schnelle Auf- und Ab-Bewegung der Finger für »Schreiben/Tippen« oder die Drehbewegung der Hand für »Aufschließen«), während *metaphorische* Gesten abstrakte Inhalte bildhaft andeuten (z. B. die versetzte, balancierende Bewegung der Hände für »Gerechtigkeit«). *Deiktische* Gesten bezeichnen das Zeigen auf relevante Gegenstände des Gesprächs, z. B. Objekte, Orte oder Personen (Goldin-Meadow, 1999).

Gesten können als bewusst eingesetzte Embleme verbale Äußerungen komplett ersetzen (z. B. der Zeigefinger vor dem Mund den Satz »Sei bitte leise«) oder unterstützend Aspekte ausdrücken, die im Gespräch kompliziert zu verbalisieren wären (z. B. der Verlauf eines Feldwegs). Gesten disambiguieren (z. B. Welche Ella ist gemeint?) und helfen, Informationen zu strukturieren und zu portionieren (Goldin-Meadow & Alibali, 2013). Häufig begleiten wir Gespräche unbewusst durch Gesten und obwohl diese sich zwischen Menschen unterscheiden, können wir sie oft richtig interpretieren und zum besseren Verständnis nutzen. In sozialen Lernkontexten geben die Gesten, die Lernende nutzen, um ihre Lösungswege zu beschreiben, sogar Hinweise darauf, wie weit sie bestimmte Zusammenhänge durchdrungen haben und fördern dadurch über die verbale Sprache hinaus das Erlernen komplizierter Sachverhalte (Wakefield, Novack, Congdon, Franconeri & Goldin-Meadow, 2018).

Ist Ihnen schonmal aufgefallen, dass Sie selbst dann gestikulieren, wenn Sie gar nicht gesehen werden, z. B. am Telefon? Unsere eigenen Gesten helfen uns beim Denken und beim Sprechen, u. a., weil wir abstrakte Konzepte auf diese Weise visuell und motorisch verorten und dadurch besser im Gedächtnis verankern können (Khatin-Zadeh, Eskandari, Yazdani-Fazlabadi & Marmolejo-Ramos, 2022).

> **Merke**
>
> Auch nicht-sprachlich geben Menschen Information preis, unbeabsichtigt als nonverbales Verhalten (z. B. Gang oder Dialekt) oder, zumindest zeitweise, absichtlich in Form kommunikativer Signale wie Blicke oder Gesten. Letztere helfen in besonderer Weise, Gespräche zu strukturieren und das gegenseitige Verständnis zu erhöhen. Zur stimmigen Interpretation nonverbaler Information (z. B. eines Augenrollens als Ausdruck der Langeweile) tragen sowohl die Zuverlässigkeit der Hinweise als auch deren Nutzung zum Erschließen bestimmter Bedeutungen bei. Sensitivität für den Kontext ist dabei oft unerlässlich.

13.3 Entwicklung und Verbreitung

13.3.1 Entwicklung und Moderatoren

Seit frühester Kindheit sind Menschen motiviert, sich anderen mitzuteilen und machen ihre soziale Umgebung auf ihre Bedürfnisse, aber auch ihre Interessen und Einsichten aufmerksam (Adamson, 2018). Gesten bilden dabei eine zentrale Vorstufe für die Entwicklung verbaler Sprache und Kommunikation. Im Alter von etwa zehn Monaten markieren Zeigegesten die Fähigkeit, die Aufmerksamkeit anderer gezielt zu lenken. Bald darauf nutzen Kinder ikonische Gesten (z. B. für »essen«) und noch bevor sie Zwei-Wort-Sätze sprechen können, kombinieren sie Gesten und Worte (z. B., indem sie auf einen gewünschten Gegenstand zeigen und »haben« sagen; Goldin-Meadow, 1999). Gehörlose Kinder hörender Eltern, die nicht mit Gebärdensprache aufwachsen, entwickeln in den ersten Lebensjahren selbst ein gestenbasiertes Kommunikationssystem, das (anders als die Gesten hörender Menschen) eine grammatikalische Struktur aufweist. Mit etwa 5–7 Jahren sind die meisten Kinder, sei es mit Lauten oder Gebärden, in der Lage, flüssig zu sprechen und nutzen viele nonverbale Signale, z. B. Blicke, selbstverständlich und kompetent. Insbesondere in der Jugend werden eigene, oft exklusive, Kommunikationsmodi weiterentwickelt und identitäts- und intimitätsstiftend eingesetzt (Valkenburg & Peter, 2011).

Erstaunlich ist nicht nur die früh sichtbare Motivation von Säuglingen und Kleinkindern, selbst zu kommunizieren und ihre emotionalen und kognitiven Zustände mit anderen zu teilen, sondern auch ihre Fähigkeit, kommunikative Absichten bei anderen zu erkennen. Bereits im ersten Lebensjahr beginnen Säuglinge, den Blicken und Zeigegesten ihrer Bezugspersonen systematisch zu folgen, was wiederum ihren Spracherwerb unterstützt (Mundy et al., 2007; ▸ Kap. 1.3.2). Dabei zeigen sie eine besondere Reagibilität auf sogenannte ostensive Signale wie Blickkontakt oder bestimmte Betonungen, die von Bezugspersonen genutzt werden, um Information zu vermitteln. Durch diese Sensibilität für Kommunikationsabsichten scheinen Menschen in besonderer Weise für soziales Lernen ausgestattet zu sein (Csibra, 2010).

Ein gut untersuchter Moderator der individuellen Kommunikationsfähigkeit ist die Verortung auf dem Autismus-Spektrum. Deutliche Einschränkungen in der expressiven und rezeptiven Kommunikationsfähigkeit sind symptomatisch für Autismus-Spektrum-Störungen (▸ Kap. 1.1.3 für eine Definition). Bei Frühkindlichem Autismus entwickelt sich verbale Sprache verzögert oder gar nicht; Schwierigkeiten mit subtilen nonverbalen Signalen, Ironie und flüssiger Konversation werden auch bei Asperger- und Hochfunktionalem Autismus berichtet (Funke, 2020).

Ausgehend von der offensichtlichen und beachtlichen Vielfalt gesprochener Sprachen, stellt sich die Frage, ob auch bei nonverbaler Kommunikation kulturelle Unterschiede auftreten. In Kürze: Emotionsausdrücke scheinen, trotz kleiner Differenzen im Detail, kulturübergreifend recht gut verständlich zu sein (van de Vijver, 2017). Bei Gesten hingegen gibt es, neben vielen Ähnlichkeiten, auch kulturspezifische Unterschiede, nicht nur in konkreten Emblemen (z. B. dem OK-Zeichen mit Daumen und Zeigefinger), sondern auch dem sprachbegleitenden Einsatz von Zeigegesten oder der Darstellung zeitlicher und räumlicher Beziehungen (Kita, 2009). Paraverbale Aspekte wie die Satzmelodie oder die Bedeutung von Änderungen im Tonfall können ebenfalls systematische Unterschiede aufweisen.

13.3.2 Verbreitung im Tierreich

Wie kommunizieren nicht-menschliche Tiere? Diese Frage rückt erneut die Unterscheidung von unbeabsichtigt hinterlassenen *Hinweisen* und standardisiert eingesetzten *Signalen* in den Fokus (▶ Abb. 13.3). Wenn Tiere fressen, brüten oder sich paaren, sind ihr Verhalten und die dabei getroffenen Entscheidungen, z. B. der gewählte Ort oder Partner, von Artgenossen wahrnehmbar. Besonders nützlich sind unbeabsichtigte soziale Hinweise, wenn sie durch sogenannte *public information* zum Erfolg dieser Entscheidungen ergänzt werden, z. B. wenn gute Brutplätze durch zahlreich sichtbaren Nachwuchs erkennbar sind oder Ratten (*Rattus norvegicus*) am Atem ihrer Artgenossen erschnüffeln, ob die von ihnen aufgenommene Nahrung verträglich ist (Danchin, Giraldeau, Valone & Wagner, 2004). Auch zwischen Pflanzen findet sich diese Art der Beeinflussung: Werden wilde Tabakspflanzen (*Nicotiana attenuata*) von Schädlingen befallen, entlassen sie Moleküle in die Luft, die bei noch nicht befallenen benachbarten Pflanzen zu einer schnelleren Blüte und Verbreitung ihrer Samen führen.

In Abgrenzung von Hinweisen, die als reines Nebenprodukt von Verhalten auftreten können, haben sich Signale durch natürliche Selektion weiterentwickelt, um Information zu vermitteln bzw. das Verhalten von anderen zu beeinflussen, und so die Fitness der Beteiligten zu verbessern (Laidre & Johnstone, 2013; Rendall, Owren & Ryan, 2009). Signale können in verschiedenen Modalitäten auftreten, z. B. chemisch in Form von Pheromonen, mit denen Ameisen einander Ort und Qualität von Nahrungsquellen übermitteln, als elektrische Impulse, optisch wie der berühmte Schwänzeltanz der Honigbienen, akustisch (man denke an Walgesänge) oder taktil (▶ Kap. 13.5 Externe Links für ein Video zur Tierkommunikation). Mithilfe zahlreicher und teilweise überlappender Signale kommunizieren Tiere innerhalb und zwischen Spezies, was unter anderem die Brutpflege, Bau und Verteidigung von Behausungen sowie Nahrungs- und Partnersuche unterstützt (Searcy & Nowicki, 2010).

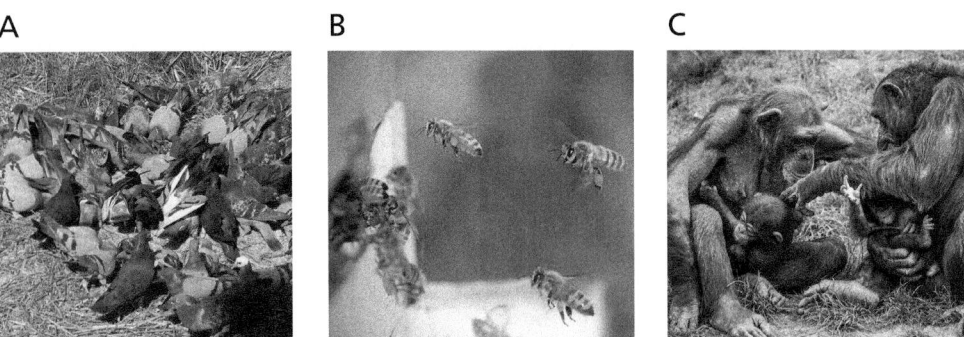

Abb. 13.3: Beispiele verschiedener Arten der Informationsvermittlung im Tierreich. A zeigt Tauben, deren Anzahl und Fressverhalten ihren Artgenossen unbeabsichtigt, aber informativ, Hinweise zu Ort und Verfügbarkeit von Nahrung vermittelt (public information). B Der Schwänzeltanz, mit dem Honigbienen einander über Entfernung, Richtung, Ergiebigkeit und Art der Nahrungsquelle informieren, ist eine Paradebeispiel für ein kommunikatives Signal. C Schimpansen und andere Menschenaffen kommunizieren mithilfe von Gesten; ob sie diese in sprachliche Form bringen und weiterentwickeln können, ist nicht belegt.

Die Forschung zu menschenähnlicher Kommunikation im Tierreich hat sich lange auf Menschenaffen konzentriert und zur Frage, ob Schimpansen Sprache lernen können, interessante Debatten hervorgebracht (Rumbaugh, 1977; Terrace, 2019). Tatsächlich nutzen Menschenaffen zur Verständigung untereinander verschiedene Gesten und sind in der Lage, die Bedeutung von gesten- oder bildbasierten Zeichen zu erlernen. Überzeugende Belege dafür, dass sie diese zu einem Sprachsystem weiterentwickeln, stehen jedoch aus. In der vokalen Domäne haben Vögel das Interesse von Forschenden geweckt, da sie mit komplexen Gesängen ihr Revier markieren und Partner wählen. Vogelgesang scheint dabei einige Ähnlichkeiten zu menschlicher Sprache aufzuweisen, z. B. regionale Dialekte, sensible Phasen beim Erlernen der speziestypischen Klänge und möglicherweise sogar eine grammatikalische Struktur (z. B. Bolhuis, Okanoya & Scharff, 2010; Suzuki, Wheatcroft & Griesser, 2016).

13.4 Funktion und Flexibilität

Neben den offensichtlichen Vorzügen effektiven Informationsaustauschs, der dank unserer präzisen Sprache zügig vonstattengehen kann, lässt die Hingabe, mit der wir im Alltag Kommunikation betreiben, vermuten, dass diese noch weitere Funktionen erfüllt. Über das Miteinandersprechen stellen wir Nähe her, pflegen Beziehungen, offenbaren uns selbst, entwickeln unsere Identität und erfahren die eigene Wirksamkeit. In der menschlichen Entwicklung, sowohl lebenszeitlich als auch stammesgeschichtlich, scheint die Freude am zwischenmenschlichen Austausch ein wichtiger Motor für das Erlernen von Sprache zu sein (Adamson, 2018; Tomasello, 2010). Diese wiederum unterstützt unmittelbar die Handlungskoordination (▶ Kap. 12), sichert langfristig Kooperation (▶ Kap. 14) und stellt eines der wichtigsten Werkzeuge des Erwerbs und der nachhaltigen Vermittlung von Wissen und Fähigkeiten dar (▶ Kap. 15 Kultur).

Ein zentrales Merkmal verbaler und nonverbaler Kommunikation ist ihre Flexibilität. Sowohl die Bedeutung einzelner Aussagen und Gesten als auch Kommunikationsstrategien werden mühelos an die Situation, die Beziehung und akute Herausforderungen angepasst. Mit einem Zwinkern können wir einander zu Verschwiegenheit auffordern oder zu Offenheit; in guten Freundschaften wird selbst ein entgegengestreckter Mittelfinger scherzhaft eingesetzt; ist es für lange Reden zu laut, kommunizieren wir mit knappen Worten. Diese Flexibilität gibt Kreativität und Subjektivität einen Spielraum, ebenso wie Missverständnissen. Gesten, Blicke und Aussagen können sehr vielfältige Botschaften vermitteln, und nicht immer trifft unsere Interpretation zu oder werden wir akkurat gelesen. Kontextabhängigkeit bringt mit sich, dass Signale und Sätze aus diesem Kontext gerissen werden können. Manchmal trifft es »Man kann nicht nicht gelesen werden« also besser als »Man kann nicht nicht kommunizieren«.

Glücklicherweise sind auch Kommunizierende flexibel. Mittel und Wege der Kommunikation entwickeln sich ständig weiter und wir passen uns, meist problemlos, an neue Anforderungen an, werden Profis im Verfassen von Kurznachrichten und nutzen treffsicher Emojis. Bis ins hohe Alter ist es uns möglich, Fremdsprachen zu erlernen oder unsere Fertigkeiten in interkultureller Kommunikation zu verbessern. Darüber hinaus wissen wir: Kommunikation ist mehr als der reibungslose Transfer von Information. Vertrauen und Kooperationsbereitschaft sind wichtige Zutaten, und verschiedene Ansätze bemühen sich, die emotionale Qualität von zwischenmenschlichem Austausch zu verbessern (siehe Exkurs Gewaltfreie Kommunikation).

> **Exkurs: Gewaltfreie Kommunikation**
>
> Ein Konzept, das die wertschätzende Beziehung zwischen Kommunizierenden in den Mittelpunkt stellt, ist die Gewaltfreie Kommunikation nach Marshall Rosenberg (z. B. Rosenberg & Chopra, 2015). Wichtige Prinzipien dabei sind Freiwilligkeit (im Sinne der Abwesenheit von Manipulation und Zwang) und der Aufbau von Vertrauen; ein zentrales Ziel besteht darin, die *Bedürfnisse* offenzulegen, die hinter Handlungen, Aussagen und Konflikten stehen. Wenn wir davon ablassen, Strategien zu verwenden, die andere zu bestimmtem Verhalten veranlassen sollen und stattdessen unsere eigenen Bedürfnisse und die unseres Gegenübers klären und respektieren, können wir Lösungen finden, die für alle gut sind. Wie kann das gelingen?
>
> Konkrete Vorschläge bestehen darin, Kommunikationswege wie das Belehren, Befehlen, Drohen, Beschämen, aber auch Ablenken, Loben und generell das Urteilen zu vermeiden. Statt zu bewerten können wir beispielsweise versuchen, zu *beobachten*, also offen und unvoreingenommen wahrzunehmen. Statt zu denken und zu interpretieren können wir uns darauf konzentrieren, was wir *fühlen*, welche Bedürfnisse wir in uns wahrnehmen. Wenn wir uns etwas wünschen, können wir versuchen, dies offen als *Bitte* zu formulieren (statt als Forderung). Neben dem klaren Ausdruck der eigenen Beobachtungen und Bedürfnisse geht es zentral auch darum, empathisch, neugierig und unvoreingenommen zuzuhören (»Zuhören, um zu verstehen, nicht, um zu antworten«) und die Gefühle anderer ernst zu nehmen, statt sie etwa kleinzureden (▶ Kap. 13.5 Externe Links für ein erheiterndes Gegenbeispiel).
>
> Beispielhaft werden diese Vorschläge manchmal in vier Schritte zusammengefasst: »Wenn ich x höre (*Beobachtung*), dann empfinde ich y (*Gefühl*), weil ich z brauche (*Bedürfnis*). Deshalb wünsche ich mir… (*Bitte*)«. Als Symbol für diese Art der Kommunikation steht aufgrund ihres Perspektivübernahme ermöglichenden, langen Halses und ihres großen Herzens die Giraffe.
>
> Studien liefern erste Hinweise auf positive Effekte von Trainings und Interventionen mit Gewaltfreier Kommunikation, beispielsweise reduzierten Stress bei Fachpersonal in der Pflege (Wacker & Dziobek, 2018). Für eine umfassendere empirische Evaluation sind jedoch weitere kontrollierte experimentelle Studien nötig.

13.5 Fazit und Empfehlungen

Obwohl sie uns einiges abverlangt, meistern Menschen Kommunikation mit Leichtigkeit und nicht selten mit Freude. Spielend und wechselseitig passen wir im Gespräch Laute und Betonungen, Satzstrukturen und Bezeichnungen aneinander an, simulieren und prädizieren mental unsere eigenen und die Äußerungen des Gegenübers und beziehen dessen Bedürfnisse und Perspektive mit ein. Dabei wird der verbale Austausch auf vielfältige Weise von nonverbal vermittelter Information begleitet und eingeordnet, beispielsweise der Blickrichtung und Mimik, den Gesten und dem Tonfall der Interagierenden.

Die Vielfalt und Verbreitung ebenso wie die Flexibilität und Mühelosigkeit, mit der Lebewesen informative Hinweise geben und nutzen, legt nahe, dass diese nicht immer gezielt und geplant eingesetzt werden. Doch gerade für die Interpretation im zwischenmenschlichen Kontext ist deren Intentionalität ausschlaggebend. Ein Zwinkern ist eben nur dann eine Aufforderung, wenn es als solche gesendet wurde. Kommunikation ist untrennbar verbunden mit dem kooperativen Kontext und der Kultur, in der sie praktiziert wird – und sie ist gleichermaßen an deren Erschaffung beteiligt. Die letzten beiden Kapitel beschäftigen sich mit diesen Facetten.

Literaturempfehlungen

Adamson, L. B. (2018). *Communication development during infancy*. Routledge.

Garrod, S., & Pickering, M. J. (2004). Why is conversation so easy?. *Trends in Cognitive Sciences, 8*(1), 8–11.

Goldin-Meadow, S., & Alibali, M. W. (2013). Gesture's role in speaking, learning, and creating language. *Annual Review of Psychology, 64*, 257–283.

Hall, J. A., Horgan, T. G., & Murphy, N. A. (2019). Nonverbal communication. *Annual Review of Psychology, 70*, 271–294.

Holler, J., & Levinson, S. C. (2019). Multimodal language processing in human communication. *Trends in Cognitive Sciences, 23*(8), 639–652.

Laidre, M. E., & Johnstone, R. A. (2013). Animal signals. *Current Biology, 23*(18), R829–R833.

Externe Links

SWR1-Leute mit Lydia Benecke, verdeutlicht den Einsatz von Blickverhalten und Gesten während eines Gesprächs: https://www.youtube.com/watch?v=X5XPe5o6-fk&t=190s

Kommunikation bei Tieren (Terra X): https://www.youtube.com/watch?v=eyV1RY5MsEk

Das Ei ist hart: https://www.youtube.com/watch?v=90-3Vv5OMsY

14 Kooperation und Prosozialität: Zusammen ist besser

> Menschen bündeln ihre Ideen und Kräfte, erschaffen gemeinsam Normen und Institutionen und unterstützen einander, auch wenn es an ihre eigenen Ressourcen geht. Kapitel 14 nimmt verschiedene Facetten und Grundlagen von prosozialem Verhalten in den Fokus und zeigt deren Entwicklung über die Lebensspanne sowie Verbreitung über Kulturen und Spezies auf. Anschließend werden Moderatoren und Möglichkeiten der Aufrechterhaltung erörtert. Ausführliche Exkurse sind Ökonomischen Spielen und sozialem Ausschluss gewidmet.

An manchen Tagen sehe ich überall Egoismus und Rücksichtslosigkeit; meine Mitmenschen erscheinen mir gleichgültig, sogar feindselig. Wie da nicht die Hoffnung verlieren? Vielleicht mit einem Blick in die Forschung. Denn zahlreiche Studien verweisen darauf, dass Menschen einander nicht nur in Extremsituationen wie Naturkatastrophen, sondern auch im Alltag immer wieder spontan und auf vielfältige Weise helfen, miteinander teilen und kooperieren (Bregman, 2020; Depow et al., 2021).

> **Definition: Prosozialität und Kooperation**
>
> Prosozialität bezeichnet maßgeblich *prosoziales Verhalten*, also Verhalten, das mit Kosten für das Individuum einhergeht und anderen auf individueller oder Gruppenebene nutzt. Dabei können die eingesetzten Ressourcen variieren (z. B. Energie, Geld, Zeit) ebenso wie der Nutzen, die Art des Verhaltens und die zugrundeliegenden Motive (auch *Präferenzen* genannt).
>
> *Kooperation* ist eine Form von prosozialem Verhalten, bei der zwei oder mehr Individuen oder Gruppen unter Einsatz von Ressourcen zusammenarbeiten, um ein gemeinsames Ziel zu erreichen.

Ohne kooperative Zusammenarbeit und Prosozialität würde unsere Gesellschaft stillstehen, das gilt nicht nur hier, sondern überall, nicht nur jetzt, sondern über die gesamte Geschichte unserer Spezies. Es wird sogar vermutet, dass die Kooperationsneigung fundamental zum Überleben und Erfolg des *homo sapiens* beigetragen hat (z. B. Hare, 2017). Doch wie erklärt sich dann mein eingangs geschilderter Eindruck, dass Menschen sich viel häufiger achtlos, gierig und dreist benehmen? Zumindest teilweise geht dieses Empfinden auf eine kognitive Verzerrung zurück.

> **Definition: Negativity bias (deutsch: Negativitätsverzerrung)**
>
> Die Tendenz, negative Ereignisse, z. B. normverletzendes oder egoistisches Verhalten, eher wahrzunehmen, tiefer zu verarbeiten und stärker zu gewichten als entsprechende positive Ereignisse, wird als negativity bias bezeichnet (Rozin & Royzman, 2001). Diese Verzerrung kann sich selbst verstärken, z. B., indem wir uns mehr

über negative Beobachtungen und Erlebnisse austauschen und solches Verhalten auch eher von unseren Mitmenschen erwarten, was wiederum selbsterfüllende Prophezeiungen begünstigt (▶ Kap. 5.2.5).

Um menschliche Prosozialität und die diesbezügliche Forschungslage besser zu verstehen, ist es wichtig, einige Facetten und Grundlagen prosozialen Verhaltens sowie deren Erfassung genauer zu betrachten.

14.1 Komponenten von Prosozialität und deren Messung

14.1.1 Altruistisches Verhalten

Was Ihnen zuerst einfällt, wenn Sie an prosoziales Verhalten denken, sind vermutlich Beispiele selbstloser Opfer oder Rettungsaktionen. Fremden Menschen eine Niere zu spenden, Geflüchtete aufzunehmen, ehrenamtlich in klirrender Kälte Suppe zu verteilen oder, im etwas bescheideneren Rahmen, das Brötchen, auf das man sich freut, mit einem Obdachlosen zu teilen, sind Paradebeispiele für altruistisches Verhalten (eine Subkategorie prosozialen Verhaltens), wobei wir dieses nicht nur an den Taten, sondern auch an der Intention hinter dem Handeln festmachen (Falk, Fehr & Fischbacher, 2008).

> **Definition: Altruismus und Egoismus**
>
> Altruismus beschreibt Verhaltensweisen und eine Haltung, die vorrangig auf das Wohlergehen anderer Lebewesen ausgerichtet sind. Prosoziales Verhalten wird als altruistisch bezeichnet, wenn das Verhalten ohne Erwartung an eigene Vorteile gezeigt wird (Batson, 2010).
>
> Im Gegensatz dazu bezeichnet *Egoismus* Eigennützigkeit, also Verhaltensweisen und/oder eine Haltung, die primär auf die eigenen Bedürfnisse und das eigene Wohlergehen abzielen.

Wie häufig ist dieses bedingungs- und selbstlose Wirken zum Wohle anderer? Und wie kann man es messen? Eine Möglichkeit ist, Personen anhand von *Fragebögen* um eine Einschätzung ihres Charakters (z. B. »Wie selbstlos sind Sie?«), ihrer Einstellungen (z. B. »Anderen zu helfen ist Zeitverschwendung«) oder ihrer Verhaltenstendenzen zu bitten (z. B. »Wie häufig übernehmen Sie freiwillig Aufgaben?«; Caprara, Steca, Zelli & Capanna, 2005). Fragebögen erfassen die Beurteilungen der Teilnehmenden unkompliziert und können für tatsächliches Verhalten prädiktiv sein (Thielmann, Spadaro & Balliet, 2020). Auf der anderen Seite spiegeln Selbstbeurteilungen auch Verzerrungen wider (z. B. soziale Erwünschtheit und Selbstüberschätzung) und erfassen möglicherweise eher, wie sehr jemand altruistisch sein oder erscheinen möchte.

Eine ökologisch validere, aber aufwändige, Alternative sind *Verhaltensmessungen.* Um natürliches Verhalten im Alltag zu erfassen, werden Versuchspersonen beim ecological momentary assessment über einen längeren Zeitraum mehrmals täglich, z. B. über ihr Smartphone, gefragt, was sie in unmittelbarer Vergangenheit getan haben (Depow et al., 2021; Hofmann, Wisneski, Brandt & Skitka, 2014). Experimentelle Ansätze hingegen kontrollieren (realitätsnahe) Situationen so, dass das Verhalten der Teilnehmenden möglichst eindeutig als altruistisch interpretiert werden kann (ihnen z. B. keinen Nutzen wie Anerkennung oder Geld bringt). Bietet jemand einer fremden Person den eigenen Platz an? Wie viel Zeit investieren Versuchspersonen in die Unterstützung anderer? Auch computerbasierte Verfahren, in denen Versuchspersonen, sozusagen als Nebenschauplatz der eigentlichen Aufgabe, anderen helfen können, kommen zum Einsatz (z. B. *Zurich Prosocial Game*; Leiberg, Klimecki & Singer, 2011). Ein Zugang mit langer Tradition in der Verhaltensökonomie, aber auch den Sozialen Neurowissenschaften und der Psychologie, sind sogenannte Ökonomische Spiele (siehe Exkurs Economic games).

> **Exkurs: Economic games**
>
> Economic games (EGs) schaffen interaktive, interdependente Situationen, deren formalen Rahmen die Spieltherapie vorgibt (für Übersichten, siehe van Dijk & De Dreu, 2021; Thielmann, Böhm, Ott & Hilbig, 2021). Die interagierenden Versuchspersonen (oft als »player« bezeichnet) haben, gemäß ihren festgelegten Rollen, eine begrenzte Auswahl an Handlungsmöglichkeiten, wobei die Entscheidungen der player bestimmen, welche Ergebnisse (»outcomes«) sie erzielen. Die Implementierung von EGs ist kontrolliert und sparsam (z. B. wird ursprünglich auf hypothetische Szenarien oder Täuschung verzichtet, die player sind füreinander unsichtbar und anonym). Eine zentrale Komponente ist die Auszahlung (eines Anteils) des in den Spielen erzielten Ergebnisses, wodurch das Verhalten der Versuchspersonen monetäre Konsequenzen für sie hat.
>
> EGs werden u. a. danach eingeteilt, ob die player ihre Handlungen sequenziell oder simultan ausführen, ob sie symmetrische (identische) oder asymmetrische Handlungsoptionen haben und ob die Interaktion einmalig (»one shot«) oder fortlaufend ist (»multiple rounds«). Durch die gezielte Manipulation zentraler Parameter erlauben EGs, verschiedene prosoziale Präferenzen aus dem Verhalten der Teilnehmenden abzuleiten. Einige klassische Beispiele (▶ Abb. 14.1):
>
> - *Dictator Game*: In diesem sequenziellen, asymmetrischen Spiel wird Person A (dictator) mit einem festen Betrag ausgestattet (»monetary units«, MUs), den A zwischen sich und Person B nach Belieben aufteilen kann. Person B ist passiv, kann also den outcome von Person A nicht beeinflussen. Das Dictator Game erfasst bedingungslose Großzügigkeit, also altruistisches Verhalten bzw. die *altruistische Präferenz* von player A (Camerer, 2003).
> - *Ultimatum Game*: Dieses sequenzielle, asymmetrische Spiel erweitert das Dictator Game um Handlungsmöglichkeiten von Person B: B kann auf das Verteilungs-Angebot von Person A mit Ablehnung oder Annahme reagieren (ein Beispiel für direkte Reziprozität; Güth, Schmittberger & Schwarze, 1982). Lehnt Person B das Angebot ab, erhalten beide keinen outcome; nimmt Person B an, wird die Aufteilung von Person A umgesetzt. Interessant ist hier zusätzlich also die Reaktion von B. Lehnt B einen ungleichen Vorschlag von A ab (z. B. 10 MUs im Verhältnis 8:2 für A aufzuteilen), gibt das Aufschluss über Bs *inequity aversion*, also die Abneigung gegen als unfair betrachtete Verteilungen (Fehr & Schmidt, 1999).
> - *Trust Game*: Hier wird Person A mit MUs ausgestattet, die A nach Belieben in Person B investieren kann. Die in B investierten MUs werden dann verdreifacht und Person B kann frei entscheiden, wie viele MUs an A zurückgegeben werden (Berg, Dickhaut & McCabe, 1995). Das Ausmaß der Investition von player A gibt Aufschluss über As *Vertrauen*, die zurückgegebenen MUs über Bs Bereitschaft, sich für eine Gefälligkeit/Vertrauen erkenntlich zu zeigen (eine Form von *Reziprozität*).

14 Kooperation und Prosozialität: Zusammen ist besser

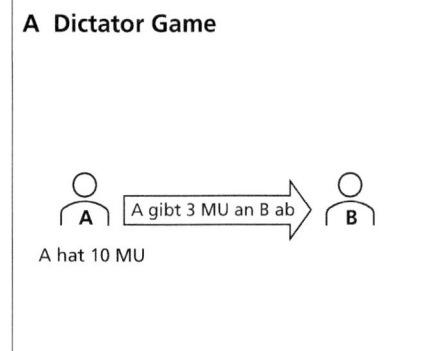
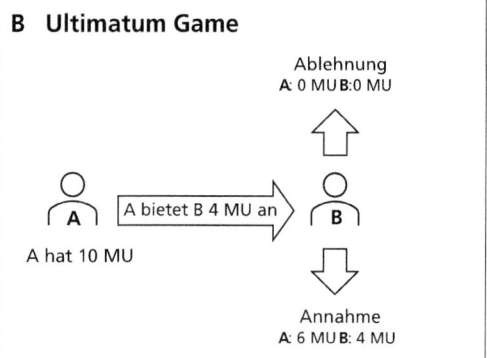
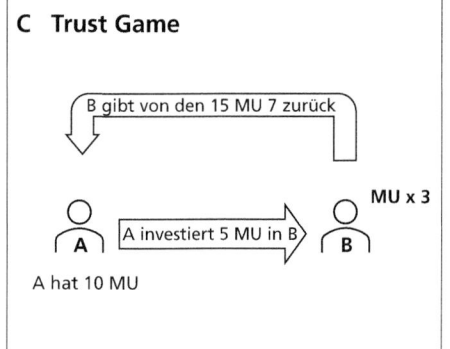
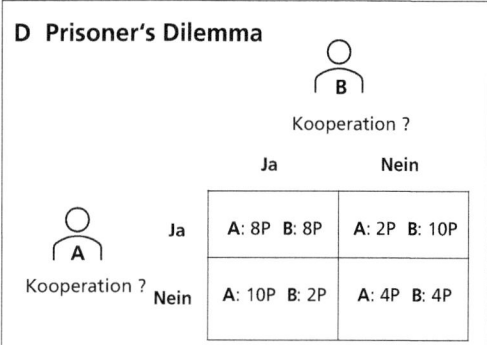
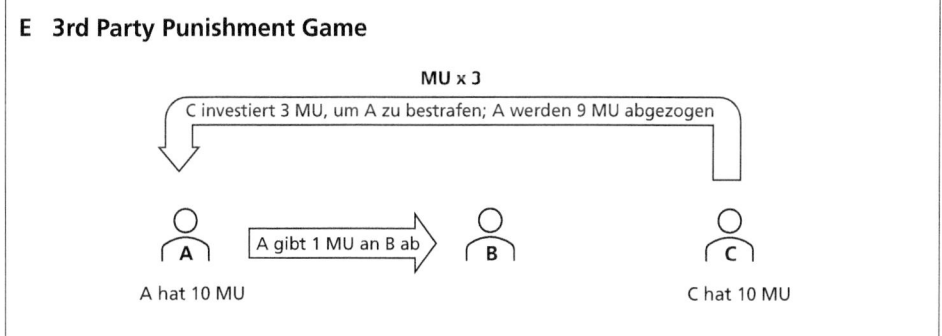

Abb. 14.1: Überblick Ökonomischer Spiele mit Darstellung des Dictator Games (A), des Ultimatum Games (B), des Trust Games (C), des Prisoner's Dilemmas (D) und des 3rd Party Punishment Games (E).

- *Prisoner's Dilemma*: Dieses simultane und symmetrische Spiel implementiert ein soziales Dilemma, in dem Personen A und B (schuldige Gefangene) jeweils die Option haben, zu kooperieren (zu schweigen) oder abtrünnig zu werden (zu gestehen). Den individuell besten outcome erreichen beide durch Gestehen, also gerade nicht durch Kooperation, insbesondere, wenn der jeweils andere kooperiert. Den besten gemeinsamen output

erreichen A und B, wenn beide kooperieren, also schweigen. In einem solchen kompetitiven Kontext ist Kooperation riskant und die Entscheidung, dennoch zu schweigen, verweist auf die *Kooperationspräferenz*.
- *3rd Party Punishment Game*: In diesem Spiel beobachtet Person C eine Interaktion zwischen anderen playern, z. B. beim Dictator Game, und hat die Möglichkeit, eigene MUs einzusetzen, um das Verhalten von Person A zu bestrafen (Fehr & Fischbacher, 2004). Ein Vielfaches der von Person C eingesetzten MUs (z. B. das dreifache) wird Person A abgezogen. Die Entscheidung, eigene Ressourcen einzusetzen, um Personen für Verhalten gegenüber Dritten zu bestrafen (ein Beispiel für indirekte Reziprozität), gibt Aufschluss über die Bereitschaft, *soziale Normen* zu verstärken.

EGs stellen Gegebenheiten her, z. B. bestimmte Abhängigkeitsverhältnisse, und machen dadurch die Präferenzen (Motive) der Teilnehmenden sichtbar. Das Maximieren des Ergebnisses von Mitspielenden verweist z. B. auf altruistische Präferenzen, das Minimieren der Unterschiede zwischen allen Beteiligten auf Fairness-Präferenzen, das Maximieren dieses Unterschieds zu eigenen Gunsten auf kompetitive Motive und das Minimieren des Gewinns der anderen auf die Absicht, ihnen zu schaden.

Durch die Abwesenheit von Täuschung und verschleierndem Kontext ist es für Teilnehmende in EGs häufig möglich, zu erraten, was die Spiele erfassen und das eigene Verhalten entsprechend anzupassen. Dennoch verweisen Studien auf die externe Validität von EGs (Thielmann et al., 2021).

Jahrzehntelange Forschung zeigt, dass altruistisches Verhalten weit verbreitet ist, dass Menschen spontan und ohne Gegenleistung mit anderen teilen, ihnen helfen und sie trösten – im Labor und im Alltag. Im Dictator Game etwa geben Teilnehmende durchschnittlich ca. 30 % ihrer Ressourcen an Unbekannte ab (Engel, 2011), in Deutschland kommen jährlich Spenden in Höhe mehrerer Milliarden zusammen (statista.com). Zudem scheint dieses Verhalten keiner größeren emotionalen oder kognitiven Anstrengung zu bedürfen, im Gegenteil: Die altruistische Alternative ist häufig die schnellste, müheloseste und naheliegendste Option (Zaki & Mitchell, 2013).

Woher kommt diese Neigung zu prosozialem, sogar altruistischem Verhalten? Neben situativen Bedingungen und Persönlichkeitsfaktoren (▶ Kap. 14.4) haben die natürliche (biologische) sowie kulturelle Selektion bei unserer Spezies möglicherweise ein *survival of the friendliest*, ein Überleben der Freundlichsten, befördert, z. B. durch die Überlegenheit kooperativer Gruppen oder durch die bevorzugte Wahl sozial verträglicher Partner und Partnerinnen (Hare, 2017; Tomasello & Vaish, 2013). Nicht zu unterschätzen ist die Rolle der Sozialisation, unser Hineingeborenwerden und Aufwachsen in Gruppen und Gesellschaften, die unser Lernen und Verhalten tiefgreifend prägen (Paulus, 2022).

14.1.2 Kooperation

Das Ausmaß und die Bereitschaft, in großem Stil mit Nicht-Verwandten und sogar Unbekannten zu kooperieren, macht Menschen im Tierreich einzigartig. Schnell, spontan und mühelos treffen wir kooperative Entscheidungen (Rand, Greene & Nowak, 2012). Aus den vielfältigen Erfolgen gemeinsamer Anstrengung, z. B. gelungenen Feiern und Aufführungen, funktionierenden Krankenhäusern und Universitäten, Friedensverträgen oder

Grundgesetzen, stechen jedoch verhängnisvolle Misserfolge heraus. Immer wieder sind frei zugängliche, aber begrenzte Ressourcen durch Übernutzung bedroht oder erschöpft, ein Phänomen, das als »tragedy of the commons« bezeichnet wird und sich in gekippten Badeseen ebenso zeigt wie in der Überfischung der Weltmeere: Dadurch, dass einzelne ihren Gewinn (oder Spaß) kurzfristig maximieren wollen, führen sie einen Zustand herbei, in dem niemand mehr von der Ressource profitieren kann, sie selbst eingeschlossen.

> **Definition: Soziales Dilemma (oder kooperatives Dilemma)**
>
> Soziale Dilemmas treten auf, wenn zwischen den Beteiligten Interdependenz besteht (die Ergebnisse für ein Individuum abhängig vom Verhalten der anderen beteiligten Personen sind) und individuelle mit gemeinschaftlichen Interessen konfligieren. Die Entscheidung von Individuen, das eigene Ergebnis zu maximieren, führt in sozialen Dilemmas dazu, dass alle Beteiligten am Ende schlechter gestellt sind, meist auch die Nicht-Kooperierenden (Van Lange, Joireman, Parks & Van Dijk, 2013).
>
> Das Prisoner's Dilemma (siehe Exkurs Economic games) ist ein Beispiel für ein kooperatives Dilemma in einem kompetitiven Kontext. Dadurch, dass jede Person das beste Ergebnis erzielen kann, wenn sie selbst nicht (aber die andere Person) kooperiert, gibt es einen Anreiz, nicht zu kooperieren. Kooperieren jedoch beide nicht, wählen also die individuell rationale Option, ist ihr Ergebnis maximal schlecht. Die beste, wenn auch riskante, Strategie, um den gemeinsamen Gewinn zu maximieren, ist Kooperation.

Auch wenn viele soziale Aufgaben und Situationen nicht derart streng kompetitiv gestaltet sind, gilt doch häufig, dass einzelne von einer gemeinsamen Anstrengung profitieren können (z. B. von einer sauberen Kaffeeküche), obwohl sie selbst nichts beitragen (z. B. ihre Tasse zu spülen), vor allem, wenn viele und/oder teilweise unbekannte Parteien beteiligt sind.

> **Definition: Free riding**
>
> Free riding (deutsch etwa Trittbrettfahren) liegt vor, wenn ein Individuum gemeinschaftliche Anstrengungen oder Ressourcen nutzt, ohne selbst einen (fälligen) Beitrag zu leisten.

Während Menschen fähig und geneigt sind, sich prosozial zu verhalten, ist langfristige Kooperation, insbesondere in kompetitiven Umgebungen, also eine Herausforderung. Die Verlockung, zu nehmen, ohne zu geben, ist hoch – und oft genug schlagen die Eigennützigen tatsächlich mehr für sich heraus als die Kooperativen (Rand & Nowak, 2013). Sind letztere also die Dummen? Im Gegenteil. Denn wenn alle eigennützig handeln, verlieren alle. Und immerhin: Selbst in maximal riskanten Kontexten wie dem Prisoner's Dilemma entschiedet sich etwa die Hälfte der Teilnehmenden für Kooperation (Sally, 1995).

> **Definition: Vertrauen**
>
> Vertrauen ist das Akzeptieren von Vulnerabilität in zwischenmenschlichen Beziehungen; die Hoffnung, in einer Interaktion mit anderen zu finden, was wir uns wünschen und nicht, was wir fürchten (Deutsch, 1973).

Vertrauen prägt unser Kooperationsverhalten und unsere Zufriedenheit in Interaktionen mit anderen tiefgreifend (Simpson, 2007; ▶ Kap. 11.5). Im Trust Game vertrauen Versuchspersonen in der Rolle von player A ihrem Gegenüber durchschnittlich etwa 50 % ihrer Ressourcen an (Johnson & Mislin, 2011). Darüber hinaus stehen uns wirkungsvolle Mechanismen zur Verfügung, um (Vertrauen in) Kooperation zu befördern und prosoziales Verhalten langfristig und nutzbringend aufrecht zu erhalten.

14.1.3 Soziale Normen und weitere Strategien

Auch wenn das Wohlergehen unserer Mitmenschen nicht immer ganz oben auf der Prioritätenliste steht: Es ist den meisten ein Bedürfnis, sich nicht unangemessen zu verhalten. Menschen haben eine Präferenz, sich an soziale Normen zu halten – und diese zu verstärken.

> **Definition: Soziale Normen**
>
> Soziale Normen sind Verhaltensstandards, die auf geteilten Überzeugungen basieren, wie sich Individuen in Gruppe verhalten sollten. Beispielsweise spiegeln Fairness-Normen verbreitete Ansichten darüber wider, welche Verteilungen von Rechten, Pflichten und Ressourcen gerecht sind. Soziale Normen werden wirksam, wenn Menschen von ihrer Gültigkeit ausgehen und sich an sie halten möchten (Fehr & Fischbacher, 2004).

Eine simple und mit sozialen Normen konforme Regel, die prosoziales Verhalten fördert und mit wenigen Vorannahmen auskommt (z. B. dazu, was ein Gegenüber bezweckt), liegt in der Reziprozität: Tu, was Dir getan wird, kooperiere, wenn die anderen kooperieren, teile mit Personen, die ebenfalls teilen.

> **Definition: Direkte und indirekte Reziprozität**
>
> Direkte und indirekte Reziprozität sind Formen konditionaler (im Gegensatz zu bedingungsloser) Prosozialität (Rand & Nowak, 2013). Können wir auf die Verteilungsentscheidung einer mit uns interagierenden Person so reagieren, dass ihr unmittelbare Konsequenzen entstehen (wie z. B. im Ultimatum Game; siehe Exkurs Economic games), liegt *direkte Reziprozität* vor. Dabei ist ein maßvolles (gegenüber einem strikten) »Wie Du mir, so ich Dir« weniger anfällig dafür, dass vereinzelte Fehler zum Zusammenbruch von Kooperation führen. Der Beitrag direkter Reziprozität zur Maximierung des gemeinsamen Gewinns wird besonders deutlich, wenn Personen über längere Zeit und/oder wiederholt aufeinandertreffen: Die Kosten der Kooperation sind hier eine direkte Investition in die Zukunft. Aber auch bei einmaligen Interaktionen verhalten sich Personen gegenüber anderen, die reagieren können, prosozialer.
>
> In großen Gruppen sind wir nicht nur Agierende, sondern häufig Beobachtende von Interaktionen. *Indirekte Reziprozität* beschreibt die Strategie, sich denen gegenüber prosozial zu verhalten, die sich in Interaktion mit Dritten so zeigten (Nowak & Sigmund, 2005). In einer Gesellschaft, in der wir permanent mit Unbekannten zu tun haben, verlassen wir uns regelmäßig auf deren Reputation, sei es auf Airbnb und Ebay oder bei der Wahl eines Babysitters. Auch im Labor steigt die Bereitschaft zu Zusammenarbeit und Investition, wenn die Mitspielenden zuvor kooperativ waren (van Dijk & De Dreu, 2021).

Reziprozität erlaubt darüber hinaus, diejenigen, die nicht kooperieren, zu bestrafen und dadurch soziale Normen durchzusetzen. Im 3rd-Party-Punishment Game (siehe Exkurs Economic games) investieren etwa 50 % der Teilnehmenden eigene Ressourcen, um unfaire oder nicht-kooperative player zu bestrafen, auch wenn sie selbst davon nicht profitieren (Fehr & Fischbacher, 2004). Obwohl Sanktionierung effektiv hilft, Kooperation in Gemeinschaften aufrecht zu erhalten (Ostrom, 2000; Fehr & Gächter, 2002), kann sie Bestrafenden selbst einen schlechten Ruf einbringen. Weniger explizit als direkte Bestrafung ist das auf Reputationsschädigung abzielende Tratschen (engl.: gossip), das Menschen zeitweise genussvoll einsetzen. Darüber hinaus werden häufig diejenigen mit unkooperativem Ruf gemieden (siehe Exkurs Sozialer Ausschluss), diejenigen belohnt, die kooperieren oder auch die Opfer unsozialen Verhaltens entschädigt (Batistoni, Barclay & Raihani, 2022).

> **Exkurs: Sozialer Ausschluss – Why have you forsaken me?**
>
> Ostracism bezeichnet das Ausschließen von Individuen oder Gruppen durch Individuen oder Gruppen (für eine Übersicht, siehe Williams, 2007). Der Begriff geht auf das griechische Ostrakon zurück, die Tonscherbe, auf die beim »Scherbengericht« in der griechischen Antike die Namen der Bürger geritzt wurden, die aus der Gesellschaft ausgeschlossen werden sollten, z. B. weil sie für das Gemeinwohl als schädigend angesehen wurden.
>
> *Institutionalisierter* sozialer Ausschluss von Individuen, die gemeinschaftliche Regeln verletzen, findet sich kulturübergreifend, z. B. in Form von Gefängnis- oder sogar Todesstrafe, Hausverbot oder indem Personen geächtet (für »vogelfrei« erklärt) werden (Boehm, 1986; Mahdi, 1986). Ziel ist dabei der Schutz der Gruppe, z. B. vor weiteren Vergehen der Person oder durch Abschreckung und »Wiederherstellung« der Gerechtigkeit. Ebenso verbreitet sind *private* Formen: das Ignorieren von Personen, die (vermeintlich) die Gruppe stören, ausbleibende Einladungen zu gemeinsamen Unternehmungen oder das »Herausmobben«. *Strukturell* ausgeschlossen sind häufig Menschen, die aufgrund weniger verbreiteter Eigenschaften/Umstände systematisch von der Teilhabe an der Mehrheitsgesellschaft gehindert werden (z. B. Menschen ohne Obdach, mit psychischen oder körperlichen Erkrankungen oder anderer Muttersprache). Die Übergänge zwischen den Formen sind fließend und nicht selten ist die Verletzung einer Norm nur vermeintlich der Ausschlussgrund (siehe z. B. Stereotype, ▶ Kap. 5.2.5).
>
> Während der Ausschluss von Artgenossen, die aus Fremdgruppen stammen oder Anzeichen körperlicher Erkrankungen zeigen, im Tierreich verbreitet ist, werden Individuen eher nicht aus »moralischer Entrüstung« über Fehlverhalten aus Gruppen verbannt (z. B. Goodall, 1986). Menschenkinder hingegen machen, v. a. im Schulalter, den Zugang zu ihren Gruppen auch (!) vom Sozialverhalten ihrer Peers abhängig und schließen z. B. aggressive Kinder häufiger aus (Killen, Mulvey & Hitti, 2013).
>
> Ausgeschlossen zu werden tut weh. Jahrzehntelange Forschung, z. B. anhand des Cyberball-Paradigmas (▶ Abb. 14.2), demonstriert die Ähnlichkeit zwischen sozialem und körperlichem Schmerz (siehe MacDonald & Leary, 2005 für einen eindrucksvollen Überblick), sowohl auf neuronaler und endokrinologischer Ebene (wo sozialer Ausschluss Stressantworten auslöst), als auch psychologisch (z. B. in Form von negativer Stimmung, reduziertem Selbstwert und Zugehörigkeitsgefühl) und in Bezug auf das Verhalten, wo Rückzug und Aggression, aber auch Annäherungsbemühungen nach sozialem Ausschluss beobachtet werden (Williams, 2007). Chronische Einsamkeit und Zurückweisung werden darüber hinaus mit extremen Formen von Gewalt, z. B. Schulattentaten, sowie erhöhtem Krankheits- und Sterblichkeitsrisiko in Verbindung gebracht (Leary, Kowalski, Smith & Phillips, 2003; Holt-Lunstad et al., 2015; ▶ Kap. 11.1).

Abb. 14.2: Versuchsaufbau beim Cyberball-Spiel. Die Versuchsperson kontrolliert per Tastendruck die mittige Figur und kann entscheiden, welchem Mitspielenden sie den Ball zuwerfen möchte. Das Verhalten der vermeintlichen Mitspielenden ist durch einen Algorithmus vorgegeben: In der Einschlussbedingung wird der Versuchsperson der Ball etwa gleich häufig zugespielt wie den anderen Spielenden (33 %), während die Versuchsperson in der Ausschlussbedingung den Ball anfangs zwei Mal erhält, dann aber nicht mehr. Das Spiel geht über etwa 30–50 Runden (wenige Minuten).

Warum schmerzt sozialer Ausschluss so? Bezogen auf den »Woher-kommt-es«-Aspekt der Frage liegt eine Antwort möglicherweise in den tödlichen Folgen, die Ausschluss aus der Gruppe in unserer Stammes- und in unserer Entwicklungsgeschichte hatte bzw. hätte. Und Schmerz hilft beim Lernen, womit wir beim »Wofür ist es gut?«-Teil des Warums wären: Weil es weh tut, korrigieren wir schmerzauslösendes Verhalten sofort und vermeiden es in Zukunft, sei es die buchstäbliche oder die sprichwörtliche Hand an der Flamme (MacDonald & Leary, 2005).

Aber weshalb schließen wir andere aus, wo es doch so schmerzt? Eine von vielen Antworten ist: Weil es wirkt. Der Ausschluss von infizierten Individuen schützt die Gruppe vor der Ausbreitung von Parasiten und Pandemien. Territorialität (der Ausschluss von Fremdgruppen und deren Mitgliedern) schützt den exklusiven Zugang der eigenen Gruppe zu Ressourcen und der Ausschluss normverletzender Individuen kann Kooperation, Vertrauen und Zusammenhalt innerhalb der Gruppe stärken (Kurzban & Leary, 2001 für eine Übersicht). Dabei bleibt wichtig und richtig, dass sozialer Ausschluss auch unschöne Ursachen und Folgen hat. Spiralen aus Mobbing, Aggression und Verzweiflung müssen und können durchbrochen werden (für ein Beispiel im Schulkontext, siehe z. B. den No Blame Approach im ▶ Kap. 14.6 Externen Link).

Viele Strategien setzen ultimativ auf das Aufrechterhalten oder die Reparatur von Vertrauen in das Gegenüber und/oder die Funktionsfähigkeit der Gemeinschaft. Über die angesprochenen Mechanismen hinaus unterstützen auch Kommunikation, Perspektivübernahme, um Vergebung zu bitten und diese zu gewähren prosoziales Verhalten und Kooperation.

> **Merke**
>
> Fragebögen, Laborexperimente und Untersuchungen aus der Verhaltensökonomie zeigen: Menschen handeln nicht nur aus Eigennutz, sondern helfen einander, teilen und kooperieren, sogar in Situationen, in denen ihr Vertrauen ausgenutzt und sie übervorteilt werden können. Diesem prosozialen Verhalten können dabei altruistische Motive zugrunde liegen, ebenso das Bemühen, soziale Normen zu berücksichtigen, den eigenen Ruf aufzubessern oder Bestrafung und Ausschluss zu vermeiden.

14.2 Neurobiologische Grundlagen

Hinweise darauf, dass großzügiges, hilfsbereites Verhalten, welches dem Individuum keinen Nutzen für Ruf oder Geldbeutel einbringt, Gehirnstrukturen im mesolimbischen System aktiviert, die mit Belohnung in Verbindung gebracht werden (z. B. Nucleus accumbens, ventrales Striatum und das ventrale tegmentale Areal), sorgten für Aufsehen (▶ Abb. 14.3; z. B. Moll et al., 2006). Zum einen, weil sie darauf verweisen, dass altruistisches Verhalten zentral auf affektiven Prozessen beruht; zum anderen, weil sie die Frage aufwerfen, ob selbstloses Verhalten überhaupt möglich ist, wo unser Gehirn uns doch offensichtlich für Nettigkeit belohnt.

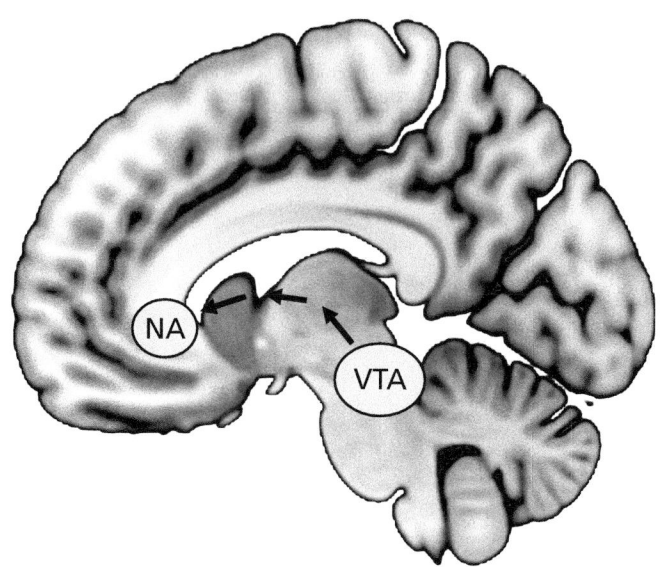

Abb. 14.3:
Schematische Darstellung des mesolimbischen Pfades vom ventralen tegmentalen Areal (VTA) zum Nucleus accumbens (NA).

> **Was denken Sie?**
>
> Kann man von Altruismus im Sinne von selbstloser, auf andere ausgerichteter Prosozialität sprechen, wenn sich Helfen und Teilen schlichtweg gut anfühlen? Ob man dafür nun die Aktivierungsmuster des Gehirns oder das subjektive Wohlbefinden heranzieht: Indem wir uns prosozial verhalten, tun wir uns selbst etwas Gutes, auch wenn uns niemand zuschaut und wir kein Dankeschön zurückbekommen. Gibt es denn dann altruistisches Verhalten? Über diese und ähnliche Fragen nachzudenken, lehrt uns viel über unser eigenes Verständnis psychologischer Konzepte (unter anderem davon, was das Wesen eines Menschen ausmacht) – und eignet sich für Gespräche, bei denen wir unser Gegenüber besser kennenlernen.
>
> Eine mögliche Haltung: Altruismus darf sich schön anfühlen. Dass Menschen (nicht nur, aber auch) »gut« sind, zeigt sich genau darin, dass es uns glücklich machen kann, anderen Gutes zu tun, selbst wenn es uns keinen direkten oder indirekten monetären oder sozialen Nutzen einbringt.

Nicht nur selbstbestimmte Großzügigkeit, auch das angeordnete Abgeben von Ressourcen oder das Erhalten fairer Verteilungsangebote aktiviert, unabhängig von den eigenen monetären Konsequenzen, das sogenannte Belohnungssystem, also affektive Prozesse der Bestimmung des subjektiven Wertes einer Handlung/eines Angebots (Harbaugh, Mayr & Burghart, 2007; Tabibnia, Satpute & Lieberman, 2008). Entsprechend der Komplexität sozialer Entscheidungen sind daran vielfältige psychologische Prozesse und entsprechende neuronale Strukturen beteiligt. Auf unfaire Angebote, z. B. im Ultimatum Game, reagieren Menschen beispielsweise mit einer emotionalen »Schmerz«-Antwort (z. B. Aktivierung der anterioren Insula) sowie kognitiven Kontrollprozessen (z. B. Aktivierung des rechten dorsolateralen und ventrolateralen präfrontalen Kortex; Sanfey, Rilling, Aronson, Nystrom & Cohen, 2003). Mithilfe spezifisch zugeschnittener Verteilungssituationen können Hirnreale sichtbar gemacht werden, die besonders aktiviert sind, wenn wir uns an soziale Normen halten (z. B. lateraler orbitofrontaler Kortex), wenn wir unfaire Handlungen bestrafen (z. B. dorsales Striatum) oder unseren guten Ruf sichern (für eine Übersicht, siehe Seymour, Singer & Dolan, 2007).

Nicht überraschend geht prosoziales Verhalten auch mit Aktivierungsmustern einher, die Sie aus vorherigen Kapiteln zu sozialer Kognition kennen (z. B. medialer präfrontale Kortex; Hare, Camerer, Knoepfle, O'Doherty & Rangel, 2010). Analysen der funktionellen Konnektivität zwischen Arealen oder nicht-linearer, multivariater Aktivierungsmuster während sozialer Entscheidungen erlauben, neuronale Areale zu identifizieren, die den Zusammenhang zwischen bestimmten Motiven/Präferenzen und Verhalten vermitteln. So ist z. B. die Aktivierung der anterioren Insula prädiktiv für Empathie-induziertes Spenden, während Aktivierung in der temporo-parietalen Junktion wohltätige Abgaben vorhersagt, die durch kognitive Perspektivübernahme mit den Betroffenen motiviert sind (Tusche, Böckler, Kanske, Trautwein & Singer, 2016).

Die Forschung zu den neuro-endokrinologischen Grundlagen (pro-)sozialer Präferenzen und Entscheidungen verweist auf die Bedeutung von unter anderem Vasopressin, Testosteron und Oxytocin. Letzteres ist beispielsweise an der Eltern-Kind-Bindung beteiligt und wird im Zusammenhang mit altruistischen Verhaltensweisen diskutiert, die durch das Care-System vermittelt werden (Marsh, Marsh, Lee & Hurlemann, 2021).

14.3 Entwicklung und Verbreitung

14.3.1 Entwicklung über die Lebensspanne

Keine andere Spezies kommt so unreif zur Welt wie wir Menschen. Entsprechend bedürfen wir nicht nur Monate, sondern Jahre der aufwändigen und hingebungsvollen Fürsorge durch unsere Bezugspersonen. Hier kommt auch das angesprochene Care-System zum Tragen. Menschen verfügen über ein Repertoire an fürsorglichen Reaktionen, die z. B. beim Anblick von kleinen Kindern oder Tierbabys aktiviert werden. Und die Kinder selbst? Bereits mit wenigen Monaten erkennen und bevorzugen Säuglinge prosoziale gegenüber antisozialen Agenten (z. B. Handpuppen, die einem Kuscheltier zuvor geholfen (statt geschadet) hatten; Hamlin & Wynn, 2011). Ab etwa zwei Jahren zeigen Kleinkinder spontan, ohne Belohnung oder explizite Aufforderung auch gegenüber Unbekannten hilfsbereites Verhalten, teilen mit anderen und trösten sie, wobei diese verschiedenen Arten prosozialen Verhaltens nicht notwendigerweise zusammenhängen (Paulus, 2018; Warneken & Tomasello, 2006).

Einige Befunde im Entwicklungskontext wurden als Anzeichen für die genetische Verankerung altruistischer Verhaltensweisen interpretiert (für einen Überblick der Argumente, siehe Warneken, 2016). So helfen Kleinkinder z. B., auch wenn sie nicht beobachtet werden, kulturübergreifend und lange bevor sie explizit über soziale Normen und Strategien (z. B. Reputation) Bescheid wissen; Zwillingsstudien schätzen den genetischen Beitrag zu Hilfeverhalten auf etwa 30–50 %. Sind Kinder also kleine Engelchen? Nicht nur. Denn auch egoistische Präferenzen sind tief verankert und kommen bei Kleinkindern z. B. in Wettbewerbssituationen wenig subtil zum Vorschein (Wynn, Bloom, Jordan, Marshall & Sheskin, 2018). Ob, wie, wann und wem gegenüber Kinder prosoziales und egoistisches Verhalten zeigen, hängt darüber hinaus (und in Interaktion mit Dispositionen) zentral von den Erfahrungen ab, die sie im Laufe ihres Lebens machen, von ihrer Sozialisation (Brownell, C. A., & Early Social Development Research Lab, 2016; Eibl-Eibesfeldt, 1991).

Mit zunehmendem Alter entwickeln Kinder ihre Vorstellungen von Fairness und sozialen Normen weiter, und machen ihre Entscheidungen, z. B. wem sie vertrauen und mit wem sie teilen, vom Verhalten und der Reputation ihres Gegenübers abhängig. Auch Stereotype und die Bevorzugung der Eigen- über Fremdgruppen gewinnen an Einfluss. Bis ins Jugendalter hinein differenzieren sich Formen prosozialen Verhaltens aus. Für Entscheidungen, die das Abwägen und Integrieren eigener und fremder Kosten und Nutzen oder die Berücksichtigung zukünftiger Konsequenzen erfordern, spielt die Entwicklung kognitiver Kontrollprozesse, z. B. Inhibition, eine unterstützende Rolle (Steinbeis & Crone, 2016). Neuere Forschung verweist auf besonders ausgeprägtes prosoziales und altruistisches Verhalten im mittleren und hohen Lebensalter (Mayr & Freund, 2020).

14.3.2 Verbreitung über Kulturen und Spezies

Obwohl die weitaus meisten Studien zu prosozialem Verhalten in »WEIRDEN« Gesellschaften durchgeführt werden (western, educated, industrialized, rich, democratic; Henrich, Heine & Norenzayan, 2010), gibt es großangelegte interkulturelle Untersuchungen, in denen Personen aus isolierten Kleingesellschaften (z. B. in Ostafrika, Südamerika, Papua-Neuguinea) an klassischen Ökonomischen Spielen teilnahmen (z. B. Henrich et al., 2005). In all diesen Gruppen zeigte sich altruistisches und kooperatives Verhalten gegenüber anonymen Mitspielenden, besonders dort, wo regelmäßiger Zugang zu Märkten und hohe alltägliche Kooperationsanforderungen bestehen. Auch die Durchsetzung sozialer Normen, etwa mit Bestrafung, scheint durch Anbindung an Märkte und an Weltreligionen verstärkt zu werden (Henrich et al., 2010). Studien, deren Teilnehmende verschiedene Religionen, Animismus oder Ahnenkult praktizierten, verweisen auf einen Zusammenhang zwischen moralischen, bestrafenden Gottheiten und besonders großzügigem Verhalten gegenüber Unbekannten, vereinzelt sogar Angehörigen religiöser Fremdgruppen (Lang et al., 2019). Spontan großzügiges und kooperatives Verhalten ist also ein globales Phänomen, wobei kulturelle Institutionen und Praktiken beeinflussen, wie und wem gegenüber sich prosoziales Verhalten äußert.

Während die Frage nach genuin altruistischen Präferenzen im Tierreich nicht einfach zu beantworten ist, gibt es bei zahlreichen Spezies Beobachtungen zur Verteilung von Ressourcen, bei dem Individuen eigene Kosten in Kauf nehmen. Vampirfledermäuse (*Desmodus rotundus*) füttern nicht-verwandte Artgenossen, die bei der Jagd nicht erfolgreich waren, mit hochgewürgtem Blut; ein Gefallen, der die Empfänger vorm Verhungern bewahrt und der bei nächster Gelegenheit erwidert wird (*reciprocal altruism*; Wilkinson, 1984). Durch das Bedienen einer Apparatur ermöglichen Ratten (*Rattus norvegicus*) unbekannten Artgenossen, Nahrung zu erhalten, besonders, nachdem sie selbst durch Unbekannte in den Genuss von Hilfe gekommen sind (*generalized altruism*; Rutte & Taborsky, 2007). Verschiedene Primatenarten teilen mit Gruppenmitgliedern, manche sogar mit Fremden (Tan & Hare, 2013), und auch spontanes Helfen wird z. B. für Ameisen, Delfine, Elefanten und Schimpansen berichtet (für Übersichten, siehe Cronin, 2012; Decety, Bartal, Uzefovsky & Knafo-Noam, 2015; de Waal, 2008).

Beispiele von Kooperation, z. B. beim Jagen und Problemlösen, finden sich bei Land- und Meeressäugern, wobei Schimpansen (*Pan troglodytes*), basierend auf vorherigen Erfahrungen, die für die Aufgabe besten Kollaborationspartner auswählen (Cheney, 2011; Melis, Hare & Tomasello, 2006). Schließlich scheinen auch Mechanismen, die prosoziales Verhalten und Kooperation fördern, im Tierreich verbreitet zu sein. Putzer-Lippfische (*Labroides dimidiatus*), die sich von Parasiten im Maul ihrer Wirte ernähren, erarbeiten sich beispielsweise durch besondere Gründlichkeit unter Beobachtung einen guten Ruf bei potenziellen Wirten (*reputation management*; Binning et al., 2017). Zudem gibt es Hinweise auf Fairness-Präferenzen: Die Aufteilung kooperativ gewonnener Beute erfolgt oft regelhaft, z. B. nach sozialem Rang oder, bei Schimpansen im Nationalpark Taï, nach dem während der Jagd geleisteten Beitrag (Boesch, 2002). Überdeutlich zeigen z. B. Kapuzineräffchen (*Cebus apella*) ihre emotionale Reaktion auf ungleiche Entlohnung für gleiche Leistung (Brosnan & De Waal. 2003; Henrich, 2004; ▶ Kap. 8.4 Externe Links).

14.4 Moderatoren

14.4.1 Person

Menschen unterscheiden sich darin, wie stark verschiedene Facetten prosozialen Verhaltens, z. B. altruistische oder normbasierte Tendenzen, bei ihnen ausgeprägt sind (z. B. Peysakhovich, Nowak & Rand, 2014; ▶ Kap. 14.3.1 für eine kurze Diskussion der Bedeutung von Genen und Sozialisation). Charakteristika wie Alter, Bildung, Einkommen, Geschlecht oder religiöse und politische Überzeugungen wurden diesbezüglich in den Blick genommen – und scheinen, in Kürze, Verteilungs- und Kooperationspräferenzen kaum systematisch zu beeinflussen (Böckler, 2018; Henrich et al., 2005).

Studien an Personen mit psychiatrischen Diagnosen berichten vereinzelte Veränderungen im prosozialen Verhalten, z. B. eingeschränkte Fähigkeiten, dyadische Kooperation über mehrere Interaktionsrunden aufrechtzuerhalten bei Teilnehmenden mit Borderline-Persönlichkeitsstörung (King-Casas et al., 2008). Im subklinischen Bereich korrelieren z. B. Paranoia und Eigenschaften der »Dunklen Triade« (Narzissmus, Psychopathie, Machiavellismus; ▶ Kap. 8.2.5) negativ mit Großzügigkeit und positiv mit (aggressiver) Bestrafung (Böckler, Sharifi, Kanske, Dziobek & Singer, 2017; Raihani & Bell, 2018).

Metaanalysen legen einen zuverlässigen Zusammenhang zwischen Persönlichkeitseigenschaften wie den Dimensionen Ehrlichkeit-Bescheidenheit und Verträglichkeit auf der einen und prosozialem Verhalten, insbesondere altruistischen Präferenzen, auf der anderen Seite nahe (für Details und Modell, siehe Thielmann et al., 2020). Auch persönliche Überzeugungen prägen unser Sozialverhalten, beispielsweise kann der Glaube, in einer gerechten Welt zu leben (engl.: belief in a just world) dazu führen, dass man Personen selbst die Schuld an leidvollen Situationen gibt (Hafer & Sutton, 2016) – aber auch dazu, die Lage anderer zuversichtlich und proaktiv zu verbessern (Bartholomaeus & Strelan, 2019).

Und nicht zuletzt wurden überdauernde affektive und kognitive Tendenzen wie emotionale Stabilität und exekutive Kontrolle, z. B. die Fähigkeit, impulsive Gedanken oder Handlungen zu unterdrücken, mit altruistisch motivierter Hilfsbereitschaft und Großzügigkeit in Verbindung gebracht. Den fließenden Übergang zwischen Eigenschaften als traits und Zuständen als states verdeutlichen auch sozio-affektive und sozio-kognitive Konstrukte wie Empathie und kognitive Perspektivübernahme/Theory of Mind (▶ Kap. 7 und ▶ Kap. 10). Beide können überdauernd und als akuter Zustand zu prosozialem Verhalten beitragen, z. B., indem Menschen mehr spenden und eher bereit sind zu helfen, wenn sie mit jemandem mitfühlen und sich in deren Gegebenheiten eindenken können (Tusche et al., 2016; Lehmann et al., 2022).

14.4.2 Situation

Wann lassen Menschen anderen die eigenen Ressourcen angedeihen? Situative Faktoren, denen ein Einfluss auf unser prosoziales Verhalten zugesprochen wird, sind z. B. die Anwesenheit anderer Personen (die hinderlich sein kann, wenn sie zu einer Verantwortungsdiffusion führt, aber auch zuträglich, wenn sie sozial erwünschte Reaktionen hervorruft), die beim Helfen entstehenden Kosten, ob uns selbst kürzlich geholfen wurde und unser akutes Stresslevel (das förderlich, aber auch hemmend sein kann; für einen Überblick, siehe Faber & Häusser, 2022). Manche Studien berichten höhere Spendenbereitschaft für Notsituationen, die uns beängstigen oder die unerwartet auftreten und mehr Hilfeverhalten gegenüber klar identifizierbaren, unschuldigen oder attraktiven Betroffenen (Huber, Van Boven, McGraw & Johnson-Graham, 2011).

Gut untersucht ist der Einfluss von Ähnlichkeit und Gruppenzugehörigkeit: Spontane Hilfe, Großzügigkeit, Vertrauen und Kooperationsbereitschaft scheinen gegenüber Mitgliedern der Eigengruppe ausgeprägter zu sein (▶ Kap. 6.1.1 Ingroup favoritism; Romano, Balliet, Yamagishi & Liu, 2017). Dabei kann sich die empfundene Zugehörigkeit auf Charakteristika wie familiäre Verbindungen, räumliche Nähe, Geschlecht und Nationalität, aber auch auf geteilte Werte, Ansichten, Präferenzen und Erfahrungen stützen.

So umfangreich die Literatur zu interindividuellen Unterschieden und situativen

Einflussfaktoren prosozialen Verhaltens ist, so widersprüchlich ist sie häufig. Das liegt nicht zuletzt daran, dass Prosozialität ein komplexes Konstrukt ist, dessen vielfältige Facetten erst im Zusammenspiel zwischen der aktuellen Situation, den beteiligten Personen, deren Beziehungen und Vorgeschichten zutage treten. Herausfordernd, aber notwendig, ist also ein Zugang weg von der Identifikation isolierter Faktoren und hin zur Frage: Wie anfällig ist eine Person dafür, sich in einer bestimmten Beziehungs-Situations-Konstellation hilfsbereit oder großzügig zu zeigen?

14.5 Stabilität und Flexibilität: Kooperation schützen und Prosozialität fördern

Die Trennung zwischen Altruismus und Egoismus verläuft nicht zwischen, sondern in uns. Wir alle haben unsere eigenen Bedürfnisse im Blick – und sind doch nicht gleichgültig für die Nöte anderer. Im sozialen Alltag innerhalb uns bekannter Gruppen gelingt es gemeinhin, eine Balance zwischen egoistischen und prosozialen Tendenzen herzustellen, Kompromisse zu finden und ein stabiles Miteinander aufrechtzuerhalten, nicht zuletzt durch Kommunikation und die Mechanismen sozialen Verstehens. In unserer globalisierten Welt aus vernetzten und vielfältigen Gesellschaften sind wir hingegen in nie dagewesenem Ausmaß und auf neue Formen von Kooperation angewiesen, wenn wir die Herausforderungen unserer Zeit bewältigen wollen, z. B. den nachhaltigen Umgang mit begrenzten Ressourcen, Verteilungsgerechtigkeit und die Beilegung von Kriegen (Ostrom, Burger, Field, Norgaard & Policansky, 1999; Ostrom, 2009).

Ein verbreiteter, auf Misstrauen begründeter Standpunkt ist, dass der tief verwurzelten Schlechtigkeit der Menschen nur durch unerbittliche Kontrolle »von oben« in streng hierarchischen Systemen beizukommen ist. Aus wissenschaftlicher Sicht bröckelt dieser Standpunkt. In Unternehmen mit hierarchischen Strukturen, die sich durch hohen Machtanspruch der Führungsebene, Druck auf die Untergebenen und geringe Teilhabe auszeichnen, verbreitet sich Egoismus auf allen Ebenen, Kooperation und damit auch Kreativität und Produktivität sinken (Sutton, 2017). Im Gegensatz dazu setzt Vertrauen, insbesondere wenn Institutionen es genießen und aktiv einbringen, positive Dynamiken in Gang, es fördert Kooperation und produktivere Zusammenarbeit im Arbeitskontext sowie gesellschaftliche und politische Stabilität (DeJong, Dirks & Gillespie, 2016; Spadaro, Gangl, Van Prooijen, Van Lange & Mosso, 2020; Thielmann & Hilbig, 2023). In komplexen Systemen braucht es Kontrollmechanismen, aber solche, die transparent kommuniziert und gemeinschaftlich ausgehandelt und getragen werden.

Kriege, Armut und den Klimawandel beheben wir nicht auf persönlicher Ebene; individuelle Schultern sind nicht der Ort für strukturelle Probleme. Dennoch ist unser Alltag genau der richtige Ort für prosoziales Verhalten. Haben Sie schon vom »warm inner glow« gehört? Das ist das angenehme Gefühl, das uns befällt, wenn wir uns für andere einsetzen. Zu helfen, sich zu engagieren oder zu teilen wirkt sich förderlich auf unsere Lebenszufriedenheit und Gesundheit aus (Gilbert, 2015; Miles, Andiappan, Upenieks & Orfanidis, 2022). Und damit nicht genug: Das Empfangen und sogar das bloße Beobachten von Großzügigkeit, Hilfe und fairen Angeboten hat positive psychische Effekte – und ist zudem ansteckend, nicht nur gegenüber der prosozialen, sondern auch gegenüber fremden Personen (Micheli, Breil & Böckler, 2023; Nowak & Sigmund, 2005). Die gute Tat wirkt also über sich hinaus. Und da wir Menschen mit emotionalen und kognitiven Anlagen (quasi »Muskeln«) für Prosozialität ausgestattet sind, lässt diese sich auch trainieren: Interventionsstudien zeigen z. B., dass die meditationsbasierte Kultivierung von positiven sozialen Emotionen (z. B. Verbundenheit, Mitgefühl) altruistisch motiviertes Verhalten wie Hilfsbereitschaft und Großzügigkeit erhöht (Böckler, Tusche, Schmidt & Singer, 2018).

14.6 Fazit und Empfehlungen

Seit früher Kindheit und über Kulturen und viele Situationen hinweg setzen Menschen spontan und mühelos eigene Ressourcen für andere ein, auch wenn sie selbst keinen monetären oder sozialen Nutzen davontragen. Gleichzeitig stellt uns Kooperation, v. a. in komplexen und kompetitiven Situationen, vor Herausforderungen. Soziale Normen und die Implementation von Konsequenzen für deren Verletzung helfen, Zusammenarbeit langfristig aufrecht zu halten.

Die großen Herausforderungen unserer Zeit sind soziale Dilemmas: Sie betreffen zahlreiche Parteien mit unterschiedlichen Interessen, deren Entscheidungen sich gegenseitig beeinflussen. Die Kooperationsbereitschaft der einen kann und wird von anderen ausgenutzt werden. Doch wenn es uns nicht gelingt, zusammenzuarbeiten, verlieren wir alle. Kooperation ist riskant, aber sie ist unsere größte Chance und Stärke.

Literaturempfehlungen

Böckler, A., Tusche, A., Schmidt, P., & Singer, T. (2018). Distinct mental trainings differentially affect altruistically motivated, norm motivated, and self-reported prosocial behaviour. *Scientific Reports, 8*(1), 13560.
Bregman, R. (2020). *Im Grunde gut*. Rowohlt.
Hofmann, W., Wisneski, D. C., Brandt, M. J., & Skitka, L. J. (2014). Morality in everyday life. *Science, 345*(6202), 1340–1343.
MacDonald, G., & Leary, M. R. (2005). Why does social exclusion hurt? The relationship between social and physical pain. *Psychological Bulletin, 131*(2), 202.
Thielmann, I., Spadaro, G., & Balliet, D. (2020). Personality and prosocial behavior: A theoretical framework and meta-analysis. *Psychological Bulletin, 146*(1), 30.
van Dijk, E., & De Dreu, C. K. (2021). Experimental games and social decision making. *Annual Review of Psychology, 72*, 415–438.

Externe Links

TED talk zu Trust: https://www.youtube.com/watch?v=wc3VhvgUtB8
No Blame Approach bei Mobbing: https://www.youtube.com/watch?v=rOi0H_cJM3Y

15 Kultur: Wie wir Wissen weitergeben

> Menschen untersuchen ihre eigene DNA, fliegen zum Mond (oder zumindest in den Urlaub), nutzen Telefon und Internet. Wie kam es dazu? Unter anderem, indem wir seit Jahrmillionen nicht bei null anfangen: durch die kontinuierliche Weitergabe und Erweiterung von Wissen, Fertigkeiten und Konventionen innerhalb und zwischen Generationen. Das letzte Kapitel beschäftigt sich mit dem wissenschaftlichen Verständnis und der Untersuchung von kulturellem Verhalten und den Mechanismen kultureller Transmission.

Woran denken Sie, wenn Sie an Kultur denken? Möglicherweise fallen Ihnen Hochkulturen wie im Alten Ägypten ein oder die schönen Künste, mit denen wir uns vervollkommnen und über die schnöde Natur erheben (▶ Abb. 15.1). Vielleicht richten Sie Ihr Augenmerk auf kulturelle Vielfalt, auf geografische Unterschiede in tradierten, von umschriebenen Gruppen ausgeführten Ritualen (»Kulte«), die Gemeinsamkeit fördern und Identität stiften. So sind Sie selbst Teil verschiedener Kulturen, z. B. bezogen auf Ihre Herkunft, Ihren Beruf, Ihre spirituellen oder weltanschaulichen Ausrichtungen. Verbunden damit kann Kultur auch Abgrenzung markieren, beispielsweise einer Sub- von der Dominanzkultur. »Bei uns herrscht eine konstruktive Fehlerkultur«, sagt der CEO und beschreibt damit Kultur als Tätigkeit, als Haltung. Und natürlich steckt Kultur voller Normen, auch solcher, die nicht alle Menschen gleichermaßen begünstigen.

Einigkeit darüber, was Kultur ist und tut, gibt es nicht. Kant beispielsweise nutzt den Begriff positiv und stellt mit dem kategorischen Imperativ einen Bezug zwischen Kultur und Moralität her (»Handle nur nach derjenigen Maxime, durch die du zugleich wollen kannst, dass sie ein allgemeines Gesetz werde«; Kant, 1784). Für andere ist Kultur (auch) negativ belegt, z. B. als Entfremdung von natürlichen Zuständen, die in Dekadenz mancher und Unfreiheit anderer münden kann (Rousseau, 1755). Eine kleine Auswahl zeigt die Vielfalt der Definitionen weiter auf.

> **Definitionen: Kultur**
>
> Kultur ist »dieses komplexe Ganze, das Wissen, Glauben, Kunst, Moral, Gesetz, Brauch und alle anderen Fähigkeiten und Gewohnheiten, die der Mensch als Mitglied der Gesellschaft erwirbt.« (Tylor, 1871)
> »Alles, was wir tun, wissen oder glauben, sowie unsere Institutionen und Technologien, sind Produkte des sozialen Lernens und somit kulturell.« (Braidwood, 1975)
> »Kultur bezeichnet alle Verhaltensweisen und Kenntnisse, die durch soziales Lernen innerhalb und zwischen Generationen erworben und weitergegeben werden.« (Boyd & Richerson, 1985)

Während manche Ansätze das Menschengemachte als zwingend für Kultur ansehen, erlauben Minimaldefinitionen wie die von

Boyd und Richerson die Untersuchung und den Vergleich kultureller Variationen zwischen Arten. Aus diesem Grund übernehme ich deren Definition, bei der das *soziale Lernen* von Verhalten, Fertigkeiten und Konventionen im Zentrum steht. Je nach Forschungsgegenstand und -frage werden weitere Konzepte herangezogen oder abgegrenzt.

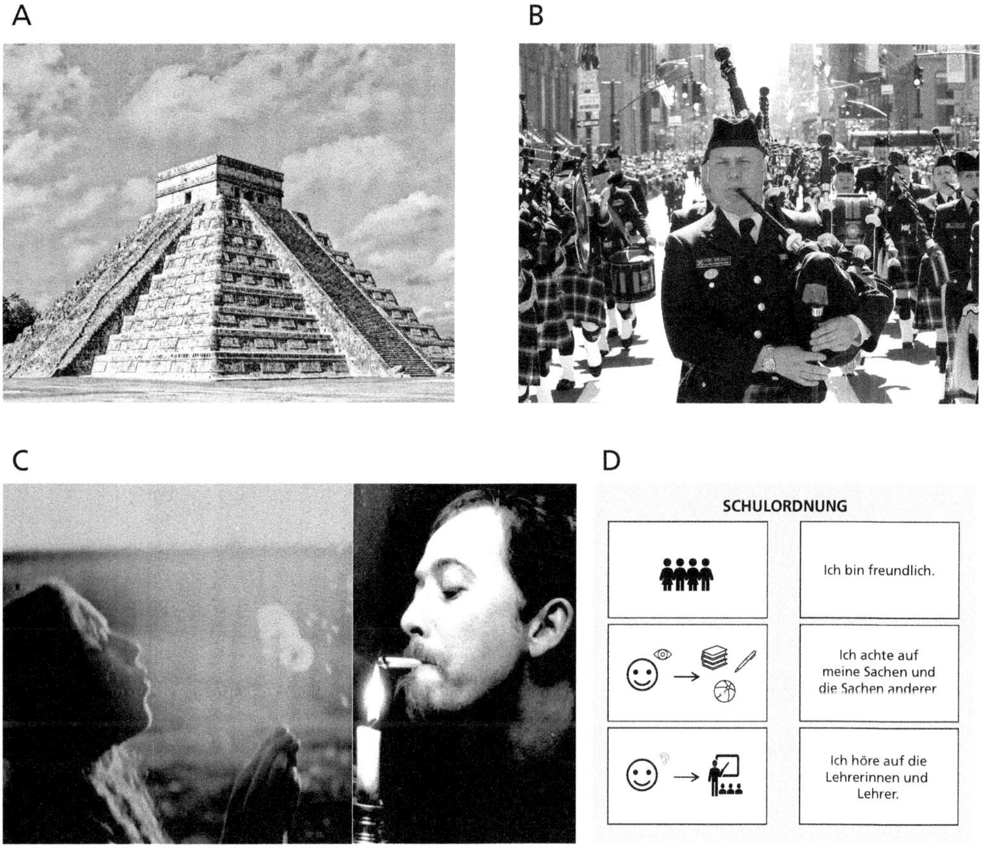

Abb. 15.1: Beispiel für verschiedene Verständnisse von Kultur.
    A Die Maya gelten vielen als Paradebeispiel einer sogenannten Hochkultur.
    B Menschen zeigen geografisch unterschiedliche Festivitäten, Traditionen und Rituale.
    C »Hippies« haben sich als Subkultur von der Kultur ihrer Eltern abgegrenzt – bevor sie selbst Teil der Dominanzkultur wurden (»Boomer«).
    D Eine beispielhafte Schulordnung, die geltende Normen aufzeigt.

Definition: Traditionen und Rituale

Traditionen bezeichnen bestimmte Verhaltensmuster, die stabil bestehen, von mindestens zwei Individuen einer Gruppe geteilt und sozial weitergegeben werden. Manche Forschende sprechen von Kultur, wenn eine Gruppe über mehrere Traditionen verfügt, die verschiedene Verhaltensdomänen umfassen (Whiten & Schaik, 2007).

> *Rituale* sind konventionell festgelegte Verhaltensweisen, die sich durch Regelhaftigkeit und Wiederholung auszeichnen, in menschlichen Gruppen oft Bezüge zu Übernatürlichem oder Gottheiten herstellen und weniger funktionale als psychologische und soziale Ziele verfolgen, z. B. Zusammengehörigkeit herzustellen oder zu signalisieren, dass man sich der Gruppe verbunden und verpflichtet fühlt (Legare & Nielsen, 2020).

Was ermöglicht Kultur und wie können wir sie untersuchen?

15.1 Kulturelles Verhalten erfassen

»Was ermöglicht Kultur?« lässt sich auf verschiedene Weise lesen. Darin steckt »Welche Bedingungen ermöglichen Individuen oder Gruppen, Kultur zu entwickeln?«, aber auch »Was wird Individuen und Gruppen durch kulturelles Verhalten ermöglicht?«. Und damit sind wir bei der Henne-oder-Ei-Frage von Kultur und sozialer Intelligenz.

15.1.1 Kultur und (soziale) Intelligenz

Vor ca. fünf bis sieben Millionen Jahren lebte der letzte gemeinsame Ahne von Menschen und Schimpansen. Das Leben der ersteren hat sich in der Zwischenzeit stärker verändert als das letzterer, u. a. durch die Entwicklung von Medizin und Massenvernichtungswaffen, die Einführung von Geld und die Errichtung von Gefängnissen und Schulen. Kultur liegt als Überbegriff dieser Errungenschaften nahe. Was sind deren Motoren? Manche Arbeitsgruppen sehen beispielsweise die kognitive Fähigkeit, Symbole zu nutzen und regelhaft zu kombinieren als einzigartig menschliche und zentrale Voraussetzung für die Entwicklung von Sprache und Mathematik an (Dehaene, Al Roumi, Lakretz, Planton & Sablé-Meyer, 2022). Ausgelöst wurde sie möglicherweise durch Veränderungen der Zelltypen und der kortikalen Organisation über weite Bereiche des Gehirns. Sind solch neuronale und kognitive Veränderungen Voraussetzung oder Folge von Kultur? Beides? Weder noch?

Wenn es in sozialen Gruppen einen Selektionsdruck auf Individuen gab, intelligenter zu werden, könnte sich dieser domänenübergreifend auf die kognitive Leistungsfähigkeit oder auf spezifische soziokognitive Fertigkeiten wie Theory of Mind ausgewirkt haben (▶ Kap. 10; siehe Whiten & van Schaik, 2007 für eine Übersicht). Die zeitweise einflussreiche *Social-brain-Hypothese* diskutiert die Anforderungen des Lebens in großen sozialen Gruppen als ausschlaggebend für das Wachstum des Gehirns, insbesondere des Neokortex, von Primaten (Dunbar, 1998; siehe aber Deaner, Isler, Burkart & van Schaik, 2007). Doch Kultur beruht nicht nur auf sozialen Fertigkeiten wie Perspektivübernahme und Voneinander-Lernen, sondern auch auf individuellen. Würden wir nur tun, was wir bei anderen beobachten, könnten wir neuen Herausforderungen nicht begegnen. Dafür braucht es *Innovation*. Soziales Lernen und Innovation als sich ergänzende Triebfedern von Kultur profitieren von Intelligenz, sowohl sozialer als auch individueller (▶ Kap. 15.2.2; Legare & Nielsen, 2015).

Gleichzeitig macht Kultur uns schlau, als Gruppe und als Individuen. Soziales Lernen optimiert den individuellen Lernerfolg und reduziert die Notwendigkeit ressourcenintensiver oder gar gefährlicher Versuche und Irrtümer (▶ Kap. 15.2 und ▶ Kap. 15.3). Kinder, nicht nur menschliche, profitieren enorm von einer lernfreundlichen Umgebung – und zeigen nach sozialer Deprivation kognitive Beeinträchtigungen (Sackett, Novak & Kroeker, 1999; Whiten & van Schaik, 2007). Die Anwesenheit intelligenter Artgenossen wirkt sich positiv auf die kognitive Leistungsfähigkeit der ganzen Gruppe aus.

Auch wenn die eingehenden Fragen nicht final beantwortbar sind, weist manches darauf hin, dass Kultur und (soziale) Intelligenz sich gegenseitig befördern und gemeinsam in einer Spirale aus positiver Verstärkung kumulative Kultur ermöglichen. Gleichwohl gilt: Individuen mit geringer kognitiver Leistungsfähigkeit sind in sozialen Gruppen überlebensfähiger als allein, unter anderem, weil oft die gesamte Gruppe von der Intelligenz (z. B. den Innovationen) einzelner profitiert. Für kumulative Kultur müssen also nicht unbedingt möglichst viele Individuen möglichst intelligent sein – die Schlaueren sollten aber freundlich genug sind, ihr Wissen zu teilen (Hare, 2017).

> **Definition: Kumulative Kultur**
>
> Wenn Innovationen, Praktiken, Wissen und Fertigkeiten aufeinander aufbauen und über Generationen hinweg immer komplexer werden, spricht man von kumulativer Kultur. Die kontinuierliche Weitergabe und Verbesserung von kulturellen Errungenschaften ermöglichen Populationen ein immer größeres, ausgefeiltes Repertoire an instrumentellen Fähigkeiten, Wissen und sozialen Konventionen, auf das sie zugreifen können.
>
> Das Ausmaß der kumulativen Kultur bei Menschen erkennen Sie z. B. daran, dass kein Individuum heute in der Lage wäre, all die genutzten Erkenntnisse oder Erfindungen im Detail nachzuvollziehen oder gar selbst zu entdecken und herzustellen.

15.1.2 Die Messung kulturellen Verhaltens

Ob wir denken, dass nicht-menschliche Tiere »Kultur haben«, hängt von der Definition ab. Wie viele Traditionen muss es z. B. in einer Gruppe geben, um von Kultur zu sprechen? Oder ist vielmehr die Nutzung höherer sozialer Lernformen wie Imitation und Lehren ausschlaggebend? Muss Kultur normativ sein, oder kumulativ, oder sind es konkrete Verhaltensweisen, die als Erkennungsmerkmal dienen? In vielen Filmen unterscheiden sich Menschen von »Unmenschen« (oder von Zombies) beispielsweise durch das Begraben ihrer Toten (▶ Kap. 15.4 Externe Links für Todesrituale bei Tieren).

Auch wie wir Kultur messen, beeinflusst, welchen Gruppen und Arten wir sie zuerkennen. Die verbreitete *method of exclusion* sieht Verhaltensweisen als kulturell an, wenn gegeben ist:

- Geografische Variation: Das Verhalten wird in mindestens einer Population gezeigt und in mindestens einer (geografisch getrennten) Population nicht.
- Ausschluss genetischer Unterschiede: Das unterschiedliche Verhalten zwischen den Populationen geht nicht auf unterschiedliche genetische Prädispositionen zurück.
- Ausschluss ökologischer Unterschiede: Das unterschiedliche Verhalten wird nicht durch unterschiedliche Umweltbedingungen hervorgerufen.

Finden sich z. B. bestimmte Werkzeugnutzungen oder Balzrituale nur bei manchen Schimpansen-Populationen und kann man davon ausgehen, dass sie nicht genetisch oder durch unterschiedliche ökologische Gegebenheiten bedingt sind, werden sie als kulturell eingestuft (z. B. Whiten et al., 1999). Doch andere Forschende kritisieren die method of exclusion (MoE), kulturelles Verhalten bei Tieren systematisch zu unterschätzen (Danchin, Giraldeau, Valone & Wagner, 2004; Schuppli und van Schaik, 2019). Beispielsweise durch

- Ignoranz konvergenter Kultur: In unabhängigen Spezies können sich nicht nur genetische Veränderungen parallel entwickeln (z. B. Echolokation in Fledermäusen und Meeressäugern, als konvergente Evolution bezeichnet), sondern auch sozial gelernte Verhaltensweisen. Doch sobald es Verhaltensweisen in allen Populationen gibt, zählt die MoE sie nicht mehr als kulturell.
- Abhängigkeit von eingeschlossenen Populationen: Ein Verhalten zählt als kulturell (oder nicht), je nachdem, ob es in anderen Populationen beobachtet wurde. Nach dieser Methodik wäre ein Gesang nicht kulturell, wenn alle Menschenpopulationen ihn zeigen.
- Ignoranz von Verhalten, das durch ökologische Unterschiede geprägt wurde, aber dennoch sozial erlernt ist (z. B. der Bau von Schiffen durch die Anwesenheit von Wasser).
- Ignoranz von Verhalten, das von genetischen Prädispositionen gefördert wird, z. B. erleichtert die genetische Prädisposition, sozial interessiert zu sein, soziales Lernen.

Rufen wir uns die Minimaldefinition ins Gedächtnis, die Kultur als sozial erlerntes Verhalten beschreibt, ist eine Alternative das simple Zählen sozial erlernter Verhaltensweisen (Schuppli & Schaik, 2019). Dieser Ansatz betrachtet Kultur eher als Kontinuum denn als Kategorie und setzt sie nicht mit kognitiver Komplexität gleich. So können bei Insekten und Fischen, Vögeln und Säugetieren kulturelle Verhaltensweisen beschrieben werden, sei es beim Nestbau, der Fortbewegung oder der Nahrungs- und Partnersuche (Whiten, 2021).

15.2 Mechanismen kultureller Transmission

Das Grundprinzip der genetischen Transmission lernen wir im Biologieunterricht: Gene als Informationseinheiten auf der DNA werden dupliziert und nach dem Darwinischen Prinzip an direkte Nachkommen weitergegeben. Zu Veränderung der genetischen Ausstattung von Nachkommen kommt es durch Mutationen, die jedoch meist schädlich sind.

> **Definition: Kulturelle Transmission**
>
> In Abgrenzung zur genetischen Transmission bezeichnet kulturelle Transmission die Übertragung von erworbenen Verhaltensweisen auf nichtgenetischem Weg. Sie erfolgt nicht nur *vertikal*, als Weitergabe an die nachfolgende Generation, sondern auch *horizontal*, indem sich neu erworbene Fertigkeiten innerhalb einer Gemeinschaft und bei Nicht-Verwandten ausbreiten.

Die Informationseinheiten der kulturellen Transmission, sogenannte *Memes*, verbreiten sich durch die verschiedenen Formen sozialen Lernens (Blackmore, 2000; Danchin et al., 2004). Zufällige Lernfehler oder gezielte Innovation verändern Verhaltensweisen und können unmittelbar von anderen übernommen werden. Kulturelle Transmission ist also schneller als biologische.

> **Definition: Soziales Lernen**
>
> Soziales Lernen beschreibt Lernprozesse, die durch das Beobachten oder die Interaktion mit anderen Individuen oder deren Produkten beeinflusst werden. So kann ein Individuum durch die Betrachtung von Artgenossen bestimmte Gegenstände oder Orte (Reize) lernen, beobachtete Verhaltensweisen und deren Konsequenzen verknüpfen oder sich konkrete Reaktionen auf gegebene Reize abschauen (Heyes, 1994; Whiten, 2021).

Durch das Aufnehmen, Weitergeben und Verändern von (sozialer) Information, erlernen Menschen instrumentelle Fertigkeiten, Wissen und Konventionen. Doch kulturelle Transmission zeigt sich auch in Dialekten von Singvögeln und Walen oder in präferierten Reiserouten. Einige Mechanismen dieser Transmission werden im Folgenden dargestellt (▶ Abb. 15.2).

15.2.1 Beobachtung von Verhaltensentscheidungen, deren Qualität und Konsequenzen

Individuen können durch gezielte oder Versuch-und-Irrtums-gesteuerte Suche herausfinden, wo es die meiste Nahrung, den zuverlässigsten Schutz und die besten Partner gibt. Aber das ist aufwändig. Es lohnt, die Interaktionen anderer, z. B. der Artgenossen, mit der Umwelt zu beobachten. Dabei fallen – absichtlich (als *signal*) oder unabsichtlich (als *cue*) – Informationen ab (▶ Kap. 13.2 Nonverbale Kommunikation). Wo brüten andere, wo sammeln oder jagen sie, welche Partner wählen sie?

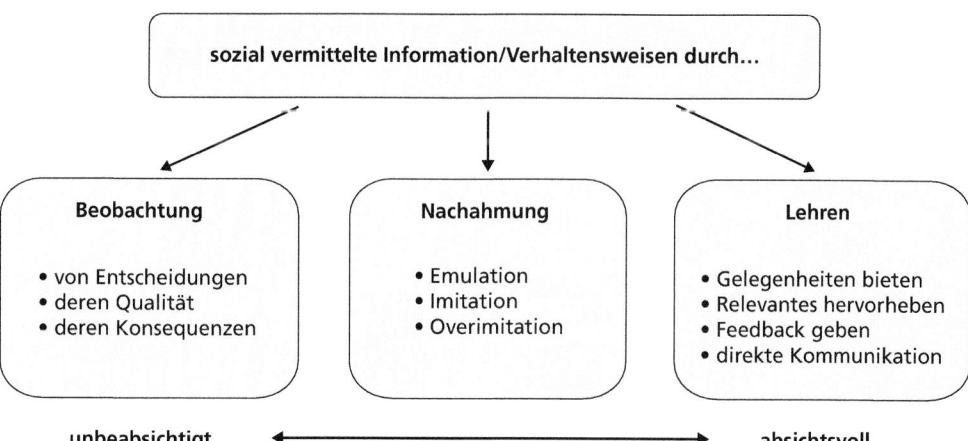

Abb. 15.2: Formen sozialen Lernens. Die Verbreitung von Verhaltensweisen oder Information kann von den Lernenden selbst ausgehen, z. B., wenn sie die (unbeabsichtigt) abgegebene Information von Artgenossen, z. B. deren Verhaltensentscheidungen, beobachten, die Qualität dieser Entscheidung einbeziehen (public information), die Konsequenzen des Verhaltens erlernen (»Beobachtungslernen«) oder das Verhalten/die Techniken anderer nachahmen (Imitation und Emulation). Beim Lehren übernehmen die Lehrenden ebenfalls einen aktiven Beitrag, z. B., indem sie ihr Verhalten oder die Lernumwelt an die Fähigkeit der Lernenden anpassen, die Aufmerksamkeit der Lernenden auf relevante Aspekte der Lernumwelt lenken oder Rückmeldung zu deren Verhalten geben.

In sozialen Gruppen beobachten wir ständig, wie andere sich verhalten und das prägt unsere eigenen Entscheidungen, etwa was wir kaufen, wessen Gesellschaft wir suchen, wo wir den Urlaub verbringen. Ein besonderer Fall sozial beobachtbarer Information ist *public information* (▶ Kap. 13.3.2), die uns zusätzlich Hinweise über die Qualität der von anderen getroffenen Entscheidungen liefert. Zahlreich vernehmbarer Nachwuchs von Artgenossen markiert beispielsweise den brauchbaren Nistplatz, die Größe des fressenden Schwarms verweist auf die Ergiebigkeit der Nahrungsquelle (für eine Übersicht, siehe Danchin et al., 2004). Das Beobachten von Artgenossen und die Nutzung von public information sind als Facetten kultureller Transmission im Tierreich und über menschliche Populationen hinweg weit verbreitet, erhöhen die Fitness der Gruppe und das Verhaltensrepertoire der Lernenden (Paradise & Rogoff, 2009). Die operante Verknüpfung von beobachteten Reaktionen und deren Konsequenzen, das *Beobachtungslernen* oder Modelllernen, erleichtert uns die Entscheidung, was wir tun oder suchen und was wir meiden sollten (Bandura, Grusec & Menlove, 1966).

Auch wenn Verhaltensbeobachtung zentral von den Lernenden ausgeht, können diese in manchen Fällen von Artgenossen profitieren, die sich beobachten lassen und z. B. ein Ausmaß an sozialer Nähe tolerieren, das die Wahrnehmung ihrer Entscheidungen und deren Konsequenzen erlaubt. Auch kann es vorteilhaft sein, sich besonders an den Modellen (z. B. spezifischen Artgenossen) zu orientieren, die bezüglich des Verhaltens oder der Entscheidungen qualifiziert sind (Henrich & McElreath, 2003).

15.2.2 Emulation, Imitation, Overimitation – und Innovation

Wir schauen uns von Artgenossen nicht nur ab, welche Gesellschaft und Plätze wir aufsuchen (oder vermeiden) sollten, sondern auch deren Bewegungsabläufe oder Handlungsstrategien (▶ Kap. 12.2.2 für eine ausführliche Beschreibung). Von *Imitation* spricht man, wenn dabei die spezifischen Handlungen des Modells nachgeahmt werden. Öffnet ein Schimpanse, wie sein Vorbild, eine Box, indem er ihren Verschlussriegel mithilfe eines Stöckchens hochschiebt, imitiert er. Liegt der Fokus hingegen auf der Zielerreichung oder dem Mechanismus und nicht auf der Handlungsweise, lockert der Schimpanse also z. B. den Riegel durch die Drehung der Box, wird das als *Emulation* bezeichnet (Whiten, McGuigan, Marshall-Pescini & Hopper 2009).

Eine weitere Unterscheidung kommt insbesondere bei Kindern hinzu, die eine ausgeprägte Tendenz zeigen, nicht nur zielgerichtete Handlungen, sondern alle Aspekte beobachteten Verhaltens möglichst exakt nachzuahmen. So klopft ein Kind z. B. dreimal mit dem Stöckchen auf die Box, bevor es damit den Riegel hochschiebt – genau wie es dies beim Modell gesehen hat.

> **Definition: Overimitation**
>
> Overimitation ist das exakte Kopieren von beobachteten Handlungen, auch wenn diese für die Erreichung eines Ziels irrelevant sind (für eine Übersicht, siehe Hoehl et al., 2019).

Während, unter anderem, Vögel, Affen und Meeressäuger sowohl Emulation als auch Imitation nutzen, z. B. beim Erlernen von Nestbau- und Jagdtechniken (▶ Kap. 12.5.2 für Beispiele), scheint Overimitation bei Menschenkindern besonders ausgeprägt. Über den zweckdienlichen Gebrauch von Objekten oder das Meistern funktioneller Fertigkeiten hinaus unterstützt Overimitation möglicherweise besonders die Weitergabe von sozialen Normen, Ritualen und Konventionen, die wiederum sozialen Zusammenhalt fördern (Hoehl et al., 2019; Legare & Nielsen, 2020).

Komplementär zu den Formen der Nachahmung ergänzt *Innovation* den Prozess kultureller Transmission und kumulative Kultur, indem bewährte Strategien abgewandelt und so auf effizientere Weise oder auf neue Herausforderungen angewandt werden können (Legare & Nielsen, 2015). Das Tandem aus Innovation und Imitation wird auch bei nicht-menschlichen Arten beschrieben. Im kindlichen Entwicklungsverlauf geht (Over-)Imitation meist dem Hervorbringen neuer, kreativer Lösungen voraus.

Wie beim sozialen Lernen durch Beobachtung sind bei der Nachahmung maßgeblich die Lernenden selbst aktiv, indem sie Information von anderen nutzen und so aufwändige Versuch- und-Irrtum-Schleifen vermeiden. Dabei können sich Lernende ihre Vorbilder aussuchen, z. B. in Abhängigkeit von der Aufgabenkomplexität, den eigenen Fähigkeiten oder der Expertise der Modelle (Kendal et al., 2018). Letztere beeinflussen den Erfolg der Nachahmung durch *soziale Toleranz*: Je mehr Nähe von Artgenossen toleriert wird, desto mehr Verhaltensweisen können sozial gelernt werden.

15.2.3 Lehren

Beim Lehren nehmen die Modelle – die Lehrenden – eine aktivere Rolle ein als bei anderen Formen sozialen Lernens (für einen Überblick, siehe Kline, 2015).

Definitionen: Lehren

Eine für die speziesübergreifende Untersuchung von Lehren einflussreiche Definition stammt von Caro & Hauser (1992). Nach dieser gilt Verhalten als Lehren, wenn es (i) nur bei Anwesenheit eines naiven (lernenden) Individuums gezeigt wird, (ii) mit Kosten und keinem direkten Nutzen für die Lehrenden einhergeht und (iii) beim lernenden Individuum den Wissens- oder Fähigkeitserwerb fördert.

Niederschwelliger beschreibt Kline (2015) Lehren als Verhalten, welches keinen direkten Nutzen für das Modell hat und das Lernen anderer erleichtert.

Dabei kann Lehren, je nach Kontext und gegebener Herausforderung, verschiedene Formen annehmen, beispielsweise:

- Lehren durch Bieten von Gelegenheiten: Lehrende verändern die Umwelt so, dass Lernende besonders schwierige oder gefährliche Tätigkeiten vereinfacht üben können.
- Lehren durch Hervorhebung von Reizen oder Orten: Lehrende lenken die Aufmerksamkeit der Lernenden auf Aspekte der Umwelt, die für das Erlernen der Fähigkeit wichtig sind.
- Lehren durch evaluatives Feedback: Lehrende verstärken bestimmte Verhaltensweisen der Lernenden positiv oder negativ und ermöglichen ihnen so, Fähigkeiten oder Wissen zu erlangen.
- Lehren als direktes, aktives Kommunizieren: Lehrende stellen bei Lernenden Aufmerksamkeit her und vermitteln aktiv die relevante, nicht bekannte Information.

Wie verbreitet sind diese Formen des Lehrens (siehe Kasten Lehren quer durchs Tierreich)?

Lehren quer durchs Tierreich (Beispiele)

Lehren durch das gezielte Anbieten von Lernmöglichkeiten wurde bei freilebenden Erdmännchen (*Suricata suricatta*) berichtet, die ihrem Nachwuchs zum Üben von Jagdtechniken Skorpione anbieten, denen sie zuvor den Stachel entfernt haben (Thornton & McAuliffe, 2006). Dabei passen die Erwachsenen das Ausmaß der Versehrungen, die sie den Skorpionen im Vorfeld zufügen, an das Alter der Jungtiere an. Nach und nach erlernen die jungen Erdmännchen auf diese Weise eine neue, nützliche Fertigkeit.

Lehren durch die Hervorhebung von relevanten Umwelteigenschaften zeigt sich z. B. bei Ameisen. *Temnothorax albipennis* geben ihr Wissen über den Ort von Futterquellen weiter, indem sie den Weg gemeinsam mit naiven Ameisen langsam im Tandem zurücklegen und diesen, je nach Bedarf und Rückmeldung der Lernenden, an markanten Orientierungspunkten ausführliche Exploration ermöglichen (Franks & Richardson, 2006).

Verschiedene Affen und Menschenaffen nutzen im Lernkontext evaluatives Feedback. Mütter setzen ihren Nachwuchs ab und ermutigen die Jungtiere, z. B. durch Rufe, ihnen zu folgen und so das selbstständige Gehen zu erlernen (positive Verstärkung). Ebenso nehmen sie Jungtieren gefährliche Gegenstände oder ungenießbare Pflanzen ab (negative Verstärkung; Caro & Hauser, 1992).

Menschenkinder begegnen besonders häufig direktem, aktivem Lehren. Bezugspersonen vermitteln Wissen, Fertigkeiten und Konventionen durch verbale Instruktionen und durch wiederholtes, übertriebenes und verlangsamtes Vormachen. Dabei werden, oft unbeabsichtigt, auch ostensive Signale wie Blickkontakt, Zeigegesten oder »Motherese« (ein besonders betonendes Sprechen in hoher Tonlage) eingesetzt, die das Lernen zusätzlich unterstützen (▶ Kap. 1.3.2, ▶ Kap. 13.3.1; Csibra & Gergely, 2009).

Lehren erhöht in besonderem Maß die Zuverlässigkeit der kulturellen Transmission und erlaubt, dass selbst komplizierte Handlungen und Regeln präzise weitergegeben werden. Dazu kommen adaptive Tendenzen bei den Lernenden selbst, die z. B. bevorzugt von kenntnisreichen und erfolgreichen Individuen lernen (Kendal et al., 2018). Verschiedene Lernstrategien und Formen sozialen Lernens bestehen dabei nebeneinander und werden flexibel eingesetzt. Bei Menschen ist kollaboratives Lernen, wie wir es aus Lern- oder Projektgruppen kennen, beispielsweise besonders erfolgreich, wenn explizite Erklärungen durch Möglichkeiten zu Beobachtungslernen und Erweiterung der verfügbaren Hinweisreize ergänzt werden (Nokes-Malach, Richey & Gadgil, 2015).

15.3 Ausblick

Formale Definitionen zeichnen Kultur und kultureller Transmission als Gegenpol zur Natur und natürlicher (im Sinne genetischer) Weitergabe von Eigenschaften und Verhalten. Tatsächlich sind Natur und Kultur untrennbar verquickt. Die biologische Ausstattung einer Art prägt deren Kultur – und andersherum. Kultur kann genetischen Einflüssen entgegenwirken oder diese verstärken, ebenso sind Kulturleistungen manchmal in höherem Maße genetisch-morphologisch verankert als uns bewusst ist (▶ Kap. 15.4 Externe Links für biologische und kulturelle Einflüsse auf den Gesang von Singvögeln). Die Effizienz, mit der wir Blicke und Gesichter verarbeiten (▶ Kap. 1 und ▶ Kap. 2), die niederschwellige Verankerung der Emotionen und Handlungen anderer in unserem eigenen Gehirn (Empathie, ▶ Kap. 7 und Kooperation, ▶ Kap. 12) und unsere Fähigkeit, Perspektiven flexibel zu wechseln (▶ Kap. 9 und ▶ Kap. 10) sind Ausdruck natürlicher und kultureller Selektionsmechanismen sowie deren Zusammenspiel. Und sie sind nicht nur Ergebnis vergangener, sondern auch Einflussfaktoren für zukünftige biologische und kulturelle Entwicklungen, beispielsweise, wenn die menschliche Sensibilität für Blickreize unser Lehr- und Lernverhalten prägt.

Geht es um Kultur, schauen wir, auch in der Forschung, meist auf deren positive Errungenschaften. Doch zu Kultur gehört ebenso das Grauenhafte, gehören Konzentrationslager, Kolonien, Kinderpornografie. Und auch im Bereich des Absurden lotet Kultur emsig die Grenzen aus, beschert uns Challenges auf sozialen Netzwerken, Hundehalsbänder von Dior und Formular-Beantragungs-Formulare (▶ Kap. 15.4 Externe Links für kulturelle Evolution und Absurdes in der Musik). In diesem Spannungsfeld liegt (für mich) ein ganz maßgeblicher Aspekt des menschlichen Lebens: das ständige Ausloten zwischen freudvollem Eintauchen gerade auch in die Absurditäten unserer kulturell-biologischen Gegebenheiten auf der einen Seite und, auf der anderen, aus Empörung geborene Anstrengungen, diese zu verändern und die zahlreichen untragbaren Zustände zu verbessern.

15.4 Fazit und Empfehlungen

Versteht man Kultur als Gesamtheit des sozial vermittelten Verhaltens und Wissens, kann man sie in allen Tierarten untersuchen und ihre Mechanismen beschreiben. So wählen Spezies über das Tierreich hinweg ihre Brut- und Jagdgründe, Partner und Reiserouten, indem sie die Entscheidungen von Artgenossen, inklusive deren Qualität und Konsequenzen, beobachten. Zusätzlich können durch mehr oder weniger exakte Nachahmung und durch Lehren auch komplexe Verhaltensweisen, neue Innovationen sowie Normen und Rituale präzise weitergegeben werden.

Doch nicht nur wir machen Kultur, Kultur »macht« uns, sie prägt, was wir denken und fühlen, liefert Sinn und Bedeutung. Als Kontext, der insbesondere *soziale* Informationsverarbeitung und Handlung immer begleitet, erfordert und ermöglicht Kultur auch Flexibilität. Im Umstand, dass ein bestimmter Blick, eine kleine Geste, eine Äußerung eben nicht immer auf die gleiche Weise gesendet und gelesen werden können, liegt die spannende Herausforderung für die Forschung zu sozialer Kognition und Interaktion – und liegen Freude und Freiheit im Miteinander.

Literaturempfehlungen

Blackmore, S. (2000). The meme machine (Vol. 25). Oxford Paperbacks.
Hoehl, S., Keupp, S., Schleihauf, H., McGuigan, N., Buttelmann, D., & Whiten, A. (2019). ›Overimitation‹: A review and appraisal of a decade of research. *Developmental Review, 51*, 90–108.
Kline, M. A. (2015). How to learn about teaching: An evolutionary framework for the study of teaching behavior in humans and other animals. *Behavioral and Brain Sciences, 38*, e31.
Legare, C. H., & Nielsen, M. (2015). Imitation and innovation: The dual engines of cultural learning. *Trends in Cognitive Sciences, 19*(11), 688–699.
Whiten, A., & Van Schaik, C. P. (2007). The evolution of animal ›cultures‹ and social intelligence. *Philosophical Transactions of the Royal Society B: Biological Sciences, 362*(1480), 603–620.

Externe Links

Beerdigungen bei Tieren? https://www.theswarmlab.com/biol320/fall15/8/
Biologische und kulturelle Einflüsse auf Gesang von Singvögeln: https://www.youtube.com/watch?v=r5_ZSnFDPRg&t=67s
Hip Hop Evolution auf Netflix: https://www.youtube.com/watch?v=Rm3J5640jXo; https://www.youtube.com/watch?v=n9Rs15Fjwo4
Dota Kehr: Die Welt ist was Gemachtes (Utopie): https://www.youtube.com/watch?v=DnzYLo4eGng

Verzeichnisse

Literatur

Abele, A. E., & Bruckmüller, S. (2011). The bigger one of the »Big Two«? Preferential processing of communal information. *Journal of Experimental Social Psychology*, *47*(5), 935–948. https://doi.org/10.1016/j.jesp.2011.03.028

Abele, A. E., Ellemers, N., Fiske, S. T., Koch, A., & Yzerbyt, V. (2021). Navigating the social world: Toward an integrated framework for evaluating self, individuals, and groups. *Psychological Review*, *128*(2), 290–314. https://doi.org/10.1037/rev0000262

Abrams, D., Marques, J. M., Bown, N., & Henson, M. (2000). Pro-norm and anti-norm deviance within and between groups. *Journal of Personality and Social Psychology*, *78*(5), 906–912. https://doi.org/10.1037/0022-3514.78.5.906

Adamson, L. B. (2018). *Communication development during infancy*. Westview Press.

Adriaense, J. E. C., Koski, S. E., Huber, L., & Lamm, C. (2020). Challenges in the comparative study of empathy and related phenomena in animals. *Neuroscience & Biobehavioral Reviews*, *112*, 62–82. https://doi.org/10.1016/j.neubiorev.2020.01.021

Aglieri, V., Watson, R., Pernet, C., Latinus, M., Garrido, L., & Belin, P. (2017). The Glasgow Voice Memory Test: Assessing the ability to memorize and recognize unfamiliar voices. *Behavior Research Methods*, *49*(1), 97–110. https://doi.org/10.3758/s13428-015-0689-6

Akechi, H., Senju, A., Uibo, H., Kikuchi, Y., Hasegawa, T., & Hietanen, J. K. (2013). Attention to eye contact in the west and east: Autonomic responses and evaluative ratings. *PLOS ONE*, *8*(3), e59312. https://doi.org/10.1371/journal.pone.0059312

Allemand, M., Steiger, A. E., & Fend, H. A. (2015). Empathy development in adolescence predicts social competencies in adulthood: Adolescent empathy and adult outcomes. *Journal of Personality*, *83*(2), 229–241. https://doi.org/10.1111/jopy.12098

Allport, F. H. (1954). The structuring of events: Outline of a general theory with applications to psychology. *Psychological Review*, *61*(5), 281–303. https://doi.org/10.1037/h0062678

Alsius, A., Paré, M., & Munhall, K. G. (2018). Forty years after hearing lips and seeing voices: The McGurk effect revisited. *Multisensory Research*, *31*(1–2), 111–144. https://doi.org/10.1163/22134808-00002565

Alves, H., Koch, A., & Unkelbach, C. (2017). Why good is more alike than bad: Processing implications. *Trends in Cognitive Sciences*, *21*(2), 69–79. https://doi.org/10.1016/j.tics.2016.12.006

Andersen, S. M., Carlson, C. A., Carlson, M. A., & Gronlund, S. D. (2014). Individual differences predict eyewitness identification performance. *Personality and Individual Differences*, *60*, 36–40. https://doi.org/10.1016/j.paid.2013.12.011

Anderson, C., & Franks, N. R. (2001). Teams in animal societies. *Behavioral Ecology*, *12*(5), 534–540. https://doi.org/10.1093/beheco/12.5.534

Andreychik, M. R., & Gill, M. J. (2015). Do natural kind beliefs about social groups contribute to prejudice? Distinguishing bio-somatic essentialism from bio-behavioral essentialism, and both of these from entitativity. *Group Processes & Intergroup Relations*, *18*(4), 454–474. https://doi.org/10.1177/1368430214550341

Apperly, I. A. (2012). What is »theory of mind«? Concepts, cognitive processes and individual differences. *Quarterly Journal of Experimental Psychology*, *65*(5), 825–839. https://doi.org/10.1080/17470218.2012.676055

Apperly, I. A., & Butterfill, S. A. (2009). Do humans have two systems to track beliefs and belief-like states? *Psychological Review*, *116*(4), 953–970. https://doi.org/10.1037/a0016923

Armenta, B. M., Stroebe, K., Scheibe, S., Van Yperen, N. W., Stegeman, A., & Postmes, T. (2017). Permeability of group boundaries: Development of the concept and a scale. *Personality and Social Psychology Bulletin*, *43*(3), 418–433. https://doi.org/10.1177/0146167216688202

Asch, S. E. (1957). An experimental investigation of group influence. In *Symposium on preventive and social psychiatry* (S. 15–17). Walter Reed Army Institute of Research.

Atmaca, S., Sebanz, N., & Knoblich, G. (2011). The joint flanker effect: Sharing tasks with real and imagined co-actors. *Experimental Brain Research*,

211(3–4), 371–385. https://doi.org/10.1007/s00221-011-2709-9

Aviezer, H., Ensenberg, N., & Hassin, R. R. (2017). The inherently contextualized nature of facial emotion perception. *Current Opinion in Psychology*, 17, 47–54. https://doi.org/10.1016/j.copsyc.2017.06.006

Aviezer, H., Hassin, R. R., Ryan, J., Grady, C., Susskind, J., Anderson, A., Moscovitch, M., & Bentin, S. (2008). Angry, disgusted, or afraid?: Studies on the malleability of emotion perception. *Psychological Science*, 19(7), 724–732. https://doi.org/10.1111/j.1467-9280.2008.02148.x

Aviezer, H., Trope, Y., & Todorov, A. (2012). Body cues, not facial expressions, discriminate between intense positive and negative Emotions. *Science*, 338(6111), 1225–1229. https://doi.org/10.1126/science.1224313

Bailey, Z. D., Krieger, N., Agénor, M., Graves, J., Linos, N., & Bassett, M. T. (2017). Structural racism and health inequities in the USA: Evidence and interventions. *The Lancet*, 389(10077), 1453–1463. https://doi.org/10.1016/S0140-6736(17)30569-X

Balliet, D., Wu, J., & De Dreu, C. K. W. (2014). Ingroup favoritism in cooperation: A meta-analysis. *Psychological Bulletin*, 140(6), 1556–1581. https://doi.org/10.1037/a0037737

Bandura, A., Freeman, W. H., & Lightsey, R. (1999). Self-Efficacy: The Exercise of Control. *Journal of Cognitive Psychotherapy*, 13(2), 158–166. https://doi.org/10.1891/0889-8391.13.2.158

Bandura, A., Grusec, J. E., & Menlove, F. L. (1966). Observational learning as a function of symbolization and incentive set. *Child Development*, 37(3), 499. https://doi.org/10.2307/1126674

Banzhaf, C., Hoffmann, F., Kanske, P., Fan, Y., Walter, H., Spengler, S., Schreiter, S., Singer, T., & Bermpohl, F. (2018). Interacting and dissociable effects of alexithymia and depression on empathy. *Psychiatry Research*, 270, 631–638. https://doi.org/10.1016/j.psychres.2018.10.045

Baron-Cohen, S. (1995). *Mindblindness: An essay on autism and theory of mind*. MIT Press.

Baron-Cohen, S., Leslie, A. M., & Frith, U. (1985). Does the autistic child have a »theory of mind«? *Cognition*, 21(1), 37–46. https://doi.org/10.1016/0010-0277(85)90022-8

Barrett, L. F. (2017). *How emotions are made: The secret life of the brain*. MacMillan.

Bartholomaeus, J., & Strelan, P. (2019). The adaptive, approach-oriented correlates of belief in a just world for the self: A review of the research. *Personality and Individual Differences*, 151, 109485. https://doi.org/10.1016/j.paid.2019.06.028

Bastin, C., Harrison, B. J., Davey, C. G., Moll, J., & Whittle, S. (2016). Feelings of shame, embarrassment and guilt and their neural correlates: A systematic review. *Neuroscience & Biobehavioral Reviews*, 71, 455–471. https://doi.org/10.1016/j.neubiorev.2016.09.019

Batistoni, T., Barclay, P., & Raihani, N. J. (2022). Third-party punishers do not compete to be chosen as partners in an experimental game. *Proceedings of the Royal Society B: Biological Sciences*, 289(1966), 20211773. https://doi.org/10.1098/rspb.2021.1773

Batson, C. D. (2010). *Altruism in humans*. Oxford University Press. https://doi.org/10.1093/acprof:oso/9780195341065.001.0001

Baus, C., Sebanz, N., Fuente, V. D. L., Branzi, F. M., Martin, C., & Costa, A. (2014). On predicting others' words: Electrophysiological evidence of prediction in speech production. *Cognition*, 133(2), 395–407. https://doi.org/10.1016/j.cognition.2014.07.006

Bayliss, A. P., & Tipper, S. P. (2006a). Gaze cues evoke both spatial and object-centered shifts of attention. *Perception & Psychophysics*, 68(2), 310–318. https://doi.org/10.3758/BF03193678

Bayliss, A. P., & Tipper, S. P. (2006b). Predictive gaze cues and personality judgments: Should eye trust you? *Psychological Science*, 17(6), 514–520. https://doi.org/10.1111/j.1467-9280.2006.01737.x

Beauchemin, K. A., Janzen, H. H., Little, S. M., McAllister, T. A., & McGinn, S. M. (2011). Mitigation of greenhouse gas emissions from beef production in western Canada – Evaluation using farm-based life cycle assessment. *Animal Feed Science and Technology*, 166–167, 663–677. https://doi.org/10.1016/j.anifeedsci.2011.04.047

Bedford, R., Elsabbagh, M., Gliga, T., Pickles, A., Senju, A., Charman, T., Johnson, M. H., & the BASIS team. (2012). Precursors to social and communication difficulties in infants at-risk for autism: Gaze following and attentional engagement. *Journal of Autism and Developmental Disorders*, 42(10), 2208–2218. https://doi.org/10.1007/s10803-012-1450-y

Begeer, S., Gevers, C., Clifford, P., Verhoeve, M., Kat, K., Hoddenbach, E., & Boer, F. (2011). Theory of mind training in children with autism: A randomized controlled trial. *Journal of Autism and Developmental Disorders*, 41(8), 997–1006. https://doi.org/10.1007/s10803-010-1121-9

Behrens, F., Snijdewint, J. A., Moulder, R. G., Prochazkova, E., Sjak-Shie, E. E., Boker, S. M., & Kret, M. E. (2020). Physiological synchrony is associated with cooperative success in real-life interactions. *Scientific Reports*, *10*(1), 19609. https://doi.org/10.1038/s41598-020-76539-8

Belin, P., Bestelmeyer, P. E. G., Latinus, M., & Watson, R. (2011). Understanding voice perception. *British Journal of Psychology*, *102*(4), 711–725. https://doi.org/10.1111/j.2044-8295.2011.02041.x

Belin, P., Zatorre, R. J., Lafaille, P., Ahad, P., & Pike, B. (2000). Voice-selective areas in human auditory cortex. *Nature*, *403*(6767), 309–312. https://doi.org/10.1038/35002078

Bentin, S., Allison, T., Puce, A., Perez, E., & McCarthy, G. (1996). Electrophysiological studies of face perception in humans. *Journal of Cognitive Neuroscience*, *8*(6), 551–565. https://doi.org/10.1162/jocn.1996.8.6.551

Berg, J., Dickhaut, J., & McCabe, K. (1995). Trust, reciprocity, and social history. *Games and Economic Behavior*, *10*(1), 122–142. https://doi.org/10.1006/game.1995.1027

Billig, M., & Tajfel, H. (1973). Social categorization and similarity in intergroup behaviour. *European Journal of Social Psychology*, *3*(1), 27–52. https://doi.org/10.1002/ejsp.2420030103

Binetti, N., Harrison, C., Coutrot, A., Johnston, A., & Mareschal, I. (2016). Pupil dilation as an index of preferred mutual gaze duration. *Royal Society Open Science*, *3*(7), 160086. https://doi.org/10.1098/rsos.160086

Binning, S. A., Rey, O., Wismer, S., Triki, Z., Glauser, G., Soares, M. C., & Bshary, R. (2017). Reputation management promotes strategic adjustment of service quality in cleaner wrasse. *Scientific Reports*, *7*(1), 8425. https://doi.org/10.1038/s41598-017-07128-5

Blackmore, S. (2000). *The meme machine* (1., issued as an Oxford Univ. Press paperback, Bd. 25). Oxford University Press.

Blair, R. J. R. (2018). Traits of empathy and anger: Implications for psychopathy and other disorders associated with aggression. *Philosophical Transactions of the Royal Society B: Biological Sciences*, *373*(1744), 20170155. https://doi.org/10.1098/rstb.2017.0155

Blake, P. R., & McAuliffe, K. (2011). »I had so much it didn't seem fair«: Eight-year-olds reject two forms of inequity. *Cognition*, *120*(2), 215–224. https://doi.org/10.1016/j.cognition.2011.04.006

Blakemore, S.-J., & Decety, J. (2001). From the perception of action to the understanding of intention. *Nature Reviews Neuroscience*, *2*(8), 561–567. https://doi.org/10.1038/35086023

Blank, H., Anwander, A., & von Kriegstein, K. (2011). Direct structural connections between voice- and face-recognition areas. *Journal of Neuroscience*, *31*(36), 12906–12915. https://doi.org/10.1523/JNEUROSCI.2091-11.2011

Bloom, P. (2017). Empathy and its discontents. *Trends in Cognitive Sciences*, *21*(1), 24–31. https://doi.org/10.1016/j.tics.2016.11.004

Böckler, A., Hömke, P., & Sebanz, N. (2014). Invisible man: Exclusion from shared attention affects gaze behavior and self-reports. *Social Psychological and Personality Science*, *5*(2), 140–148. https://doi.org/10.1177/1948550613488951

Böckler, A., Knoblich, G., & Sebanz, N. (2011). Giving a helping hand: Effects of joint attention on mental rotation of body parts. *Experimental Brain Research*, *211*(3–4), 531–545. https://doi.org/10.1007/s00221-011-2625-z

Böckler, A., Knoblich, G., & Sebanz, N. (2012). Effects of a coactor's focus of attention on task performance. *Journal of Experimental Psychology: Human Perception and Performance*, *38*(6), 1404–1415. https://doi.org/10.1037/a0027523

Böckler, A., Sharifi, M., Kanske, P., Dziobek, I., & Singer, T. (2017). Social decision making in narcissism: Reduced generosity and increased retaliation are driven by alterations in perspective-taking and anger. *Personality and Individual Differences*, *104*, 1–7. https://doi.org/10.1016/j.paid.2016.07.020

Böckler, A., Tusche, A., Schmidt, P., & Singer, T. (2018). Distinct mental trainings differentially affect altruistically motivated, norm motivated, and self-reported prosocial behaviour. *Scientific Reports*, *8*(1), 13560. https://doi.org/10.1038/s41598-018-31813-8

Böckler, A., van der Wel, R. P. R. D., & Welsh, T. N. (2014). Catching eyes: Effects of social and nonsocial cues on attention capture. *Psychological Science*, *25*(3), 720–727. https://doi.org/10.1177/0956797613516147

Böckler-Raettig, A. (2019). *Theory of mind: Mit 12 Abbildungen und 2 Tabellen*. Ernst Reinhardt Verlag.

Boehm, C. (1986). Capital punishment in tribal Montenegro: Implications for law, biology, and theory of social control. *Ethology and Sociobiology*, *7*(3–4), 305–320. https://doi.org/10.1016/0162-3095(86)90056-7

Boesch, C. (2002). Cooperative hunting roles among taï chimpanzees. *Human Nature*, *13*(1), 27–46. https://doi.org/10.1007/s12110-002-1013-6

Boesch, C., & Boesch-Achermann, H. (2000). *The chimpanzees of the Taï forest: Behavioural ecology and evolution*. Oxford University Press.

Bögels, S., Magyari, L., & Levinson, S. C. (2015). Neural signatures of response planning occur midway through an incoming question in conversation. *Scientific Reports*, *5*(1), 12881. https://doi.org/10.1038/srep12881

Bolhuis, J. J., Okanoya, K., & Scharff, C. (2010). Twitter evolution: Converging mechanisms in birdsong and human speech. *Nature Reviews Neuroscience*, *11*(11), 747–759. https://doi.org/10.1038/nrn2931

Bonini, L., Rotunno, C., Arcuri, E., & Gallese, V. (2022). Mirror neurons 30 years later: Implications and applications. *Trends in Cognitive Sciences*, *26*(9), 767–781. https://doi.org/10.1016/j.tics.2022.06.003

Bora, E., Yucel, M., & Pantelis, C. (2009). Theory of mind impairment in schizophrenia: Meta-analysis. *Schizophrenia Research*, *109*(1–3), 1–9. https://doi.org/10.1016/j.schres.2008.12.020

Boux, I., Tomasello, R., Grisoni, L., & Pulvermüller, F. (2021). Brain signatures predict communicative function of speech production in interaction. *Cortex*, *135*, 127–145. https://doi.org/10.1016/j.cortex.2020.11.008

Bowlby, J. (1969). Attachment. In *Attachment and loss: Bd. Vol. 1*. Basic Books.

Boyd, R., & Richerson, P. J. (1985). *Culture and the evolutionary process*. University of Chicago Press.

Braidwood, R. (1975). *Prehistoric Men*. Scott Foresman.

Bratman, M. E. (2009). Modest sociality and the distinctiveness of intention. *Philosophical Studies*, *144*(1), 149–165. https://doi.org/10.1007/s11098-009-9375-9

Bräuer, J., Call, J., & Tomasello, M. (2005). All great ape species follow gaze to distant locations and around barriers. *Journal of Comparative Psychology*, *119*(2), 145–154. https://doi.org/10.1037/0735-7036.119.2.145

Bräuer, J., Call, J., & Tomasello, M. (2007). Chimpanzees really know what others can see in a competitive situation. *Animal Cognition*, *10*(4), 439–448. https://doi.org/10.1007/s10071-007-0088-1

Brauer, M., & Er-rafiy, A. (2011). Increasing perceived variability reduces prejudice and discrimination. *Journal of Experimental Social Psychology*, *47*(5), 871–881. https://doi.org/10.1016/j.jesp.2011.03.003

Bregman, R. (2020). *Im Grunde gut: Eine neue Geschichte der Menschheit*. Rowohlt.

Breil, C., & Böckler, A. (2021). Look away to listen: The interplay of emotional context and eye contact in video conversations. *Visual Cognition*, *29*(5), 277–287. https://doi.org/10.1080/13506285.2021.1908470

Breil, C., Kanske, P., Pittig, R., & Böckler, A. (2021). A revised instrument for the assessment of empathy and Theory of Mind in adolescents: Introducing the EmpaToM-Y. *Behavior Research Methods*, *53*(6), 2487–2501. https://doi.org/10.3758/s13428-021-01589-3

Breil, C., Raettig, T., Pittig, R., van der Wel, R. P. R. D., Welsh, T., & Böckler, A. (2022). Don't look at me like that: Integration of gaze direction and facial expression. *Journal of Experimental Psychology: Human Perception and Performance*, *48*(10), 1083–1098. https://doi.org/10.1037/xhp0001046

Brennan, S. E., Chen, X., Dickinson, C. A., Neider, M. B., & Zelinsky, G. J. (2008). Coordinating cognition: The costs and benefits of shared gaze during collaborative search. *Cognition*, *106*(3), 1465–1477. https://doi.org/10.1016/j.cognition.2007.05.012

Brewer, M. B. (1979). In-group bias in the minimal intergroup situation: A cognitive-motivational analysis. *Psychological Bulletin*, *86*(2), 307–324. https://doi.org/10.1037/0033-2909.86.2.307

Brewer, M. B. (1991). The social self: On being the same and different at the same time. *Personality and Social Psychology Bulletin*, *17*(5), 475–482. https://doi.org/10.1177/0146167291175001

Brewer, M. B., & Weber, J. G. (1994). Self-evaluation effects of interpersonal versus intergroup social comparison. *Journal of Personality and Social Psychology*, *66*(2), 268–275. https://doi.org/10.1037/0022-3514.66.2.268

Brooks, R., & Meltzoff, A. N. (2005). The development of gaze following and its relation to language. *Developmental Science*, *8*(6), 535–543. https://doi.org/10.1111/j.1467-7687.2005.00445.x

Brosnan, S. F., & De Waal, F. B. M. (2003). Monkeys reject unequal pay. *Nature*, *425*(6955), 297–299. https://doi.org/10.1038/nature01963

Brosnan, S. F., & De Waal, F. B. M. (2014). Evolution of responses to (un)fairness. *Science*, *346*(6207), 1251776. https://doi.org/10.1126/science.1251776

Brown, S. L., & Brown, R. M. (2015). Connecting prosocial behavior to improved physical health: Contributions from the neurobiology of parenting. *Neuroscience & Biobehavioral Reviews*, *55*, 1–17. https://doi.org/10.1016/j.neubiorev.2015.04.004

Brownell, C. A. (2011). Early developments in joint action. *Review of Philosophy and Psychology*, *2*(2), 193–211. https://doi.org/10.1007/s13164-011-0056-1

Brownell, C. A. & The Early Social Development Research Lab. (2016). Prosocial behavior in infancy: The role of socialization. *Child Development Perspectives*, *10*(4), 222–227. https://doi.org/10.1111/cdep.12189

Bruce, V., & Young, A. (1986). Understanding face recognition. *British Journal of Psychology*, *77*(3), 305–327. https://doi.org/10.1111/j.2044-8295.1986.tb02199.x

Brunswik, E. (1956). Historical and thematic relations of psychology to other science. *The Scientific Monthly*, *83*(3), 151–161.

Buchanan, T. W. (2007). Retrieval of emotional memories. *Psychological Bulletin*, *133*(5), 761–779. https://doi.org/10.1037/0033-2909.133.5.761

Bugnyar, T., Reber, S. A., & Buckner, C. (2016). Ravens attribute visual access to unseen competitors. *Nature Communications*, *7*(1), 10506. https://doi.org/10.1038/ncomms10506

Bukowski, H., Hietanen, J. K., & Samson, D. (2015). From gaze cueing to perspective taking: Revisiting the claim that we automatically compute where or what other people are looking at. *Visual Cognition*, *23*(8), 1020–1042. https://doi.org/10.1080/13506285.2015.1132804

Bukowski, H., & Samson, D. (2017). New insights into the inter-individual variability in perspective taking. *Vision*, *1*(1), 8. https://doi.org/10.3390/vision1010008

Burra, N., Mares, I., & Senju, A. (2019). The influence of top-down modulation on the processing of direct gaze. *Wiley Interdisciplinary Reviews: Cognitive Science*, *10*(5), e1500. https://doi.org/10.1002/wcs.1500

Burton, A. M., Jenkins, R., Hancock, P. J. B., & White, D. (2005). Robust representations for face recognition: The power of averages. *Cognitive Psychology*, *51*(3), 256–284. https://doi.org/10.1016/j.cogpsych.2005.06.003

Buttelmann, D., Carpenter, M., Call, J., & Tomasello, M. (2007). Enculturated chimpanzees imitate rationally. *Developmental Science*, *10*(4), F31–F38. https://doi.org/10.1111/j.1467-7687.2007.00630.x

Byers-Heinlein, K., Tsui, A. S. M., Bergmann, C., Black, A. K., Brown, A., Carbajal, M. J., Durrant, S., Fennell, C. T., Fiévet, A.-C., Frank, M. C., Gampe, A., Gervain, J., Gonzalez-Gomez, N., Hamlin, J. K., Havron, N., Hernik, M., Kerr, S., Killam, H., Klassen, K., … Wermelinger, S. (2021). A multilab study of bilingual infants: Exploring the preference for infant-directed speech. *Advances in Methods and Practices in Psychological Science*, *4*(1), 1–30. https://doi.org/10.1177/2515245920974622

Bzdok, D., Schilbach, L., Vogeley, K., Schneider, K., Laird, A. R., Langner, R., & Eickhoff, S. B. (2012). Parsing the neural correlates of moral cognition: ALE meta-analysis on morality, theory of mind, and empathy. *Brain Structure and Function*, *217*(4), 783–796. https://doi.org/10.1007/s00429-012-0380-y

Calvo-Merino, B., Ehrenberg, S., Leung, D., & Haggard, P. (2010). Experts see it all: Configural effects in action observation. *Psychological Research*, *74*(4), 400–406. https://doi.org/10.1007/s00426-009-0262-y

Calvo-Merino, B., Grèzes, J., Glaser, D. E., Passingham, R. E., & Haggard, P. (2006). Seeing or doing? Influence of visual and motor familiarity in action observation. *Current Biology*, *16*(19), 1905–1910. https://doi.org/10.1016/j.cub.2006.07.065

Camerer, C. (2003). *Behavioral game theory: Experiments in strategic interaction*. Russell Sage Foundation [u. a.].

Campbell, D. T. (1958). Common fate, similarity, and other indices of the status of aggregates of persons as social entities. *Behavioral Science*, *3*(1), 14–25.

Candidi, M., Micarelli, A., Viziano, A., Aglioti, S. M., Minio-Paluello, I., & Alessandrini, M. (2013). Impaired mental rotation in benign paroxysmal positional vertigo and acute vestibular neuritis. *Frontiers in Human Neuroscience*, *7*. https://doi.org/10.3389/fnhum.2013.00783

Caprara, G. V., Steca, P., Zelli, A., & Capanna, C. (2005). A new scale for measuring adults' prosocialness. *European Journal of Psychological Assessment*, *21*(2), 77–89. https://doi.org/10.1027/1015-5759.21.2.77

Carbon, C.-C., Schweinberger, S. R., Kaufmann, J. M., & Leder, H. (2005). The Thatcher illusion seen by the brain: An event-related brain potentials study. *Cognitive Brain Research*, *24*(3), 544–555. https://doi.org/10.1016/j.cogbrainres.2005.03.008

Carnevali, L., Gui, A., Jones, E. J. H., & Farroni, T. (2022). Face processing in early development: A systematic review of behavioral studies and considerations in times of COVID-19 pandemic. *Frontiers in Psychology*, *13*, 778247. https://doi.org/10.3389/fpsyg.2022.778247

Caro, T. M., & Hauser, M. D. (1992). Is there teaching in nonhuman animals? *The Quarterly Review of Biology*, *67*(2), 151–174. https://doi.org/10.1086/417553

Cary, M. S. (1978). The role of gaze in the initiation of conversation. *Social Psychology*, *41*(3), 269–271. https://doi.org/10.2307/3033565

Casile, A., & Giese, M. A. (2006). Nonvisual motor training influences biological motion perception. *Current Biology*, *16*(1), 69–74. https://doi.org/10.1016/j.cub.2005.10.071

Cerullo, S., Fulceri, F., Muratori, F., & Contaldo, A. (2021). Acting with shared intentions: A systematic review on joint action coordination in Autism Spectrum Disorder. *Brain and Cognition*, *149*, 105693. https://doi.org/10.1016/j.bandc.2021.105693

Chaminade, T., Meltzoff, A. N., & Decety, J. (2002). Does the end justify the means? A PET exploration of the mechanisms involved in human imitation. *NeuroImage*, *15*(2), 318–328. https://doi.org/10.1006/nimg.2001.0981

Chartrand, T. L., & Bargh, J. A. (1999). The chameleon effect: The perception-behavior link and social interaction. *Journal of Personality and Social Psychology*, 76(6), 893–910. https://doi.org/10.1037/0022-3514.76.6.893

Chartrand, T. L., & Van Baaren, R. (2009). Human mimicry. In *Advances in Experimental Social Psychology* (Bd. 41, S. 219–274). Elsevier. https://doi.org/10.1016/S0065-2601(08)00405-X

Cheney, D. L. (2011). Extent and limits of cooperation in animals. *Proceedings of the National Academy of Sciences*, 108(supplement_2), 10902–10909. https://doi.org/10.1073/pnas.1100291108

Cheney, D., & Seyfarth, R. (1990). Attending to behaviour versus attending to knowledge: Examining monkeys' attribution of mental states. *Animal Behaviour*, 40(4), 742–753. https://doi.org/10.1016/S0003-3472(05)80703-1

Cheng, Y., Lee, S.-Y., Chen, H.-Y., Wang, P.-Y., & Decety, J. (2012). Voice and emotion processing in the human neonatal brain. *Journal of Cognitive Neuroscience*, 24(6), 1411–1419. https://doi.org/10.1162/jocn_a_00214

Chierchia, G., Lesemann, F. H. P., Snower, D., Vogel, M., & Singer, T. (2017). Caring cooperators and powerful punishers: Differential effects of induced care and power motivation on different types of economic decision making. *Scientific Reports*, 7(1), 11068. https://doi.org/10.1038/s41598-017-11580-8

Chierchia, G., Przyrembel, M., Lesemann, F. P., Bosworth, S., Snower, D., & Singer, T. (2021). Navigating motivation: A semantic and subjective atlas of 7 motives. *Frontiers in Psychology*, 11, 568064. https://doi.org/10.3389/fpsyg.2020.568064

Choi, I., & Nisbett, R. E. (1998). Situational salience and cultural differences in the correspondence bias and actor-observer bias. *Personality and Social Psychology Bulletin*, 24(9), 949–960. https://doi.org/10.1177/0146167298249003

Chu, L.-C. (2017). Impact of providing compassion on job performance and mental health: The moderating effect of interpersonal relationship quality: Providing compassion, performance, and mental health. *Journal of Nursing Scholarship*, 49(4), 456–465. https://doi.org/10.1111/jnu.12307

Cikara, M., & Fiske, S. T. (2012). Stereotypes and schadenfreude: Affective and physiological markers of pleasure at outgroup misfortunes. *Social Psychological and Personality Science*, 3(1), 63–71. https://doi.org/10.1177/1948550611409245

Clark, A. (1997). *Being there: Putting brain, body, and world together again*. A Bradford Book.

Clark, H. H., & Krych, M. A. (2004). Speaking while monitoring addressees for understanding. *Journal of Memory and Language*, 50(1), 62–81. https://doi.org/10.1016/j.jml.2003.08.004

Cocks, M., Moulton, C.-A., Luu, S., & Cil, T. (2014). What surgeons can learn from athletes: Mental practice in sports and surgery. *Journal of Surgical Education*, 71(2), 262–269. https://doi.org/10.1016/j.jsurg.2013.07.002

Cohen, T. R., Wolf, S. T., Panter, A. T., & Insko, C. A. (2011). Introducing the GASP scale: A new measure of guilt and shame proneness. *Journal of Personality and Social Psychology*, 100(5), 947–966. https://doi.org/10.1037/a0022641

Constantino, J. N., Kennon-McGill, S., Weichselbaum, C., Marrus, N., Haider, A., Glowinski, A. L., Gillespie, S., Klaiman, C., Klin, A., & Jones, W. (2017). Infant viewing of social scenes is under genetic control and is atypical in autism. *Nature*, 547(7663), 340–344. https://doi.org/10.1038/nature22999

Conty, L., George, N., & Hietanen, J. K. (2016). Watching Eyes effects: When others meet the self. *Consciousness and Cognition*, 45, 184–197. https://doi.org/10.1016/j.concog.2016.08.016

Cook, R., Bird, G., Catmur, C., Press, C., & Heyes, C. (2014). Mirror neurons: From origin to function. *Behavioral and Brain Sciences*, 37(2), 177–192. https://doi.org/10.1017/S0140525X13000903

Couzin, I. D., & Krause, J. (2003). Self-organization and collective behavior in vertebrates. *Advances in the Study of Behavior*, 32(1), 10–1016.

Couzin, I. D., Krause, J., Franks, N. R., & Levin, S. A. (2005). Effective leadership and decision-making in animal groups on the move. *Nature*, 433(7025), 513–516. https://doi.org/10.1038/nature03236

Cronin, K. A. (2012). Prosocial behaviour in animals: The influence of social relationships, communication and rewards. *Animal Behaviour*, 84(5), 1085–1093. https://doi.org/10.1016/j.anbehav.2012.08.009

Crookes, K., & McKone, E. (2009). Early maturity of face recognition: No childhood development of holistic processing, novel face encoding, or face-space. *Cognition*, 111(2), 219–247. https://doi.org/10.1016/j.cognition.2009.02.004

Csibra, G. (2010). Recognizing communicative intentions in infancy. *Mind & Language*, 25(2), 141–168. https://doi.org/10.1111/j.1468-0017.2009.01384.x

Csibra, G., & Gergely, G. (2009). Natural pedagogy. *Trends in Cognitive Sciences*, 13(4), 148–153. https://doi.org/10.1016/j.tics.2009.01.005

Cuff, B. M. P., Brown, S. J., Taylor, L., & Howat, D. J. (2016). Empathy: A review of the concept. *Emotion Review*, 8(2), 144–153. https://doi.org/10.1177/1754073914558466

Curioni, A., Vesper, C., Knoblich, G., & Sebanz, N. (2019). Reciprocal information flow and role distribution support joint action coordination. *Cognition*, *187*, 21–31. https://doi.org/10.1016/j.cognition.2019.02.006

Dahl, C. D., Logothetis, N. K., Bülthoff, H. H., & Wallraven, C. (2010). The Thatcher illusion in humans and monkeys. *Proceedings of the Royal Society B: Biological Sciences*, *277*(1696), 2973–2981. https://doi.org/10.1098/rspb.2010.0438

Dalton, K. M., Nacewicz, B. M., Johnstone, T., Schaefer, H. S., Gernsbacher, M. A., Goldsmith, H. H., Alexander, A. L., & Davidson, R. J. (2005). Gaze fixation and the neural circuitry of face processing in autism. *Nature Neuroscience*, *8*(4), 519–526. https://doi.org/10.1038/nn1421

Damasio, A. R., Damasio, H., & Van Hoesen, G. W. (1982). Prosopagnosia: Anatomic basis and behavioral mechanisms. *Neurology*, *32*(4), 331–331. https://doi.org/10.1212/WNL.32.4.331

Danchin, É., Giraldeau, L.-A., Valone, T. J., & Wagner, R. H. (2004). Public information: From nosy neighbors to cultural evolution. *Science*, *305*(5683), 487–491. https://doi.org/10.1126/science.1098254

Darwin, C. (1871). *1981 The descent of man and selection in relation to sex*. The Modern Library.

Davis, M. H. (2011). *Interpersonal reactivity index* [dataset]. https://doi.org/10.1037/t01093-000

De Jong, B. A., Dirks, K. T., & Gillespie, N. (2016). Trust and team performance: A meta-analysis of main effects, moderators, and covariates. *Journal of Applied Psychology*, *101*(8), 1134–1150. https://doi.org/10.1037/apl0000110

De Vignemont, F., & Singer, T. (2006). The empathic brain: How, when and why? *Trends in Cognitive Sciences*, *10*(10), 435–441. https://doi.org/10.1016/j.tics.2006.08.008

De Waal, F. B. M. (2008). Putting the altruism back into altruism: The evolution of empathy. *Annual Review of Psychology*, *59*(1), 279–300. https://doi.org/10.1146/annurev.psych.59.103006.093625

Deaner, R. O., Isler, K., Burkart, J., & Van Schaik, C. (2007). Overall brain size, and not encephalization quotient, best predicts cognitive ability across non-human primates. *Brain, Behavior and Evolution*, *70*(2), 115–124. https://doi.org/10.1159/000102973

Decety, J., Bartal, I. B.-A., Uzefovsky, F., & Knafo-Noam, A. (2016). Empathy as a driver of prosocial behaviour: Highly conserved neurobehavioural mechanisms across species. *Philosophical Transactions of the Royal Society B: Biological Sciences*, *371*(1686), 20150077. https://doi.org/10.1098/rstb.2015.0077

Decety, J., & Chaminade, T. (2005). The neurophysiology of imitation and intersubjectivity. *Perspectives on Imitation: From Neuroscience to Social Science*, *1*, 119–140.

Decety, J., & Grèzes, J. (2006). The power of simulation: Imagining one's own and other's behavior. *Brain Research*, *1079*(1), 4–14. https://doi.org/10.1016/j.brainres.2005.12.115

Decety, J., & Jeannerod, M. (1995). Mentally simulated movements in virtual reality: Does Fitt's law hold in motor imagery? *Behavioural Brain Research*, *72*(1–2), 127–134. https://doi.org/10.1016/0166-4328(96)00141-6

Decety, J., & Lamm, C. (o. J.). The biological basis of empathy. In J. T. Cacioppo & G. G. Berntson, *Handbook of Neuroscience for the Behavioral Sciences*. John Wiley and Sons.

Decety, J., & Michalska, K. J. (2010). Neurodevelopmental changes in the circuits underlying empathy and sympathy from childhood to adulthood: Changes in circuits underlying empathy and sympathy. *Developmental Science*, *13*(6), 886–899. https://doi.org/10.1111/j.1467-7687.2009.00940.x

Decety, J., Yang, C.-Y., & Cheng, Y. (2010). Physicians down-regulate their pain empathy response: An event-related brain potential study. *NeuroImage*, *50*(4), 1676–1682. https://doi.org/10.1016/j.neuroimage.2010.01.025

Degutyte, Z., & Astell, A. (2021). The role of eye gaze in regulating turn taking in conversations: A systematized review of methods and findings. *Frontiers in Psychology*, *12*, 616471. https://doi.org/10.3389/fpsyg.2021.616471

Dehaene, S., Al Roumi, F., Lakretz, Y., Planton, S., & Sablé-Meyer, M. (2022). Symbols and mental programs: A hypothesis about human singularity. *Trends in Cognitive Sciences*, *26*(9), 751–766. https://doi.org/10.1016/j.tics.2022.06.010

Del Giudice, M. (2023). A general motivational architecture for human and animal personality. *Neuroscience & Biobehavioral Reviews*, *144*, 104967. https://doi.org/10.1016/j.neubiorev.2022.104967

Del Sette, P., Bindemann, M., & Ferguson, H. J. (2022). Visual perspective-taking in complex natural scenes. *Quarterly Journal of Experimental Psychology*, *75*(8), 1541–1551. https://doi.org/10.1177/17470218211054474

Depow, G. J., Francis, Z., & Inzlicht, M. (2021). The experience of empathy in everyday life. *Psychological Science*, *32*(8), 1198–1213. https://doi.org/10.1177/0956797621995202

DeSteno, D. (2015). Compassion and altruism: How our minds determine who is worthy of help. *Current Opinion in Behavioral Sciences*, *3*, 80–83. https://doi.org/10.1016/j.cobeha.2015.02.002

Deutsch, M. (1973). *The resolution of conflict: Constructive and destructive processes*. Yale Univ. Press.

Devine, R. T., & Hughes, C. (2013). Silent films and strange stories: Theory of mind, gender, and social experiences in middle childhood. *Child Development*, 84(3), 989–1003. https://doi.org/10.1111/cdev.12017

Di Fabio, A., & Saklofske, D. H. (2021). The relationship of compassion and self-compassion with personality and emotional intelligence. *Personality and Individual Differences*, 169, 110109. https://doi.org/10.1016/j.paid.2020.110109

Di Martino, A., Ross, K., Uddin, L. Q., Sklar, A. B., Castellanos, F. X., & Milham, M. P. (2009). Functional brain correlates of social and nonsocial processes in autism spectrum disorders: An activation likelihood estimation meta-analysis. *Biological Psychiatry*, 65(1), 63–74. https://doi.org/10.1016/j.biopsych.2008.09.022

di Pellegrino, G., Fadiga, L., Fogassi, L., Gallese, V., & Rizzolatti, G. (1992). Understanding motor events: A neurophysiological study. *Experimental Brain Research*, 91(1), 176–180. https://doi.org/10.1007/BF00230027

Diamond, A. (2013). Executive functions. *Annual Review of Psychology*, 64(1), 135–168. https://doi.org/10.1146/annurev-psych-113011-143750

Diehl, M. (1990). The minimal group paradigm: Theoretical explanations and empirical findings. *European Review of Social Psychology*, 1(1), 263–292. https://doi.org/10.1080/14792779108401864

Ding, X. P., Wellman, H. M., Wang, Y., Fu, G., & Lee, K. (2015). Theory-of-mind training causes honest young children to lie. *Psychological Science*, 26(11), 1812–1821. https://doi.org/10.1177/0956797615604628

Dolk, T., Hommel, B., Colzato, L. S., Schütz-Bosbach, S., Prinz, W., & Liepelt, R. (2014). The joint Simon effect: A review and theoretical integration. *Frontiers in Psychology*, 5. https://doi.org/10.3389/fpsyg.2014.00974

Doosje, B., Branscombe, N. R., Spears, R., & Manstead, A. S. R. (1998). Guilty by association: When one's group has a negative history. *Journal of Personality and Social Psychology*, 75(4), 872–886. https://doi.org/10.1037/0022-3514.75.4.872

Dougherty, T. W., Turban, D. B., & Callender, J. C. (1994). Confirming first impressions in the employment interview: A field study of interviewer behavior. *Journal of Applied Psychology*, 79(5), 659–665. https://doi.org/10.1037/0021-9010.79.5.659

Driver, J., Davis, G., Ricciardelli, P., Kidd, P., Maxwell, E., & Baron-Cohen, S. (1999). Gaze perception triggers reflexive visuospatial orienting. *Visual Cognition*, 6(5), 509–540. https://doi.org/10.1080/135062899394920

Duchaine, B., & Yovel, G. (2015). A revised neural framework for face processing. *Annual Review of Vision Science*, 1(1), 393–416. https://doi.org/10.1146/annurev-vision-082114-035518

Duffy, K. A., & Chartrand, T. L. (2015). Mimicry: Causes and consequences. *Current Opinion in Behavioral Sciences*, 3, 112–116. https://doi.org/10.1016/j.cobeha.2015.03.002

Dugatkin, L. A. (2020). *Principles of animal behavior* (Fourth edition). The University of Chicago Press.

Dunbar, R. I. M. (1998). The social brain hypothesis. *Evolutionary Anthropology: Issues, News, and Reviews*, 6(5), 178–190. https://doi.org/10.1002/(SICI)1520-6505(1998)6:5<178::AID-EVAN5>3.0.CO;2-8

Dvash, J., Gilam, G., Ben-Ze'ev, A., Hendler, T., & Shamay-Tsoory, S. G. (2010). The envious brain: The neural basis of social comparison. *Human Brain Mapping*, NA-NA. https://doi.org/10.1002/hbm.20972

Dyer, J. R. G., Ioannou, C. C., Morrell, L. J., Croft, D. P., Couzin, I. D., Waters, D. A., & Krause, J. (2008). Consensus decision making in human crowds. *Animal Behaviour*, 75(2), 461–470. https://doi.org/10.1016/j.anbehav.2007.05.010

Edwards, S. G., Stephenson, L. J., Dalmaso, M., & Bayliss, A. P. (2015). Social orienting in gaze leading: A mechanism for shared attention. *Proceedings of the Royal Society B: Biological Sciences*, 282(1812), 20151141. https://doi.org/10.1098/rspb.2015.1141

Egetemeir, J., Stenneken, P., Koehler, S., Fallgatter, A. J., & Herrmann, M. J. (2011). Exploring the neural basis of real-life joint action: Measuring brain activation during joint table setting with functional near-infrared spectroscopy. *Frontiers in Human Neuroscience*, 5. https://doi.org/10.3389/fnhum.2011.00095

Eibl-Eibesfeldt, I. (1991). *Das verbindende Erbe: Expeditionen zu den Wurzeln unseres Verhaltens*. Kiepenheuer & Witsch.

Eisenberger, N. I., & Cole, S. W. (2012). Social neuroscience and health: Neurophysiological mechanisms linking social ties with physical health. *Nature Neuroscience*, 15(5), 669–674. https://doi.org/10.1038/nn.3086

Ekman, P., & Cordaro, D. (2011). What is meant by calling emotions basic. *Emotion Review*, 3(4), 364–370. https://doi.org/10.1177/1754073911410740

Emery, N. J. (2000). The eyes have it: The neuroethology, function and evolution of social gaze. *Neuroscience & Biobehavioral Reviews*, 24(6), 581–604. https://doi.org/10.1016/S0149-7634(00)00025-7

Engel, C. (2011). Dictator games: A meta study. *Experimental Economics*, 14(4), 583–610. https://doi.org/10.1007/s10683-011-9283-7

Engell, A. D., Nummenmaa, L., Oosterhof, N. N., Henson, R. N., Haxby, J. V., & Calder, A. J. (2010). Differential activation of frontoparietal attention networks by social and symbolic spatial cues. *Social Cognitive and Affective Neuroscience*, *5*(4), 432–440. https://doi.org/10.1093/scan/nsq008

Engen, H. G., & Singer, T. (2015). Compassion-based emotion regulation up-regulates experienced positive affect and associated neural networks. *Social Cognitive and Affective Neuroscience*, *10*(9), 1291–1301. https://doi.org/10.1093/scan/nsv008

Engert, V., Kok, B. E., Papassotiriou, I., Chrousos, G. P., & Singer, T. (2017). Specific reduction in cortisol stress reactivity after social but not attention-based mental training. *Science Advances*, *3*(10), e1700495. https://doi.org/10.1126/sciadv.1700495

Erikson, E. (1959). Theory of identity development. In *Identity and the life cycle*. International Universities Press.

Erle, T. M., Ruessmann, J. K., & Topolinski, S. (2018). The effects of visuo-spatial perspective-taking on trust. *Journal of Experimental Social Psychology*, *79*, 34–41. https://doi.org/10.1016/j.jesp.2018.06.006

Erle, T. M., & Topolinski, S. (2017). The grounded nature of psychological perspective-taking. *Journal of Personality and Social Psychology*, *112*(5), 683–695. https://doi.org/10.1037/pspa0000081

Faber, N. S., & Häusser, J. A. (2022). Why stress and hunger both increase and decrease prosocial behaviour. *Current Opinion in Psychology*, *44*, 49–57. https://doi.org/10.1016/j.copsyc.2021.08.023

Falk, A., Fehr, E., & Fischbacher, U. (2008). Testing theories of fairness—Intentions matter. *Games and Economic Behavior*, *62*(1), 287–303. https://doi.org/10.1016/j.geb.2007.06.001

Farah, M. J., Wilson, K. D., Drain, M., & Tanaka, J. N. (1998). What is »special« about face perception? *Psychological Review*, *105*(3), 482–498. https://doi.org/10.1037/0033-295X.105.3.482

Farrer, C., & Frith, C. D. (2002). Experiencing oneself vs another person as being the cause of an action: The neural correlates of the experience of agency. *NeuroImage*, *15*(3), 596–603. https://doi.org/10.1006/nimg.2001.1009

Farroni, T., Csibra, G., Simion, F., & Johnson, M. H. (2002). Eye contact detection in humans from birth. *Proceedings of the National Academy of Sciences*, *99*(14), 9602–9605. https://doi.org/10.1073/pnas.152159999

Farroni, T., Massaccesi, S., Menon, E., & Johnson, M. H. (2007). Direct gaze modulates face recognition in young infants. *Cognition*, *102*(3), 396–404. https://doi.org/10.1016/j.cognition.2006.01.007

Farroni, T., Massaccesi, S., Pividori, D., & Johnson, M. H. (2004). Gaze following in newborns. *Infancy*, *5*(1), 39–60. https://doi.org/10.1207/s15327078in0501_2

Feather, N. T. (2012). Tall poppies, deservingness and schadenfreude. *The Psychologist*, *25*(6), 434–437.

Feather, N. T., & Sherman, R. (2002). Envy, resentment, schadenfreude, and sympathy: Reactions to deserved and undeserved achievement and subsequent failure. *Personality and Social Psychology Bulletin*, *28*(7), 953–961. https://doi.org/10.1177/014616720202800708

Fehr, E., & Fischbacher, U. (2004). Third-party punishment and social norms. *Evolution and Human Behavior*, *25*(2), 63–87. https://doi.org/10.1016/S1090-5138(04)00005-4

Fehr, E., & Gächter, S. (2002). Altruistic punishment in humans. *Nature*, *415*(6868), 137–140. https://doi.org/10.1038/415137a

Fehr, E., & Schmidt, K. M. (1999). A theory of fairness, competition, and cooperation. *The Quarterly Journal of Economics*, *114*(3), 817–868. https://doi.org/10.1162/003355399556151

Feingold, A. (1992). Good-looking people are not what we think. *Psychological Bulletin*, *111*(2), 304–341. https://doi.org/10.1037/0033-2909.111.2.304

Ferguson, H. J., Apperly, I., & Cane, J. E. (2017). Eye tracking reveals the cost of switching between self and other perspectives in a visual perspective-taking task. *Quarterly Journal of Experimental Psychology*, *70*(8), 1646–1660. https://doi.org/10.1080/17470218.2016.1199716

Ferretti, V., & Papaleo, F. (2018). Understanding others: Emotion recognition abilities in humans and other animals. *Genes, Brain and Behavior*, *18*(1), e12544. https://doi.org/10.1111/gbb.12544

Festinger, L. (1954). A theory of social comparison processes. *Human Relations*, *7*(2), 117–140. https://doi.org/10.1177/001872675400700202

Fiedler, K. (2000). Beware of samples! A cognitive-ecological sampling approach to judgment biases. *Psychological Review*, *107*(4), 659–676. https://doi.org/10.1037/0033-295X.107.4.659

Figley, C. R. (1995). Compassion fatigue: Toward a new understanding of the costs of caring. In B. H. Stamm, *Secondary traumatic stress: Self care issues for clinicians, researchers, and educators* (S. 3–28). Sidran Press.

Fischer, A., Halperin, E., Canetti, D., & Jasini, A. (2018). Why we hate. *Emotion Review*, *10*(4), 309–320. https://doi.org/10.1177/1754073917751229

Fisher, H. E., Aron, A., & Brown, L. L. (2006). Romantic love: A mammalian brain system for mate choice. *Philosophical Transactions of the Royal Society B: Biological Sciences, 361*(1476), 2173–2186. https://doi.org/10.1098/rstb.2006.1938

Fiske, A. P. (1992). The four elementary forms of sociality: Framework for a unified theory of social relations. *Psychological Review, 99*(4), 689–723. https://doi.org/10.1037/0033-295X.99.4.689

Fiske, S. T. (2008). Core social motivations. In J. Y. Shah & W. L. Gardner (Hrsg.), *Handbook of Motivation Science* (S. 3–22). Guilford Press.

Fiske, S. T. (2018). *Social beings: Core motives in social psychology* (4th edition). John Wiley & Sons, Inc.

Flanagan, J. R., & Johansson, R. S. (2003). Action plans used in action observation. *Nature, 424*(6950), 769–771. https://doi.org/10.1038/nature01861

Flavell, J. H. (1986). The development of children's knowledge about the appearance–reality distinction. *American Psychologist, 41*(4), 418–425. https://doi.org/10.1037/0003-066X.41.4.418

Flavell, J. H., Everett, B. A., Croft, K., & Flavell, E. R. (1981). Young children's knowledge about visual perception: Further evidence for the Level 1–Level 2 distinction. *Developmental Psychology, 17*(1), 99–103. https://doi.org/10.1037/0012-1649.17.1.99

Fletcher, G. J. O., Simpson, J. A., Campbell, L., & Overall, N. C. (2015). Pair-bonding, romantic love, and evolution: The curious case of Homo sapiens. *Perspectives on Psychological Science, 10*(1), 20–36. https://doi.org/10.1177/1745691614561683

Förstl, H. (Hrsg.). (2012). *Theory of Mind: Neurobiologie und Psychologie sozialen Verhaltens*. Springer. https://doi.org/10.1007/978-3-642-24916-7

Foulsham, T., Cheng, J. T., Tracy, J. L., Henrich, J., & Kingstone, A. (2010). Gaze allocation in a dynamic situation: Effects of social status and speaking. *Cognition, 117*(3), 319–331. https://doi.org/10.1016/j.cognition.2010.09.003

Foulsham, T., Walker, E., & Kingstone, A. (2011). The where, what and when of gaze allocation in the lab and the natural environment. *Vision Research, 51*(17), 1920–1931. https://doi.org/10.1016/j.visres.2011.07.002

Franks, N. R., & Richardson, T. (2006). Teaching in tandem-running ants. *Nature, 439*(7073), 153–153. https://doi.org/10.1038/439153a

Fredrickson, B. L., Cohn, M. A., Coffey, K. A., Pek, J., & Finkel, S. M. (2008). Open hearts build lives: Positive emotions, induced through loving-kindness meditation, build consequential personal resources. *Journal of Personality and Social Psychology, 95*(5), 1045–1062. https://doi.org/10.1037/a0013262

Freeman, W. J. (2014). *Societies of brains: A study in the neuroscience of love and hate*. Psychology Press.

Freire, A., Eskritt, M., & Lee, K. (2004). Are eyes windows to a deceiver's soul? Children's use of another's eye gaze cues in a deceptive situation. *Developmental Psychology, 40*(6), 1093–1104. https://doi.org/10.1037/0012-1649.40.6.1093

Freiwald, W., Duchaine, B., & Yovel, G. (2016). Face processing systems: From neurons to real-world social perception. *Annual Review of Neuroscience, 39*(1), 325–346. https://doi.org/10.1146/annurev-neuro-070815-013934

Frick, A., & Baumeler, D. (2017). The relation between spatial perspective taking and inhibitory control in 6-year-old children. *Psychological Research, 81*(4), 730–739. https://doi.org/10.1007/s00426-016-0785-y

Friederici, A. D. (2011). The brain basis of language processing: From structure to function. *Physiological Reviews, 91*(4), 1357–1392. https://doi.org/10.1152/physrev.00006.2011

Friedrich, A., Flunger, B., Nagengast, B., Jonkmann, K., & Trautwein, U. (2015). Pygmalion effects in the classroom: Teacher expectancy effects on students' math achievement. *Contemporary Educational Psychology, 41*, 1–12. https://doi.org/10.1016/j.cedpsych.2014.10.006

Friesen, C. K., & Kingstone, A. (1998). The eyes have it! Reflexive orienting is triggered by nonpredictive gaze. *Psychonomic Bulletin & Review, 5*(3), 490–495. https://doi.org/10.3758/BF03208827

Frischen, A., Bayliss, A. P., & Tipper, S. P. (2007). Gaze cueing of attention: Visual attention, social cognition, and individual differences. *Psychological Bulletin, 133*(4), 694–724. https://doi.org/10.1037/0033-2909.133.4.694

Funke, U. (2020). *Interaktion und Kommunikation bei Autismus-Spektrum-Störungen: Mit Komm! ASS® zur Sprache führen* (1. Auflage). Verlag W. Kohlhammer.

Fusaroli, R., Bahrami, B., Olsen, K., Roepstorff, A., Rees, G., Frith, C., & Tylén, K. (2012). Coming to terms: Quantifying the benefits of linguistic coordination. *Psychological Science, 23*(8), 931–939. https://doi.org/10.1177/0956797612436816

Gaertner, S. L., & Dovidio, J. F. (2009). A common ingroup identity: A categorization-based approach for reducing intergroup bias. In T. D. Nelson, *Handbook of prejudice, stereotyping, and discrimination* (0 Aufl., S. 489–505). Psychology Press. https://doi.org/10.4324/9781841697772

Gainotti, G. (2012). Unconscious processing of emotions and the right hemisphere. *Neuropsychologia, 50*(2), 205–218. https://doi.org/10.1016/j.neuropsychologia.2011.12.005

Galesic, M., Olsson, H., & Rieskamp, J. (2018). A sampling model of social judgment. *Psychological Review*, *125*(3), 363–390. https://doi.org/10.1037/rev0000096

Gallace, A., & Spence, C. (2010). The science of interpersonal touch: An overview. *Neuroscience & Biobehavioral Reviews*, *34*(2), 246–259. https://doi.org/10.1016/j.neubiorev.2008.10.004

Gallup, A. C., Hale, J. J., Sumpter, D. J. T., Garnier, S., Kacelnik, A., Krebs, J. R., & Couzin, I. D. (2012). Visual attention and the acquisition of information in human crowds. *Proceedings of the National Academy of Sciences*, *109*(19), 7245–7250. https://doi.org/10.1073/pnas.1116141109

Gamer, M., Hecht, H., Seipp, N., & Hiller, W. (2011). Who is looking at me? The cone of gaze widens in social phobia. *Cognition & Emotion*, *25*(4), 756–764. https://doi.org/10.1080/02699931.2010.503117

Gamer, R. (2005). What's in a name? Persuasion perhaps. *Journal of Consumer Psychology*, *15*(2), 108–116. https://doi.org/10.1207/s15327663jcp1502_3

Garrod, S., & Pickering, M. J. (2004). Why is conversation so easy? *Trends in Cognitive Sciences*, *8*(1), 8–11. https://doi.org/10.1016/j.tics.2003.10.016

Garrod, S., & Pickering, M. J. (2013). Interactive alignment and prediction in dialogue. In I. Wachsmuth, J. de Ruiter, P. Jaecks, & S. Kopp (Hrsg.), *Alignment in communication: Towards a new theory of communication*. John Benjamins Publishing Company.

Garvert, M. M., Friston, K. J., Dolan, R. J., & Garrido, M. I. (2014). Subcortical amygdala pathways enable rapid face processing. *NeuroImage*, *102*, 309–316. https://doi.org/10.1016/j.neuroimage.2014.07.047

Ge, L., Zhang, H., Wang, Z., Quinn, P. C., Pascalis, O., Kelly, D., Slater, A., Tian, J., & Lee, K. (2009). Two faces of the other-race effect: Recognition and categorisation of Caucasian and Chinese faces. *Perception*, *38*(8), 1199–1210. https://doi.org/10.1068/p6136

Gibson, J. J. (1977). The theory of affordances. In J. J. Gieseking, W. Mangold, C. Katz, S. M. Low, & S. Saegert (Hrsg.), *The people, place, and space reader* (2. Aufl., Bd. 1, S. 67–82). Routledge, Taylor & Francis Group.

Giese, M. A. (2014). *Biological and body motion perception* (J. Wagemans, Hrsg.). Oxford University Press. https://doi.org/10.1093/oxfordhb/9780199686858.013.008

Gigerenzer, G., & Gaissmaier, W. (2011). Heuristic decision making. *Annual Review of Psychology*, *62*(1), 451–482. https://doi.org/10.1146/annurev-psych-120709-145346

Gilbert, D. T., Pelham, B. W., & Krull, D. S. (1988). On cognitive busyness: When person perceivers meet persons perceived. *Journal of Personality and Social Psychology*, *54*(5), 733–740. https://doi.org/10.1037/0022-3514.54.5.733

Gilbert, M. (1992). *On social facts* (1. Princeton paperback print). Princeton Univ. Press.

Gilbert, P. (2015). Affiliative and prosocial motives and emotions in mental health. *Dialogues in Clinical Neuroscience*, *17*(4), 381–389. https://doi.org/10.31887/DCNS.2015.17.4/pgilbert

Gilbert, P. (Hrsg.). (2017). *Compassion: Concepts, research and applications* (1 Edition). Routledge, Taylor & Francis Group.

Gliga, T., Elsabbagh, M., Andravizou, A., & Johnson, M. (2009). Faces attract infants' attention in complex displays. *Infancy*, *14*(5), 550–562. https://doi.org/10.1080/15250000903144199

Goebl, W., & Palmer, C. (2009). Synchronization of timing and motion among performing musicians. *Music Perception*, *26*(5), 427–438. https://doi.org/10.1525/mp.2009.26.5.427

Goetz, J. L., Keltner, D., & Simon-Thomas, E. (2010). Compassion: An evolutionary analysis and empirical review. *Psychological Bulletin*, *136*(3), 351–374. https://doi.org/10.1037/a0018807

Goldin-Meadow, S. (1999). The role of gesture in communication and thinking. *Trends in Cognitive Sciences*, *3*(11), 419–429. https://doi.org/10.1016/S1364-6613(99)01397-2

Goldin-Meadow, S., & Alibali, M. W. (2013). Gesture's role in speaking, learning, and creating language. *Annual Review of Psychology*, *64*(1), 257–283. https://doi.org/10.1146/annurev-psych-113011-143802

Goodall, J. (1986). Social rejection, exclusion, and shunning among the Gombe chimpanzees. *Ethology and Sociobiology*, *7*(3–4), 227–236. https://doi.org/10.1016/0162-3095(86)90050-6

Goodman, J. R. L., Isenhower, R. W., Marsh, K. L., Schmidt, R. C., & Richardson, M. J. (2023). The interpersonal phase entrainment of rocking chair movements. In H. Heft & K. L. Marsh, *Studies in Perception and Action VIII* (1st Edition). Psychology Press. https://doi.org/10.4324/9781003417972

Gosling, S. D., Ko, S. J., Mannarelli, T., & Morris, M. E. (2002). A room with a cue: Personality judgments based on offices and bedrooms. *Journal of Personality and Social Psychology*, *82*(3), 379–398. https://doi.org/10.1037/0022-3514.82.3.379

Graham, J. M. (2011). Measuring love in romantic relationships: A meta-analysis. *Journal of Social and Personal Relationships*, *28*(6), 748–771. https://doi.org/10.1177/0265407510389126

Greenier, K. D. (2018). The relationship between personality and schadenfreude in hypothetical versus live situations. *Psychological Reports*, *121*(3), 445–458. https://doi.org/10.1177/0033294117745562

Grosjean, M., Shiffrar, M., & Knoblich, G. (2007). Fitts's law holds for action perception. *Psychological Science*, *18*(2), 95–99. https://doi.org/10.1111/j.1467-9280.2007.01854.x

Grossman, E., Donnelly, M., Price, R., Pickens, D., Morgan, V., Neighbor, G., & Blake, R. (2000). Brain areas involved in perception of biological motion. *Journal of Cognitive Neuroscience*, *12*(5), 711–720. https://doi.org/10.1162/089892900562417

Gu, X., & Han, S. (2007). Attention and reality constraints on the neural processes of empathy for pain. *NeuroImage*, *36*(1), 256–267. https://doi.org/10.1016/j.neuroimage.2007.02.025

Gunia, A., Moraresku, S., & Vlček, K. (2021). Brain mechanisms of visuospatial perspective-taking in relation to object mental rotation and the theory of mind. *Behavioural Brain Research*, *407*, 113247. https://doi.org/10.1016/j.bbr.2021.113247

Güth, W., Schmittberger, R., & Schwarze, B. (1982). An experimental analysis of ultimatum bargaining. *Journal of Economic Behavior & Organization*, *3*(4), 367–388. https://doi.org/10.1016/0167-2681(82)90011-7

Habermas, J. (1981). *Theorie des kommunikativen Handelns* (1. Aufl). Suhrkamp.

Hafer, C. L., & Sutton, R. (2016). Belief in a just world. In C. Sabbagh & M. Schmitt (Hrsg.), *Handbook of social justice theory and research* (S. 145–160). Springer. https://doi.org/10.1007/978-1-4939-3216-0_8

Hagemann, V., & Kluge, A. (2017). Complex problem solving in teams: The impact of collective orientation on team process demands. *Frontiers in Psychology*, *8*, 1730. https://doi.org/10.3389/fpsyg.2017.01730

Haggard, P., & Eitam, B. (Hrsg.). (2015). *The sense of agency*. Oxford University Press.

Haggard, P., Rossetti, Y., Kawato, M., Sebanz, N., & Shiffrar, M. (2008). Bodily bonds: Effects of social context on ideomotor movements. In *Sensorimotor foundations of higher cognition: Attention and Performance XXII* (S. 267–291). Oxford University Press.

Hall, J. A., Horgan, T. G., & Murphy, N. A. (2019). Nonverbal communication. *Annual Review of Psychology*, *70*(1), 271–294. https://doi.org/10.1146/annurev-psych-010418-103145

Hall, K. L., Vogel, A. L., Huang, G. C., Serrano, K. J., Rice, E. L., Tsakraklides, S. P., & Fiore, S. M. (2018). The science of team science: A review of the empirical evidence and research gaps on collaboration in science. *American Psychologist*, *73*(4), 532–548. https://doi.org/10.1037/amp0000319

Hamilton, A. F. D. C., Brindley, R., & Frith, U. (2009). Visual perspective taking impairment in children with autistic spectrum disorder. *Cognition*, *113*(1), 37–44. https://doi.org/10.1016/j.cognition.2009.07.007

Hamilton, A. F. de C. (2016). Gazing at me: The importance of social meaning in understanding direct-gaze cues. *Philosophical Transactions of the Royal Society B: Biological Sciences*, *371*(1686), 20150080. https://doi.org/10.1098/rstb.2015.0080

Hamlin, J. K., & Wynn, K. (2011). Young infants prefer prosocial to antisocial others. *Cognitive Development*, *26*(1), 30–39. https://doi.org/10.1016/j.cogdev.2010.09.001

Harbaugh, W. T., Mayr, U., & Burghart, D. R. (2007). Neural responses to taxation and voluntary giving reveal motives for charitable donations. *Science*, *316*(5831), 1622–1625. https://doi.org/10.1126/science.1140738

Hare, B. (2017). Survival of the friendliest: Homo sapiens evolved via selection for prosociality. *Annual Review of Psychology*, *68*(1), 155–186. https://doi.org/10.1146/annurev-psych-010416-044201

Hare, B., Brown, M., Williamson, C., & Tomasello, M. (2002). The domestication of social cognition in dogs. *Science*, *298*(5598), 1634–1636. https://doi.org/10.1126/science.1072702

Hare, B., Call, J., Agnetta, B., & Tomasello, M. (2000). Chimpanzees know what conspecifics do and do not see. *Animal Behaviour*, *59*(4), 771–785. https://doi.org/10.1006/anbe.1999.1377

Hare, T. A., Camerer, C. F., Knoepfle, D. T., O'Doherty, J. P., & Rangel, A. (2010). Value computations in ventral medial prefrontal cortex during charitable decision making incorporate input from regions involved in social cognition. *The Journal of Neuroscience*, *30*(2), 583–590. https://doi.org/10.1523/JNEUROSCI.4089-09.2010

Hash, R. B., Munna, R. K., Vogel, R. L., & Bason, J. J. (2003). Does physician weight affect perception of health advice? *Preventive Medicine*, *36*(1), 41–44. https://doi.org/10.1006/pmed.2002.1124

Hawkley, L. C., & Cacioppo, J. T. (2010). Loneliness matters: A theoretical and empirical review of consequences and mechanisms. *Annals of Behavioral Medicine*, *40*(2), 218–227. https://doi.org/10.1007/s12160-010-9210-8

Haxby, J. V., Hoffman, E. A., & Gobbini, M. I. (2000). The distributed human neural system for face perception. *Trends in Cognitive Sciences*, *4*(6), 223–233. https://doi.org/10.1016/S1364-6613(00)01482-0

Heim, S., & Friederici, A. D. (2003). Phonological processing in language production: Time course of brain activity. *Neuroreport, 14*(16), 2031–2033.

Hein, G., Morishima, Y., Leiberg, S., Sul, S., & Fehr, E. (2016). The brain's functional network architecture reveals human motives. *Science, 351*(6277), 1074–1078. https://doi.org/10.1126/science.aac7992

Henrich, J. (2004). Inequity aversion in capuchins? *Nature, 428*(6979), 139–139. https://doi.org/10.1038/428139a

Henrich, J., Boyd, R., Bowles, S., Camerer, C., Fehr, E., Gintis, H., McElreath, R., Alvard, M., Barr, A., Ensminger, J., Henrich, N. S., Hill, K., Gil-White, F., Gurven, M., Marlowe, F. W., Patton, J. Q., & Tracer, D. (2005). »Economic man« in cross-cultural perspective: Behavioral experiments in 15 small-scale societies. *Behavioral and Brain Sciences, 28*(6), 795–815. https://doi.org/10.1017/S0140525X05000142

Henrich, J., Ensminger, J., McElreath, R., Barr, A., Barrett, C., Bolyanatz, A., Cardenas, J. C., Gurven, M., Gwako, E., Henrich, N., Lesorogol, C., Marlowe, F., Tracer, D., & Ziker, J. (2010). Markets, religion, community size, and the evolution of fairness and punishment. *Science, 327*(5972), 1480–1484. https://doi.org/10.1126/science.1182238

Henrich, J., Heine, S. J., & Norenzayan, A. (2010). Most people are not WEIRD. *Nature, 466*(7302), 29–29. https://doi.org/10.1038/466029a

Henrich, J., & McElreath, R. (2003). The evolution of cultural evolution. *Evolutionary Anthropology: Issues, News, and Reviews, 12*(3), 123–135. https://doi.org/10.1002/evan.10110

Hessels, R. S. (2020). How does gaze to faces support face-to-face interaction? A review and perspective. *Psychonomic Bulletin & Review, 27*(5), 856–881. https://doi.org/10.3758/s13423-020-01715-w

Heyes, C. (2011). Automatic imitation. *Psychological Bulletin, 137*(3), 463–483. https://doi.org/10.1037/a0022288

Heyes, C. (2014). Submentalizing: I am not really reading your mind. *Perspectives on Psychological Science, 9*(2), 131–143. https://doi.org/10.1177/1745691613518076

Heyes, C. (2015). Animal mindreading: What's the problem? *Psychonomic Bulletin & Review, 22*(2), 313–327. https://doi.org/10.3758/s13423-014-0704-4

Heyes, C. M. (1994). Social learning in animals: Categories and mechanisms. *Biological Reviews, 69*(2), 207–231. https://doi.org/10.1111/j.1469-185X.1994.tb01506.x

Heyes, C. M. (1998). Theory of mind in nonhuman primates. *Behavioral and Brain Sciences, 21*(1), 101–114. https://doi.org/10.1017/S0140525X98000703

Hietanen, J. K., Nummenmaa, L., Nyman, M. J., Parkkola, R., & Hämäläinen, H. (2006). Automatic attention orienting by social and symbolic cues activates different neural networks: An fMRI study. *NeuroImage, 33*(1), 406–413. https://doi.org/10.1016/j.neuroimage.2006.06.048

Higgins, E. T., King, G. A., & Mavin, G. H. (1982). Individual construct accessibility and subjective impressions and recall. *Journal of Personality and Social Psychology, 43*(1), 35–47. https://doi.org/10.1037/0022-3514.43.1.35

Hilton, J. L., & von Hippel, W. (1996). Stereotypes. *Annual Review of Psychology, 47*(1), 237–271. https://doi.org/10.1146/annurev.psych.47.1.237

Hirai, M., Muramatsu, Y., & Nakamura, M. (2020). Role of the embodied cognition process in perspective-taking ability during childhood. *Child Development, 91*(1), 214–235. https://doi.org/10.1111/cdev.13172

Ho, M. K., Saxe, R., & Cushman, F. (2022). Planning with theory of mind. *Trends in Cognitive Sciences, 26*(11), 959–971. https://doi.org/10.1016/j.tics.2022.08.003

Ho, S., Foulsham, T., & Kingstone, A. (2015). Speaking and listening with the eyes: Gaze signaling during dyadic interactions. *PLOS ONE, 10*(8), e0136905. https://doi.org/10.1371/journal.pone.0136905

Hoehl, S., Keupp, S., Schleihauf, H., McGuigan, N., Buttelmann, D., & Whiten, A. (2019). ›Overimitation‹: A review and appraisal of a decade of research. *Developmental Review, 51*, 90–108. https://doi.org/10.1016/j.dr.2018.12.002

Hoehl, S., Wiese, L., & Striano, T. (2008). Young infants' neural processing of objects is affected by eye gaze direction and emotional expression. *PLOS ONE, 3*(6), e2389. https://doi.org/10.1371/journal.pone.0002389

Hofmann, W., Wisneski, D. C., Brandt, M. J., & Skitka, L. J. (2014). Morality in everyday life. *Science, 345*(6202), 1340–1343. https://doi.org/10.1126/science.1251560

Holler, J., & Levinson, S. C. (2019). Multimodal language processing in human communication. *Trends in Cognitive Sciences, 23*(8), 639–652. https://doi.org/10.1016/j.tics.2019.05.006

Holt-Lunstad, J., Smith, T. B., Baker, M., Harris, T., & Stephenson, D. (2015). Loneliness and social isolation as risk factors for mortality: A meta-analytic review. *Perspectives on Psychological Science, 10*(2), 227–237. https://doi.org/10.1177/1745691614568352

Hömke, P., Holler, J., & Levinson, S. C. (2018). Eye blinks are perceived as communicative signals in human face-to-face interaction. *PLOS ONE*, 13(12), e0208030. https://doi.org/10.1371/journal.pone.0208030

Horner, V., & Whiten, A. (2005). Causal knowledge and imitation/emulation switching in chimpanzees (Pan troglodytes) and children (Homo sapiens). *Animal Cognition*, 8(3), 164–181. https://doi.org/10.1007/s10071-004-0239-6

Hoyt, C. L., & Murphy, S. E. (2016). Managing to clear the air: Stereotype threat, women, and leadership. *The Leadership Quarterly*, 27(3), 387–399. https://doi.org/10.1016/j.leaqua.2015.11.002

Huang, L. M., & Sherman, J. W. (2018). Attentional processes in social perception. In J. M. Olson (Hrsg.), *Advances in experimental social psychology* (Bd. 58, S. 199–241). Elsevier Academic Press. https://doi.org/10.1016/bs.aesp.2018.03.002

Huber, L., Range, F., Voelkl, B., Szucsich, A., Virányi, Z., & Miklosi, A. (2009). The evolution of imitation: What do the capacities of non-human animals tell us about the mechanisms of imitation? *Philosophical Transactions of the Royal Society B: Biological Sciences*, 364(1528), 2299–2309. https://doi.org/10.1098/rstb.2009.0060

Huber, M., Van Boven, L., McGraw, A. P., & Johnson-Graham, L. (2011). Whom to help? Immediacy bias in judgments and decisions about humanitarian aid. *Organizational Behavior and Human Decision Processes*, 115(2), 283–293. https://doi.org/10.1016/j.obhdp.2011.03.003

Hugenberg, K., & Sacco, D. F. (2008). Social categorization and stereotyping: How social categorization biases person perception and face memory: Social categorization and stereotyping. *Social and Personality Psychology Compass*, 2(2), 1052–1072. https://doi.org/10.1111/j.1751-9004.2008.00090.x

Hunnius, S., de Wit, T. C. J., Vrins, S., & von Hofsten, C. (2011). Facing threat: Infants' and adults' visual scanning of faces with neutral, happy, sad, angry, and fearful emotional expressions. *Cognition & Emotion*, 25(2), 193–205. https://doi.org/10.1080/15298861003771189

Hunnius, S., & Geuze, R. H. (2004). Developmental changes in visual scanning of dynamic faces and abstract stimuli in infants: A longitudinal study. *Infancy*, 6(2), 231–255. https://doi.org/10.1207/s15327078in0602_5

Ickes, W., Stinson, L., Bissonnette, V., & Garcia, S. (1990). Naturalistic social cognition: Empathic accuracy in mixed-sex dyads. *Journal of Personality and Social Psychology*, 59(4), 730–742. https://doi.org/10.1037/0022-3514.59.4.730

Jack, R. E., & Schyns, P. G. (2017). Toward a social psychophysics of face communication. *Annual Review of Psychology*, 68(1), 269–297. https://doi.org/10.1146/annurev-psych-010416-044242

James, W. (1890). *The principles of psychology, Vol II*. Henry Holt and Co. https://doi.org/10.1037/10538-010

Job, X., Arnold, G., Kirsch, L. P., & Auvray, M. (2021). Vision shapes tactile spatial perspective taking. *Journal of Experimental Psychology: General*, 150(9), 1918–1925. https://doi.org/10.1037/xge0000923

Job, X. E., Kirsch, L. P., & Auvray, M. (2022). Spatial perspective-taking: Insights from sensory impairments. *Experimental Brain Research*, 240(1), 27–37. https://doi.org/10.1007/s00221-021-06221-6

Johansson, G. (1973). Visual perception of biological motion and a model for its analysis. *Perception & Psychophysics*, 14(2), 201–211. https://doi.org/10.3758/BF03212378

Johansson, G. (1976). Spatio-temporal differentiation and integration in visual motion perception: An experimental and theoretical analysis of calculus-like functions in visual data processing. *Psychological Research*, 38(4), 379–393. https://doi.org/10.1007/BF00309043

Johansson, O., Andersson, J., & Rönnberg, J. (2000). Do elderly couples have a better prospective memory than other elderly people when they collaborate? *Applied Cognitive Psychology*, 14(2), 121–133. https://doi.org/10.1002/(SICI)1099-0720(200003/04)14:2<121::AID-ACP626>3.0.CO;2-A

Johnson, K. L., & Shiffrar, M. (Hrsg.). (2013). *People watching: Social, perceptual, and neurophysiological studies of body perception*. Oxford University Press.

Johnson, M. H. (2005). Subcortical face processing. *Nature Reviews Neuroscience*, 6(10), 766–774. https://doi.org/10.1038/nrn1766

Johnson, N. D., & Mislin, A. A. (2011). Trust games: A meta-analysis. *Journal of Economic Psychology*, 32(5), 865–889. https://doi.org/10.1016/j.joep.2011.05.007

Jones, S. S. (2007). Imitation in infancy: The development of mimicry. *Psychological Science*, 18(7), 593–599. https://doi.org/10.1111/j.1467-9280.2007.01945.x

Kahneman, D. (o. J.). Two systems in the mind. *Bulletin of the American Academy of Arts and Sciences*, 65(2), 55–59.

Kahneman, D. (2002). Maps of bounded rationality: A perspective on intuitive judgement and choice. *Les Prix Nobel: The Nobel Prizes 2002*, 449–489.

Kanske, P., Böckler, A., Trautwein, F.-M., Parianen Lesemann, F. H., & Singer, T. (2016). Are strong empathizers better mentalizers? Evidence for independence and interaction between the routes of social cognition. *Social Cognitive and Affective Neuroscience, 11*(9), 1383–1392. https://doi.org/10.1093/scan/nsw052

Kanske, P., Böckler, A., Trautwein, F.-M., & Singer, T. (2015). Dissecting the social brain: Introducing the EmpaToM to reveal distinct neural networks and brain–behavior relations for empathy and Theory of Mind. *NeuroImage, 122*, 6–19. https://doi.org/10.1016/j.neuroimage.2015.07.082

Kant, I. (1784). *Idee zu einer allgemeinen Geschichte in weltbürgerlicher Absicht*.

Kanwisher, N., McDermott, J., & Chun, M. M. (1997). The fusiform face area: A module in human extrastriate cortex specialized for face perception. *The Journal of Neuroscience, 17*(11), 4302–4311. https://doi.org/10.1523/JNEUROSCI.17-11-04302.1997

Kardosh, R., Sklar, A. Y., Goldstein, A., Pertzov, Y., & Hassin, R. R. (2022). Minority salience and the overestimation of individuals from minority groups in perception and memory. *Proceedings of the National Academy of Sciences, 119*(12), e2116884119. https://doi.org/10.1073/pnas.2116884119

Karg, K., Schmelz, M., Call, J., & Tomasello, M. (2016). Differing views: Can chimpanzees do Level 2 perspective-taking? *Animal Cognition, 19*(3), 555–564. https://doi.org/10.1007/s10071-016-0956-7

Keller, P. E., Knoblich, G., & Repp, B. H. (2007). Pianists duet better when they play with themselves: On the possible role of action simulation in synchronization. *Consciousness and Cognition, 16*(1), 102–111. https://doi.org/10.1016/j.concog.2005.12.004

Keller, P. E., Novembre, G., & Hove, M. J. (2014). Rhythm in joint action: Psychological and neurophysiological mechanisms for real-time interpersonal coordination. *Philosophical Transactions of the Royal Society B: Biological Sciences, 369*(1658), 20130394. https://doi.org/10.1098/rstb.2013.0394

Kelly, D. J., Liu, S., Lee, K., Quinn, P. C., Pascalis, O., Slater, A. M., & Ge, L. (2009). Development of the other-race effect during infancy: Evidence toward universality? *Journal of Experimental Child Psychology, 104*(1), 105–114. https://doi.org/10.1016/j.jecp.2009.01.006

Kelsen, B. A., Sumich, A., Kasabov, N., Liang, S. H. Y., & Wang, G. Y. (2022). What has social neuroscience learned from hyperscanning studies of spoken communication? A systematic review. *Neuroscience & Biobehavioral Reviews, 132*, 1249-1262. https://doi.org/10.1016/j.neubiorev.2020.09.008

Kendal, R. L., Boogert, N. J., Rendell, L., Laland, K. N., Webster, M., & Jones, P. L. (2018). Social learning strategies: Bridge-building between fields. *Trends in Cognitive Sciences, 22*(7), 651–665. https://doi.org/10.1016/j.tics.2018.04.003

Kendon, A. (1967). Some functions of gaze-direction in social interaction. *Acta Psychologica, 26*, 22–63. https://doi.org/10.1016/0001-6918(67)90005-4

Kennerknecht, I., Grueter, T., Welling, B., Wentzek, S., Horst, J., Edwards, S., & Grueter, M. (2006). First report of prevalence of non-syndromic hereditary prosopagnosia (HPA). *American Journal of Medical Genetics Part A, 140A*(15), 1617–1622. https://doi.org/10.1002/ajmg.a.31343

Kessler, K., & Thomson, L. A. (2010). The embodied nature of spatial perspective taking: Embodied transformation versus sensorimotor interference. *Cognition, 114*(1), 72–88. https://doi.org/10.1016/j.cognition.2009.08.015

Khatin-Zadeh, O., Eskandari, Z., Yazdani-Fazlabadi, B., & Marmolejo-Ramos, F. (2022). Four functions of gesture in promoting thought processes. *Psychological Studies, 67*(4), 411–418. https://doi.org/10.1007/s12646-022-00680-9

Khoramshahi, M., Shukla, A., Raffard, S., Bardy, B. G., & Billard, A. (2016). Role of gaze cues in interpersonal motor coordination: Towards higher affiliation in human-robot interaction. *PLOS ONE, 11*(6), e0156874. https://doi.org/10.1371/journal.pone.0156874

Killen, M., Mulvey, K. L., & Hitti, A. (2013). Social exclusion in childhood: A developmental intergroup perspective. *Child Development, 84*(3), 772–790. https://doi.org/10.1111/cdev.12012

Kinderman, P., Dunbar, R., & Bentall, R. P. (1998). Theory-of-mind deficits and causal attributions. *British Journal of Psychology, 89*(2), 191–204. https://doi.org/10.1111/j.2044-8295.1998.tb02680.x

King-Casas, B., Sharp, C., Lomax-Bream, L., Lohrenz, T., Fonagy, P., & Montague, P. R. (2008). The rupture and repair of cooperation in borderline personality disorder. *Science, 321*(5890), 806–810. https://doi.org/10.1126/science.1156902

Kingsbury, L., Huang, S., Wang, J., Gu, K., Golshani, P., Wu, Y. E., & Hong, W. (2019). Correlated neural activity and encoding of behavior across brains of socially interacting animals. *Cell, 178*(2), 429-446.e16. https://doi.org/10.1016/j.cell.2019.05.022

Kita, S. (2010). A model of speech–gesture production. In E. Morsella & R. M. Krauss (Hrsg.), *Expressing oneself/expressing one's self: Communication, cognition, language, and identity*. Psychology Press.

Klatzky, R. L. (1998). Allocentric and egocentric spatial representations: Definitions, distinctions, and interconnections. In C. Freksa, C. Habel, & K. F. Wender (Hrsg.), *Spatial Cognition* (Bd. 1404, S. 1–17). Springer. https://doi.org/10.1007/3-540-69342-4_1

Kleinke, C. L. (1986). Gaze and eye contact: A research review. *Psychological Bulletin, 100*(1), 78–100. https://doi.org/10.1037/0033-2909.100.1.78

Klimecki, O. M., Leiberg, S., Lamm, C., & Singer, T. (2013). Functional neural plasticity and associated changes in positive affect after compassion training. *Cerebral Cortex, 23*(7), 1552–1561. https://doi.org/10.1093/cercor/bhs142

Klimecki, O. M., & Singer, T. (2017). *The compassionate brain* (E. M. Seppälä, E. Simon-Thomas, S. L. Brown, M. C. Worline, C. D. Cameron, & J. R. Doty, Hrsg.; Bd. 1). Oxford University Press. https://doi.org/10.1093/oxfordhb/9780190464684.013.9

Kline, M. A. (2015). How to learn about teaching: An evolutionary framework for the study of teaching behavior in humans and other animals. *Behavioral and Brain Sciences, 38*, e31. https://doi.org/10.1017/S0140525X14000090

Knafo, A., Zahn-Waxler, C., Van Hulle, C., Robinson, J. L., & Rhee, S. H. (2008). The developmental origins of a disposition toward empathy: Genetic and environmental contributions. *Emotion, 8*(6), 737–752. https://doi.org/10.1037/a0014179

Knoblich, G., Butterfill, S., & Sebanz, N. (2011). Psychological research on joint action. In *Psychology of Learning and Motivation* (Bd. 54, S. 59–101). Elsevier. https://doi.org/10.1016/B978-0-12-385527-5.00003-6

Koban, L., Ramamoorthy, A., & Konvalinka, I. (2019). Why do we fall into sync with others? Interpersonal synchronization and the brain's optimization principle. *Social Neuroscience, 14*(1), 1–9. https://doi.org/10.1080/17470919.2017.1400463

Koch, A., Yzerbyt, V., Abele, A., Ellemers, N., & Fiske, S. T. (2021). Social evaluation: Comparing models across interpersonal, intragroup, intergroup, several-group, and many-group contexts. In *Advances in Experimental Social Psychology* (Bd. 63, S. 1–68). Elsevier. https://doi.org/10.1016/bs.aesp.2020.11.001

Konrath, S., & Grynberg, D. (2016). The positive (and negative) psychology of empathy. In D. F. Watt & J. Panksepp, *Psychology and neurobiology of empathy* (S. 63–107). Nova Biomedical Books.

Konvalinka, I., & Roepstorff, A. (2012). The two-brain approach: How can mutually interacting brains teach us something about social interaction? *Frontiers in Human Neuroscience, 6*. https://doi.org/10.3389/fnhum.2012.00215

Kornblum, S., Hasbroucq, T., & Osman, A. (1990). Dimensional overlap: Cognitive basis for stimulus-response compatibility–A model and taxonomy. *Psychological Review, 97*(2), 253–270. https://doi.org/10.1037/0033-295X.97.2.253

Kourtis, D., Sebanz, N., & Knoblich, G. (2013). Predictive representation of other people's actions in joint action planning: An EEG study. *Social Neuroscience, 8*(1), 31–42. https://doi.org/10.1080/17470919.2012.694823

Kourtis, D., Woźniak, M., Sebanz, N., & Knoblich, G. (2019). Evidence for we-representations during joint action planning. *Neuropsychologia, 131*, 73–83. https://doi.org/10.1016/j.neuropsychologia.2019.05.029

Kovács, Á. M., Téglás, E., & Endress, A. D. (2010). The social sense: Susceptibility to others' beliefs in human infants and adults. *Science, 330*(6012), 1830–1834. https://doi.org/10.1126/science.1190792

Krause, J., & Ruxton, G. D. (2002). *Living in Groups*. Oxford University Press.

Kriegstein, K. V., & Giraud, A.-L. (2004). Distinct functional substrates along the right superior temporal sulcus for the processing of voices. *NeuroImage, 22*(2), 948–955. https://doi.org/10.1016/j.neuroimage.2004.02.020

Kruglanski, A. W., & Gigerenzer, G. (2011). Intuitive and deliberate judgments are based on common principles. *Psychological Review, 118*(1), 97–109. https://doi.org/10.1037/a0020762

Krupenye, C., & Call, J. (2019). Theory of mind in animals: Current and future directions. *WIREs Cognitive Science, 10*(6), e1503. https://doi.org/10.1002/wcs.1503

Kuhl, J., & Scheffer, D. (1999). Der operante multi-motiv-test (OMT): Manual [The operant multi-motive-test (OMT): Manual]. Germany: University of Osnabrück.

Kuhlen, A. K., & Abdel Rahman, R. (2017). Having a task partner affects lexical retrieval: Spoken word production in shared task settings. *Cognition, 166*, 94–106. https://doi.org/10.1016/j.cognition.2017.05.024

Kuhlen, A. K., & Abdel Rahman, R. (2022). Mental chronometry of speaking in dialogue: Semantic interference turns into facilitation. *Cognition, 219*, 104962. https://doi.org/10.1016/j.cognition.2021.104962

Kuhlen, A. K., & Abdel Rahman, R. (2023). Beyond speaking: Neurocognitive perspectives on language production in social interaction. *Philosophical Transactions of the Royal Society B: Biological Sciences, 378*(1875), 20210483. https://doi.org/10.1098/rstb.2021.0483

Kurzban, R., & Leary, M. R. (2001). Evolutionary origins of stigmatization: The functions of social exclusion. *Psychological Bulletin*, 127(2), 187–208. https://doi.org/10.1037/0033-2909.127.2.187

Kuwahata, H., Adachi, I., Fujita, K., Tomonaga, M., & Matsuzawa, T. (2004). Development of schematic face preference in macaque monkeys. *Behavioural Processes*, 66(1), 17–21. https://doi.org/10.1016/j.beproc.2003.11.002

Kyrlitsias, C., & Michael-Grigoriou, D. (2018). Asch conformity experiment using immersive virtual reality. *Computer Animation and Virtual Worlds*, 29(5), e1804. https://doi.org/10.1002/cav.1804

Laidlaw, K. E. W., Foulsham, T., Kuhn, G., & Kingstone, A. (2011). Potential social interactions are important to social attention. *Proceedings of the National Academy of Sciences*, 108(14), 5548–5553. https://doi.org/10.1073/pnas.1017022108

Laidre, M. E., & Johnstone, R. A. (2013). Animal signals. *Current Biology*, 23(18), R829–R833. https://doi.org/10.1016/j.cub.2013.07.070

Lamm, C., Decety, J., & Singer, T. (2011). Meta-analytic evidence for common and distinct neural networks associated with directly experienced pain and empathy for pain. *NeuroImage*, 54(3), 2492–2502. https://doi.org/10.1016/j.neuroimage.2010.10.014

Lamm, C., Nusbaum, H. C., Meltzoff, A. N., & Decety, J. (2007). What are you feeling? Using functional magnetic resonance imaging to assess the modulation of sensory and affective responses during empathy for pain. *PLOS ONE*, 2(12), e1292. https://doi.org/10.1371/journal.pone.0001292

Landman, R., Sharma, J., Sur, M., & Desimone, R. (2014). Effect of distracting faces on visual selective attention in the monkey. *Proceedings of the National Academy of Sciences*, 111(50), 18037–18042. https://doi.org/10.1073/pnas.1420167111

Lang, M., Purzycki, B. G., Apicella, C. L., Atkinson, Q. D., Bolyanatz, A., Cohen, E., Handley, C., Kundtová Klocová, E., Lesorogol, C., Mathew, S., McNamara, R. A., Moya, C., Placek, C. D., Soler, M., Vardy, T., Weigel, J. L., Willard, A. K., Xygalatas, D., Norenzayan, A., & Henrich, J. (2019). Moralizing gods, impartiality and religious parochialism across 15 societies. *Proceedings of the Royal Society B: Biological Sciences*, 286(1898), 20190202. https://doi.org/10.1098/rspb.2019.0202

Lange, J., & Crusius, J. (2015). Dispositional envy revisited: Unraveling the motivational dynamics of benign and malicious envy. *Personality and Social Psychology Bulletin*, 41(2), 284–294. https://doi.org/10.1177/0146167214564959

Lange, J., Weidman, A. C., & Crusius, J. (2018). The painful duality of envy: Evidence for an integrative theory and a meta-analysis on the relation of envy and schadenfreude. *Journal of Personality and Social Psychology*, 114(4), 572–598. https://doi.org/10.1037/pspi0000118

Langton, S. R. H., Law, A. S., Burton, A. M., & Schweinberger, S. R. (2008). Attention capture by faces. *Cognition*, 107(1), 330–342. https://doi.org/10.1016/j.cognition.2007.07.012

Larsch, J., & Baier, H. (2018). Biological motion as an innate perceptual mechanism driving social affiliation. *Current Biology*, 28(22), 3523–3532. https://doi.org/10.1016/j.cub.2018.09.014

Lavan, N., Burton, A. M., Scott, S. K., & McGettigan, C. (2019). Flexible voices: Identity perception from variable vocal signals. *Psychonomic Bulletin & Review*, 26(1), 90–102. https://doi.org/10.3758/s13423-018-1497-7

Leadner, K., Sekely, L., Klein, R. M., & Gabay, S. (2021). Evolution of social attentional cues: Evidence from the archerfish. *Cognition*, 207, 104511. https://doi.org/10.1016/j.cognition.2020.104511

Leary, M. R. (2022). *The Need to Belong*. Routledge. https://doi.org/10.4324/9780367198459-REPRW57-1

Leary, M. R., & Baumeister, R. F. (2000). The nature and function of self-esteem: Sociometer theory. In *Advances in Experimental Social Psychology* (Bd. 32, S. 1–62). Elsevier. https://doi.org/10.1016/S0065-2601(00)80003-9

Leary, M. R., Kowalski, R. M., Smith, L., & Phillips, S. (2003). Teasing, rejection, and violence: Case studies of the school shootings. *Aggressive Behavior*, 29(3), 202–214. https://doi.org/10.1002/ab.10061

Lecce, S., Bianco, F., Devine, R. T., Hughes, C., & Banerjee, R. (2014). Promoting theory of mind during middle childhood: A training program. *Journal of Experimental Child Psychology*, 126, 52–67. https://doi.org/10.1016/j.jecp.2014.03.002

Lee, S., & Feeley, T. H. (2016). The identifiable victim effect: A meta-analytic review. *Social Influence*, 11(3), 199–215. https://doi.org/10.1080/15534510.2016.1216891

Legare, C. H., & Nielsen, M. (2015). Imitation and innovation: The dual engines of cultural learning. *Trends in Cognitive Sciences*, 19(11), 688–699. https://doi.org/10.1016/j.tics.2015.08.005

Legare, C. H., & Nielsen, M. (2020). Ritual explained: Interdisciplinary answers to Tinbergen's four questions. *Philosophical Transactions of the Royal Society B: Biological Sciences*, 375(1805),

20190419. https://doi.org/10.1098/rstb.2019.0419

Lehmann, K., Böckler, A., Klimecki, O., Müller-Liebmann, C., & Kanske, P. (2022). Empathy and correct mental state inferences both promote prosociality. *Scientific Reports*, *12*(1), 16979. https://doi.org/10.1038/s41598-022-20855-8

Leiberg, S., Klimecki, O., & Singer, T. (2011). Short-term compassion training increases prosocial behavior in a newly developed prosocial game. *PLOS ONE*, *6*(3), e17798. https://doi.org/10.1371/journal.pone.0017798

Lepage, J., & Théoret, H. (2007). The mirror neuron system: Grasping others' actions from birth? *Developmental Science*, *10*(5), 513–523. https://doi.org/10.1111/j.1467-7687.2007.00631.x

Leppänen, J. M., & Hietanen, J. K. (2004). Positive facial expressions are recognized faster than negative facial expressions, but why? *Psychological Research Psychologische Forschung*, *69*(1–2), 22–29. https://doi.org/10.1007/s00426-003-0157-2

Lewis, K. (2003). Measuring transactive memory systems in the field: Scale development and validation. *Journal of Applied Psychology*, *88*(4), 587–604. https://doi.org/10.1037/0021-9010.88.4.587

Lewkowicz, D. J., & Hansen-Tift, A. M. (2012). Infants deploy selective attention to the mouth of a talking face when learning speech. *Proceedings of the National Academy of Sciences*, *109*(5), 1431–1436. https://doi.org/10.1073/pnas.1114783109

Lickel, B., Hamilton, D. L., Wieczorkowska, G., Lewis, A., Sherman, S. J., & Uhles, A. N. (2000). Varieties of groups and the perception of group entitativity. *Journal of Personality and Social Psychology*, *78*(2), 223–246. https://doi.org/10.1037/0022-3514.78.2.223

Liu, J., Li, J., Feng, L., Li, L., Tian, J., & Lee, K. (2014). Seeing Jesus in toast: Neural and behavioral correlates of face pareidolia. *Cortex*, *53*, 60–77. https://doi.org/10.1016/j.cortex.2014.01.013

Loehr, J. D. (2022). The sense of agency in joint action: An integrative review. *Psychonomic Bulletin & Review*, *29*(4), 1089–1117. https://doi.org/10.3758/s13423-021-02051-3

Loehr, J. D., Kourtis, D., Vesper, C., Sebanz, N., & Knoblich, G. (2013). Monitoring individual and joint action outcomes in duet music performance. *Journal of Cognitive Neuroscience*, *25*(7), 1049–1061. https://doi.org/10.1162/jocn_a_00388

Low, J., Apperly, I. A., Butterfill, S. A., & Rakoczy, H. (2016). Cognitive architecture of belief reasoning in children and adults: A primer on the two-systems account. *Child Development Perspectives*, *10*(3), 184–189. https://doi.org/10.1111/cdep.12183

Luhmann, N. (1992). *Die Wissenschaft der Gesellschaft*. Suhrkamp.

Lurz, R. W. (2011a). Belief attribution in animals: On how to move forward conceptually and empirically. *Review of Philosophy and Psychology*, *2*(1), 19–59. https://doi.org/10.1007/s13164-010-0042-z

Lurz, R. W. (2011b). *Mindreading animals: The debate over what animals know about other minds*. MIT Press.

Ma, Y., Paterson, H. M., & Pollick, F. E. (2006). A motion capture library for the study of identity, gender, and emotion perception from biological motion. *Behavior Research Methods*, *38*(1), 134–141. https://doi.org/10.3758/BF03192758

MacDonald, G., & Leary, M. R. (2005). Why does social exclusion hurt? The relationship between social and physical pain. *Psychological Bulletin*, *131*(2), 202–223. https://doi.org/10.1037/0033-2909.131.2.202

Macrae, C. N., & Bodenhausen, G. V. (2001). Social cognition: Categorical person perception. *British Journal of Psychology*, *92*(1), 239–255. https://doi.org/10.1348/000712601162059

Macrae, C. N., Bodenhausen, G. V., Milne, A. B., & Jetten, J. (1994). Out of mind but back in sight: Stereotypes on the rebound. *Journal of Personality and Social Psychology*, *67*(5), 808–817. https://doi.org/10.1037/0022-3514.67.5.808

Mahdi, N. Q. (1986). Pukhtunwali: Ostracism and honor among the Pathan Hill tribes. *Ethology and Sociobiology*, *7*(3–4), 295–304. https://doi.org/10.1016/0162-3095(86)90055-5

Manera, V., Elena, M. R., Bayliss, A. P., & Becchio, C. (2014). When seeing is more than looking: Intentional gaze modulates object desirability. *Emotion*, *14*(4), 824–832. https://doi.org/10.1037/a0036258

Manesi, Z., Van Lange, P. A. M., & Pollet, T. V. (2016). Eyes wide open: Only eyes that pay attention promote prosocial behavior. *Evolutionary Psychology*, *14*(2), 147470491664078. https://doi.org/10.1177/1474704916640780

Marsden, J., Glazebrook, C., Tully, R., & Völlm, B. (2019). Do adult males with antisocial personality disorder (with and without co-morbid psychopathy) have deficits in emotion processing and empathy? A systematic review. *Aggression and Violent Behavior*, *48*, 197–217. https://doi.org/10.1016/j.avb.2019.08.009

Marsh, K. L., Richardson, M. J., Baron, R. M., & Schmidt, R. C. (2006). Contrasting approaches to perceiving and acting with others. *Ecological Psychology*, *18*(1), 1–38. https://doi.org/10.1207/s15326969eco1801_1

Marsh, N., Marsh, A. A., Lee, M. R., & Hurlemann, R. (2021). Oxytocin and the neurobiology of prosocial behavior. *The Neuroscientist*, 27(6), 604–619. https://doi.org/10.1177/1073858420960111

Martin, A. K., Perceval, G., Davies, I., Su, P., Huang, J., & Meinzer, M. (2019). Visual perspective taking in young and older adults. *Journal of Experimental Psychology: General*, 148(11), 2006–2026. https://doi.org/10.1037/xge0000584

Martin, G. B., & Clark, R. D. (1982). Distress crying in neonates: Species and peer specificity. *Developmental Psychology*, 18(1), 3–9. https://doi.org/10.1037/0012-1649.18.1.3

Mason, M. F., Tatkow, E. P., & Macrae, C. N. (2005). The look of love: Gaze shifts and person perception. *Psychological Science*, 16(3), 236–239. https://doi.org/10.1111/j.0956-7976.2005.00809.x

Mast, M. S., & Hall, J. A. (2004). Who is the boss and who is not? Accuracy of judging status. *Journal of Nonverbal Behavior*, 28(3), 145–165. https://doi.org/10.1023/B:JONB.0000039647.94190.21

Mattan, B. D., Kubota, J. T., & Cloutier, J. (2017). How social status shapes person perception and evaluation: A social neuroscience perspective. *Perspectives on Psychological Science*, 12(3), 468–507. https://doi.org/10.1177/1745691616677828

Mayr, U., & Freund, A. M. (2020). Do we become more prosocial as we age, and if so, why? *Current Directions in Psychological Science*, 29(3), 248–254. https://doi.org/10.1177/0963721420910811

Mazzarella, E., Ramsey, R., Conson, M., & Hamilton, A. (2013). Brain systems for visual perspective taking and action perception. *Social Neuroscience*, 8(3), 248–267. https://doi.org/10.1080/17470919.2012.761160

McAleer, P., Todorov, A., & Belin, P. (2014). How do you say ›Hello‹? Personality impressions from brief novel voices. *PLOS ONE*, 9(3), e90779. https://doi.org/10.1371/journal.pone.0090779

McClelland, J. L. (1988). *Parallel distributed processing: Implications for cognition and development*. Depts. of Computer Science and Psychology.

Mcgurk, H., & Macdonald, J. (1976). Hearing lips and seeing voices. *Nature*, 264(5588), 746–748. https://doi.org/10.1038/264746a0

McNeil, J. E., & Warrington, E. K. (2013). Prosopagnosia: A face-specific disorder. In *Human Cognitive Neuropsychology* (S. 437–446). Psychology Press.

McPherson, M., Smith-Lovin, L., & Cook, J. M. (2001). Birds of a feather: Homophily in social networks. *Annual Review of Sociology*, 27(1), 415–444. https://doi.org/10.1146/annurev.soc.27.1.415

Medin, D., & Ortony, A. (1989). Psychological essentialism. In S. Vosniadou & A. Ortony (Hrsg.), *Similarity and Analogical Reasoning* (1. Aufl., S. 179–196). Cambridge University Press. https://doi.org/10.1017/CBO9780511529863.009

Meffert, H., Gazzola, V., Den Boer, J. A., Bartels, A. A. J., & Keysers, C. (2013). Reduced spontaneous but relatively normal deliberate vicarious representations in psychopathy. *Brain*, 136(8), 2550–2562. https://doi.org/10.1093/brain/awt190

Meissner, C. A., & Brigham, J. C. (2001). Thirty years of investigating the own-race bias in memory for faces: A meta-analytic review. *Psychology, Public Policy, and Law*, 7(1), 3–35. https://doi.org/10.1037/1076-8971.7.1.3

Melis, A. P., Hare, B., & Tomasello, M. (2006). Chimpanzees recruit the best collaborators. *Science*, 311(5765), 1297–1300. https://doi.org/10.1126/science.1123007

Meyer, A. S. (2023). Timing in conversation. *Journal of Cognition*, 6(1), 20. https://doi.org/10.5334/joc.268

Meyer, M., Bekkering, H., Haartsen, R., Stapel, J. C., & Hunnius, S. (2015). The role of action prediction and inhibitory control for joint action coordination in toddlers. *Journal of Experimental Child Psychology*, 139, 203–220. https://doi.org/10.1016/j.jecp.2015.06.005

Micheli, L., Breil, C., & Böckler, A. (2023). Golden gazes: Gaze direction and emotional context promote prosocial behavior by increasing attributions of empathy and perspective-taking. *Journal of Personality and Social Psychology*. https://doi.org/10.1037/pspi0000437

Michelon, P., & Zacks, J. M. (2006). Two kinds of visual perspective taking. *Perception & Psychophysics*, 68(2), 327–337. https://doi.org/10.3758/BF03193680

Miles, A., Andiappan, M., Upenieks, L., & Orfanidis, C. (2022). Using prosocial behavior to safeguard mental health and foster emotional well-being during the COVID-19 pandemic: A registered report of a randomized trial. *PLOS ONE*, 17(7), e0272152. https://doi.org/10.1371/journal.pone.0272152

Miller, E. K. (2000). The prefrontal cortex and cognitive control. *Nature Reviews Neuroscience*, 1(1), 59–65. https://doi.org/10.1038/35036228

Miller, L. E., & Saygin, A. P. (2013). Individual differences in the perception of biological motion: Links to social cognition and motor imagery. *Cognition*, 128(2), 140–148. https://doi.org/10.1016/j.cognition.2013.03.013

Milward, S. J., Kita, S., & Apperly, I. A. (2014). The development of co-representation effects in a joint task: Do children represent a co-actor? *Cognition*, 132(3), 269–279. https://doi.org/10.1016/j.cognition.2014.04.008

Moll, H., & Tomasello, M. (2006). Level 1 perspective-taking at 24 months of age. *British Journal of*

Developmental Psychology, 24(3), 603–613. https://doi.org/10.1348/026151005X55370

Moll, J., Krueger, F., Zahn, R., Pardini, M., De Oliveira-Souza, R., & Grafman, J. (2006). Human fronto–mesolimbic networks guide decisions about charitable donation. *Proceedings of the National Academy of Sciences*, 103(42), 15623–15628. https://doi.org/10.1073/pnas.0604475103

Montag, C., Dziobek, I., Richter, I. S., Neuhaus, K., Lehmann, A., Sylla, R., Heekeren, H. R., Heinz, A., & Gallinat, J. (2011). Different aspects of theory of mind in paranoid schizophrenia: Evidence from a video-based assessment. *Psychiatry Research*, 186(2–3), 203–209. https://doi.org/10.1016/j.psychres.2010.09.006

Mori, K., & Arai, M. (2010). No need to fake it: Reproduction of the Asch experiment without confederates. *International Journal of Psychology*, 45(5), 390–397. https://doi.org/10.1080/00207591003774485

Moussaid, M., Perozo, N., Garnier, S., Helbing, D., & Theraulaz, G. (2010). The walking behaviour of p#edestrian social groups and its impact on crowd dynamics. *PLOS ONE*, 5(4), e10047. https://doi.org/10.1371/journal.pone.0010047

Müller, B. C. N., Maaskant, A. J., Van Baaren, R. B., & Dijksterhuis, A. (2012). Prosocial consequences of imitation. *Psychological Reports*, 110(3), 891–898. https://doi.org/10.2466/07.09.21.PR0.110.3.891-898

Mundy, P., Block, J., Delgado, C., Pomares, Y., Van Hecke, A. V., & Parlade, M. V. (2007). Individual differences and the development of joint attention in infancy. *Child Development*, 78(3), 938–954. https://doi.org/10.1111/j.1467-8624.2007.01042.x

Muschinski, J., Feczko, E., Brooks, J. M., Collantes, M., Heitz, T. R., & Parr, L. A. (2016). The development of visual preferences for direct versus averted gaze faces in infant macaques (Macaca mulatta). *Developmental Psychobiology*, 58(8), 926–936. https://doi.org/10.1002/dev.21421

Nahm, F. K. D., Perret, A., Amaral, D. G., & Albright, T. D. (1997). How do monkeys look at faces? *Journal of Cognitive Neuroscience*, 9(5), 611–623. https://doi.org/10.1162/jocn.1997.9.5.611

Narayan, C. R., & McDermott, L. C. (2016). Speech rate and pitch characteristics of infant-directed speech: Longitudinal and cross-linguistic observations. *The Journal of the Acoustical Society of America*, 139(3), 1272–1281. https://doi.org/10.1121/1.4944634

Neath, K. N., & Itier, R. J. (2014). Facial expression discrimination varies with presentation time but not with fixation on features: A backward masking study using eye-tracking. *Cognition and Emotion*, 28(1), 115–131. https://doi.org/10.1080/02699931.2013.812557

Neff, K. (2003). Self-compassion: An alternative conceptualization of a healthy attitude toward oneself. *Self and Identity*, 2(2), 85–101. https://doi.org/10.1080/15298860309032

Nguyen, T., Schleihauf, H., Kayhan, E., Matthes, D., Vrtička, P., & Hoehl, S. (2020). The effects of interaction quality on neural synchrony during mother-child problem solving. *Cortex*, 124, 235–249. https://doi.org/10.1016/j.cortex.2019.11.020

Nisbett, R. E., & Wilson, T. D. (1977). The halo effect: Evidence for unconscious alteration of judgments. *Journal of Personality and Social Psychology*, 35(4), 250–256. https://doi.org/10.1037/0022-3514.35.4.250

Nokes-Malach, T. J., Richey, J. E., & Gadgil, S. (2015). When is it better to learn together? Insights from research on collaborative learning. *Educational Psychology Review*, 27(4), 645–656. https://doi.org/10.1007/s10648-015-9312-8

Novembre, G., Ticini, L. F., Schütz-Bosbach, S., & Keller, P. E. (2014). Motor simulation and the coordination of self and other in real-time joint action. *Social Cognitive and Affective Neuroscience*, 9(8), 1062–1068. https://doi.org/10.1093/scan/nst086

Nowak, M. A., & Sigmund, K. (2005). Evolution of indirect reciprocity. *Nature*, 437(7063), 1291–1298. https://doi.org/10.1038/nature04131

Noyes, E., Davis, J. P., Petrov, N., Gray, K. L. H., & Ritchie, K. L. (2021). The effect of face masks and sunglasses on identity and expression recognition with super-recognizers and typical observers. *Royal Society Open Science*, 8(3), 201169. https://doi.org/10.1098/rsos.201169

Obhi, S. S., & Hall, P. (2011). Sense of agency and intentional binding in joint action. *Experimental Brain Research*, 211(3–4), 655–662. https://doi.org/10.1007/s00221-011-2675-2

Ohayon, S., Freiwald, W. A., & Tsao, D. Y. (2012). What makes a cell face selective? The importance of contrast. *Neuron*, 74(3), 567–581. https://doi.org/10.1016/j.neuron.2012.03.024

Oram, M. W., & Perrett, D. I. (1994). Responses of anterior superior temporal polysensory (STPa) neurons to »biological motion« stimuli. *Journal of Cognitive Neuroscience*, 6(2), 99–116. https://doi.org/10.1162/jocn.1994.6.2.99

Orth, U., Robins, R. W., & Soto, C. J. (2010). Tracking the trajectory of shame, guilt, and pride across the life span. *Journal of Personality and Social Psychology*, 99(6), 1061–1071. https://doi.org/10.1037/a0021342

Ostrom, E. (2000). Collective action and the evolution of social norms. *Journal of Economic*

Perspectives, *14*(3), 137–158. https://doi.org/10.1257/jep.14.3.137

Ostrom, E. (2009). A general framework for analyzing sustainability of social-ecological systems. *Science*, *325*(5939), 419–422. https://doi.org/10.1126/science.1172133

Ostrom, E., Burger, J., Field, C. B., Norgaard, R. B., & Policansky, D. (1999). Revisiting the commons: Local lessons, global challenges. *Science*, *284*(5412), 278–282. https://doi.org/10.1126/science.284.5412.278

Pacherie, E. (2012). Action. In K. Frankish & W. Ramsey, *The Cambridge Handbook of Cognitive Science* (S. 92–111). Cambridge University Press.

Palermo, R., & Coltheart, M. (2004). Photographs of facial expression: Accuracy, response times, and ratings of intensity. *Behavior Research Methods, Instruments, & Computers*, *36*(4), 634–638. https://doi.org/10.3758/BF03206544

Paradise, R., & Rogoff, B. (2009). Side by side: Learning by observing and pitching in. *Ethos*, *37*(1), 102–138. https://doi.org/10.1111/j.1548-1352.2009.01033.x

Pascalis, O., & Kelly, D. J. (2009). The origins of face processing in humans: Phylogeny and ontogeny. *Perspectives on Psychological Science*, *4*(2), 200–209. https://doi.org/10.1111/j.1745-6924.2009.01119.x

Pascalis, O., Scott, L. S., Kelly, D. J., Shannon, R. W., Nicholson, E., Coleman, M., & Nelson, C. A. (2005). Plasticity of face processing in infancy. *Proceedings of the National Academy of Sciences*, *102*(14), 5297–5300. https://doi.org/10.1073/pnas.0406627102

Pasqualotto, A., Spiller, M. J., Jansari, A. S., & Proulx, M. J. (2013). Visual experience facilitates allocentric spatial representation. *Behavioural Brain Research*, *236*, 175–179. https://doi.org/10.1016/j.bbr.2012.08.042

Paulhus, D. L., & Williams, K. M. (2002). The dark triad of personality: Narcissism, machiavellianism, and psychopathy. *Journal of Research in Personality*, *36*(6), 556–563. https://doi.org/10.1016/S0092-6566(02)00505-6

Paulus, C. (2009). *Der Saarbrücker Persönlichkeitsfragebogen SPF (IRI) zur Messung von Empathie: Psychometrische Evaluation der deutschen Version des Interpersonal Reactivity Index*. https://doi.org/10.23668/PSYCHARCHIVES.9249

Paulus, M. (2018). The multidimensional nature of early prosocial behavior: A motivational perspective. *Current Opinion in Psychology*, *20*, 111–116. https://doi.org/10.1016/j.copsyc.2017.09.003

Paulus, M. (2022). The Early Development of Sharing: From Pleasurable Social Interactions and Empathic Concern to Normative Considerations. In *Handbook of moral development* (pp. 184-199). Routledge. https://doi.org/10.4324/9781003047247

Paulus, M., Hunnius, S., Vissers, M., & Bekkering, H. (2011). Imitation in infancy: Rational or motor resonance? *Child Development*, *82*(4), 1047–1057. https://doi.org/10.1111/j.1467-8624.2011.01610.x

Pavlova, M. A. (2012). Biological motion processing as a hallmark of social cognition. *Cerebral Cortex*, *22*(5), 981–995. https://doi.org/10.1093/cercor/bhr156

Pavlova, M., & Sokolov, A. (2000). Orientation specificity in biological motion perception. *Perception & Psychophysics*, *62*(5), 889–899. https://doi.org/10.3758/BF03212075

Pazzaglia, M., Smania, N., Corato, E., & Aglioti, S. M. (2008). Neural underpinnings of gesture discrimination in patients with limb apraxia. *Journal of Neuroscience*, *28*(12), 3030–3041. https://doi.org/10.1523/JNEUROSCI.5748-07.2008

Pearson, A., Ropar, D., & De C. Hamilton, A. F. (2013). A review of visual perspective taking in autism spectrum disorder. *Frontiers in Human Neuroscience*, *7*. https://doi.org/10.3389/fnhum.2013.00652

Peirce, J. W., Leigh, A. E., & Kendrick, K. M. (2000). Configurational coding, familiarity and the right hemisphere advantage for face recognition in sheep. *Neuropsychologia*, *38*(4), 475–483. https://doi.org/10.1016/S0028-3932(99)00088-3

Peltola, M. J., Yrttiaho, S., & Leppänen, J. M. (2018). Infants' attention bias to faces as an early marker of social development. *Developmental Science*, *21*(6), e12687. https://doi.org/10.1111/desc.12687

Peplak, J., & Malti, T. (2022). Toward generalized concern: The development of compassion and links to kind orientations. *Journal of Adolescent Research*, *37*(6), 776–804. https://doi.org/10.1177/07435584211007840

Perner, J., & Wimmer, H. (1985). »John thinks that Mary thinks that…« attribution of second-order beliefs by 5- to 10-year-old children. *Journal of Experimental Child Psychology*, *39*(3), 437–471. https://doi.org/10.1016/0022-0965(85)90051-7

Pernet, C. R., McAleer, P., Latinus, M., Gorgolewski, K. J., Charest, I., Bestelmeyer, P. E. G., Watson, R. H., Fleming, D., Crabbe, F., Valdes-Sosa, M., & Belin, P. (2015). The human voice areas: Spatial organization and inter-individual variability in temporal and extra-temporal cortices. *NeuroImage*, *119*, 164–174. https://doi.org/10.1016/j.neuroimage.2015.06.050

Perrachione, T. K., Chiao, J. Y., & Wong, P. C. M. (2010). Asymmetric cultural effects on perceptual expertise underlie an own-race bias for voices. *Cognition*, *114*(1), 42–55. https://doi.org/10.1016/j.cognition.2009.08.012

Perrett, D. I., Hietanen, J. K., Oram, M. W., & Benson, P. J. (1992). Organization and functions of cells responsive to faces in the temporal cortex. *Philosophical Transactions of the Royal Society of London. Series B: Biological Sciences*, *335*(1273), 23–30. https://doi.org/10.1098/rstb.1992.0003

Peterson, M. F., & Eckstein, M. P. (2012). Looking just below the eyes is optimal across face recognition tasks. *Proceedings of the National Academy of Sciences*, *109*(48), E3314–E3323. https://doi.org/10.1073/pnas.1214269109

Peterson, M. F., Lin, J., Zaun, I., & Kanwisher, N. (2016). Individual differences in face-looking behavior generalize from the lab to the world. *Journal of Vision*, *16*(7), 12. https://doi.org/10.1167/16.7.12

Petkov, C. I., Kayser, C., Steudel, T., Whittingstall, K., Augath, M., & Logothetis, N. K. (2008). A voice region in the monkey brain. *Nature Neuroscience*, *11*(3), 367–374. https://doi.org/10.1038/nn2043

Petrini, K., Holt, S. P., & Pollick, F. (2010). Expertise with multisensory events eliminates the effect of biological motion rotation on audiovisual synchrony perception. *Journal of Vision*, *10*(5), 2–2. https://doi.org/10.1167/10.5.2

Pettigrew, T. F. (1979). The ultimate attribution error: Extending allport's cognitive analysis of prejudice. *Personality and Social Psychology Bulletin*, *5*(4), 461–476. https://doi.org/10.1177/014616727900500407

Peysakhovich, A., Nowak, M. A., & Rand, D. G. (2014). Humans display a ›cooperative phenotype‹ that is domain general and temporally stable. *Nature Communications*, *5*(1), 4939. https://doi.org/10.1038/ncomms5939

Phillips, B. (2019). The evolution and development of visual perspective taking. *Mind & Language*, *34*(2), 183–204. https://doi.org/10.1111/mila.12214

Phillips, L. T., Slepian, M. L., & Hughes, B. L. (2018). Perceiving groups: The people perception of diversity and hierarchy. *Journal of Personality and Social Psychology*, *114*(5), 766–785. https://doi.org/10.1037/pspi0000120

Phillips, P. J., Yates, A. N., Hu, Y., Hahn, C. A., Noyes, E., Jackson, K., Cavazos, J. G., Jeckeln, G., Ranjan, R., Sankaranarayanan, S., Chen, J.-C., Castillo, C. D., Chellappa, R., White, D., & O'Toole, A. J. (2018). Face recognition accuracy of forensic examiners, superrecognizers, and face recognition algorithms. *Proceedings of the National Academy of Sciences*, *115*(24), 6171–6176. https://doi.org/10.1073/pnas.1721355115

Piaget, J., Inhelder, B., & Piaget, J. (1997). *The child's conception of space* (Reprint of the 1956 ed). Routledge.

Pickering, M. J., & Garrod, S. (2013). An integrated theory of language production and comprehension. *Behavioral and Brain Sciences*, *36*(4), 329–347. https://doi.org/10.1017/S0140525X12001495

Pitcher, D., & Ungerleider, L. G. (2021). Evidence for a third visual pathway specialized for social perception. *Trends in Cognitive Sciences*, *25*(2), 100–110. https://doi.org/10.1016/j.tics.2020.11.006

Plusquellec, P., & Denault, V. (2018). The 1000 most cited papers on visible nonverbal behavior: A bibliometric analysis. *Journal of Nonverbal Behavior*, *42*(3), 347–377. https://doi.org/10.1007/s10919-018-0280-9

Pobric, G., & de C. Hamilton, A. F. (2006). Action understanding requires the left inferior frontal cortex. *Current Biology*, *16*(5), 524–529. https://doi.org/10.1016/j.cub.2006.01.033

Pratto, F., Sidanius, J., & Levin, S. (2006). Social dominance theory and the dynamics of intergroup relations: Taking stock and looking forward. *European Review of Social Psychology*, *17*(1), 271–320. https://doi.org/10.1080/10463280601055772

Premack, D., & Woodruff, G. (1978). Does the chimpanzee have a theory of mind? *Behavioral and Brain Sciences*, *1*(4), 515–526. https://doi.org/10.1017/S0140525X00076512

Prentice, D. A., & Miller, D. T. (2007). Psychological essentialism of human categories. *Current Directions in Psychological Science*, *16*(4), 202–206. https://doi.org/10.1111/j.1467-8721.2007.00504.x

Preston, S. D. (2013). The origins of altruism in offspring care. *Psychological Bulletin*, *139*(6), 1305–1341. https://doi.org/10.1037/a0031755

Prinz, W. (1997). Perception and action planning. *European Journal of Cognitive Psychology*, *9*(2), 129–154. https://doi.org/10.1080/713752551

Puce, A., & Perrett, D. (2003). Electrophysiology and brain imaging of biological motion. *Philosophical Transactions of the Royal Society of London. Series B: Biological Sciences*, *358*(1431), 435–445. https://doi.org/10.1098/rstb.2002.1221

Pulvermüller, F., & Fadiga, L. (2010). Active perception: Sensorimotor circuits as a cortical basis for language. *Nature Reviews Neuroscience*, *11*(5), 351–360. https://doi.org/10.1038/nrn2811

Qureshi, A. W., Apperly, I. A., & Samson, D. (2010). Executive function is necessary for perspective selection, not Level-1 visual perspective calculation: Evidence from a dual-task study of adults. *Cognition*, *117*(2), 230–236. https://doi.org/10.1016/j.cognition.2010.08.003

Raichle, M. E. (2015). The brain's default mode network. *Annual Review of Neuroscience*, *38*(1),

433–447. https://doi.org/10.1146/annurev-neuro-071013-014030

Raihani, N. J., & Bell, V. (2018). Conflict and cooperation in paranoia: A large-scale behavioural experiment. *Psychological Medicine*, 48(9), 1523–1531. https://doi.org/10.1017/S0033291717003075

Rand, D. G., Greene, J. D., & Nowak, M. A. (2012). Spontaneous giving and calculated greed. *Nature*, 489(7416), 427–430. https://doi.org/10.1038/nature11467

Rand, D. G., & Nowak, M. A. (2013). Human cooperation. *Trends in Cognitive Sciences*, 17(8), 413–425. https://doi.org/10.1016/j.tics.2013.06.003

Rangarajan, V., Hermes, D., Foster, B. L., Weiner, K. S., Jacques, C., Grill-Spector, K., & Parvizi, J. (2014). Electrical stimulation of the left and right human fusiform gyrus causes different effects in conscious face perception. *Journal of Neuroscience*, 34(38), 12828–12836. https://doi.org/10.1523/JNEUROSCI.0527-14.2014

Rees, T., & Salvatore, J. (2021). Questioning stereotypes disrupts the effects of stereotype threat. *Sport, Exercise, and Performance Psychology*, 10(2), 191–204. https://doi.org/10.1037/spy0000247

Reiter, A. M. F., Kanske, P., Eppinger, B., & Li, S.-C. (2017). The aging of the social mind—Differential effects on components of social understanding. *Scientific Reports*, 7(1), 11046. https://doi.org/10.1038/s41598-017-10669-4

Rendall, D., Owren, M. J., & Ryan, M. J. (2009). What do animal signals mean? *Animal Behaviour*, 78(2), 233–240. https://doi.org/10.1016/j.anbehav.2009.06.007

Rheinberg, F., Vollmeyer, R., Selg, H., & Ulich, D. (2019). *Motivation* (B. Leplow & M. von Salisch, Hrsg.; 9., erweiterte und überarbeitete Auflage). Verlag W. Kohlhammer.

Richardson, D. C., & Dale, R. (2005). Looking to understand: The coupling between speakers' and listeners' eye movements and its relationship to discourse comprehension. *Cognitive Science*, 29(6), 1045–1060. https://doi.org/10.1207/s15516709cog0000_29

Richler, J. J., & Gauthier, I. (2014). A meta-analysis and review of holistic face processing. *Psychological Bulletin*, 140(5), 1281–1302. https://doi.org/10.1037/a0037004

Rizzolatti, G., & Craighero, L. (2004). The mirror-neuron system. *Annual Review of Neuroscience*, 27(1), 169–192. https://doi.org/10.1146/annurev.neuro.27.070203.144230

Rizzolatti, G., Fabbri-Destro, M., Nuara, A., Gatti, R., & Avanzini, P. (2021). The role of mirror mechanism in the recovery, maintenance, and acquisition of motor abilities. *Neuroscience & Biobehavioral Reviews*, 127, 404–423. https://doi.org/10.1016/j.neubiorev.2021.04.024

Roeser, R. W., & Eccles, J. S. (2015). Mindfulness and compassion in human development: Introduction to the special section. *Developmental Psychology*, 51(1), 1–6. https://doi.org/10.1037/a0038453

Rogers, C. R. (1959). A tentative scale for the measurement of process in psychotherapy. In E. A. Rubinstein & M. B. Parloff (Hrsg.), *Research in psychotherapy*. (S. 96–107). American Psychological Association. https://doi.org/10.1037/10036-006

Rogers, R. D., Bayliss, A. P., Szepietowska, A., Dale, L., Reeder, L., Pizzamiglio, G., Czarna, K., Wakeley, J., Cowen, P. J., & Tipper, S. P. (2014). I want to help you, but I am not sure why: Gaze-cuing induces altruistic giving. *Journal of Experimental Psychology: General*, 143(2), 763–777. https://doi.org/10.1037/a0033677

Romano, A., Balliet, D., Yamagishi, T., & Liu, J. H. (2017). Parochial trust and cooperation across 17 societies. *Proceedings of the National Academy of Sciences*, 114(48), 12702–12707. https://doi.org/10.1073/pnas.1712921114

Rosati, A. G., Arre, A. M., Platt, M. L., & Santos, L. R. (2016). Rhesus monkeys show human-like changes in gaze following across the lifespan. *Proceedings of the Royal Society B: Biological Sciences*, 283(1830), 20160376. https://doi.org/10.1098/rspb.2016.0376

Roschelle, J., & Teasley, S. D. (1995). The construction of shared knowledge in collaborative problem solving. In C. O'Malley (Hrsg.), *Computer Supported Collaborative Learning* (S. 69–97). Springer. https://doi.org/10.1007/978-3-642-85098-1_5

Rosenberg, M. B., & Chopra, D. (2015). *Nonviolent communication: A language of life* (3rd edition). PuddleDancer Press.

Rosenthal, R., & Jacobson, L. (1968). Pygmalion in the classroom. *The Urban Review*, 3(1), 16–20. https://doi.org/10.1007/BF02322211

Rossion, B. (2014). Understanding face perception by means of human electrophysiology. *Trends in Cognitive Sciences*, 18(6), 310–318. https://doi.org/10.1016/j.tics.2014.02.013

Roswandowitz, C., Mathias, S. R., Hintz, F., Kreitewolf, J., Schelinski, S., & von Kriegstein, K. (2014). Two cases of selective developmental voice-recognition impairments. *Current Biology*, 24(19), 2348–2353. https://doi.org/10.1016/j.cub.2014.08.048

Rousseau, J.-J. (1755). *Abhandlung über den Ursprung und die Grundlagen der Ungleichheit unter den Menschen.*

Rozin, P., & Royzman, E. B. (2001). Negativity bias, negativity dominance, and contagion. *Personali-*

ty and Social Psychology Review, 5(4), 296–320. https://doi.org/10.1207/S15327957PSPR0504_2

Rubin, M., & Badea, C. (2012). They're all the same!. . . but for several different reasons: A review of the multicausal nature of perceived group variability. *Current Directions in Psychological Science, 21*(6), 367–372. https://doi.org/10.1177/0963721412457363

Rubio-Fernandez, P., Long, M., Shukla, V., Bhatia, V., & Sinha, P. (2022). Visual perspective taking is not automatic in a simplified Dot task: Evidence from newly sighted children, primary school children and adults. *Neuropsychologia, 172*, 108256. https://doi.org/10.1016/j.neuropsychologia.2022.108256

Rueckert, L., & Naybar, N. (2008). Gender differences in empathy: The role of the right hemisphere. *Brain and Cognition, 67*(2), 162–167. https://doi.org/10.1016/j.bandc.2008.01.002

Rumbaugh, D. M. (Hrsg.). (1981). *Language learning by a chimpanzee: The Lana project*. Academic Press.

Russell, R., Duchaine, B., & Nakayama, K. (2009). Super-recognizers: People with extraordinary face recognition ability. *Psychonomic Bulletin & Review, 16*(2), 252–257. https://doi.org/10.3758/PBR.16.2.252

Rutte, C., & Taborsky, M. (2007). Generalized reciprocity in rats. *PLoS Biology, 5*(7), e196. https://doi.org/10.1371/journal.pbio.0050196

Sacheli, L. M., Arcangeli, E., & Paulesu, E. (2018). Evidence for a dyadic motor plan in joint action. *Scientific Reports, 8*(1), 5027. https://doi.org/10.1038/s41598-018-23275-9

Sackett, G. P., Novak, M. F. S. X., & Kroeker, R. (1999). Early experience effects on adaptive behavior: Theory revisited. *Mental Retardation and Developmental Disabilities Research Reviews, 5*(1), 30–40. https://doi.org/10.1002/(SICI)1098-2779(1999)5:1<30::AID-MRDD4>3.0.CO;2-J

Sally, D. (1995). Conversation and cooperation in social dilemmas: A meta-analysis of experiments from 1958 to 1992. *Rationality and Society, 7*(1), 58–92. https://doi.org/10.1177/1043463195007001004

Salzberg, S. (2011). Mindfulness and loving-kindness. *Contemporary Buddhism, 12*(1), 177–182. https://doi.org/10.1080/14639947.2011.564837

Samson, D., Apperly, I. A., Braithwaite, J. J., Andrews, B. J., & Bodley Scott, S. E. (2010). Seeing it their way: Evidence for rapid and involuntary computation of what other people see. *Journal of Experimental Psychology: Human Perception and Performance, 36*(5), 1255–1266. https://doi.org/10.1037/a0018729

Sanfey, A. G., Rilling, J. K., Aronson, J. A., Nystrom, L. E., & Cohen, J. D. (2003). The neural basis of economic decision-making in the ultimatum game. *Science, 300*(5626), 1755–1758. https://doi.org/10.1126/science.1082976

Sänger, J., Müller, V., & Lindenberger, U. (2012). Intra- and interbrain synchronization and network properties when playing guitar in duets. *Frontiers in Human Neuroscience, 6*. https://doi.org/10.3389/fnhum.2012.00312

Santamaría-García, H., Baez, S., Reyes, P., Santamaría-García, J. A., Santacruz-Escudero, J. M., Matallana, D., Arévalo, A., Sigman, M., García, A. M., & Ibáñez, A. (2017). A lesion model of envy and Schadenfreude: Legal, deservingness and moral dimensions as revealed by neurodegeneration. *Brain, 140*(12), 3357–3377. https://doi.org/10.1093/brain/awx269

Saß, H., & Habermeyer, E. (2018). Psychopathie und antisoziale Persönlichkeitsstörungen im Spannungsfeld zwischen Pathologie und Dissozialität. *Forensische Psychiatrie, Psychologie, Kriminologie, 12*(3), 183–185. https://doi.org/10.1007/s11757-018-0492-1

Schaller, M., Kenrick, D. T., Neel, R., & Neuberg, S. L. (2017). Evolution and human motivation: A fundamental motives framework. *Social and Personality Psychology Compass, 11*(6), e12319. https://doi.org/10.1111/spc3.12319

Schilbach, L. (2015). Eye to eye, face to face and brain to brain: Novel approaches to study the behavioral dynamics and neural mechanisms of social interactions. *Current Opinion in Behavioral Sciences, 3*, 130–135. https://doi.org/10.1016/j.cobeha.2015.03.006

Schirmer, A., & Kotz, S. A. (2006). Beyond the right hemisphere: Brain mechanisms mediating vocal emotional processing. *Trends in Cognitive Sciences, 10*(1), 24–30. https://doi.org/10.1016/j.tics.2005.11.009

Schmidt, R. C., & Turvey, M. T. (1994). Phase-entrainment dynamics of visually coupled rhythmic movements. *Biological Cybernetics, 70*(4), 369–376. https://doi.org/10.1007/BF00200334

Schneier, F. R., Rodebaugh, T. L., Blanco, C., Lewin, H., & Liebowitz, M. R. (2011). Fear and avoidance of eye contact in social anxiety disorder. *Comprehensive Psychiatry, 52*(1), 81–87. https://doi.org/10.1016/j.comppsych.2010.04.006

Schönbrodt, F. D., & Gerstenberg, F. X. R. (2012). An IRT analysis of motive questionnaires: The Unified Motive Scales. *Journal of Research in Personality, 46*(6), 725–742. https://doi.org/10.1016/j.jrp.2012.08.010

Schulz, K., Rudolph, A., Tscharaktschiew, N., & Rudolph, U. (2013). Daniel has fallen into a muddy puddle—Schadenfreude or sympathy?

British Journal of Developmental Psychology, 31(4), 363–378. https://doi.org/10.1111/bjdp.12013

Schulz von Thun, F. (1981). *Miteinander reden: 1. Störungen und Klärungen. Allgemeine Psychologie der Kommunikation.* Rowohlt.

Schuppli, C., & Van Schaik, C. P. (2019). Animal cultures: How we've only seen the tip of the iceberg. *Evolutionary Human Sciences, 1*, e2. https://doi.org/10.1017/ehs.2019.1

Schurz, M., Radua, J., Aichhorn, M., Richlan, F., & Perner, J. (2014). Fractionating theory of mind: A meta-analysis of functional brain imaging studies. *Neuroscience & Biobehavioral Reviews, 42*, 9–34. https://doi.org/10.1016/j.neubiorev.2014.01.009

Schurz, M., Radua, J., Tholen, M. G., Maliske, L., Margulies, D. S., Mars, R. B., Sallet, J., & Kanske, P. (2021). Toward a hierarchical model of social cognition: A neuroimaging meta-analysis and integrative review of empathy and theory of mind. *Psychological Bulletin, 147*(3), 293–327. https://doi.org/10.1037/bul0000303

Schweinberger, S. R., & Burton, A. M. (2011). Person perception 25 years after Bruce and Young (1986): An introduction. *British Journal of Psychology, 102*(4), 695–703. https://doi.org/10.1111/j.2044-8295.2011.02070.x

Schweinberger, S. R., Casper, C., Hauthal, N., Kaufmann, J. M., Kawahara, H., Kloth, N., Robertson, D. M. C., Simpson, A. P., & Zäske, R. (2008). Auditory adaptation in voice perception. *Current Biology, 18*(9), 684–688. https://doi.org/10.1016/j.cub.2008.04.015

Sczesny, S., Formanowicz, M., & Moser, F. (2016). Can gender-fair language reduce gender stereotyping and discrimination? *Frontiers in Psychology, 7*. https://doi.org/10.3389/fpsyg.2016.00025

Searcy, W. A., & Nowicki, S. (2010). *The Evolution of Animal Communication: Reliability and Deception in Signaling Systems.* Princeton University Press. https://doi.org/10.1515/9781400835720

Sebanz, N., Bekkering, H., & Knoblich, G. (2006). Joint action: Bodies and minds moving together. *Trends in Cognitive Sciences, 10*(2), 70–76. https://doi.org/10.1016/j.tics.2005.12.009

Sebanz, N., Knoblich, G., & Prinz, W. (2003). Representing others' actions: Just like one's own? *Cognition, 88*(3), B11–B21. https://doi.org/10.1016/S0010-0277(03)00043-X

Sebastian, C. L., Fontaine, N. M. G., Bird, G., Blakemore, S.-J., De Brito, S. A., McCrory, E. J. P., & Viding, E. (2012). Neural processing associated with cognitive and affective Theory of Mind in adolescents and adults. *Social Cognitive and Affective Neuroscience, 7*(1), 53–63. https://doi.org/10.1093/scan/nsr023

Senju, A. (2012). Spontaneous theory of mind and its absence in autism spectrum disorders. *The Neuroscientist, 18*(2), 108–113. https://doi.org/10.1177/1073858410397208

Senju, A., & Johnson, M. H. (2009). The eye contact effect: Mechanisms and development. *Trends in Cognitive Sciences, 13*(3), 127–134. https://doi.org/10.1016/j.tics.2008.11.009

Senju, A., Kikuchi, Y., Hasegawa, T., Tojo, Y., & Osanai, H. (2008). Is anyone looking at me? Direct gaze detection in children with and without autism. *Brain and Cognition, 67*(2), 127–139. https://doi.org/10.1016/j.bandc.2007.12.001

Seppälä, E. M., Simon-Thomas, E., Brown, S. L., Worline, M. C., Cameron, C. D., & Doty, J. R. (Hrsg.). (2017). *The Oxford handbook of compassion science.* Oxford University Press.

Seymour, B., Singer, T., & Dolan, R. (2007). The neurobiology of punishment. *Nature Reviews Neuroscience, 8*(4), 300–311. https://doi.org/10.1038/nrn2119

Shah, J. Y., & Gardner, W. L. (Hrsg.). (2008). *Handbook of motivation science.* Guilford Press.

Shamay-Tsoory, S. G., & Abu-Akel, A. (2016). The social salience hypothesis of oxytocin. *Biological Psychiatry, 79*(3), 194–202. https://doi.org/10.1016/j.biopsych.2015.07.020

Shamay-Tsoory, S. G., & Aharon-Peretz, J. (2007). Dissociable prefrontal networks for cognitive and affective theory of mind: A lesion study. *Neuropsychologia, 45*(13), 3054–3067. https://doi.org/10.1016/j.neuropsychologia.2007.05.021

Shamay-Tsoory, S. G., Ahronberg-Kirschenbaum, D., & Bauminger-Zviely, N. (2014). There is no joy like malicious joy: Schadenfreude in young children. *PLOS ONE, 9*(7), e100233. https://doi.org/10.1371/journal.pone.0100233

Shamay-Tsoory, S. G., Tibi-Elhanany, Y., & Aharon-Peretz, J. (2007). The green-eyed monster and malicious joy: The neuroanatomical bases of envy and gloating (schadenfreude). *Brain, 130*(6), 1663–1678. https://doi.org/10.1093/brain/awm093

Shepherd, Stephen V. (2010). Following gaze: Gaze-following behavior as a window into social cognition. *Frontiers in Integrative Neuroscience, 4*(5). https://doi.org/10.3389/fnint.2010.00005

Sidanius, J., & Pratto, F. (1999). *Social dominance: An intergroup theory of social hierarchy and oppression* (1. Aufl.). Cambridge University Press. https://doi.org/10.1017/CBO9781139175043

Sifneos, P. E. (1973). The prevalence of ›alexithymic‹ characteristics in psychosomatic patients. *Psychotherapy and Psychosomatics, 22*(2–6), 255–262. https://doi.org/10.1159/000286529

Sifre, R., Olson, L., Gillespie, S., Klin, A., Jones, W., & Shultz, S. (2018). A longitudinal investigation of preferential attention to biological motion in

2- to 24-month-old infants. *Scientific Reports*, 8(1), 2527. https://doi.org/10.1038/s41598-018-20808-0

Silani, G., Lamm, C., Ruff, C. C., & Singer, T. (2013). Right supramarginal gyrus is crucial to overcome emotional egocentricity bias in social judgments. *The Journal of Neuroscience*, 33(39), 15466–15476. https://doi.org/10.1523/JNEUROSCI.1488-13.2013

Silver, C. A., Tatler, B. W., Chakravarthi, R., & Timmermans, B. (2021). Social Agency as a continuum. *Psychonomic Bulletin & Review*, 28(2), 434–453. https://doi.org/10.3758/s13423-020-01845-1

Simion, F., Di Giorgio, E., Leo, I., & Bardi, L. (2011). The processing of social stimuli in early infancy. In *Progress in brain research* (Bd. 189, S. 173–193). Elsevier. https://doi.org/10.1016/B978-0-444-53884-0.00024-5

Simon, J. R., & Small, A. M. (1969). Processing auditory information: Interference from an irrelevant cue. *Journal of Applied Psychology*, 53(5), 433–435. https://doi.org/10.1037/h0028034

Simpson, J. A. (2007). Psychological foundations of trust. *Current Directions in Psychological Science*, 16(5), 264–268. https://doi.org/10.1111/j.1467-8721.2007.00517.x

Singer, T., & Lamm, C. (2009). The social neuroscience of empathy. *Annals of the New York Academy of Sciences*, 1156(1), 81–96. https://doi.org/10.1111/j.1749-6632.2009.04418.x

Singer, T., Seymour, B., O'Doherty, J., Kaube, H., Dolan, R. J., & Frith, C. D. (2004). Empathy for pain involves the affective but not sensory components of pain. *Science*, 303(5661), 1157–1162. https://doi.org/10.1126/science.1093535

Smeets, T., Dziobek, I., & Wolf, O. T. (2009). Social cognition under stress: Differential effects of stress-induced cortisol elevations in healthy young men and women. *Hormones and Behavior*, 55(4), 507–513. https://doi.org/10.1016/j.yhbeh.2009.01.011

Smith, E. R., Mackie, D., & Claypool, H. (2014). *Social Psychology*. Psychology Press.

Smith, R. H., & Kim, S. H. (2007). Comprehending envy. *Psychological Bulletin*, 133(1), 46–64. https://doi.org/10.1037/0033-2909.133.1.46

Smith, R. H., Powell, C. A. J., Combs, D. J. Y., & Schurtz, D. R. (2009). Exploring the when and why of Schadenfreude. *Social and Personality Psychology Compass*, 3(4), 530–546. https://doi.org/10.1111/j.1751-9004.2009.00181.x

Smith, R. H., Turner, T. J., Garonzik, R., Leach, C. W., Urch-Druskat, V., & Weston, C. M. (1996). Envy and Schadenfreude. *Personality and Social Psychology Bulletin*, 22(2), 158–168. https://doi.org/10.1177/0146167296222005

Sokolov, A. A., Zeidman, P., Erb, M., Ryvlin, P., Friston, K. J., & Pavlova, M. A. (2018). Structural and effective brain connectivity underlying biological motion detection. *Proceedings of the National Academy of Sciences*, 115(51). https://doi.org/10.1073/pnas.1812859115

Sokolowski, K., & Heckhausen, H. (2010). Soziale Bindung: Anschlussmotivation und Intimitätsmotivation. In J. Heckhausen & H. Heckhausen (Hrsg.), *Motivation und Handeln* (S. 193–210). Springer. https://doi.org/10.1007/978-3-642-12693-2_7

Spadaro, G., Gangl, K., Van Prooijen, J.-W., Van Lange, P. A. M., & Mosso, C. O. (2020). Enhancing feelings of security: How institutional trust promotes interpersonal trust. *PLOS ONE*, 15(9), e0237934. https://doi.org/10.1371/journal.pone.0237934

Sprecher, S., & Fehr, B. (2005). Compassionate love for close others and humanity. *Journal of Social and Personal Relationships*, 22(5), 629–651. https://doi.org/10.1177/0265407505056439

Stander, P. E. (1992). Cooperative hunting in lions: The role of the individual. *Behavioral Ecology and Sociobiology*, 29(6). https://doi.org/10.1007/BF00170175

Steffens, M. C., Reese, G., Ehrke, F., & Jonas, K. J. (2017). When does activating diversity alleviate, when does it increase intergroup bias? An ingroup projection perspective. *PLOS ONE*, 12(6), e0178738. https://doi.org/10.1371/journal.pone.0178738

Steinbeis, N., & Crone, E. A. (2016). The link between cognitive control and decision-making across child and adolescent development. *Current Opinion in Behavioral Sciences*, 10, 28–32. https://doi.org/10.1016/j.cobeha.2016.04.009

Steinbeis, N., & Singer, T. (2013). The effects of social comparison on social emotions and behavior during childhood: The ontogeny of envy and Schadenfreude predicts developmental changes in equity-related decisions. *Journal of Experimental Child Psychology*, 115(1), 198–209. https://doi.org/10.1016/j.jecp.2012.11.009

Stel, M., & Vonk, R. (2010). Mimicry in social interaction: Benefits for mimickers, mimickees, and their interaction. *British Journal of Psychology*, 101(2), 311–323. https://doi.org/10.1348/000712609X465424

Stephens, G. J., Silbert, L. J., & Hasson, U. (2010). Speaker–listener neural coupling underlies successful communication. *Proceedings of the National Academy of Sciences*, 107(32), 14425–14430. https://doi.org/10.1073/pnas.1008662107

Sternberg, R. J., & Sternberg, K. (Hrsg.). (2018). *The new psychology of love* (2. Aufl.). Cambridge University Press. https://doi.org/10.1017/9781108658225

Strandburg-Peshkin, A., Twomey, C. R., Bode, N. W. F., Kao, A. B., Katz, Y., Ioannou, C. C., Rosenthal, S. B., Torney, C. J., Wu, H. S., Levin, S. A., & Couzin, I. D. (2013). Visual sensory networks and effective information transfer in animal groups. *Current Biology*, *23*(17), R709–R711. https://doi.org/10.1016/j.cub.2013.07.059

Strauss, C., Lever Taylor, B., Gu, J., Kuyken, W., Baer, R., Jones, F., & Cavanagh, K. (2016). What is compassion and how can we measure it? A review of definitions and measures. *Clinical Psychology Review*, *47*, 15–27. https://doi.org/10.1016/j.cpr.2016.05.004

Stürmer, B., Aschersleben, G., & Prinz, W. (2000). Correspondence effects with manual gestures and postures: A study of imitation. *Journal of Experimental Psychology: Human Perception and Performance*, *26*(6), 1746–1759. https://doi.org/10.1037/0096-1523.26.6.1746

Sullivan, J. L., & Transue, J. E. (1999). The psychological underpinnings of democracy: A selective review of research on political tolerance, interpersonal trust, and social capital. *Annual Review of Psychology*, *50*(1), 625–650. https://doi.org/10.1146/annurev.psych.50.1.625

Sumpter, D. J. T., Krause, J., James, R., Couzin, I. D., & Ward, A. J. W. (2008). Consensus decision making by fish. *Current Biology*, *18*(22), 1773–1777. https://doi.org/10.1016/j.cub.2008.09.064

Surtees, A., Apperly, I., & Samson, D. (2013). Similarities and differences in visual and spatial perspective-taking processes. *Cognition*, *129*(2), 426–438. https://doi.org/10.1016/j.cognition.2013.06.008

Surtees, A., Apperly, I., & Samson, D. (2016). I've got your number: Spontaneous perspective-taking in an interactive task. *Cognition*, *150*, 43–52. https://doi.org/10.1016/j.cognition.2016.01.014

Surtees, A. D. R., & Apperly, I. A. (2012). Egocentrism and automatic perspective taking in children and adults. *Child Development*, *83*(2), 452–460. https://doi.org/10.1111/j.1467-8624.2011.01730.x

Surtees, A., Samson, D., & Apperly, I. (2016). Unintentional perspective-taking calculates whether something is seen, but not how it is seen. *Cognition*, *148*, 97–105. https://doi.org/10.1016/j.cognition.2015.12.010

Sutton, R. I. (2017). *The asshole survival guide: How to deal with people who treat you like dirt*. Houghton Mifflin Harcourt.

Suzuki, T. N., Wheatcroft, D., & Griesser, M. (2016). Experimental evidence for compositional syntax in bird calls. *Nature Communications*, *7*(1), 10986. https://doi.org/10.1038/ncomms10986

Svetlova, M., Nichols, S. R., & Brownell, C. A. (2010). Toddlers' prosocial behavior: From instrumental to empathic to altruistic helping: Toddlers' prosocial behavior. *Child Development*, *81*(6), 1814–1827. https://doi.org/10.1111/j.1467-8624.2010.01512.x

Symons, L. A., Hains, S. M. J., & Muir, D. W. (1998). Look at me: Five-month-old infants' sensitivity to very small deviations in eye-gaze during social interactions. *Infant Behavior and Development*, *21*(3), 531–536. https://doi.org/10.1016/S0163-6383(98)90026-1

Tabibnia, G., Satpute, A. B., & Lieberman, M. D. (2008). The sunny side of fairness: Preference for fairness activates reward circuitry (and disregarding unfairness activates self-control circuitry). *Psychological Science*, *19*(4), 339–347. https://doi.org/10.1111/j.1467-9280.2008.02091.x

Tajfel, H., Billig, M. G., Bundy, R. P., & Flament, C. (1971). Social categorization and intergroup behaviour. *European Journal of Social Psychology*, *1*(2), 149–178. https://doi.org/10.1002/ejsp.2420010202

Tajfel, H., & Turner, J. (1986). The social identity theory of intergroup behavior. In *S. Worchel & W. Austin (Eds.)* (S. 7–24).

Tan, J., & Hare, B. (2013). Bonobos share with strangers. *PLOS ONE*, *8*(1), e51922. https://doi.org/10.1371/journal.pone.0051922

Tanaka, J. W., & Farah, M. J. (1993). Parts and wholes in face recognition. *The Quarterly Journal of Experimental Psychology Section A*, *46*(2), 225–245. https://doi.org/10.1080/14640749308401045

Tanaka, J. W., & Pierce, L. J. (2009). The neural plasticity of other-race face recognition. *Cognitive, Affective, & Behavioral Neuroscience*, *9*(1), 122–131. https://doi.org/10.3758/CABN.9.1.122

Tangney, J. P., & Dearing, R. L. (2003). *Shame and guilt*. Guilford Press.

Taubert, J., Van Belle, G., Vanduffel, W., Rossion, B., & Vogels, R. (2015a). Neural correlate of the Thatcher face illusion in a monkey face-selective patch. *Journal of Neuroscience*, *35*(27), 9872–9878. https://doi.org/10.1523/JNEUROSCI.0446-15.2015

Taubert, J., Van Belle, G., Vanduffel, W., Rossion, B., & Vogels, R. (2015b). The effect of face inversion for neurons inside and outside fMRI-defined face-selective cortical regions. *Journal of Neurophysiology*, *113*(5), 1644–1655. https://doi.org/10.1152/jn.00700.2014

Terrace, H. S. (2019). *Why chimpanzees can't learn language and only humans can*. Columbia University Press. https://doi.org/10.7312/terr17110

Thielmann, I., Böhm, R., Ott, M., & Hilbig, B. E. (2021). Economic games: An introduction and guide for research. *Collabra: Psychology*, 7(1), 19004. https://doi.org/10.1525/collabra.19004

Thielmann, I., & Hilbig, B. E. (2023). Generalized dispositional distrust as the common core of populism and conspiracy mentality. *Political Psychology*, 44(4), 789–805. https://doi.org/10.1111/pops.12886

Thielmann, I., Spadaro, G., & Balliet, D. (2020). Personality and prosocial behavior: A theoretical framework and meta-analysis. *Psychological Bulletin*, 146(1), 30–90. https://doi.org/10.1037/bul0000217

Thomas, C., Moya, L., Avidan, G., Humphreys, K., Jung, K. J., Peterson, M. A., & Behrmann, M. (2008). Reduction in white matter connectivity, revealed by diffusion tensor imaging, may account for age-related changes in face perception. *Journal of Cognitive Neuroscience*, 20(2), 268–284. https://doi.org/10.1162/jocn.2008.20025

Thornton, A., & McAuliffe, K. (2006). Teaching in wild meerkats. *Science*, 313(5784), 227–229. https://doi.org/10.1126/science.1128727

Todorov, A., Olivola, C. Y., Dotsch, R., & Mende-Siedlecki, P. (2015). Social attributions from faces: Determinants, consequences, accuracy, and functional significance. *Annual Review of Psychology*, 66(1), 519–545. https://doi.org/10.1146/annurev-psych-113011-143831

Todorova, G. K., Hatton, R. E. M., & Pollick, F. E. (2019). Biological motion perception in autism spectrum disorder: A meta-analysis. *Molecular Autism*, 10(1), 49. https://doi.org/10.1186/s13229-019-0299-8

Tollefsen, D. P., Dale, R., & Paxton, A. (2013). Alignment, transactive memory, and collective cognitive systems. *Review of Philosophy and Psychology*, 4(1), 49–64. https://doi.org/10.1007/s13164-012-0126-z

Tomasello, M. (2008). *Origins of human communication*. MIT Press.

Tomasello, M., & Carpenter, M. (2007). Shared intentionality. *Developmental Science*, 10(1), 121–125. https://doi.org/10.1111/j.1467-7687.2007.00573.x

Tomasello, M., & Vaish, A. (2013). Origins of human cooperation and morality. *Annual Review of Psychology*, 64(1), 231–255. https://doi.org/10.1146/annurev-psych-113011-143812

Tracy, J. L., Randles, D., & Steckler, C. M. (2015). The nonverbal communication of emotions. *Current Opinion in Behavioral Sciences*, 3, 25–30. https://doi.org/10.1016/j.cobeha.2015.01.001

Trautwein, F.-M., Kanske, P., Böckler, A., & Singer, T. (2020). Differential benefits of mental training types for attention, compassion, and theory of mind. *Cognition*, 194, 104039. https://doi.org/10.1016/j.cognition.2019.104039

Troje, N. F., & Basbaum, A. (2008). Biological motion perception. In *The senses: A comprehensive reference* (S. 231–238). Elsevier. https://doi.org/10.1016/B978-012370880-9.00314-5

Troje, N. F., Sadr, J., Geyer, H., & Nakayama, K. (2006). Adaptation aftereffects in the perception of gender from biological motion. *Journal of Vision*, 6(8), 7. https://doi.org/10.1167/6.8.7

Troje, N. F., & Westhoff, C. (2006). The inversion effect in biological motion perception: Evidence for a »life detector«? *Current Biology*, 16(8), 821–824. https://doi.org/10.1016/j.cub.2006.03.022

Tronick, E. (o. J.). *The neurobehavioral and social-emotional development of infants and children*. WW Norton & Company.

Tronick, E., Als, H., Adamson, L., Wise, S., & Brazelton, T. B. (1978). The infant's response to entrapment between contradictory messages in face-to-face interaction. *Journal of the American Academy of Child Psychiatry*, 17(1), 1–13. https://doi.org/10.1016/S0002-7138(09)62273-1

Trope, Y., & Gaunt, R. (2000). Processing alternative explanations of behavior: Correction or integration? *Journal of Personality and Social Psychology*, 79(3), 344–354. https://doi.org/10.1037/0022-3514.79.3.344

Tusche, A., Böckler, A., Kanske, P., Trautwein, F.-M., & Singer, T. (2016). Decoding the charitable brain: Empathy, perspective taking, and attention shifts differentially predict altruistic giving. *The Journal of Neuroscience*, 36(17), 4719–4732. https://doi.org/10.1523/JNEUROSCI.3392-15.2016

Tversky, A., & Kahneman, D. (1974). Judgment under Uncertainty: Heuristics and Biases: Biases in judgments reveal some heuristics of thinking under uncertainty. *Science*, 185(4157), 1124–1131. https://doi.org/10.1126/science.185.4157.1124

Tversky, B., & Hard, B. M. (2009). Embodied and disembodied cognition: Spatial perspective-taking. *Cognition*, 110(1), 124–129. https://doi.org/10.1016/j.cognition.2008.10.008

Tylor, E. B. (1871). *Primitive culture: Researches into the development of mythology, philosophy, religion, language, art and custom*.

Urgesi, C., Candidi, M., & Avenanti, A. (2014). Neuroanatomical substrates of action perception and understanding: An anatomic likelihood estimation meta-analysis of lesion-symptom mapping studies in brain injured patients. *Frontiers in Human Neuroscience*, 8. https://doi.org/10.3389/fnhum.2014.00344

Vaes, J., Leyens, J.-P., Paola Paladino, M., & Pires Miranda, M. (2012). We are human, they are not: Driving forces behind outgroup dehumanisation and the humanisation of the ingroup. *European Review of Social Psychology*, 23(1), 64–

106. https://doi.org/10.1080/10463283.2012.665250

Vaish, A., Carpenter, M., & Tomasello, M. (2009). Sympathy through affective perspective taking and its relation to prosocial behavior in toddlers. *Developmental Psychology*, *45*(2), 534–543. https://doi.org/10.1037/a0014322

Valk, S. L., Bernhardt, B. C., Trautwein, F.-M., Böckler, A., Kanske, P., Guizard, N., Collins, D. L., & Singer, T. (2017). Structural plasticity of the social brain: Differential change after socio-affective and cognitive mental training. *Science Advances*, *3*(10), e1700489. https://doi.org/10.1126/sciadv.1700489

Valkenburg, P. M., & Peter, J. (2011). Online communication among adolescents: An integrated model of its attraction, opportunities, and risks. *Journal of Adolescent Health*, *48*(2), 121–127. https://doi.org/10.1016/j.jadohealth.2010.08.020

Vallortigara, G., & Regolin, L. (2006). Gravity bias in the interpretation of biological motion by inexperienced chicks. *Current Biology*, *16*(8), R279–R280. https://doi.org/10.1016/j.cub.2006.03.052

Van De Ven, N., Hoogland, C. E., Smith, R. H., Van Dijk, W. W., Breugelmans, S. M., & Zeelenberg, M. (2015). When envy leads to schadenfreude. *Cognition and Emotion*, *29*(6), 1007–1025. https://doi.org/10.1080/02699931.2014.961903

Van De Vijver, F. J. R. (2017). Nonverbal communication across cultures. In Y. Y. Kim (Hrsg.), *The International Encyclopedia of Intercultural Communication* (1. Aufl., S. 1–10). Wiley. https://doi.org/10.1002/9781118783665.ieicc0252

Van der Velden, J., Zheng, Y., Patullo, B. W., & Macmillan, D. L. (2008). Crayfish recognize the faces of fight opponents. *PLOS ONE*, *3*(2), e1695. https://doi.org/10.1371/journal.pone.0001695

Van Dijk, E., & De Dreu, C. K. W. (2021). Experimental games and social decision making. *Annual Review of Psychology*, *72*(1), 415–438. https://doi.org/10.1146/annurev-psych-081420-110718

Van Kleef, G. A., & Côté, S. (2022). The social effects of emotions. *Annual Review of Psychology*, *73*(1), 629–658. https://doi.org/10.1146/annurev-psych-020821-010855

Van Lange, P. A. M., Joireman, J., Parks, C. D., & Van Dijk, E. (2013). The psychology of social dilemmas: A review. *Organizational Behavior and Human Decision Processes*, *120*(2), 125–141. https://doi.org/10.1016/j.obhdp.2012.11.003

Van Overwalle, F., & Baetens, K. (2009). Understanding others' actions and goals by mirror and mentalizing systems: A meta-analysis. *Neuro-*
Image, *48*(3), 564–584. https://doi.org/10.1016/j.neuroimage.2009.06.009

Vander Heyden, K. M., Huizinga, M., Raijmakers, M. E. J., & Jolles, J. (2017). Children's representations of another person's spatial perspective: Different strategies for different viewpoints? *Journal of Experimental Child Psychology*, *153*, 57–73. https://doi.org/10.1016/j.jecp.2016.09.001

Vanlangendonck, F., Willems, R. M., & Hagoort, P. (2018). Taking common ground into account: Specifying the role of the mentalizing network in communicative language production. *PLOS ONE*, *13*(10), e0202943. https://doi.org/10.1371/journal.pone.0202943

Vesper, C., Butterfill, S., Knoblich, G., & Sebanz, N. (2010). A minimal architecture for joint action. *Neural Networks*, *23*(8–9), 998–1003. https://doi.org/10.1016/j.neunet.2010.06.002

Vesper, C., Schmitz, L., Safra, L., Sebanz, N., & Knoblich, G. (2016). The role of shared visual information for joint action coordination. *Cognition*, *153*, 118–123. https://doi.org/10.1016/j.cognition.2016.05.002

Vesper, C., Van Der Wel, R. P. R. D., Knoblich, G., & Sebanz, N. (2013). Are you ready to jump? Predictive mechanisms in interpersonal coordination. *Journal of Experimental Psychology: Human Perception and Performance*, *39*(1), 48–61. https://doi.org/10.1037/a0028066

Vicsek, T., & Zafeiris, A. (2012). Collective motion. *Physics Reports*, *517*(3–4), 71–140. https://doi.org/10.1016/j.physrep.2012.03.004

Vouloumanos, A., Hauser, M. D., Werker, J. F., & Martin, A. (2010). The tuning of human neonates' preference for speech. *Child Development*, *81*(2), 517–527. https://doi.org/10.1111/j.1467-8624.2009.01412.x

Vuilleumier, P., & Pourtois, G. (2007). Distributed and interactive brain mechanisms during emotion face perception: Evidence from functional neuroimaging. *Neuropsychologia*, *45*(1), 174–194. https://doi.org/10.1016/j.neuropsychologia.2006.06.003

Vygotsky, L. S., & Cole, M. (1978). *Mind in society: Development of higher psychological processes*. Harvard University Press.

Wacker, R., & Dziobek, I. (2018). Preventing empathic distress and social stressors at work through nonviolent communication training: A field study with health professionals. *Journal of Occupational Health Psychology*, *23*(1), 141–150. https://doi.org/10.1037/ocp0000058

Wacongne, C., Changeux, J.-P., & Dehaene, S. (2012). A neuronal model of predictive coding accounting for the mismatch negativity. *The Journal of Neuroscience*, *32*(11), 3665–3678. https://doi.org/10.1523/JNEUROSCI.5003-11.2012

Wade, M., Prime, H., Jenkins, J. M., Yeates, K. O., Williams, T., & Lee, K. (2018). On the relation between theory of mind and executive functioning: A developmental cognitive neuroscience perspective. *Psychonomic Bulletin & Review*, 25(6), 2119–2140. https://doi.org/10.3758/s13423-018-1459-0

Wahn, B., Czeszumski, A., Labusch, M., Kingstone, A., & König, P. (2020). Dyadic and triadic search: Benefits, costs, and predictors of group performance. *Attention, Perception, & Psychophysics*, 82(5), 2415–2433. https://doi.org/10.3758/s13414-019-01915-0

Wakefield, E., Novack, M. A., Congdon, E. L., Franconeri, S., & Goldin-Meadow, S. (2018). Gesture helps learners learn, but not merely by guiding their visual attention. *Developmental Science*, 21(6), e12664. https://doi.org/10.1111/desc.12664

Walker, P. M., Silvert, L., Hewstone, M., & Nobre, A. C. (2008). Social contact and other-race face processing in the human brain. *Social Cognitive and Affective Neuroscience*, 3(1), 16–25. https://doi.org/10.1093/scan/nsm035

Walter, H. (2012). Social cognitive neuroscience of empathy: Concepts, circuits, and genes. *Emotion Review*, 4(1), 9–17. https://doi.org/10.1177/1754073911421379

Wang, S., Lilienfeld, S. O., & Rochat, P. (2019). Schadenfreude deconstructed and reconstructed: A tripartite motivational model. *New Ideas in Psychology*, 52, 1–11. https://doi.org/10.1016/j.newideapsych.2018.09.002

Wang, Y., Wang, L., Xu, Q., Liu, D., Chen, L., Troje, N. F., He, S., & Jiang, Y. (2018). Heritable aspects of biological motion perception and its covariation with autistic traits. *Proceedings of the National Academy of Sciences*, 115(8), 1937–1942. https://doi.org/10.1073/pnas.1714655115

Warneken, F. (2016). Insights into the biological foundation of human altruistic sentiments. *Current Opinion in Psychology*, 7, 51–56. https://doi.org/10.1016/j.copsyc.2015.07.013

Warneken, F., & Tomasello, M. (2006). Altruistic helping in human infants and young chimpanzees. *Science*, 311(5765), 1301–1303. https://doi.org/10.1126/science.1121448

Wason, P. C. (1968). Reasoning about a Rule. *Quarterly Journal of Experimental Psychology*, 20(3), 273–281. https://doi.org/10.1080/14640746808400161

Watzlawick, P., Bavelas, J. B., & Jackson, D. D. (2011). *Pragmatics of human communication: A study of interactional patterns, pathologies, and paradoxes* (Pbk. ed). W.W. Norton & Co.

Wegner, D. M., Erber, R., & Raymond, P. (1991). Transactive memory in close relationships. *Journal of Personality and Social Psychology*, 61(6), 923–929. https://doi.org/10.1037/0022-3514.61.6.923

Wegrzyn, M., Vogt, M., Kireclioglu, B., Schneider, J., & Kissler, J. (2017). Mapping the emotional face. How individual face parts contribute to successful emotion recognition. *PLOS ONE*, 12(5), e0177239. https://doi.org/10.1371/journal.pone.0177239

Weisz, E., & Cikara, M. (2021). Strategic regulation of empathy. *Trends in Cognitive Sciences*, 25(3), 213–227. https://doi.org/10.1016/j.tics.2020.12.002

Wellman, H. M. (2014). *Making minds: How theory of mind develops*. Oxford University Press.

Wellman, H. M., & Liu, D. (2004). Scaling of theory-of-mind tasks. *Child Development*, 75(2), 523–541. https://doi.org/10.1111/j.1467-8624.2004.00691.x

Wellman, H. M., Lopez-Duran, S., LaBounty, J., & Hamilton, B. (2008). Infant attention to intentional action predicts preschool theory of mind. *Developmental Psychology*, 44(2), 618–623. https://doi.org/10.1037/0012-1649.44.2.618

Werth, L., Denzler, M., & Mayer, J. (2020). *Sozialpsychologie - Das Individuum im sozialen Kontext: Wahrnehmen - Denken - Fühlen* (2. Aufl.). Springer. https://doi.org/10.1007/978-3-662-53897-5

Whiten, A. (2021). The psychological reach of culture in animals' lives. *Current Directions in Psychological Science*, 30(3), 211–217. https://doi.org/10.1177/0963721421993119

Whiten, A., McGuigan, N., Marshall-Pescini, S., & Hopper, L. M. (2009). Emulation, imitation, over-imitation and the scope of culture for child and chimpanzee. *Philosophical Transactions of the Royal Society B: Biological Sciences*, 364(1528), 2417–2428. https://doi.org/10.1098/rstb.2009.0069

Whiten, A., & Van Schaik, C. P. (2007). The evolution of animal ›cultures‹ and social intelligence. *Philosophical Transactions of the Royal Society B: Biological Sciences*, 362(1480), 603–620. https://doi.org/10.1098/rstb.2006.1998

Wiese, H., Schweinberger, S. R., & Neumann, M. F. (2008). Perceiving age and gender in unfamiliar faces: Brain potential evidence for implicit and explicit person categorization. *Psychophysiology*, 45(6), 957–969. https://doi.org/10.1111/j.1469-8986.2008.00707.x

Wilkinson, A., Mandl, I., Bugnyar, T., & Huber, L. (2010). Gaze following in the red-footed tortoise (Geochelone carbonaria). *Animal Cognition*, 13(5), 765–769. https://doi.org/10.1007/s10071-010-0320-2

Wilkinson, A., Sebanz, N., Mandl, I., & Huber, L. (2011). No evidence of contagious yawning in the red-footed tortoise Geochelone carbonaria. *Current Zoology*, *57*(4), 477–484. https://doi.org/10.1093/czoolo/57.4.477

Wilkinson, G. S. (1984). Reciprocal food sharing in the vampire bat. *Nature*, *308*(5955), 181–184. https://doi.org/10.1038/308181a0

Williamon, A., & Davidson, J. W. (2002). Exploring co-performer communication. *Musicae Scientiae*, *6*(1), 53–72. https://doi.org/10.1177/102986490200600103

Williams, K. D. (2007). Ostracism. *Annual Review of Psychology*, *58*(1), 425–452. https://doi.org/10.1146/annurev.psych.58.110405.085641

Williams, M. J., & Eberhardt, J. L. (2008). Biological conceptions of race and the motivation to cross racial boundaries. *Journal of Personality and Social Psychology*, *94*(6), 1033–1047. https://doi.org/10.1037/0022-3514.94.6.1033

Willis, J., & Todorov, A. (2006). First impressions: Making up your mind after a 100-ms exposure to a face. *Psychological Science*, *17*(7), 592–598. https://doi.org/10.1111/j.1467-9280.2006.01750.x

Wilmer, J. B., Germine, L., Chabris, C. F., Chatterjee, G., Williams, M., Loken, E., Nakayama, K., & Duchaine, B. (2010). Human face recognition ability is specific and highly heritable. *Proceedings of the National Academy of Sciences*, *107*(11), 5238–5241. https://doi.org/10.1073/pnas.0913053107

Wilson, M. (2002). Six views of embodied cognition. *Psychonomic Bulletin & Review*, *9*(4), 625–636. https://doi.org/10.3758/BF03196322

Wilson, M., & Knoblich, G. (2005). The case for motor involvement in perceiving conspecifics. *Psychological Bulletin*, *131*(3), 460–473. https://doi.org/10.1037/0033-2909.131.3.460

Witt, J. K. (2017). Action potential influences spatial perception: Evidence for genuine top-down effects on perception. *Psychonomic Bulletin & Review*, *24*(4), 999–1021. https://doi.org/10.3758/s13423-016-1184-5

Wolpert, D. M., Doya, K., & Kawato, M. (2003). A unifying computational framework for motor control and social interaction. *Philosophical Transactions of the Royal Society of London. Series B: Biological Sciences*, *358*(1431), 593–602. https://doi.org/10.1098/rstb.2002.1238

Wu, J., Balliet, D., & Van Lange, P. A. M. (2016). Reputation, gossip, and human cooperation: Reputation and cooperation. *Social and Personality Psychology Compass*, *10*(6), 350–364. https://doi.org/10.1111/spc3.12255

Wu, Z., Chen, X., Gros-Louis, J., & Su, Y. (2018). ›She is looking at me! Shall I share?‹ How Chinese and American preschoolers respond to eye gaze during sharing. *Social Development*, *27*(2), 447–460. https://doi.org/10.1111/sode.12278

Wynn, K., Bloom, P., Jordan, A., Marshall, J., & Sheskin, M. (2018). Not noble savages after all: Limits to early altruism. *Current Directions in Psychological Science*, *27*(1), 3–8. https://doi.org/10.1177/0963721417734875

Yin, R. K. (1969). Looking at upside-down faces. *Journal of Experimental Psychology*, *81*(1), 141–145. https://doi.org/10.1037/h0027474

Yoon, J. M. D., Johnson, M. H., & Csibra, G. (2008). Communication-induced memory biases in preverbal infants. *Proceedings of the National Academy of Sciences*, *105*(36), 13690–13695. https://doi.org/10.1073/pnas.0804388105

Young, A. W., Frühholz, S., & Schweinberger, S. R. (2020). Face and voice perception: Understanding commonalities and differences. *Trends in Cognitive Sciences*, *24*(5), 398–410. https://doi.org/10.1016/j.tics.2020.02.001

Yovel, G., & Belin, P. (2013). A unified coding strategy for processing faces and voices. *Trends in Cognitive Sciences*, *17*(6), 263–271. https://doi.org/10.1016/j.tics.2013.04.004

Yzerbyt, V. (2016). Intergroup stereotyping. *Current Opinion in Psychology*, *11*, 90–95. https://doi.org/10.1016/j.copsyc.2016.06.009

Yzerbyt, V., Rocher, S., & Schadron, G. (1997). Stereotypes as explanations: A subjective essentialistic view of group perception. *Blackwell Publishing, The social psychology of stereotyping and group life*, 20–50.

Zajonc, R. B. (2001). Mere exposure: A gateway to the subliminal. *Current Directions in Psychological Science*, *10*(6), 224–228. https://doi.org/10.1111/1467-8721.00154

Zaki, J. (2014). Empathy: A motivated account. *Psychological Bulletin*, *140*(6), 1608–1647. https://doi.org/10.1037/a0037679

Zaki, J., & Mitchell, J. P. (2013). Intuitive prosociality. *Current Directions in Psychological Science*, *22*(6), 466–470. https://doi.org/10.1177/0963721413492764

Zaki, J., & Ochsner, K. (2011). You, me, and my brain: Self and other representations in social cognitive neuroscience. In A. Todorov, S. T. Fiske, & D. A. Prentice, *Social neuroscience: Toward understanding the underpinnings of the social mind* (S. 14–39). Oxford University Press.

Zäske, R., Awwad Shiekh Hasan, B., & Belin, P. (2017). It doesn't matter what you say: FMRI correlates of voice learning and recognition independent of speech content. *Cortex*, *94*, 100–112. https://doi.org/10.1016/j.cortex.2017.06.005

Zessin, U., Dickhäuser, O., & Garbade, S. (2015). The relationship between self-compassion and well-being: A meta-analysis. *Applied Psychology: Health and Well-Being*, *7*(3), 340–364. https://doi.org/10.1111/aphw.12051

Stichwortverzeichnis

A

Affordance 141
Agency 129, 147
Alexithymie 88
Amygdala 23, 39, 100
Anteriore Insula 85, 86
Apraxie 57
Attachment 128
Aufmerksamkeit 18, 23, 33, 51, 63, 63, 72, 89, 102, 106, 112, 147, 163, 191
Autismus-Spektrum-Störung 22, 56, 116, 123, 163

B

Basisemotionen 42
Beobachtungslernen 190

C

Cue utilization 62, 160
Cue validity 62, 160

D

Dehumanisierung 72
Dunkle Triade 102, 181

E

Economic games 170
EEG 39, 54, 149, 158
Egoismus 102, 169, 182
Emulation 144, 151, 190
Entitativität 74
Entrainment 141
Essenzialismus 75

Exekutive Funktionen 66, 110, 120, 121, 123, 181
Experiment 18, 25, 30, 46, 99, 109, 122, 169
- Empathy-for-pain 85
- False-belief 116
- Joint-Simon 145
- Minimalgruppen 71
- Still-face 44

F

fMRT 20, 21, 37, 54, 85, 119
fNRIS 149
Free riding 173
Fundamentaler Attributionsfehler 63

G

Gesten 57, 143, 162, 165
Gewaltfreie Kommunikation 166

H

Halo-Effekt 61, 68
Homogenität 73
Hyperscanning 149, 158

I

ICD-10 21
Identifiable-victim-Effekt 90
Illusion
- McGurk- 47
- Thatcher- 35
Illusorische Korrelation 68
Imitation 143, 144, 151, 190
- covert 157
Inequity aversion 101
Ingroup favoritism 71, 76, 132, 181

Ingroup projection 77
Inhibition 111, 113, 179

J

Joint action 144, 157
Joint attention 27

K

Kognitive Kontrolle 23, 66, 84, 111, 113
Ko-Repräsentation 145, 150, 158
Kortex
- okzipitaler 38, 39
- parietaler 38, 54, 55, 86, 110, 148
- präfrontaler 23, 66, 86, 100, 110, 119, 159, 178
- temporaler 39, 48, 86, 110, 159
Kulturelle Transmission 188
Kumulative Kultur 187, 191

L

Lehren 27, 191
Linsenmodell 62, 160

M

Mimicry 87, 142, 143, 151
Minority salience 72
Motherese 192
Motivation 63, 70, 75, 78, 79, 84, 93, 97, 118, 127, 134, 155, 163

N

Negativity bias 168
Normen 72, 174, 178, 179, 184, 190

O

Ostensives Signal 28, 163, 192
Overimitation 190
Own-race-Effekt 43, 49
Oxytocin 94, 102, 178

P

Pareidolie 32
Perception-action-matching 143, 150, 156
Permeabilität 74
Phonagnosie 49
Prosopagnosie 42
Psychopathie 89, 102, 181
Public information 164, 190

R

Repräsentation 37, 46, 47, 53, 54, 110, 143, 156, 157
Repräsentativitätsheuristik 67
Reziprozität 170, 174
Rituale 185, 190

S

Schizophrenie 124
Selbsterfüllende Prophezeiung 64, 169
Simulationstheorie 53, 118
Social-brain-Hypothese 186
Soziale Identität 70, 78, 102, 128
Soziale Phobie 25
Sozialer Ausschluss 133, 175
Soziales Dilemma 171, 173
Soziales Lernen 27, 187, 189
Spiegelneurone 55, 139
Spiegelsystem 56, 143, 148
Sprachproduktion 155, 156, 158
Sprachverarbeitung 47, 155, 156
Stereotype 65, 68, 75, 175, 179
Superiorer temporaler Sulkus 19, 23, 38, 54, 120, 148
Super-recognizer 43, 49

T

Temporo-parietale Junktion 110, 119, 159
Theorie-Theorie 116
Tradition 185

V

Verfügbarkeitsheuristik 67
Vertrauen 132, 173, 176, 182